nações, Estados nacionais e imperialismo

HISTÓRIA CONTEMPORÂNEA 2

nações, Estados nacionais e imperialismo

FINS DO SÉCULO XIX E PRINCÍPIOS DO XX

ORG. Angela de Castro Gomes, Daniel Aarão Reis (coordenador-geral), Flávio Limoncic, Janaína Martins Cordeiro, Marcelo Bittencourt e Murilo Meihy

1ª edição

EDITORA RECORD
RIO DE JANEIRO • SÃO PAULO
2025

CIP-BRASIL. CATALOGAÇÃO NA PUBLICAÇÃO
SINDICATO NACIONAL DOS EDITORES DE LIVROS, RJ

N125

Nações, estados nacionais e imperialismo : fins do século XIX e princípios do XX / organização Daniel Aarão Reis ... [et al.]. - 1. ed. - Rio de Janeiro : Record, 2025.

(História contemporânea ; 2)

Inclui bibliografia
ISBN 978-85-01-92333-2

1. História moderna - Século XIX. 2. História moderna - Século XX. 3. História social. I. Reis, Daniel Aarão. II. Série.

25-96845.0 CDD: 909
CDU: 94"17/21"

Gabriela Faray Ferreira Lopes - Bibliotecária - CRB-7/6643

Texto revisado segundo o Acordo Ortográfico da Língua Portuguesa de 1990.

Direitos exclusivos desta edição reservados pela
EDITORA RECORD LTDA.
Rua Argentina, 171 – Rio de Janeiro, RJ – 20921-380 – Tel.: (21) 2585-2000.

Impresso no Brasil

ISBN 978-85-01-92333-2

SUMÁRIO

APRESENTAÇÃO DA COLEÇÃO

Desde que foi proposta, a História Contemporânea, que se estende do fim do século XVIII aos dias atuais, desafia os especialistas com questões difíceis de enfrentar e de resolver.

De um lado, temos os condicionamentos e as pressões das lutas políticas, envolvendo agentes sociais e instituições, para não falar de Estados e governos, todos interessados no modo como a historiografia irá caracterizar suas respectivas trajetórias. Surgem aí as histórias oficiais de governos, partidos e lideranças políticas, das demais instituições e agentes sociais e culturais, cujas narrativas autocelebrativas acabam desempenhando papel relevante na reconstituição do passado. De outro lado, há a competição sobre as versões do passado, produzidas pelo exercício da memória elaborada e divulgada com cada vez maior eficácia e alcance, e que, invocando a autenticidade da experiência vivida – e sofrida –, rivaliza com os resultados da pesquisa histórica.

Além disso, é necessário superar tradições arraigadas que tenderam a fazer de algumas áreas geográficas historicamente relevantes verdadeiros eixos em torno dos quais a história do mundo giraria. Essa propensão, empobrecedora e mesmo nociva, tem feito com que sociedades, e mesmo continentes inteiros, desapareçam da atenção da historiografia brasileira. Ao superá-la, será essencial evitar outros extremos, quando Estados nacionais, libertados do domínio estrangeiro, tentam selecionar na história evidências ou interpretações que supostamente sirvam a seus interesses imediatos.

Também relevante é a questão do acesso aos arquivos, ora escassos – e não raro com a pesquisa interditada pelas autoridades –, ora franqueados, mas sob controle, visando servir a determinados interesses.

A rigor, está em questão a própria evolução da disciplina História Contemporânea, que, ao longo do século XX, passou por uma completa transformação: seja na definição das fontes, considerando o amplo leque de possibilidades que se abriram nas últimas décadas, adicionando-se, aos arquivos escritos tradicionais, as fontes orais e visuais; seja na proposta de novos problemas, hipóteses de trabalho e ângulos de abordagem, que impõem reelaborações, questionam certezas e superam a tradicional história política e diplomática, bem como as narrativas celebrativas, com suas ênfases unilaterais no papel dos grandes líderes.

Por último, mas não menos importante, vale mencionar a proximidade temporal que dificulta avaliações mais sólidas, obscurecidas ou confundidas pela importância aparente de processos ou episódios imediatos que, às vezes, tendem a ofuscar a percepção e a confundir os pesquisadores.

Para lidar com tais desafios, esta coleção de História Contemporânea assume o compromisso, pioneiro em nosso país, de considerar, em cada um de seus cinco volumes, grandes áreas geográficas e processos históricos quase sempre subestimados, quando não ignorados – os mundos árabe e islâmico, a África subsaariana, a Ásia (Índia, China e Japão) –, e relacioná-los com as mais conhecidas histórias do Brasil, das Américas e da Europa. Trata-se de ampliar a visada histórica, e, sem negar o protagonismo relevante de certas regiões do mundo, sobretudo em determinados períodos, assumir a proposta de "provincializá-las", na expressão do historiador indiano Dipesh Chakrabarty. Portanto, em cada volume serão relacionadas, de forma integrada, as grandes áreas geográficas e os processos históricos do mundo conhecido. No contexto dessas inter-relações, serão estudadas as dinâmicas internas de cada área, de modo a enriquecer a compreensão global, considerando as variadas dimensões das sociedades humanas (economia, sociedade, cultura), mas sem perder de vista as margens de opção dos agentes, percebidas, porém, em seus contextos precisos. No último volume foram previstos ainda seis grandes temas transversais que, por estarem presentes em todas as áreas e em diferentes períodos, mereceram tratamento específico.

Sob a coordenação-geral de Daniel Aarão Reis, que também coordena os capítulos transversais; Angela de Castro Gomes coordena a área de História do Brasil; Flávio Limoncic, a das Américas; Janaína Martins Cordeiro, a da Europa; Marcelo Bittencourt, a da África; e Murilo Meihy, a da Ásia.

Todas/os as/os especialistas convidadas/os empreenderam ou empreendem pesquisa efetiva sobre os objetos considerados. Os capítulos serão assim expressão de investigações cuidadosas e fundamentadas, limitando-se a margem de interpretações tendenciosas com os antídotos comprovados da História como disciplina. Entre outros, assumir a história como um *problema*; consultar fontes variadas, comparando-as e cotejando-as; apresentar as evidências disponíveis; dialogar com a historiografia atualizada. Nesse sentido, quanto mais diversificados os ângulos de análise, mais chances haverá de deslindar os problemas sob exame e interpretação. Em outro movimento, buscamos ampliar o intercâmbio entre diferentes orientações de pesquisa (interdisciplinaridade) e instituições diversas (interinstitucionalidade), com algumas contribuições internacionais. Ao mesmo tempo, procuramos diversificar a participação do ponto de vista de gênero, tentando encontrar proporção razoável de pesquisadores e pesquisadoras, possível nas condições da disciplina no Brasil e no mundo. A ideia é ampliar o diálogo entre diferentes gerações de historiadores, proporcionando, assim, a diversificação etária que resultará, certamente, no enriquecimento do conjunto, abrindo-se a história, sem censuras de qualquer tipo, ao intercâmbio entre especialistas de diversas procedências, regionais, nacionais e internacionais. Quanto mais plural, melhor será a contribuição para a formação crítica das pessoas enquanto agentes sociais.

Os oitenta capítulos desta História Contemporânea, produzidos por 91 autores, vários em parceria, foram escritos em linguagem simples, precisa e elucidativa, sendo de fácil entendimento. Quando há notas explicativas, ocorrem de forma pontual, e a bibliografia que complementa os textos abrange obras clássicas e atuais, encontráveis em mídias diversas. Em cada volume, finalmente, há um caderno de imagens referentes ao período considerado.

Os cinco volumes estão assim constituídos:

Volume 1: O nascimento do mundo contemporâneo: séculos XVIII e XIX

Volume 2: Nações, Estados nacionais e imperialismo: fim do século XIX e início do século XX

Volume 3: O mundo em guerra: 1914-1945

Volume 4: Outras fronteiras: lutas de libertação nacional e Guerra Fria: anos 1940/1970

Volume 5: O tempo das incertezas: séculos XX e XXI

Temos a expectativa de que a coleção História Contemporânea representará uma contribuição construtiva, formando uma consciência integrada dos tempos em que vivemos, e pela qual, para além dos estudos específicos das diversas áreas geográficas, sejam percebidas as interrelações entre eles e o planeta como um todo. Às leitoras e aos leitores – professores do Ensino Médio e das graduações universitárias no amplo campo das ciências humanas, e às cidadãs e cidadãos interessados nas questões da contemporaneidade –, apresentamos um instrumento novo, e inédito, de análise e de estudo, no intuito de contribuir para a formação de uma consciência crítica, plural e aberta à diversidade – o que é próprio e essencial ao estudo da história da humanidade.

Angela de Castro Gomes (História do Brasil)
Daniel Aarão Reis (Coordenação-geral)
Flávio Limoncic (História da América)
Janaína Martins Cordeiro (História da Europa)
Marcelo Bittencourt (História da África)
Murilo Meihy (História da Ásia)

APRESENTAÇÃO DO VOLUME

Na transição entre os séculos XIX e XX (até o início da Primeira Grande Guerra, em 1914), desenvolveram-se e se consolidaram poderosos Estados nacionais. Nos parâmetros do sistema capitalista, irrompeu uma grande revolução industrial, científica e tecnológica, com impacto transformador em todas as dimensões da vida social (economia, sociedade, cultura).

Este processo desdobrou-se, internacionalmente, num novo ciclo de expansão das maiores potências (entre outras, Inglaterra, Alemanha, França, Estados Unidos e Japão) nas Américas, na África e na Ásia. Assumindo diferentes expressões, que, não raro se combinavam, tomou corpo o *imperialismo*: dominação colonial, dependência econômica, dominação política direta, exportação de capitais e migração de populações.

Os impérios tradicionais, desafiados pelas potências capitalistas, empreenderam movimentos e políticas de modernização, com êxito limitado. No conjunto, enfraqueceram-se passando a uma situação de subordinação que assumiu múltiplas formas: dependência econômica (Império Otomano), dominação colonial direta (Índia), dominação político-econômica indireta (China). Na Europa, o Império Russo e o Império Austro-Húngaro também se debilitaram, mas suas condições demográficas, geopolíticas e econômicas permitiram que se mantivessem, até a I Grande Guerra, como atores relevantes naquele continente, embora secundários nas relações internacionais. Nas Américas ao sul do Rio Grande, avançou a dependência econômica, assumindo formas neocoloniais, enquanto a Ásia e a África, em grande parte, apesar dos múltiplos movimentos de resistência, foram partilhadas e saqueadas pelas grandes potências capitalistas. Contudo, as formações sociais alcançadas pela dinâmica imperialista serão sempre analisadas, primordialmente, no quadro de suas dinâmicas internas, fugindo de certo padrão – tradicional – de considerá-las apenas como objeto ou vítimas das grandes potências.

A consolidação dos Estados nacionais e a expansão imperialista são objeto dos dois primeiros capítulos: "Os povos originários das Américas e a consolidação dos Estados nacionais nos séculos XIX e XX" (Alessandra Seixlack e Alexandre Belmonte); e "As formações imperiais europeias no século XIX" (Erika Natasha Cardoso). Na sequência, dois outros capítulos versam sobre os impactos da expansão imperialista e as resistências suscitadas na Índia: "O Raj Britânico: estrutura, violências e alternativas" (Eduardo Borges de Carvalho Nogueira); e no Egito e no mundo árabe: "Nahda, crise econômica e liberalismo" (Samira Adel Osman).

O processo da Grande Revolução Industrial, Científica e Tecnológica, desdobrando-se até a Grande Guerra, é objeto de três outros capítulos que a consideram do ponto de vista europeu e estadunidense: "A Revolução Industrial: elementos para uma definição", (Peter N. Stearns); "Além das linhas de montagem: a Revolução Fordista e a era da produção e do consumo de massa nos Estados Unidos do século XX (Gabriel Onofre); e "Japão: da Restauração Meiji à expansão japonesa na Ásia" (Luana Margarete Geiger). O processo também é analisado em suas dimensões culturais: "Uma Belle Époque: o triunfo europeu entre luzes e sombras" (Ana Carolina Huguenin).

Seguem-se a análise e a avaliação das resistências ao imperialismo na África, plasmadas em três capítulos: "Expansão colonial e resistência na África" (Felipe Paiva); "O Império Mandinga de Samori Touré e a conquista colonial francesa (José Rivair Macedo)"; e "Hibridismos culturais e resistência política: os filhos da terra e a expansão colonial em Angola e Moçambique (Andrea Marzano e Matheus Serva Pereira).

Completam o presente volume mais cinco capítulos dedicados a estudar e a interpretar as dinâmicas internas (políticas, sociais e culturais) das sociedades ameaçadas pelos vários tipos de dominação e exploração imperialistas, destacando-se processos que tiveram lugar no Brasil, no México e na China: "O movimento abolicionista, a proclamação e a República no Brasil" (Cláudia Maria Ribeiro Viscardi); "A Revolução Mexicana" (Claudia Wasserman); "O movimento de autofortalecimento e a República da China" (Bruno Hendler); "Educação e questão nacional no

Brasil e na América Latina" (Gabriela Pellegrino e Patrícia Raffaini); e "A luta por direitos: a questão da participação política nas primeiras décadas republicanas" (Gláucia Fraccaro).

A teia do sistema capitalista mundial, liderada pelas grandes potências da Europa (Alemanha, Inglaterra e França), pelos Estados Unidos e pelo Japão atinge, no período estudado por este Volume, níveis inéditos de interconexão e integração. Entretanto, nesta teia as sociedades que passam à dependência das potências preservam dinâmicas internas e interconexões específicas, resistindo de diferentes formas à dominação política e à exploração econômica, o que não impediu que, em diferentes tempos e lugares, elites sociais locais e regionais se associassem à dominação estrangeira. Neste complexo quadro, as contradições entre as potências capitalistas consolidadas e os antigos impérios, já também envolvidos pela dinâmica do sistema capitalista internacional, se acirrarão num crescendo, anunciando-se por entre as luzes da otimista Belle Époque as sombras de catástrofes ainda desconhecidas na História da Humanidade, pela sua intensidade e capacidade de destruição de vidas humanas e condições materiais.

Angela de Castro Gomes (História do Brasil)
Daniel Aarão Reis (Coordenação-geral)
Flávio Limoncic (História da América)
Janaína Martins Cordeiro (História da Europa)
Marcelo Bittencourt (História da África)
Murilo Meihy (História da Ásia)

nações, Estados nacionais e imperialismo

1. OS POVOS ORIGINÁRIOS DAS AMÉRICAS E A CONSOLIDAÇÃO DOS ESTADOS NACIONAIS NOS SÉCULOS XIX E XX

Alessandra Seixlack e Alexandre Belmonte

A formação das repúblicas latino-americanas e a gestação das identidades nacionais no século XIX

Os lugares-comuns são frequentes na consciência histórica das populações, e muito raramente refletem uma interpretação correta dos eventos; quase sempre servem de substrato ideológico que amparam ideias de determinados segmentos da sociedade, ocultando questões importantes e salientando, muitas vezes de maneira inadequada, apenas alguns elementos de uma trama histórica complexa. Durante muito tempo, por exemplo, tornou-se lugar-comum, quase axioma histórico, considerar as rebeliões indígenas de fins do século XVIII, em especial a rebelião de Túpac Amaru II, ocorrida entre os anos de 1780 e 1781 no Vice-Reinado do Peru, como movimentos precursores das emancipações, responsáveis pela derrocada do Império Espanhol na América e sua fragmentação em diversas repúblicas nas primeiras décadas do século XIX.

Na realidade, nos anos iniciais formativos das repúblicas andinas, verifica-se um apagamento da memória sobre os eventos que constituíram o ciclo rebelde de 1780, tendo em vista a impossibilidade de conciliar o projeto de sujeição política dos indígenas aos governantes crioulos – brancos de ascendência espanhola – com as aspirações anticoloniais de José Gabriel Condorcanqui Noguera, as quais questionavam as noções de superioridade étnico-cultural inerentes à dominação europeia. Como veremos ao longo do texto, esse esforço de apagamento das rebeliões indígenas ocorridas em fins do século XVIII no Vice-Reinado do Peru relaciona-se diretamente à maneira conflituosa como a elite crioula tratou a questão indígena durante o processo de formação das repúblicas latino-americanas: as mesmas pessoas e instituições que promovem e enaltecem a imagem romântica do indígena heroico, associado a um passado longínquo pré-hispânico e à resistência ao processo colonizador espanhol, estranhamente reproduzem estereótipos que estigmatizam o indígena do presente, como se ele devesse se manter inalterado e apartado do mundo não indígena ou ser forçosamente inserido em um processo civilizacional, abandonando suas características étnicas.

Segundo a tradição oral indígena, quando o último Inca de Vilcabamba, Túpac Amaru I, é assassinado em 1572, ocorre um *Pachakuti*, um cataclismo no curso da história da civilização andina. O Inca passa então a ter seu corpo reconstruído nas profundezas da terra por Pachamama, divindade telúrica da manutenção da vida. Ele voltaria a reinar quando fosse reengendrado novamente à vida, obedecendo a uma ordem cosmogônica que envolvia um ciclo cronológico próprio. Esquartejado pelas forças espanholas, tendo partes do seu corpo levadas aos quatro cantos do *Tawantinsuyu* – o "Império" incaico –, o Inca tem sua cabeça enterrada em Cusco. Quando o seu corpo fosse novamente trazido à vida, a partir da cabeça, o Inca estaria pronto para voltar a reinar, restaurando a ordem anterior e destruindo o invasor espanhol. Este é um importante mito messiânico que influenciará toda a cosmovisão andina colonial.

José Gabriel Condorcanqui Noguera era um cacique conhecedor de sua cultura. Possuía muitos livros, e havia conhecido muitos lugares ao redor de Cusco, já que suas 350 mulas faziam o transporte de vários gêneros alimentícios e, principalmente, de prata, até o porto de Callao. Assim, ele autointitula-se Túpac Amaru II, em referência ao último Inca de Vilcabamba, reivindicando sua ascendência nobre. Durante muitos anos, lutou pelo reconhecimento da sua linhagem perante as autoridades espanholas. Chegou a ser retratado montado a cavalo e ostentando a indumentária do Inca em um quadro pintado por Antonio Oblitas. É assim que surge a figura de Túpac Amaru II como líder rebelde: um indivíduo que transitava entre o mundo dos indígenas e o mundo dos brancos. Foi com ele que o corregedor Antonio de Arriaga, responsável pela fiscalização na região do Cusco, almoçara no rancho de Carlos Rodriguez, padre em Yanaoca, antes de ser preso numa emboscada e feito refém durante vários dias, nos quais foi obrigado a escrever cartas às autoridades espanholas solicitando armamento. Túpac Amaru II conseguiu reunir homens e armas, e a execução de Arriaga em 10 de novembro de 1780 marca o início da chamada Grande Rebelião dos Andes.

O sonho de autonomia indígena, contudo, não durou muito: no dia 18 de maio de 1781, foram julgados na Praça de Armas de Cusco Túpac Amaru II, sua esposa Micaela Bastidas, seus filhos e muitos de seus companheiros. Trata-se de uma história consagrada. Condorcanqui Noguera teve que presenciar a tortura e execução dos seus amigos, de dois de seus filhos e, finalmente, de Micaela Bastidas, sua companheira em todo o processo da Grande Rebelião. Muito mais que companheira no sentido de "lhe fazer companhia", Micaela Bastidas foi um dos sustentáculos da resistência e luta de milhares de indígenas e talvez, principalmente, do próprio Túpac Amaru II. Já o havia sido antes que eclodisse a consagrada Grande Rebelião, e o continuou sendo por mais de seis meses, desde o sequestro de Arriaga até sua execução, a de seus filhos e a do próprio Amaru. Antes que o mundo de Micaela desmoronasse, sob os olhos de uma multidão na maior praça da antiga capital do *Tawantinsuyu*, cortaram-lhe a língua, e o mesmo fizeram com seu filho mais velho e com seu marido; uma clara advertência de que os "índios" deveriam estar calados e aceitar a "ordem natural" das coisas, tal como pensavam muitos da administração colonial. Que outras intenções poderiam ter tido semelhantes torturas em praça pública?

José Gabriel Condorcanqui Noguera foi obrigado a assistir a todos esses acontecimentos. Quando finalmente foi degolado, após tentativas frustradas de esquartejamento de seu corpo atado a quatro cavalos, talvez soubesse que tudo era fugaz, e que, ainda que essas histórias estejam hoje adormecidas em caixas de arquivos – como outrora estavam dispersas na oralidade dos povos –, permaneceriam impregnadas por todas as partes. Para os historiadores, trata-se de histórias a ser buscadas, pesquisadas, contadas. Para muitos, são histórias exemplares e inspiradoras. Para outros, apenas "fatos" que deveriam ser esquecidos. O século XIX, contexto de formação das repúblicas latino-americanas e de gestação das identidades nacionais, tratou de esquecer esses fatos e personagens, talvez porque seria tarefa do século XX recordá-los uma vez mais.

Foi a partir da década de 1940 que a figura de Túpac Amaru II foi incorporada ao panteão dos grandes heróis nacionais peruanos, e o movimento revolucionário por ele encabeçado passou a ser visto como parte integrante do processo que levaria à independência peruana em 1821. Entre os historiadores que legitimam essa ideia estão, sobretudo, Boleslao Lewin, Jorge Cornejo Bouroncle e Carlos Daniel Valcárcel: os três foram pioneiros no processo de "invenção" de Túpac Amaru II como um prócer precoce da independência. Em exaustivas pesquisas em arquivos, esses três historiadores realizaram os primeiros estudos profissionais sobre o tema – excetuando-se a isolada obra oitocentista de Pedro de Angelis. A ideia que marcou essa perspectiva se expressa no próprio título de algumas de suas obras: *Túpac Amaru: la revolución precursora de la emancipación continental* (Bouroncle); *La rebelión de Túpac Amaru y los orígenes de la emancipación americana* (Lewin); *Túpac Amaru, precursor de la independencia* (Valcárcel).

O entusiasmo dos primeiros historiadores da década de 1940 em torno da figura de Túpac Amaru II se baseava numa interpretação um tanto simplista acerca das relações entre nativos e crioulos. Esta interpretação teve sua inspiração nos discursos de Túpac Amaru II sobre a importância de combater o jugo espanhol. Não foram levadas em conta as diferentes culturas políticas tanto do poder administrativo espanhol como da administração dos *ayllus* nativos – suas aldeias originárias, onde prevaleciam os laços de parentesco –, nem as especificidades dos diferentes grupos de trabalhadores indígenas que se sublevaram. É certo que, no século XIX, os discursos de Simón Bolívar, Antonio José de Sucre e outros "libertadores" aludem aos acontecimentos ocorridos nos Andes, destacando a figura de Condorcanqui Noguera como aquele que se atreveu a levantar-se contra o colonizador. Entretanto, as referências ao período das rebeliões indígenas parecem muito mais um elemento da retórica crioula do que propriamente a real crença de que Amaru teria iniciado o processo de emancipação em fins do século XVIII. Durante a fase de lutas pela independência, até a emancipação da Bolívia em 1825, Túpac Amaru e Túpac Katari – outro líder indígena que, sendo aymara, estava duplamente marginalizado (por incas/quéchuas e por espanhóis) – quase não foram mencionados em discursos ou na imprensa crioula. Seus nomes parecem, em certa medida, ter sido apagados do universo de expectativas para essas novas repúblicas americanas que se formavam. Os "tumultos indígenas" eram recordados como exemplos de insubordinação a ser evitada e "domesticada".

A ênfase nos sujeitos históricos na construção dos nacionalismos foi característica desse período, em seu processo de gestação de ideias e de escrita de histórias nacionais. A consolidação das novas repúblicas latino-americanas no cenário mundial foi acompanhada pela necessidade de construção de suas respectivas identidades, com a construção de um aparato simbólico e material que deveria dar corpo aos valores republicanos pretendidos pelas elites crioulas que encabeçaram os movimentos de independência. As recém-formadas nações latino-americanas enfrentavam então o duplo desafio de ter de estabelecer sua posição no cenário mundial e ao mesmo tempo se distanciar das estruturas coloniais herdadas dos espanhóis, as mesmas que estão na base da sua formação como setor da sociedade hispano-americana. Para alcançar esse objetivo, as elites crioulas, compostas principalmente de líderes políticos e intelectuais, buscaram criar identidades nacionais distintas que expressassem os valores e as aspirações liberais das repúblicas emergentes. Trata-se de um processo que envolveu o estabelecimento de uma série de símbolos e rituais que representassem a nova ordem republicana e liberal e seus valores, como liberdade, igualdade e soberania. Bandeiras nacionais, brasões de armas, hinos e outros elementos simbólicos foram criados para personificar a unidade e a independência desses países.

Além disso, a construção das novas identidades nacionais também exigiu a criação de instituições e estruturas materiais que sustentassem os ideais republicanos. Foram outorgadas constituições e estabelecidos governos, sistemas educacionais, forças armadas e outros elementos essenciais para a organização e a governança das novas repúblicas. É nesse contexto que são criados conservatórios de música erudita, grandes escolas públicas nacionais, teatros e museus, bibliotecas e praças públicas, reclamando uma atitude cívica em relação às pátrias emergentes. Mesmo no Brasil, que após 1822 manteve-se governado por uma família imperial, foi preciso articular do ponto de vista material uma distância em relação a Portugal. A partir da década de 1830, são criadas instituições como o Instituto Histórico e Geográfico Brasileiro, o Colégio Pedro II, a Faculdade de Medicina do Rio de Janeiro, a Faculdade de Direito de São Paulo, os Conservatórios Dramáticos e de Música etc. Tudo isso ajudou a moldar e reforçar a identidade imperial, no caso do Brasil, e republicana, no caso da América de língua espanhola, fornecendo uma base material para a consolidação dos valores e princípios defendidos pelas elites crioulas.

Devemos lembrar do longo e complexo processo de gestação de uma certa consciência crioula, que no século XIX seria chamada de uma consciência propriamente americana. A administração espanhola de suas colônias limitava o acesso de crioulos a cargos e funções subalternos em relação aos que podiam assumir os metropolitanos. Vice-reis, bispos, ouvidores, corregedores e outros cargos de prestígio somente eram ocupados por homens nascidos na Espanha. Em muitos momentos, essas figuras-chave da administração nem sequer viviam nas colônias, como foi o caso dos visitadores em todo o período bourbônico.

A confirmação de Felipe V como primeiro monarca Bourbon a governar o trono espanhol, em 1714, foi acompanhada de diversas e sucessivas reformas que visavam, antes de mais nada, equilibrar as contas da Coroa, tendo em vista que a Espanha encontrava-se em bancarrota. Se o século XVII pode ser chamado de período de ouro na América Hispânica, na Espanha, por outro lado, houve uma crise sem precedentes. Tendo lutado sucessivas guerras durante o século XVII, a Espanha lidava com as tropas que retornavam, promovendo indenizações, outorgando pensões vitalícias, distribuindo títulos de nobreza e terras. O tempo glorioso em que a Espanha era a monarquia mais rica do Ocidente havia definitivamente passado. E ainda, estudiosos apontam também a existência de crises ecológicas e climáticas no período, que afetaram particularmente a produção agrícola, levando a fome a milhares de pessoas.

A chegada da dinastia dos Bourbon ao poder na Espanha representou também a adoção de medidas que buscavam realizar uma "Reconquista das Américas", subvertendo assim a situação de abandono da porção americana do Império Espanhol legada pela débil administração da Casa Habsburgo – família real austríaca que reinava na Espanha desde 1516.

Nesse sentido, visualizamos a criação do Vice-Reino da Nova Granada (1717) e do Vice-Reino do Rio da Prata (1776), este último originado a partir do desmembramento do Vice-Reino do Peru, além da alienação da elite crioula do governo colonial em favorecimento dos espanhóis peninsulares. Por isso, as elites crioulas, em diferentes pontos da colônia, mantinham seu domínio territorial e controle sobre imensos contingentes de trabalhadores indígenas, mestiços e negros, mas tinham, efetivamente, pouca influência nas esferas mais altas do poder. Uma certa retórica os aproximava do mundo indígena, embora de forma conflituosa. A cada geração, a Espanha tornava-se um lugar mais e mais distante, em termos físicos e espirituais. Os vínculos familiares já estavam muito diluídos em relação à matriz espanhola, embora, numa sociedade altamente racializada, o fato de serem brancos, ou se pensarem como tais, lhes garantisse certos privilégios. Se a referência ao passado indígena do continente, no qual os nativos pré-hispânicos aparecem como nobres e legítimos governadores das Américas, poderia salientar esse distanciamento em relação à Espanha, ao mesmo tempo era raro o interesse em transformar a posição social e econômica do indígena do presente, o que aponta para o desejo dos crioulos de perpetuação da realidade colonial mesmo após as independências. No processo de formação das repúblicas latino-americanas, a elaboração das identidades nacionais representou a construção de um discurso histórico instrumental em prol do poder das elites crioulas, na medida em que reforçou hierarquias, desprezou e segregou o indígena do presente e construiu nações excludentes. Se aos Estados em gestação deveriam corresponder nações homogêneas, os indígenas só poderiam ser assimilados formalmente a elas a partir do abandono de suas identidades étnicas e formas de organização tradicionais.

Nesse sentido, são poucos os casos em que verificamos esforços de criação de uma identidade nacional baseada em um contingente ampliado de cidadãos ou na transcendência das divisões étnicas. Manuel Belgrano, membro da Primeira Junta que assumiu o poder após a deposição do vice-rei do Rio da Prata Baltasar Hidalgo de Cisneros, chega a propor uma monarquia constitucional unificada sob o reinado de um inca em seu *Plan del Inca*, apresentado ao Congresso de Tucumán em 1816. Segundo ele, era preciso devolver ao continente americano sua independência autóctone e, portanto, nada mais justo do que escolher como rei das Províncias Unidas do Rio da Prata um descendente da dinastia dos incas. O *Plan del Inca* de Belgrano é uma experiência singular entre os planos que discutiam o futuro das jovens e recém-emancipadas repúblicas. Tomás Manuel de Anchorena, deputado por Buenos Aires e futuro colaborador de Juan Manuel de Rosas, afirmou na ocasião que não lhe incomodava o projeto monárquico de Belgrano, mas sim a ideia de um monarca da "casta chocolate", cuja pessoa, se existisse, provavelmente teria de ser arrastada de uma *chichería* – típica taverna indígena –, coberta de trapos, para ser colocada no alto trono de um monarca. Num ambiente político em que grassavam preconceitos e estereótipos que detratavam os indígenas, o ministro de governo de Buenos Aires, Bernardino Rivadavia, decidiu pela outorga de uma pensão vitalícia ao último descendente de Túpac Amaru II, como forma de recuperar os direitos dos povos nativos usurpados pelos espanhóis. Acusado de envolvimento na rebelião de 1780, Juan Bautista, meio-irmão de Túpac Amaru II, foi sentenciado ao exílio em Ceuta, mas, após ser libertado, chegou em Buenos Aires, onde começou a escrever suas memórias em troca da mencionada pensão vitalícia.

Em meados do século XIX, o então presidente da Bolívia, Manuel Isidoro Belzú (1848-1855), buscou estabelecer laços com os múltiplos passados daquele território, em um projeto político que claramente rejeitava a ideia de uma suposta incapacidade por parte da população indígena de ser incorporada à entidade política nacional. Belzú recorreu a referenciais simbólicos milenares – entre eles, acidentes geográficos como Huayna Potosí – e à expansão tributária – o que, sem implicar o aumento da carga financeira, representou a incorporação dos indígenas à cidadania – como forma de estabelecer uma ligação com a população indígena e criar uma identidade nacional baseada na inclusão. Contudo, projetos como este foram logo abafados por setores das elites crioulas que viram seu poder ameaçado pela ascensão das massas indígenas.

As antigas oligarquias locais, que financiaram e sustentaram as guerras contra as tropas espanholas, o fizeram sempre segundo uma geografia que não era orientada pela bússola dos espanhóis. Os vice-reinados, capitanias gerais, audiências e outras formas de demarcação territorial não corresponderam, necessariamente, às fronteiras estabelecidas no pós-independência.

O processo de independência fragmentou os espaços que a administração da Coroa espanhola havia articulado e unido de outras formas em tempos coloniais. Por exemplo, a Grã-Colômbia, que substituiu o Vice-Reinado de Nova Granada, deu origem a três novos Estados – Colômbia, Panamá e Equador; já as Províncias Unidas do Rio da Prata, que substituíram o Vice-Reinado do Rio da Prata, se fragmentaram em quatro novas nações: Uruguai, Paraguai, Bolívia e Argentina. Podemos assim dizer que a configuração das repúblicas latino-americanas acompanhou a formação das grandes elites econômicas, num amplo terreno altamente especializado do ponto de vista econômico e fragmentado do ponto de vista das elites políticas locais. A ausência de uma força integradora no interior de cada novo Estado resultou em fronteiras instáveis décadas após o início da vida independente, o que motivou grandes guerras e conflitos políticos no século XIX, que deram origem a um mapa político do continente americano que não se assemelha àquele que hoje conhecemos.

O contexto da Confederação Peru-Boliviana é elucidativo tanto dessa instável geografia oitocentista das Américas quanto dos sentimentos conservadores e racializados mobilizados pelas elites crioulas no processo de construção das repúblicas latino-americanas. Em 1836, diante das instabilidades políticas enfrentadas pelo Peru, o presidente e marechal boliviano Andrés de Santa Cruz estabeleceu junto ao presidente peruano Luís José Orbegoso a união entre Bolívia e Peru. Acolhido pelos departamentos mais ao sul do país, como Puno, Cusco e Arequipa, o projeto foi criticado e rechaçado pelas elites comerciais de Lima e da costa norte. É inegável que a Confederação, de certa forma, ameaçava os projetos econômicos voltados para o estabelecimento do comércio com o Chile pela via do Pacífico. Contudo, o que estava em jogo era também uma questão ideológica, na medida em que aterrorizava os crioulos de Lima aquilo que era interpretado como uma "invasão indígena" ao país. Em outras palavras, um indígena (dominado) atuando como conquistador (dominador) representava uma inversão de papéis que não seria tolerada por esse setor crioulo.

Embora se reconhecesse como legítima herdeira dos incas, o desprezo da elite limenha pelos indígenas que não se vincularam a um passado e a uma abstração fica evidente na maneira como Santa Cruz foi retratado pela opinião pública. De nada importava ser filho de um crioulo nascido em

Huamaga, ter sido educado em Cusco, ter combatido no exército patriota de San Martín pela independência do Peru. O estigma carregado por ser filho de uma mulher de língua aymara, cacica de Huarina, tornava Santa Cruz um ilegítimo invasor e conquistador. Em tom satírico e racista, a imprensa clamava (Méndez et al., 1995):

> Que na Europa um Napoleão / pretendesse dominar / fundando sua pretensão / em sua glória militar / o que tem de singular? Mas que no Peru o tente / um indígena ordinário, estrangeiro, indecente, / covarde, vil, sanguinário / isso sim é extraordinário.

O indígena, portanto, era aceito enquanto glória passada; era sábio, quando associado à imagem de Manco Capac, o primeiro governante de Cusco. Contudo, era considerado bruto, vândalo e impuro enquanto presente, como Santa Cruz. A derrota da Confederação Peru-Boliviana na Batalha de Yungay, em 1839, representou a vitória de um nacionalismo peruano autoritário, construído pela elite crioula limenha e da costa norte do país, baseado no desprezo e na segregação do indígena, sobretudo daqueles que ousavam "sair de seu lugar". Não coincidentemente, neste mesmo ano foi firmado o Pacto de Yanallay, mediante o qual as comunidades indígenas de Iquicha juraram obediência e submissão à Constituição e às leis peruanas. Embora os iquichanos não tenham abandonado sua posição de enfrentamento em relação ao Estado, em termos simbólicos foi importante submeter os indígenas considerados realistas, inimigos da pátria e apoiadores de Santa Cruz.

O processo histórico ocorrido no território que hoje convencionamos chamar de Chile não foi muito diferente do ocorrido no Peru. Desde o século XVI, os indígenas que ocupavam a região ao sul do rio Bío-Bío – que a partir do século XVII se reconheceriam em termos étnicos como mapuches – representaram um grande empecilho à penetração espanhola na porção austral do continente americano denominada, pelos colonizadores, de Araucanía e, pelos nativos, de Gulumapu. Retratado por Alonso de Ercilla no poema épico *La Araucana* (1569-1589), o sangrento confronto entre nativos liderados por Caupolicán e Lautaro e espanhóis conduzidos por Pedro de Valdivia, conhecido como "Guerra de Arauco", foi responsável por interromper a expansão da colonização para além de cidades como Santiago (1541) e Concepción (1550). No ano de 1554, porém, o governador Francisco de Villagra decretou a evacuação forçada das cidades de Arauco, Santa Cruz, Osorno, Valdivia, La Imperial, Angol e Villarrica. Uma vez abandonada, esta última foi reduzida às cinzas pelos indígenas sublevados.

A incessante resistência indígena na região contribuiu para que, em meados do século XVII, as autoridades coloniais adotassem progressivamente nova política de conquista. Se até então esta havia se caracterizado pela submissão forçada, a ideia agora era pacificar a fronteira por meio das missões jesuíticas e assembleias. Um episódio que elucida essa mudança de postura dos colonizadores em relação aos mapuches foi a celebração, em 1641, das *Paces de Quilín*, uma capitulação de paz estabelecida entre o governador dom Francisco López de Zúñiga, representante da Coroa espanhola, e Lincopichón e Butapichón, representantes dos "Índios Araucanos do Reino do Chile". Na legislação espanhola, "Dar las Paces" significava realizar um acordo ou tratado internacional entre "Estados soberanos" representados por seus príncipes, no intuito de pôr fim a guerras e conflitos, estabelecer uma convivência tranquila e harmoniosa e determinar os limites dos domínios territoriais. As *Paces de Quilín* foram responsáveis por transformar os indígenas em vassalos do rei, estabelecer o rio Bío-Bío como linha de fronteira e limite da ocupação espanhola e reconhecer os nativos como interlocutores políticos. A partir de então, as assembleias se transformaram no principal instrumento de negociação política fronteiriça entre os mapuches e a Coroa espanhola.

Desde o sul do rio Bío-Bío até a ilha de Chiloé, 10 milhões de hectares foram reconhecidos aos mapuches através de 28 assembleias com a Coroa espanhola e uma assembleia com a República do Chile. Contudo, a partir de meados do século XIX, contexto de consolidação do Estado nacional chileno, a negociação diplomática entre indígenas e crioulos se viu progressivamente inviabilizada pelo delineamento de "ideologias da ocupação", que buscaram fundamentar a organização de ofensivas militares destinadas à incorporação do Gulumapu à jurisdição do Estado nacional chileno. Tais ideologias foram responsáveis por converter as seculares "zonas de contato" em "limites antagônicos", isto é, em espaços de enfrentamento bélico, limitando ou eliminando qualquer tipo de contato interétnico. Essa realidade não foi vivida exclusivamente no Chile. Na verdade, o contexto histórico mundial caracterizou-se, de um modo geral, pela ampliação das necessidades territoriais das sociedades nacionais em virtude do avanço tecnológico, do aumento populacional e da busca por recursos naturais.

A imagem do indígena mapuche foi recuperada de maneiras bastante distintas pela retórica nacionalista crioula ao longo do século XIX. No contexto da independência, por exemplo, os dirigentes patriotas retomaram alegoricamente as figuras de Lautaro e Caupolicán, reforçando o seu espírito libertário, indômito e valente. A Guerra de Arauco e o passado pré-hispânico são vistos como elementos potencialmente articuladores do discurso emancipador, que, revestido de densidade histórica, torna-se capaz de mobilizar os crioulos em torno da emancipação política e da luta anticolonial. Os indígenas representavam o amor ao solo pátrio e à irrenunciável liberdade; a resistência na Araucanía era um exemplo a seguir, uma meta a alcançar.

A criação do primeiro escudo nacional, no qual figurava um casal indígena representando a nação chilena "em glória e majestade", e o surgimento das *Logias Lautarinas*, agências propagadoras do pensamento emancipacionista e assim batizadas em homenagem a Lautaro, atestam a carga ideológica positiva associada aos mapuches. Determinadas ações políticas também refletiam essa mentalidade dos patriotas. No ano de 1819, Bernardo O'Higgins, em sua qualidade de diretor supremo do Estado chileno, pontuou a necessidade de construir uma aliança com o "Estado mapuche" e de que os indígenas fossem reconhecidos como cidadãos chilenos e livres como os demais habitantes do território.

Contudo, no contexto das lutas emancipacionistas, boa parte dos mapuches se aliou ao bando realista, mantendo os compromissos contraídos com os espanhóis no período colonial e combatendo os patriotas no sangrento conflito conhecido como "*Guerra a Muerte*". O que à primeira vista pode parecer ingenuidade ou estupidez dos nativos, revela na realidade uma apurada consciência política. Na lógica indígena, seria mais conveniente garantir os acordos estabelecidos com as autoridades espanholas nas subsequentes assembleias, que fixavam a fronteira no rio Bío-Bío e atribuíam ao território mapuche um status jurídico independente, do que se aventurar em uma aliança política sem precedentes com os crioulos.

A decisão indígena pareceu acertada na medida em que, a partir de meados do século XIX, é visível a radicalização da linguagem política empregada para referir-se aos mapuches. Essa linguagem torna-se mais violenta, racializada e impregnada de estereótipos do que no contexto anterior, levando ao crescimento do sentimento contrário aos indígenas no seio da sociedade chilena. O aprisionamento dos nativos entre dois focos expansivos de colonização, a partir da chegada dos primeiros colonos alemães a Valdivia, Puerto Octay e Puerto Montt, em meados do século XIX, assim como os inúmeros incidentes envolvendo os crioulos e os mapuches nas áreas de fronteira, geraram uma tensão irredutível que encontraria sua válvula de escape no delineamento de propostas de conquista militar do Gulumapu. A perda de vidas e os demais prejuízos causados aos povos fronteiriços, assim como um sentimento coletivo de dignidade nacional maculado pelos mapuches, foram argumentos utilizados para justificar o aumento do contingente militar e o avanço da ocupação do território indígena.

A imprensa certamente constituiu um dos mais profícuos canais de expressão e de disseminação do vocabulário político depreciativo do indígena na América hispânica. No que diz respeito à experiência chilena, os jornais que tiveram uma atuação de destaque nesse debate foram *El Mercurio*, de Valparaíso (o qual se encontra até hoje em atividade), *El Ferrocarril*, de Santiago, *El Correo del Sur*, de Concepción, *La Tarántula*, de Concepción, e *El Meteoro*, de Los Ángeles. Fosse no âmbito nacional ou provincial, fato é que a imprensa chilena desenvolveu estratégias discursivas direcionadas à produção de representações na maior parte das vezes negativas sobre os mapuches:

> A conquista de Arauco é a verdadeira cruzada chilena;
>
> A Araucanía se levanta hoje contra o Chile; mas, amanhã, o Chile lançará seu braço de ferro sobre os índios imprudentes, para reduzi-los à impotência, ao nada, e para fazer desaparecer de seu território uma horda de bandidos, rebeldes contra a luz da razão e da verdade. (Seixlack, 2018)

Estes são apenas exemplos de como os periódicos elaboraram estratégias discursivas que converteram as operações militares na vanguarda do projeto de incorporação do Gulumapu à jurisdição chilena. Ainda que a guerra de extermínio e as espoliações violentas fossem verbalmente rechaçadas, comumente recorria-se ao princípio da "civilização universal" para negar aos indígenas o direito à "existência bárbara".

Diferentemente dos mapuches, que interpretaram a incorporação dos seus territórios como uma "invasão", a política de territorialização implementada pelo Estado chileno a partir dos anos 1860 foi concebida pelos crioulos como uma "pacificação". Segundo eles, a proposta era "tranquilizar" o território convulsionado pela instabilidade política e pela ação de indígenas, sendo esta uma precondição para o avanço da fronteira até a antiga cidade de Villarrica, em concomitância com a colonização do território. Essa diferença na interpretação dos fatos pode ser percebida nos tempos atuais: enquanto para a historiografia nacionalista chilena a incorporação dos territórios indígenas é chamada de "Pacificação da Araucanía", para os mapuches esse processo consistiu na "Conquista do *Wallmapu*" (país mapuche).

A resistência indígena ao processo de usurpação dos seus territórios ancestrais no século XIX foi bastante intensa. Por mais que organizassem invasões às propriedades crioulas situadas na linha de fronteira, os mapuches também se valiam da via institucional para fortalecer suas reivindicações. As correspondências enviadas pelos *lonkos* (chefes) indígenas às autoridades crioulas evidenciam o seu interesse em solucionar os conflitos também através da via política. Por exemplo, um dos mais importantes *lonkos* do período, Mañil Bueno, recorreu à amizade mantida com Justo José de Urquiza, presidente da Confederação Argentina, para expor sua indignação frente à política expansionista do Estado chileno:

> Meu general e grande amigo. Os quatro territórios estão sujeitos à minha autoridade como chefe da guerra que estamos travando para defender nosso território e nossa independência, que o governo [Manuel] Montt de Santiago quer nos tirar. Nesse conflito, recorro à sua amizade para que me diga francamente se tenho o direito de defender os tratados de paz que meus antepassados fizeram com o rei da Espanha. O governo pátrio me

> enviou uma proposta de paz em 1837 e minha resposta foi dizer que ela [poderia] ser feita, desde que a linha do rio Bío Bío fosse respeitada e que nenhum cristão fosse autorizado a passar por ela para povoá-la, e muito menos força armada. (Seixlack, 2018)

Esta foi uma entre as inúmeras tentativas dos indígenas de angariar auxílio na defesa do território indígena.

A vitória do Chile sobre a Bolívia e o Peru na Guerra do Pacífico (1879-1883), conflito motivado pelo domínio do território de Antofagasta, rico em recursos naturais como guano e salitre, evidente desde janeiro de 1881, trouxe consigo o fôlego necessário para a resolução da questão mapuche: provocou uma onda de entusiasmo, confiança e orgulho nacional entre os crioulos, que contagiou o governo de Santiago e a opinião pública. Desde então, estavam disponíveis os elementos imprescindíveis à conquista do Gulumapu: um Estado forte e um Exército moderno, amparado por equipes de saúde, trabalhadores especializados no levantamento de fortes, telégrafos e armamento de repetição. No porvir do Estado nacional chileno em fins do século XIX, a população indígena definitivamente não teria mais espaço. Segundo a elite crioula, era visível a decadência dos mapuches, fosse em virtude de sua absorção pela raça branca, fosse em virtude da manutenção de sua vida independente e "bárbara". Nesse sentido, o indígena encontrar-se-ia entre os termos do seguinte dilema: ser incorporado à comunidade nacional ou retirar-se mais ao sul, rumo à Patagônia, onde padeceria de epidemias, miséria e fome. De todos os modos, sua extinção era considerada um axioma indiscutível, um movimento lógico e natural que se sucederia em todo o continente americano. Segundo um artigo publicado pelo periódico *El Mercurio* em 1883, ano em que o exército nacional alcançou as ruínas da cidade de Villarrica, "Arauco não existe mais! E quem quiser saber qual foi a raça que povoou o solo de nossa pátria, terá que procurá-la nas páginas dos antigos cronistas espanhóis" (apud Seixlack, 2018).

A incorporação do Gulumapu à jurisdição estatal resultou em transformações significativas para os mapuches. Estes se dispersaram em mais de 3 mil comunidades, muitas delas com escassos contatos entre si. Foram distintas as formas de integração dos indígenas à sociedade chilena. Enfraquecidos pela derrota militar, muitos foram convertidos em camponeses, dedicando-se à vida de semeadores e lavradores. A consequência mais visível dessa mudança foi a pauperização, em virtude da subsequente mercantilização da terra e das atividades agropecuárias. Segundo dados oficiais, durante o estabelecimento das reduções, entre 1884 e 1930, apenas 5,5% dos hectares permaneceram como propriedade indígena. Ademais, muitos nativos foram empregados no serviço militar, adquiriram educação ocidental nas missões religiosas anglicanas e capuchinhas, migraram para os grandes centros urbanos como Temuco e Santiago ou participaram da construção das linhas férreas.

No território que hoje convencionamos chamar de Argentina, a experiência histórica apresenta inúmeros pontos de semelhança com a história chilena. Ao assumir o governo de Buenos Aires no ano de 1829, Juan Manuel de Rosas, militar que governou a província de Buenos Aires e a Confederação Argentina (1829-1832; 1835-1852), foi responsável por institucionalizar as bases de um modelo de negociação política conhecido como "Negócio Pacífico de Índios", voltado para a regulação das relações entre o governo bonaerense e os indígenas que habitavam o território dos Pampas. O fornecimento regular de bens e víveres aos indígenas – animais, ervas, açúcar, tabaco, álcool, vinho, roupa – foi sistematizado e transformado em importante nexo econômico-social que vinculava nativos e crioulos. Tornou-se a base mesma para o delineamento das categorias de "índios aliados" – aqueles que mantinham sua "autonomia territorial" – e de "índios amigos" – aqueles que, reduzidos ou submetidos, respondiam às ordens militares ou de forças regulares do governo, estando instalados nas imediações das fronteiras. A prática de Rosas contribuiu para a emergência dos grandes cacicados nos Pampas, em especial a Confederação de Salinas Grandes, liderada em seus primórdios por Juan Calfucurá. É inegável que o "Negócio Pacífico de Índios" representou o reconhecimento dos nativos enquanto interlocutores políticos e atores relevantes na política provincial, dando continuidade à tradição colonial de contratos e acordos.

Entretanto, a multiplicação do estado de insegurança na fronteira pampeana, cuja expressão máxima foi o episódio ocorrido em San Carlos em 1872, atuou como ponto de inflexão no relacionamento entre o governo nacional e os grupos indígenas na Argentina. Na ocasião, em virtude do descumprimento dos tópicos de paz acordados com os representantes do poder estatal, o cacique Juan Calfucurá reuniu uma força de 3.500 guerreiros indígenas, invadiu estâncias crioulas e regressou com o botim de 50.000 cabeças de gado. A partir de então, os artigos veiculados pela imprensa bonaerense reforçaram o seu papel enquanto formadora de uma opinião pública contrária aos indígenas e favorável à ação do Exército na contenção das invasões indígenas e na ocupação de seus territórios. Segundo o periódico *La Tribuna*, a definitiva resolução da questão indígena no país era indissociável da adoção de um novo sistema de fronteiras: "É a ofensiva que nos salvará das depredações dos bárbaros". Nesse sentido, caberia ao Exército argentino, recém-egresso da Guerra do Paraguai (1864-1870), realizar uma imediata e derradeira ofensiva contra os nativos.

Entre abril e junho de 1879, partiu em direção aos territórios indígenas austrais um Exército Expedicionário, liderado pelo ministro da Guerra e Marinha, Julio Argentino Roca, e composto de 6 mil soldados agrupados em cinco divisões. O passo a passo da expedição organizada por Roca pôde ser acompanhado de perto pelos leitores assíduos dos periódicos bonaerenses. Diariamente, eram publicados relatos de viagem dos correspondentes que integravam as divisões militares, assim como documentos oficiais que retratavam em detalhes os triunfos obtidos sobre os indígenas. Roca atribuiu um valor simbólico tão forte à expedição, que se destacou à frente de sua coluna militar para ter certeza de que estaria em Choele Choel – o coração do território indígena – no dia 25 de maio, data do aniversário da Revolução de 1810, importante marco das lutas independentistas crioulas. Foi quando dirigiu às tropas a seguinte fala:

> Este dia de Choele Choel é um digno dia seguinte àquele [grande dia de 1810], porque inaugura o domínio da civilização aqui, onde a barbárie reinou por três séculos. É o que realmente pode ser chamado de "continuação da tarefa iniciada em 25 de maio de 1810". Éramos então livres e independentes; estamos agora dando o passo mais importante de nossa soberania adquirida. (Seixlack, 2018)

Além de trazer consequências devastadoras para as comunidades indígenas pampeanas, a "Campanha do Deserto", como a historiografia nacionalista argentina costuma se referir à expedição orquestrada por Roca, abriu caminho para que o ministro da Guerra e Marinha adquirisse apoio da opinião pública e dos setores políticos para estender seu projeto de territorialização à espacialidade compreendida entre os rios Neuquén e Limay e o lago Nahuel Huapi – a Patagônia argentina. De acordo com os cálculos oficiais do governo argentino, entre agosto de 1878 e maio de 1879 foram obtidas as seguintes cifras: 5 caciques principais prisioneiros; 1 cacique principal morto; 1.271 guerreiros prisioneiros; 1.313 guerreiros destituídos de combate; 10.513 índios prisioneiros; 1.049 índios reduzidos. Nos dados anteriores não estavam incluídos aqueles assassinados nas perseguições ou mortos pela fome e por doenças, como a varíola. Quanto aos remanescentes, muitos buscaram refúgio nos territórios inóspitos situados na Patagônia ou se viram obrigados a adotar novas formas de vida. Mulheres e crianças tornaram-se pessoal doméstico em Buenos Aires; adultos foram direcionados às Forças Armadas ou transformados em mão de obra nos engenhos açucareiros em Tucumã e nas oficinas madeireiras de Chaco e Formosa; os caciques amigos receberam pequenas porções de terra, onde, sob a tutela de clérigos e militares, foram sedentarizados, evangelizados e convertidos em pequenos produtores agrários.

O século XX e o processo de reemergência etnopolítica

Embora a resistência indígena tenha acompanhado todo o processo de colonização, é inegável que as últimas décadas do século XX no continente americano se caracterizaram pela afirmação política da etnicidade, já que a sistematização das identidades coletivas se converteu em um mecanismo de reivindicação da representatividade social e política pelos povos originários. Os movimentos etnopolíticos transformam em pauta central a crítica às características monoétnicas, monoculturais, racistas e excludentes dos países da América Latina, que, quando assimilaram os setores indígenas à cultura nacional, o fizeram através da noção de mestiçagem e de campenização, criando instituições que substituíram as formas de organização tradicionais. Nesse sentido, ainda que muitos governos latino-americanos tenham promovido no século XX o reconhecimento inédito da cidadania da população indígena, como Argentina, Brasil, Equador e Peru, proporcionando maior participação das comunidades na vida política do país, essa participação estava associada a um processo de assimilação cultural/econômica e à mediação estatal. Esse foi o caso, por exemplo, da Bolívia, já que o Movimento Nacionalista Revolucionário (MNR), que esteve no poder entre 1952 e 1964, condicionou o reconhecimento da cidadania aos indígenas à mediação dos sindicatos rurais, sob o controle estatal. Logo, para se enquadrar nos termos do relacionamento com os Estados nacionais, os grupos indígenas não podiam expressar suas tradições de pensamento e suas percepções de mundo originárias.

Essa aliança dependente entre os governos nacionais e os grupos indígenas fez com que o tema da etnicidade e da participação autônoma das comunidades indígenas ficasse por um tempo adormecido. Contudo, a partir da década de 1970, movimentos de cunho etnopolítico buscaram restabelecer os laços comunitários como forma de romper com as formas encobertas da dominação colonial. Passaram a questionar os traços paternalistas que prevaleciam na relação entre Estados nacionais e grupos indígenas e as continuidades oligárquicas do sistema ideológico dominante, que fortaleceram modelos econômicos de cunho extrativista e neoliberal. Ao lançar luz sobre a permanência das estruturas coloniais de dominação, esses movimentos atentaram para o fato de que as independências no continente foram incapazes de romper com o sistema colonial instaurado pela conquista no século XVI. Reconheceram que a exploração econômica dos grupos indígenas caminhava lado a lado com a colonização cultural, isto é, com "o domínio sobre as mentes que tornou possível o domínio sobre os corpos" (Seixlack; Castro, 2021). Dessa forma, os movimentos indígenas passam a se opor aos discursos de poder legitimadores da dialética "colonizador-colonizado" e a lutar pelo reconhecimento dos modelos organizativos ancestrais por parte da política institucional ocidental.

É nesse contexto, por exemplo, que surge o movimento katarista na Bolívia. O katarismo rompe com a ideia de uma Bolívia mestiça e colonial, mas também com a esquerda trabalhista, fortemente associada a um projeto homogeneizante e modernista do Estado nacional. Nesse sentido, critica a atitude dos partidos de esquerda, por subalternizarem a população campesina frente aos trabalhadores e por silenciarem sobre a temática indígena no país. Com o slogan "camponeses sim, mas antes de tudo indígenas", o katarismo recupera a memória de um enfrentamento plurissecular entre indígenas e Estado, ressaltando a importância de figuras indígenas como Túpac Katari, e reinventa a indianidade, não mais como estigma, mas sim como elemento de emancipação e projeto político. No *Manifiesto de Tiwanaku*, o primeiro documento público lançado pelo katarismo, em 1973, estão presentes críticas à exploração e à opressão cultural e política dos campesinos quéchua e aymara e referências ao despertar da consciência campesina. Segundo o *Manifiesto* (IELA, 2022),

> Na Bolívia, não houve uma integração de culturas, mas sim uma sobreposição e dominação, e nós permanecemos o estrato mais baixo e mais explorado da pirâmide. A Bolívia passou e está passando por terríveis frustrações. Uma delas, talvez a maior de todas, é a falta de participação real dos camponeses quéchuas e aymaras na vida econômica, política e social do país. Acreditamos que, sem uma mudança radical nessa área, será totalmente impossível criar uma unidade nacional e um desenvolvimento econômico dinâmico e harmonioso que seja adequado à nossa realidade e às nossas necessidades.

No Chile, um processo semelhante ocorreu com o surgimento, no contexto da redemocratização do país, do *Aukiñ Wallmapu Ngulam*, ou *Consejo de Todas las Tierras*, uma organização mapuche que tinha como objetivo dar voz às comunidades rurais e aos seus líderes tradicionais. O *Consejo* buscou romper com a subordinação do movimento mapuche aos partidos políticos e à lógica urbana, que impediam a manutenção da relação orgânica dos indígenas com o território. Essa foi uma etapa importante no reconhecimento da autodeterminação e da autonomia como reações legítimas do povo mapuche à ocupação do Wallmapu pelo Estado chileno. Se a militância partidária e os vínculos com a esquerda haviam caracterizado o movimento mapuche nas décadas anteriores, vemos agora incorporado à luta o conceito de "Libertação Nacional Mapuche", que carrega consigo o protagonismo da nação mapuche na formulação de um projeto político autônomo.

Por fim, é importante destacar que, no cenário político latino-americano caracterizado pelo processo de reemergência etnopolítica, torna-se central a figura dos intelectuais indígenas. Embora não haja um consenso em termos da definição desse conceito, os intelectuais indígenas podem ser definidos como aqueles que assumem o compromisso de elaborar e de publicizar uma lógica contra-hegemônica que transgrida as fronteiras da subalternização, aqueles que transformam os rastros da ferida colonial e da colonialidade do ser e do saber em elemento de resistência. Os intelectuais indígenas encontram na elaboração de discursividades próprias um caminho para a criação de um projeto alternativo de sociedade, na qual os colonizados alcançam a libertação.

As narrativas elaboradas pelos intelectuais indígenas questionam a ideia de que produzir conhecimento significa quantificar, objetificar, universalizar. Por exemplo, a Comunidade de História Mapuche, coletivo de pessoas mapuches que busca repensar a história a partir de um compromisso com as lutas e perspectivas deste povo indígena, ressalta que a atividade intelectual mapuche expressa um conhecimento em equilíbrio que se nutre das vivências, experiências e modos de sentir mapuches. Além disso, as narrativas indígenas apontam para a importância de abandonar vocábulos que reproduzem as hierarquias coloniais e que relegam os indígenas a uma posição subordinada – como o termo "índio", imposto pelo poder colonial como forma de identificar e marcar o colonizado e de anular a diversidade interna à população nativa do continente americano. No mais, elas reescrevem o passado sobre novas bases, recuperando as memórias indígenas, ontologias e epistemologias que foram negadas pela colonização. A pensadora aymara Silvia Rivera Cusicanqui, que em 1983 fundou na Bolívia a Oficina de História Oral Andina visando a recuperação da memória oral dos povos aymara e quéchua, afirma que a oralidade é o espaço fundamental da crítica à ordem colonial e à concepção ocidental de história, que associa o início da história à aparição da escritura e silencia a memória coletiva indígena (Cusicanqui, 1987).

No Brasil, muitos desses princípios foram utilizados nas mobilizações contra o Marco Temporal, segundo o qual os povos indígenas só teriam direito à demarcação das terras que estivessem sob sua posse no dia 5 de outubro de 1988 – data da promulgação da Constituição Federal –, ou que nesta data estivessem sob disputa física ou judicial que pudesse ser comprovada. Essa tese, que não leva em consideração a violência decorrente do processo de colonização, não compreende o significado atribuído pelas epistemologias indígenas ao território. O território não é apenas um espaço de reprodução física ou econômica, um pedaço de terra sob a jurisdição do Estado. O território é também a base da existência, uma entidade que emerge por meio de práticas de vida. Em outras palavras: sem território, não há vida.

No Chile, o recente processo da Convenção Constitucional (2021-2022) também lançou luz sobre o protagonismo mapuche na política. Elisa Loncon Antileo, intelectual mapuche, foi eleita a primeira presidenta da Convenção e, junto a outros 17 convencionais indígenas, elaborou princípios constitucionais em consonância com as percepções de mundo indígena. A luta por um Estado chileno plurinacional e intercultural esteve atrelada ao desejo de construção de uma nova ética, voltada para o reconhecimento do "outro" e de sua percepção de mundo. Nas palavras de Elisa Loncon Antileo (2021),

> A tarefa é construir outra forma de ser plural, na qual o reconhecimento de nossas subjetividades e histórias dê origem a novos diálogos. Superar a sociedade monocultural não é apenas uma questão de tornar as diferenças visíveis, mas, acima de tudo, de construir novos vínculos sob as simetrias da racionalidade. Dessa forma, a plurinacionalidade deixa de ser uma solução cosmética ou algo apenas para os povos indígenas e se torna um modelo democrático de coexistência, em que cada cultura, território e nação pode construir seu próprio caminho em um todo heterogêneo. A tarefa é fazer do Chile uma comunidade política que se imagina e se projeta como múltipla, complexa, descentralizada e enraizada no futuro da parte mais profunda do país.

Dois paradigmas fundamentais do pensamento mapuche estavam presentes no projeto de Constituição. O primeiro consiste na interpretação da realidade composta de múltiplas vidas, cada uma delas fundamental para o equilíbrio do mundo, entre as quais a humana é apenas uma. O segundo paradigma consiste no Bem Viver, isto é, na ação de viver em harmonia e reciprocidade com todos os seres, com as forças espirituais, com a natureza em suas múltiplas manifestações e consigo mesmo. O Bem Viver implica uma perspectiva ética associada a uma postura sociobiocêntrica, que reconhece a Natureza como sujeito de direitos. É uma filosofia que engloba as demandas indígenas direcionadas ao estabelecimento de uma vida distinta da que é imposta pelo capitalismo e comprometida com a superação do tradicional conceito de desenvolvimento enquanto proposta global e unificadora. Logo, o Bem Viver não busca "alternativas de desenvolvimento", mas sim "alternativas ao desenvolvimento", que rompam com uma estrutura de dominação dicotômica.

Embora os movimentos indígenas hoje estejam bastante articulados, a fragilidade democrática que assola a América Latina contemporânea torna as relações entre grupos indígenas e Estados nacionais contingenciais e vulneráveis. Não podemos esquecer que, no Brasil, o Recurso Extraordinário (RE) 1017365, que discute Marco Temporal para a demarcação de terras indígenas, ainda se encontra em votação no Supremo Tribunal Federal. Ademais, existem projetos que buscam legitimar a exploração do petróleo na foz do rio Amazonas, o que pode trazer sérias consequências para os povos da região. No Chile, o governo de Gabriel Boric, embora eleito em 2022 sob a promessa de uma "reformulação da política chilena", deu prosseguimento à criminalização das demandas políticas e sociais dos mapuches e à militarização da região da Araucanía. Além disso, no plebiscito de votação obrigatória realizado em 4 de setembro de 2022, o *Apruebo* (campanha para a aprovação do projeto de constituição) sofreu uma significativa derrota, obtendo apenas 38,1% dos votos válidos e abrindo espaço para o crescimento político da ultradireita e suas pautas claramente anti-indígenas. Esses recentes casos demonstram que a relação entre os povos originários e os Estados nacionais nas Américas ainda permanece permeada de tensões e dissensos. A resistência indígena aos impactos do colonialismo continua viva e faz parte de um processo amplo e incessante de luta pela construção de caminhos para um futuro menos excludente e mais simétrico entre os diversos mundos que coexistem no interior das fronteiras dos Estados nacionais.

2.

AS FORMAÇÕES IMPERIAIS EUROPEIAS NO SÉCULO XIX

Erika Natasha Cardoso

"Abranger os espaços vazios"

No livro *De la colonisation chez les peuples modernes* ("A colonização entre os povos modernos"), publicado pela primeira vez em 1874, o economista francês Paul Leroy-Beaulieu (1874) elaborou um manifesto em defesa da expansão imperialista e colonial da França. Inspirado na experiência de sociedades europeias daquela e de outras épocas, ele delineou uma tipologia dos sistemas coloniais, destacando o que lhe pareciam ser erros, acertos, vícios e virtudes de cada um deles. Além de vantagens econômicas e sociais, Leroy-Beaulieu destacava que a colonização seria um sinal – e a consequência natural – da força e do vigor de um povo: segundo ele, embora "selvagens e bárbaros" fossem capazes de emigrar, somente os "povos civilizados" estariam aptos a colonizar.

Em suas sucessivas reedições – seriam seis, até 1908 –, a obra foi revista e ampliada com reflexões acerca do próprio avanço imperial europeu, que se intensificou exponencialmente ao longo desse período. Ainda que práticas imperiais e coloniais não fossem uma novidade na Europa de fins do Oitocentos, há um amplo consenso entre os historiadores quanto ao fato de que, sobretudo no decorrer das três últimas décadas do século, o expansionismo territorial, econômico e cultural das principais potências do continente teria adquirido contornos específicos. De acordo com essa perspectiva, o intervalo entre 1870 e 1914, aproximadamente, teria sido o palco daquilo que se convencionou chamar "imperialismo", "imperialismo moderno" ou "novo imperialismo": um processo a partir do qual um pequeno grupo de países, majoritariamente europeus, teria conquistado e dominado vastos territórios ao redor do mundo, principalmente na África, Ásia e Oceania. A esses territórios, Leroy-Beaulieu se referia, na quinta edição de seu livro, publicada em 1902, como "todos os espaços vazios do globo", os quais a expansão europeia teria abrangido no decorrer das últimas décadas do século XIX.

Sabemos, é claro, que esses espaços não estavam vazios. E os estudos mais recentes sobre o tema têm destacado também que o imperialismo não resultou de um projeto coeso compartilhado pelas potências expansionistas, mas de uma miríade de práticas muito diversas, empreendidas de maneira descontínua entre as últimas décadas do século XIX e as primeiras do XX, assim como antes e depois desse período. Esses novos estudos enfatizam ainda que o imperialismo não foi uma prerrogativa europeia e tampouco se restringiu à anexação territorial ou ao exercício direto do poder sobre os territórios conquistados. Além disso, as sociedades e povos implicados nesse processo – fossem eles dominantes ou dominados –, assim como os sujeitos e grupos sociais que os constituíam, não experimentaram o imperialismo da mesma forma, tampouco herdaram dele as mesmas consequências (Stoler; Cooper, 2020).

Essas e outras questões têm contribuído para ampliar a compreensão dos imperialismos de *fin de siècle*, revelando o caráter múltiplo e descontínuo dos repertórios de poder utilizados pelas potências expansionistas. Nesse sentido, ainda que o livro de Leroy-Beaulieu tenha sido uma importante referência para o pensamento imperialista francês entre os séculos XIX e XX, isso não significa que ele tenha sido a única ou que as autoridades metropolitanas e agentes coloniais a tenham seguido à risca. A experiência da própria França, assim como a de outras potências expansionistas europeias e não europeias, abrigou projetos variados, muitas vezes descontínuos, que eventualmente dialogaram e divergiram entre si. Além disso, por mais comparativa que fosse sua análise dos tipos coloniais, os diagnósticos e as propostas apresentados pelo autor foram determinados, sobretudo, pelas particularidades dos projetos imperiais e do cenário político, social e econômico francês, que era o que efetivamente o preocupava.

Apesar das suas especificidades, no entanto, o manifesto colonialista de Leroy-Beaulieu chama a atenção justamente por trazer à baila questões que, nas últimas décadas, têm estado no centro de importantes debates no âmbito dos estudos coloniais. Nas páginas seguintes, me proponho a abordar algumas dessas questões. A tarefa de selecionar quais revelou-se difícil, mas imprescindível: mesmo delimitando a análise ao continente europeu, as formações imperiais do século XIX revelam-se tão complexas e multifacetadas que não seria possível discuti-las em todos os seus aspectos. Sendo assim, optei por enfatizar um prisma de análise específico, que diz respeito às genealogias tradicionalmente atribuídas ao chamado "novo imperialismo". Trata-se, assim, de um recorte que privilegia a atuação de impérios europeus ultramarinos durante o longo século XIX, o que configura, sob muitos aspectos, uma maneira bastante tradicional de abordar o tema. Minha expectativa, contudo, é poder apresentar um panorama introdutório da experiência europeia de *fin de siècle*, que por muito tempo foi o paradigma conceitual dos estudos sobre o imperialismo, à luz de debates renovados, que a inscrevem em uma perspectiva mais ampla.

Genealogias imperiais

No terceiro volume de sua célebre tetralogia dedicada à formação do mundo contemporâneo, o historiador inglês Eric Hobsbawm (1988, p. 87) localizou a "era dos impérios" no período que se estende entre 1875 e 1914. Na obra, o autor enfatiza a importância de países como Estados Unidos e Japão na cena imperial do período, mas atribui o seu protagonismo, principalmente, a um pequeno grupo de potências do ocidente europeu: Grã-Bretanha, França, Alemanha, Itália, Holanda e Bélgica. Embora no final do Oitocentos a Europa – assim como outras regiões do mundo – já acumulasse vários séculos de experiência com práticas imperiais e coloniais bastante variadas, Hobsbawm argumenta que esse intervalo de tempo teria sido marcado pela "emergência do imperialismo", este sim um fenômeno inédito, de natureza essencialmente industrial e colonialista. Também denominado "novo imperialismo", ou "imperialismo moderno", esse fenômeno se caracterizaria pelo avanço de um reduzido número de potências imperiais, predominantemente europeias, sobre extensos territórios ao redor do globo, em especial África, Ásia e Oceania, o que provocou profundas alterações na geopolítica mundial e repercutiu de maneira duradoura nas sociedades envolvidas.

Hobsbawm não foi o único nem o primeiro a atribuir esse recorte temporal e geográfico ao chamado novo imperialismo. A premissa de que os impérios europeus surgidos ou reconfigurados nesse período representavam uma novidade foi defendida, inclusive, pelos ideólogos do imperialismo, contemporâneos ao fenômeno, como o próprio Leroy-Beaulieu, para quem a colonização de *fin de siècle* seria não apenas distinta, como melhor, mais justa e eficaz do que as anteriores. Já no debate historiográfico, sobretudo durante o século XX, prevaleceu a interpretação segundo a qual a partir de 1870 o expansionismo territorial, econômico e cultural da Europa teria adquirido novas feições, além de uma intensidade e alcance até então inéditos, o que o distinguiria de experiências anteriores.

Nesse sentido, a cronologia em que o fenômeno é comumente inserido enfatiza processos e eventos históricos relacionados diretamente ao continente europeu. O período abrange, por um lado, desde a série de transformações sociais, econômicas, políticas e culturais que, a partir de 1870, teriam motivado a retomada, em velocidade e ímpeto até então inéditos, dos projetos expansionistas das principais potências da região, até a eclosão da Primeira Guerra, em 1914, que ora é apresentada como resultado, ora como o motivo de uma crise no equilíbrio interimperial (Wesseling, 2009; Hobsbawm, 1988; Osterhammel, 1999). Por outro lado, esse período também coincide com o processo de expansão europeia sobre o continente africano, que, como veremos, se deu de maneira tão bárbara e veloz que acabou se tornando uma espécie de paradigma do imperialismo moderno.

Nas últimas décadas, contudo, pesquisas balizadas por perspectivas globais e comparadas têm contribuído para ampliar a definição do imperialismo, assim como seu escopo geográfico e temporal, destacando quão complicado seria tentar inserir um fenômeno em tal grau diverso, complexo e interpolado em recortes tão precisos (Singaravélou, 2013). Essas novas perspectivas de análise procuram enfatizar que aquilo que chamamos de imperialismo moderno não resultou de um projeto coerente empreendido de maneira constante e inalterada por um grupo de países, mas, ao contrário, constituiu-se a partir de uma gama muito diversificada de práticas, implementadas de maneira descontínua no tempo e no espaço. Tal impermanência pode ser notada não apenas nos projetos de potências imperialistas distintas, como também nos de um único império: não raramente o mesmo país mudou de estratégia com o tempo ou adotou políticas diferenciadas na extensão de seu território.

Os novos estudos coloniais advertem também para a importância de analisarmos formações imperiais cuja natureza imperialista foi, por muito tempo, relativizada. Esse é o caso dos impérios que não estabeleceram colônias formais, mas também o de impérios não europeus, como China e Japão; de antigos impérios continentais, tais como o russo, o otomano e o Habsburgo; ou ainda o de governos como o dos Estados Unidos e da União Soviética, cujas práticas imperialistas são consideradas ambivalentes por determinada historiografia (Cooper, 2010). Por outro lado, eles chamam a atenção para o quão múltiplas e descontínuas foram as cronologias imperiais, mesmo quando restringimos nossa observação à experiência de países do ocidente europeu que adotaram a anexação territorial como principal prática imperialista. Nesse sentido, evidenciam as inevitáveis limitações que decorrem da tomada da Europa ocidental como paradigma histórico e conceitual de império, nos encorajando a reconsiderar cronologias e enredos tradicionalmente atribuídos às formações imperiais de *fin de siècle*, muitos dos quais, a despeito de terem sido elaborados pelos próprios ideólogos do imperialismo, continuam se perpetuando (Stoler; Mcgranahan, 2007; Singaravélou, 2013).

Diante disso, seria mais apropriado, como nos sugerem Jane Burbank e Frederick Cooper (2019, p. 40), pensarmos não em termos de "tipologias imperiais" – que remetem a uma distinção entre modelos acabados e estáticos de império –, mas em "repertórios de poder", enfatizando, assim, a flexibilidade e a inconstância que caracterizaram as políticas imperiais dos séculos XIX e XX. Com objetivos semelhantes, Ann Laura Stoler e Carole McGranahan (2007) adotam a noção de "formações imperiais" para ressaltar o caráter ativo, contingente e dinâmico dessas mesmas políticas. Rejeitando a ideia de império como "um estado estacionário", no qual prevalecem instituições e ideologias fixas, as autoras postulam as formações imperiais como políticas contínuas de deslocamento, apropriação e transferência que se desenhariam a partir da constante reconfiguração de categorias, de territórios e de pessoas nos espaços imperiais.

Ao inscreverem as formações imperiais em uma perspectiva mais ampla, contudo, esses novos prismas de análise também trazem implícito o risco de que, ao dilatarmos demasiadamente a noção de imperialismo, ela acabe diluída e inapreensível, reduzida a um projeto vagamente situado entre a chegada de Colombo à América, em 1492, e as lutas de libertação nacional dos anos 1970 (Cooper, 2010, p. 10). Assim, ao questionarmos os elementos que há muito são considerados imperiais, devemos nos perguntar se ainda persistem – e quais são – as particularidades que fazem com que um determinado regime seja, efetivamente, um império, evitando assim sacrificar a validade teórica e a especificidade histórica do fenômeno (Stoler; Mcgranahan, 2007, p. 11).

Para o historiador francês Pierre Singaravélou (2013, p. 14), de uma maneira geral, os impérios contemporâneos podem ser definidos como qualquer outro tipo de império: eles consistem em formações políticas hierarquizadas que agregam povos e territórios distintos em benefício de um centro, valendo-se, para isso, de meios diversos, que vão desde ofensivas militares até acordos mais ou menos restritivos de fidelidade. Tais formações são expansionistas, ou possuem uma "memória da expansão", empregam políticas de incorporação e diferenciação nas sociedades subjugadas e são frequentemente compostas por territórios bastante heterogêneos, aos quais conferem status e práticas administrativas diferenciadas.

No entanto, é preciso questionar também, e de maneira mais específica, que elementos distinguem os imperialismos dos séculos XIX e XX, aos quais costumamos chamar de novos ou modernos, de formações imperiais mais antigas.

Reorganizando os mundos imperiais (1815-1870)

Nesse sentido, é interessante observar que as formações imperiais europeias dos séculos XIX e XX costumam ser chamadas de novo imperialismo ou imperialismo moderno para distingui-las de movimentos expansionistas mais remotos, iniciados no começo da Idade Moderna, no século XVI, e associados às Grandes Navegações. De acordo com a interpretação mais amplamente difundida, essa primeira onda expansionista teria se encerrado simbolicamente com o Congresso de Viena, em 1815, momento em que as principais potências europeias amargavam perdas territoriais importantes, e teria sido sucedida por um longo período de "estagnação", marcado pelo desinteresse da opinião pública, dos intelectuais e dos governos europeus pela questão colonial. Esse hiato teria sido interrompido a partir da década de 1870, quando os projetos imperiais foram retomados – ou, em alguns casos, iniciados – pelas principais potências no continente. É a essa segunda fase de expansão que os historiadores costumam chamar de imperialismo (Wesseling, 2009, p. 143).

De acordo com essa premissa, portanto, entre 1815 e 1870 teria prevalecido no debate público e entre as classes dirigentes europeias o pouco entusiasmo, quando não a explícita aversão, em relação a projetos e políticas imperiais. No que diz respeito à opinião pública, Paul Leroy-Beaulieu chegou a registrar o quanto ela era desfavorável à questão colonial quando a primeira edição de seu livro foi publicada, em 1874. Segundo ele, a ideia da colonização era "desprezada como um anacronismo" e o próprio editor o havia prevenido quanto ao fato de que o tema era impopular entre os leitores franceses. Cerca de vinte anos depois, contudo, o economista celebrava a mudança nesse cenário, comentando que eram poucos os que ainda negavam os benefícios da obra colonial.

Essa rejeição é comumente atribuída a uma dupla influência ideológica, que teria predominado nas décadas centrais do Oitocentos: por um lado, a de determinada vertente do pensamento iluminista, que associava a colonização à escravidão e julgava-a inconciliável com os fundamentos do direito natural e, por outro, a dos economistas liberais clássicos, que a consideravam incompatível com as leis do livre mercado, nas quais assentavam sua doutrina. É importante destacar, contudo, que no final do século a retórica imperialista encontraria meios de contornar tais empecilhos: o próprio Leroy-Beaulieu, que era um dos principais representantes do pensamento liberal francês da época, foi também um dos primeiros a asseverar que uma colonização baseada no livre comércio não só era possível, como desejável.

Já em relação às políticas imperialistas propriamente ditas e ao interesse das classes dirigentes europeias pela questão colonial, predomina um amplo consenso entre os pesquisadores quanto ao fato de que ambos teriam se intensificado no último terço do século XIX, momento marcado por importantes e profundas transformações nas formações imperiais e em seus repertórios de poder. Mas a ideia de que a tendência expansionista que caracterizou esse período tenha sido precedida por um período de estagnação colonial, no decorrer do qual os projetos imperiais das potências europeias foram abandonados ou suspensos, não usufrui de um consenso comparável.

De acordo com determinada historiografia, se pensarmos em termos de anexação territorial *stricto sensu*, essa interpretação faria certo sentido. Sustenta esse argumento, por um lado, o fato de que os principais impérios europeus sofreram prejuízos territoriais importantes, sobretudo no continente americano, entre os séculos XVIII e XIX: ao longo desse período, as Treze Colônias se tornaram independentes da Grã-Bretanha (1783); o Império Francês, que em 1804 havia perdido sua mais importante e lucrativa colônia com a emancipação do Haiti, ficaria ainda mais enfraquecido com as Guerras Napoleônicas (1803-1815); e antigos impérios outrora poderosos, como Portugal e Espanha, também se viam diminuídos com a independência de seus domínios na América do Sul (1810-1830). Por outro lado, sobretudo no continente africano, a presença europeia teria permanecido, até meados do Oitocentos, mais ou menos restrita às regiões costeiras e entrepostos comerciais onde ela já existia, em alguns casos, há séculos. Além disso, países que viriam a desempenhar um papel de destaque ainda não tinham debutado na cena imperial ou sequer existiam antes de 1870, como é o caso da Bélgica, que se separou dos Países Baixos em 1830, assim como o da Itália e Alemanha, cujos processos de unificação só se completariam no início dos anos 1870 (Wesseling, 2009, p. 143).

Contudo, embora a expansão seja um elemento importante para que um império seja definido como tal, não é indispensável que ela se traduza em anexação territorial ou no exercício direto do poder político e administrativo. Existiram outros meios, indiretos ou informais, de expandir-se e exercer domínio sobre um território. O colonialismo, enquanto forma territorializada de dominação, foi empregado com impressionante intensidade pelos impérios europeus a partir do final do século XIX, especialmente no continente africano, mas esse não foi o único repertório de poder utilizado e coexistiu com outras formas de alienação da soberania, que podem ser difíceis de apreender e nomear, mas que resultavam igualmente em laços de dependência (Singaravélou, 2013, p. 18).

Quando pensamos em impérios cujos repertórios de poder não incluíam necessariamente a anexação formal de territórios ou o exercício direto da autoridade, portanto, a ideia de um "período de estagnação" fica mais difícil de ser sustentada. Sobretudo no que diz respeito à experiência britânica, essa narrativa vem sendo relativizada desde os anos 1950, quando John Gallagher e Ronald Robinson, em um artigo intitulado "The Imperialism of free-trade" ("O imperialismo do livre comércio", 1953), defenderam a tese de que durante todo o século XIX a Grã-Bretanha exerceu um "imperialismo de livre comércio". De acordo com essa perspectiva, que mais recentemente vem sendo atualizada por autores como Jane Burbank e Frederick Cooper (2019, p. 460), ao contrário de uma pausa nos projetos imperiais, o que se observa no decorrer do Oitocentos é o aumento do poder de atuação britânico para além-mar por meio da prática crescente e sistemática de um "imperialismo informal", sobretudo no continente asiático. Valendo-se de estratégias que podiam variar entre a pressão diplomática, a ameaça bélica ou mesmo intervenções militares pontuais, ao longo de todo esse período o Império Britânico impôs limites à soberania de outros povos, obrigando-os, por exemplo, a abrirem suas economias, sem necessariamente recorrer à anexação territorial (Osterhammel, 1999, p. 13).

Em razão disso, a experiência britânica costuma ser apontada como excepcional: ao longo do século XIX, apesar do revés representado pela independência das Treze Colônias, a Grã-Bretanha teria sido o único império que continuou em franca expansão. Outros autores, no entanto, mesmo reconhecendo a proeminência britânica e as particularidades que caracterizaram as formações imperiais nas últimas décadas do Oitocentos, sugerem a existência de um *continuum* imperial que teria atravessado todo o século, ao longo do qual diversos repertórios de poder foram experimentados não apenas pela Grã-Bretanha, mas também pelas demais potências do período. A Rússia, por exemplo, constituía um poderoso império continental que, durante todo o século XIX, rivalizou com os britânicos pela hegemonia na Ásia Central, numa disputa que ficaria conhecida como *The Great Game* ("O grande jogo") (Wesseling, 2009, p. 143). Mas em meados do Oitocentos também os franceses se destacariam como potência ultramarina, praticando sistematicamente, assim como os britânicos, a chamada "diplomacia da canhoneira", sobretudo no continente asiático.

No caso da França, especificamente, estudos recentes têm procurado enfatizar a importância de sua atividade imperial nos dois primeiros terços do século XIX. Apesar de ter perdido parte significativa de seu território durante as Guerras Napoleônicas, o Império Francês possuía, em 1815, domínios que compreendiam a Ilha da Reunião, Martinica, Guadalupe e Guiana, além de entrepostos na Índia e no Senegal. Para Arthur Asseraf (2023, p. 374), embora esses territórios sejam comumente qualificados pela historiografia como as sobras esquecidas do Primeiro Império, eles não deixariam de ter importância, sobretudo estratégica, para a metrópole. Além disso, no decorrer do século XIX, impulsionados pela rivalidade interimperial e pelo desejo de recuperar seu antigo status de potência ultramarina, todos os regimes que vigoraram na França – monarquia, império e república – teriam elaborado e eventualmente efetivado projetos de novas conquistas.

Para assegurar concessões comerciais vantajosas, assim como os britânicos, os franceses se valeram de repertórios de poder variados: modelos informais de dominação – que eventualmente seriam submetidos a políticas mais diretas de governo – foram implantados em algumas regiões, como os Protetorados do Taiti (1842) e do Camboja (1863), mas a força militar também foi utilizada em diversas ocasiões, como na Nova Caledônia (1853), no Senegal (1854) e na Cochinchina (1862). O movimento crucial, no entanto, se deu com a conquista da Argélia, iniciada em 1830. Convertida em colônia, a Argélia teria funcionado como laboratório para ensaiar os novos repertórios de poder que o Império Francês viria a formular. Naquele espaço imperial, a França não se contentava em controlar alguns recursos-chave, como era mais usual nas décadas intermediárias do Oitocentos, mas tratou de estabelecer um controle total sobre o conjunto do território por meio de uma guerra que iria se estender por décadas (Asseraf, 2023).

Nem todas as investidas das potências imperiais europeias ao longo desse período foram bem-sucedidas – como atestam os desfechos da intervenção britânica no Afeganistão, entre 1839 e 1842, ou a francesa no México, entre 1861 e 1867 –, mas mesmo os fracassos demonstram que, ao longo do século XIX, elas não abandonaram ou paralisaram seus projetos imperiais (Osterhammel, 2019, p. 552). Nesse mesmo sentido, é importante notar que, com exceção das independências no continente americano, o século XIX não foi propriamente marcado por descolonizações, mas pela reconfiguração e recrudescimento de políticas imperiais em antigas colônias – formais ou informais –, muitas das quais se converteriam em base para novas conquistas europeias no *fin de siècle*. O intervalo entre 1815 e 1870, portanto, embora tenha sido por muito tempo negligenciado pela historiografia como um momento de estagnação colonial, revela-se como um período turbulento, que se caracteriza mais pelos movimentos de reorganização e mudança nos repertórios de poder das formações imperiais do que pela sua inatividade.

Assim, parte do desafio lançado pelos novos estudos coloniais consiste em reconhecer a pluralidade e a inconstância dos repertórios de poder colocados em prática pelas potências imperiais ao longo do século XIX, o que evidencia a fluidez temporal e geográfica que caracterizou os imperialismos. Mas, por outro lado, trata-se também de identificar, em meio às continuidades que marcaram as formações imperiais no decorrer desse período, as particularidades que nos permitem distinguir suas diferentes fases, sobretudo o período que se estende entre 1870 e 1914, aproximadamente, ao qual a historiografia tem dedicado atenção especial.

O apogeu imperialista e o paradigma africano (1870-1914)

Ainda que os imperialismos europeus não possam ser reduzidos ao intervalo entre 1870 e 1914, diversos autores concordam que esse período representa uma espécie de apogeu, no qual a expansão territorial, política, econômica e cultural de um pequeno grupo de países predominantemente europeus sobre vastos territórios do globo se deu em velocidade e intensidade até então inéditas. No decorrer desse processo, tanto a Oceania quanto a África – com exceção da Etiópia e da Libéria – seriam, em termos práticos, totalmente divididas entre potências imperialistas, enquanto na Ásia, embora extensos territórios tenham se mantido formalmente independentes, variadas formas de dominação foram estabelecidas, ampliadas ou completadas.

Resta indagar, portanto, que elementos tornam esse período particular. Em termos práticos, costuma-se ressaltar duas importantes mudanças nos repertórios de poder das potências europeias que teriam sido introduzidas ou intensificadas nesse momento. Uma delas diz respeito à configuração territorial dos impérios, que sofreu um duplo deslocamento: por um lado, no decorrer do Oitocentos o centro gravitacional transferiu-se das Américas para a África, Ásia e Oceania e, por outro, a presença europeia nestas regiões saiu dos enclaves costeiros, dirigindo-se para o interior, sobretudo a partir das décadas finais do século. Esse deslocamento teria sido possível em virtude dos avanços tecnológicos, sobretudo nos meios de comunicação e transporte, com os quais as potências imperialistas encontraram condições propícias para invadir e dominar regiões mais distantes do litoral (Singaravélou, 2013, p. 18).

Outra novidade seria o modelo econômico, que nas formações imperiais surgidas na Idade Moderna baseava-se no uso de mão de obra escravizada, no sistema mercantilista e no monopólio comercial, mas ao longo do Oitocentos foi sendo substituído pelos princípios liberais de livre mercado. Para alguns autores, no entanto, essa premissa merece uma reflexão mais acurada, uma vez que se origina nos argumentos morais elaborados pelos próprios ideólogos imperiais de *fin de siècle*, que, como Leroy-Beaulieu, alegavam estar construindo impérios modernos e, portanto, melhores. Assim, embora seja inegável que a expansão imperial europeia extraiu parte de sua legitimidade das ideias iluministas e das noções de modernidade que prevaleciam no momento particular em que ela se deu, essas correntes ideológicas possuíam implicações múltiplas (Burbank; Cooper, 2019, p. 514).

Um elemento importante a respeito dos imperialismos do século XIX diz respeito ao fato de que a presença europeia se traduziu de maneiras variadas nas diferentes regiões nas quais se impôs. Em relação ao continente asiático, podemos identificar a partir das décadas finais do século o aumento do interesse e da influência de potências europeias na região, assim como o recrudescimento de políticas coloniais, mas esse movimento não foi repentino, sendo antes o resultado de um processo que vinha se acentuando gradualmente há algum tempo.

A Grã-Bretanha, por exemplo, atuava na região denominada Índias Britânicas – que hoje corresponde aos territórios da Índia, do Paquistão, de Bangladesh e de Myanmar – desde o século XVIII, mas até meados do Oitocentos era uma companhia comercial – a Companhia Britânica das Índias Orientais – que exercia o controle informal sobre determinadas áreas. Situação semelhante se dava nas Índias Orientais Holandesas, região que hoje corresponde à Indonésia e que desde o século XVI era administrada pela Companhia Holandesa das Índias Orientais (Vereenigde Oostindische Compagnie – VOC). Também na China, a dinastia Qing admitia entrepostos comerciais administrados por companhias de comércio estrangeiras na sua costa há séculos, mas até meados do Oitocentos o governo havia conseguido manter um relativo controle, restringindo às cidades portuárias a circulação de europeus, que eram, além disso, submetidos às leis locais. Ao longo do século XIX, a interferência europeia nessas regiões foi se tornando mais insidiosa e intensa, o que eventualmente gerou tensão e resistência entre as populações e os governos locais, culminando em conflitos e no subsequente recrudescimento das políticas imperiais. Tais foram os casos, por exemplo, da Revolta dos Sipaios, ocorrida nas Índias Britânicas (1857-1859), da Guerra de Java (1825-1830), travada entre rebeldes javaneses e forças holandesas, e das duas Guerras do Ópio (1839-1842 e 1856-1860), travadas entre Grã-Bretanha e China (Wesseling, 2009).

A introdução da França no sudeste asiático, embora mais recente, também se deu de maneira gradual, entre 1850 e meados de 1880, a partir de um processo que, em certa medida, foi facilitado pelo enfraquecimento do Império Chinês, que há séculos exercia uma forte influência na região. No decorrer da conquista, que atravessou o Segundo Império e a Terceira República, os franceses estabeleceram uma colônia no sul do atual Vietnã, sob o nome de Cochinchina, além de protetorados nos reinos do Camboja, do Laos e em regiões do norte e do centro vietnamita. Durante algum tempo, tanto a colônia quanto os protetorados foram administrados com relativa flexibilidade por parte das autoridades metropolitanas, mas durante a Terceira República se tornariam alvo de políticas mais duras (Wesseling, 2009, p. 407).

Cabe ressaltar ainda que, além das potências ultramarinas europeias, outras formações imperiais surgiram ou intensificaram sua atuação na Ásia ao longo do século XIX. Esse foi o caso do Império czarista, que logrou importantes conquistas na região, mas também o de países asiáticos, como a própria China, que, embora sob domínio informal britânico, era e continuou sendo um império, além do Japão, que entrou na cena imperial anexando Taiwan, em 1895.

Os repertórios de poder utilizados pelas potências imperialistas na Ásia foram, sob muitos aspectos, diferentes dos que seriam empregados no continente africano. Nesse sentido, alguns autores qualificam o processo de expansão na região como "menos radical" do que o que se deu na África (Osterhammel, 2019, p. 557). Outras análises ressaltam que os territórios asiáticos foram indubitavelmente mais vantajosos para as potências europeias, que teriam obtido ali lucros muito maiores do que em outras regiões, mas na África, em contrapartida, o imperialismo teria adquirido contornos mais evidentes (Wesseling, 2009, p. 281). Em suma, prevalece a interpretação de que os impérios europeus se expandiram e intensificaram sua dominação ao longo de todo o século XIX, asseverando variados graus e formas de soberania em territórios distintos, mas a colonização do continente africano, de tão extrema, seria destoante, configurando assim uma espécie de síntese do novo imperialismo: "a imposição de um poder totalmente externo sobre povos taxados como primitivos" (Burbank; Cooper, 2019, p. 490).

O caráter espetacular da colonização africana é frequentemente atribuído à rapidez e à violência com que se deu: entre 1881 e 1912, quase todo o continente foi dividido entre França, Grã-Bretanha, Bélgica, Itália e Alemanha, além de Portugal, cuja presença nas regiões que hoje correspondem a Moçambique e Angola já vinha de longa data. Às vésperas da Primeira Guerra Mundial, apenas a Etiópia e a Libéria continuavam livres do jugo europeu. Esse processo é comumente denominado nos livros de História como "A partilha da África", mas, como observa Jürgen Osterhammel (1999, p. 557), do ponto de vista das populações africanas ele foi tudo, menos uma partilha: tratou-se, ao invés disso, de um reagrupamento político desenfreado, violento e arbitrário.

É importante notar, contudo, que embora a tendência colonizadora das potências europeias tenha se concentrado nesse intervalo de cerca de trinta anos, a África integrava os circuitos coloniais transatlânticos desde a Idade Moderna. A despeito dessa interlocução antiga, no entanto, até o século XIX a presença europeia na região havia ficado mais ou menos restrita a entrepostos comerciais localizados em enclaves costeiros. Com exceção da África do Sul e de assentamentos portugueses, até 1870 não havia penetração estrangeira significativa nas regiões centrais do continente. Ao longo do Oitocentos, a interferência das potências europeias se intensificou, sobretudo em áreas da África do Norte, mas por algum tempo a Argélia, que havia sido ocupada pela França em 1830, permaneceu sendo a única colônia formal na região e uma das poucas no território africano (Burbank; Cooper, 2019, p. 491). Esse cenário mudaria drasticamente na década de 1880.

Em termos cronológicos, dois episódios costumam ser apontados como o pontapé inicial do processo de colonização do continente africano: a tomada da Tunísia pela França, em 1881, e a do Egito pela Inglaterra, em 1882. O Congresso de Berlim, organizado por Otto von Bismark entre 1884 e 1885, também é mencionado como um momento importante desse processo, uma vez que ali foram estabelecidas as regras para a divisão e conquista do território africano, entre as quais previa-se a ocupação efetiva da terra para que ela fosse considerada uma colônia. Já o ato final da expansão europeia sobre a África costuma ser localizado em diferentes episódios: na Segunda Guerra dos Bôeres (1900), ocorrida na África do Sul; na partilha do Marrocos entre França e Espanha (1911); ou na anexação da Líbia pela Itália (1913).

Henri Wesseling (2009, p. 282) identificou três fases no processo de colonização do continente africano. A primeira delas teria sido breve, abarcando o período de dois anos entre a ocupação da Tunísia pela França (1881) e a do Egito pela Grã-Bretanha (1882), acontecimentos que se restringiram ao Mediterrâneo e que, segundo esse autor, estariam especificamente relacionados a questões tradicionais da diplomacia europeia. A segunda fase, mais longa, corresponderia ao avanço europeu sobre o interior do continente, entre 1882 e 1898: em um primeiro momento, esse avanço se deu sobre o Congo e pela África Central para, em seguida, estender-se em direção ao leste. Já a última fase, localizada entre 1898 e 1902, seria marcada por duas disputas interimperiais: o chamado Incidente de Fachoda, que se deu entre franceses e britânicos em torno da hegemonia sobre o Nilo, e as Guerras dos Bôeres, que opôs forças imperiais britânicas e colonos franceses e holandeses na África do Sul. Como o próprio autor ressalta, contudo, esses marcos temporais servem de parâmetro simbólico apenas para os processos de invasão e divisão formais do território, mas o processo de colonização em si é muito mais amplo e complexo. Além disso, não podemos esquecer que, embora os mapas coloniais estampem espaços precisos e cronologias lineares, o avanço imperial europeu se deu de maneira gradual e, em diversos momentos, vacilante (Wesseling, 1996, p. 680).

Nunca é demais reforçar que a imagem de uma África atávica, composta por tribos isoladas, é tão equivocada quanto a retórica imperialista dos "espaços vazios" e dos povos incapazes de se governar. No século XIX, o continente abrigava sociedades complexas e reinos importantes, inclusive do ponto de vista eurocêntrico, e muitas dessas comunidades, em especial nas regiões costeiras, tinham séculos de experiência comercial com os europeus (Burbank; Cooper, 2019, p. 494). Nesse sentido, uma questão que intriga e divide os historiadores diz respeito aos fatores que teriam levado à mudança de atitude das potências europeias em relação à África naquele momento específico. Como aponta Henri Wesseling (2009, p. 278), não basta considerarmos o desequilíbrio de força entre colonizadores e colonizados como uma condição para a existência do imperialismo, é preciso indagar por que as potências europeias decidiram fazer uso da força, nessa intensidade e contra essas populações especificamente. Motivações econômicas, políticas e culturais têm sido levantadas para explicar o impulso imperialista em si, mas a opção pelos repertórios de poder empregados na colonização do território africano nem sempre pode ser totalmente desvendada por essas explicações.

Nesse sentido, para Jane Burbank e Frederick Cooper (2019, p. 494), um dos motivos que teriam levado à mudança de atitude das potências imperialistas teria sido o temor de que os conflitos entre regimes africanos, junto com a concorrência interimperial na própria Europa, gerassem instabilidade, monopólios de comércio e interrupções no fluxo de matérias-primas essenciais para a indústria e para o equilíbrio social metropolitano. Outra motivação teria sido a discrepância tecnológica entre África e Europa, que aumentou com o aprimoramento da indústria farmacêutica, de transporte, de armamentos e dos sistemas de comunicação, tornando possível e atraente a ideia de desbravar regiões mais distantes do continente africano. Por fim, Burbank e Cooper ressaltam a propaganda imperialista, que, ancorada por discursos racistas em voga na época, divulgou publicamente uma imagem da África como uma terra bárbara e incivilizada, onde predominavam a escravidão e a tirania, o que justificaria e daria uma pátina altruísta à colonização.

Os motores da máquina imperialista

Já os motivos estruturais que teriam impulsionado o arroubo/tendência expansionista que caracterizou as formações imperiais no contexto específico do final do século XIX é um dos pontos de maior debate entre os estudiosos do imperialismo. Uma das hipóteses é a de que as motivações teriam sido substancialmente econômicas, tese que tem sua origem nas reflexões elaboradas pelo economista inglês J. A. Hobson no livro *Imperialism: a study*, publicado em 1902. Em resumo, seu argumento é o de que a superprodução gerada pela defasagem entre a capacidade de produção e o poder de compra dos trabalhadores europeus teve como consequência um importante excedente de capital, e os capitalistas teriam visto nos mercados estrangeiros a oportunidade de investi-lo com maior proveito do que teriam se o fizessem no âmbito doméstico.

Nas décadas seguintes, a tese de Hobson iria ecoar nos trabalhos de diversos teóricos marxistas do imperialismo, como Rudolf Hilferding, Rosa Luxemburgo, Karl Kautski e, principalmente, Vladimir Lenin, que em 1916 publicou *Imperialismo, fase superior do capitalismo*, obra que se tornaria seminal no debate acadêmico e político sobre o tema (Wesseling, 2009, p. 249). Ao contrário de Hobson, que acreditava que o problema do subconsumo nas sociedades industriais europeias poderia ser resolvido de outras formas que não a expansão territorial, Lenin defendia que o imperialismo consistia numa fase inevitável e necessária do desenvolvimento capitalista. Assim como o inglês, contudo, ele via no interesse das forças capitalistas o impulso e a causa da corrida expansionista, identificando uma conexão intrínseca entre a exacerbação dos projetos imperialistas das potências europeias no último terço do século XIX e a maior importância que, na sua avaliação, a exportação de capitais passava a ter em relação à de bens. Dessa forma, o autor identifica uma fusão entre capital financeiro e Estado na promoção de políticas capitalistas monopolistas que seriam, juntamente com as rivalidades intercapitalistas, o principal motor do *novo imperialismo* e levariam, em 1914, à eclosão da Primeira Guerra Mundial.

Mais tarde, Eric Hobsbawm (1988, p. 93) se destacou como um dos mais aguerridos defensores do argumento de que as motivações para a expansão imperialista do Oitocentos teriam sido essencialmente econômicas. O autor reconhece, contudo, os limites das interpretações pioneiras, como as de Hobson e de Lenin, em especial no que diz respeito à importância das regiões colonizadas para os investimentos de capital, uma vez que é sabido que o grosso desses investimentos não se destinou aos territórios ocupados na África, Ásia e Oceania, mas ao mercado doméstico, a outros países europeus e a antigas colônias economicamente desenvolvidas, em especial na América do Norte.

Segundo Hobsbawm (1988, p. 102), uma explicação mais convincente para a corrida expansionista de *fin de siècle* seria sua relação intrínseca com a Revolução Industrial, que se expressaria, por exemplo, no desejo das potências europeias de garantir fontes de matérias-primas, mão de obra barata e mercados para seus produtos manufaturados, o que seria intensificado pela rivalidade entre as economias industriais concorrentes e pela pressão econômica dos anos 1880. Ainda que admita a existência de "apelos políticos, emocionais, ideológicos, patrióticos ou mesmo raciais" na construção dos imperialismos, esse autor julga ser impossível explicar a expansão imperialista do Oitocentos sem considerar, em primeiro plano, o impacto da industrialização e a natureza econômica da expansão, sem os quais não haveria razão "para que os Estados europeus tivessem um interesse algo mais que fugaz nas questões, digamos, da bacia do rio Congo".

Para Jürgen Osterhammel (2019, p. 594), seria simplista atribuir uma relação de causalidade direta entre o imperialismo de *fin de siècle* e a industrialização, pois, se a primazia industrial fosse garantia e impulso para o avanço imperial, países como Bélgica e Suíça teriam sido potências pioneiras e bastante agressivas desde a década de 1860. Ele argumenta, além disso, que fora do continente africano os processos mais bem-sucedidos de expansão e dominação foram concluídos antes que as potências imperiais envolvidas se industrializassem, como foi o caso da Rússia Czarista e da dinastia Qing, na China, mas também o da conquista britânica na Índia. O autor reconhece, contudo, uma relação indireta entre os dois fenômenos, já que as vantagens econômicas decorrentes da industrialização eventualmente custearam os empreendimentos imperiais.

Já Henri Wesseling (2009, p. 241) afirma que o desenvolvimento industrial, aliado a um forte aumento demográfico em quase todos os países, levou as principais cidades da Europa a um intenso processo de urbanização. Essa consequência da industrialização, mais do que a industrialização em si, teria engendrado mudanças sociopolíticas e culturais que reverberariam nos discursos e práticas imperialistas. De acordo com o autor, o surgimento das classes médias, do operariado e das chamadas "classes perigosas" fez emergir nas capitais europeias o debate em torno da "questão social", o que se deu de maneira particularmente intensa na França, onde o espectro revolucionário havia sido reanimado na Revolução de 1848 e, sobretudo, durante a Comuna de Paris, nos anos 1870. Nesse contexto, a colonização foi considerada um instrumento para evitar tensões sociais, o que, em muitos sentidos, se inspirava na suposição, por parte dos imperialistas franceses, de que a estabilidade e coesão social britânicas eram uma consequência do imperialismo.

Outra interpretação, que se popularizou sobretudo a partir dos anos 1960, atribui a mudança de atitude das potências europeias em fins do século XIX a fatores de ordem política. Uma das contribuições de maior impacto nessa linha explicativa foi dada pelos historiadores ingleses John Gallagher e Ronald Robinson, que no livro *Africa and the Victorians* (1961) defenderam a tese de que o que impulsionou a Grã-Bretanha à conquista do continente africano não teriam sido os capitalistas, por motivos econômicos, mas os políticos, por razões estratégicas. De acordo com essa perspectiva, o objetivo britânico não seria conquistar o território africano em si, mas proteger seus interesses na Ásia. Entre os problemas que levaram essa tese a ser amplamente contestada nas décadas seguintes, está o de que ela só poderia se aplicar ao caso específico da Grã-Bretanha no continente africano, deixando inexplicada uma miríade de experiências imperiais (Wesseling, 1996, p. 690).

Mais recentemente, e a partir de uma perspectiva distinta, Frederick Cooper e Jane Burbank (2019, p. 493) também enfatizaram as motivações políticas da expansão imperial europeia. Para esses autores, ainda que no século XIX os governos imperiais não tenham sido o único instrumento a partir do qual os recursos econômicos foram geridos, todo mercado está, necessariamente, inserido em um contexto político, e naquele período tal contexto era o mundo imperial, marcado por uma forte competitividade entre impérios que se alimentavam de recursos transnacionais. Henri Wesseling (2009, p. 235) destaca a importância da guerra franco-prussiana (1870-1871) para as disputas interimperiais do período. Segundo esse autor, o conflito alterou significativamente as relações de força entre as principais potências do continente resultando, por um lado, na derrota da França de Napoleão III, na queda do Segundo Império e na subsequente instituição da Terceira República. Por outro lado, ele resultou na ascensão da Alemanha, que saiu da guerra vitoriosa e unificada, com um território vasto e populoso, uma industrialização agressiva, um exército forte e a agenda diplomática do chanceler Otto von Bismark, que se mostrou obstinado a costurar um sistema de alianças que garantisse sua estabilidade.

Com a publicação de *Cultura e imperialismo*, em 1993, Edward Said contribuiu para ampliar a reflexão em torno dos motivos que teriam levado à expansão europeia do Oitocentos. Uma das questões que o autor levanta é a de que, até então, o debate teórico acerca do imperialismo havia se concentrado quase exclusivamente em suas motivações políticas e econômicas, dedicando pouquíssima atenção ao papel privilegiado da cultura na experiência imperial moderna (Said, 2011, p. 37). Para Said, ainda que as perspectivas de lucro financeiro tenham sido de enorme importância no processo de expansão dos impérios ocidentais, esse fator não explicaria, por si só, o comprometimento das populações metropolitanas com a ideia de que outros povos, por serem supostamente inferiores ou incivilizados, deveriam ser subjugados. Tal comprometimento ideológico, segundo o autor, fazia com que essas mesmas populações pensassem no império como um dever a ser cumprido, o que explicaria a pouca resistência doméstica enfrentada pelos projetos imperiais, mesmo quando eles se concretizavam em condições pouco favoráveis para os centros metropolitanos. De acordo com essa perspectiva, portanto, nem quando se traduziram em anexação territorial, os imperialismos de *fin de siècle* poderiam ser reduzidos a um simples processo de acumulação econômica, uma vez que eram sustentados e impelidos por poderosas formações ideológicas (Said, 2011, p. 43).

Nesse sentido, Wesseling (2009, p. 243) destaca ainda a influência do darwinismo social e do racismo pseudocientífico na retórica e nos repertórios de poder imperialistas. Diversos autores têm enfatizado o papel determinante da construção de diferenças nas formações imperiais. Na retórica utilizada pela propaganda imperialista europeia nos séculos XIX e XX, uma das principais justificativas para a expansão era a necessidade de salvar determinadas sociedades do estado de barbárie no qual, supostamente, elas se encontravam. Na França, essa ideia se traduziu na noção de *missão civilizadora*: um conjunto de concepções mais ou menos elásticas que afirmava a superioridade racial e cultural francesa em relação aos povos colonizados. Estes, a despeito de sua inferioridade e de sua inépcia para governarem a si próprios, seriam capazes de, sob a tutela da França, serem conduzidos à civilização.

Essa premissa pode ser ilustrada pelas justificativas que Paul Leroy-Beaulieu apresentou para a expansão imperial na ocasião em que publicou seu livro, em 1874. Dizia ele que, embora a história comprovasse que "selvagens e bárbaros" eram capazes de emigrar, somente os "povos civilizados" estariam aptos a colonizar, e o faziam quando, "tendo atingido um alto grau de maturidade e força", tornavam-se capazes de "procriar, proteger, colocar em boas condições de desenvolvimento e conduzir à virilidade uma nova sociedade, saída de suas entranhas". No prefácio da quinta edição, publicada em 1902, Leroy-Beaulieu celebrava que a expansão europeia havia abarcado "todos os espaços vazios do globo". Apesar da escolha das palavras, no entanto, ele próprio reconhecia em seguida que tais espaços "vazios" eram, na verdade, habitados, mas "por povos adormecidos e lânguidos ou por tribos incoerentes, desprovidas de qualquer senso de progresso e incapazes de explorar as regiões onde o destino as colocou".

Como demonstram as falas de Leroy-Beaulieu, a expressão "missão civilizadora", especialmente quando associada à expansão colonial, remete de maneira muito evidente à alegada superioridade física, moral e intelectual europeia em relação aos povos colonizados. No caso da França, essa ideia de superioridade fundamentava-se, por um lado, na convicção de que os princípios herdados da Revolução de 1789 a tornavam especialmente dotada para encaminhar a humanidade rumo à "liberdade" e, por outro, na ideia de que a cultura francesa seria o exemplo mais acabado da capacidade de dominar a natureza, o próprio corpo ou o comportamento social, o que configuraria um aspecto indispensável para se atingir a "civilização".

Tanto a ideia de civilização quanto a de domínio foram essenciais para a retórica imperialista e se transformaram ao longo do tempo, adaptando-se tanto às mudanças políticas e econômicas do cenário mundial quanto ao nível e à natureza da resistência apresentada pelas sociedades subjugadas. De igual maneira, formações imperiais distintas adotaram termos e significados diferentes para comunicar essas noções: a "missão civilizadora" da França pode, assim, ser comparada ao "fardo do homem branco" britânico ou ao "destino manifesto" dos estadunidenses. O que importa ressaltar, em todos esses casos, é que a plasticidade de tais noções, que se mantiveram sempre sujeitas a revisões e acordos, demonstra que elas eram tão consubstanciais ao imperialismo quanto os aspectos mais materiais, que caracterizariam uma dominação mais essencialmente política ou socioeconômica (Conklin, 2023).

Assim, ainda que os discursos favoráveis à ideia de "missão civilizadora" devam ser considerados no âmbito performático da propaganda colonial, isso não anula seus efeitos ideológicos, seu potencial transformador e seu papel nos projetos imperiais. De acordo com Cooper (2010, p. 36), embora impérios de todas as épocas tenham combinado diferença e integração, os impérios modernos teriam sido, em muitos aspectos, mais explícitos nos mecanismos de codificação da diferença, em especial a racial. Nesse sentido, é importante notar que, como argumenta Anne McClintock (2010, p. 20), a invenção da raça foi um aspecto fundamental da "modernidade industrial ocidental", uma vez que ela contribuiu, simultaneamente, para justificar as políticas da diferença nos espaços coloniais, para a autodefinição das classes médias metropolitanas e também para o policiamento dos trabalhadores pobres e das chamadas "classes perigosas" nas cidades europeias.

Para Ann Laura Stoler e Frederick Cooper (2020, p. 10), que procuram investigar as formações imperiais a partir de dinâmicas e tensões que as atravessavam em todos os seus espaços, o novo imperialismo do século XIX é devedor da experiência dos velhos impérios em matéria de governabilidade e criação de diferenças culturais, mas traz algo de essencialmente novo. Essa novidade, segundo os autores, reside nas contradições que marcaram a construção de uma Europa burguesa, processo no qual as colônias teriam se convertido em um espaço – imaginário e físico – onde inclusões e exclusões inerentes às noções de cidadania, soberania e participação foram elaboradas. Esses autores destacam, no entanto, a permeabilidade e inconstância que caracterizaram as fronteiras culturais e raciais nas formações imperiais dos séculos XIX e XX. Ao contrário de oposições binárias, o que se observa nesses espaços é uma situação de hibridismo constante: as fronteiras delimitando exclusões, fossem elas espaciais, raciais, linguísticas ou de gênero, não eram um dado fixo, mas um debate em perpétua evolução (Cooper, 2010, p. 36).

A persistência dos impérios

Uma das narrativas difundidas a respeito da "era dos impérios" é a de que a Grande Guerra (1914-1918) teria sido uma consequência direta dela. Dentre as muitas explicações que historiadores de diversas gerações têm procurado dar para a eclosão do conflito, consta a de que ele consistiu numa guerra entre impérios: dileções nacionalistas e antigas desavenças entre Estados europeus podem ter mobilizado os sentimentos, mas o que teria induzido os governos à guerra foram as rivalidades imperiais (Burbank; Cooper, 2019, p. 576). Outras interpretações, contudo, postulam que, se as dinâmicas imperialistas foram a causa de inúmeras tensões interimperiais entre os séculos XIX e XX, elas também induziram a criação de mecanismos para gerir e mediar os conflitos na cena internacional e, nesse sentido, a origem da Grande Guerra não poderia ser encontrada em uma questão colonial (Wesseling, 2009, p. 472).

O que se pode afirmar com mais segurança, contudo, é que os impérios não se desfizeram com a Primeira Guerra. Ainda que cronologias tradicionalmente atribuídas ao imperialismo moderno costumem se estender até às vésperas do conflito, esse marco sinaliza, em geral, o período de maior pico na expansão das potências europeias, não a sua derrocada. A Primeira Guerra pode ter abalado as formações imperiais, mas não as transformou fundamentalmente: os impérios dos vencidos foram desmantelados com o Tratado de Paz de 1919, não os dos vencedores, e os processos de descolonização de boa parte dos territórios sob domínio europeu não seriam iniciados até o fim da Segunda Guerra Mundial, em meados do século XX.

Mesmo hoje, quando a maioria das antigas colônias europeias se encontra formalmente emancipada, muitos continuam a questionar se a "era dos impérios" de fato se desfez em algum momento. Edward Said (2011, p. 37) foi um dos primeiros a lançar essa provocação, ao chamar a atenção para as "sombras consideráveis" que o imperialismo do século XIX deixara no ar e que ainda eram tão pouco debatidas nos anos 1990, quando publicou *Cultura e imperialismo*.

Essas sombras, às vezes, se manifestam por meio de ausências. Ann Laura Stoler (2022, p. 653), refletindo sobre o maior interesse que a história colonial passou a suscitar no meio acadêmico francês a partir dos anos 2000, observou que, nesse contexto, as expressões mais utilizadas para comentar o silêncio que até então havia vigorado acerca do tema atribuíam a essa falta um caráter involuntário: falava-se em "lapso", "amnésia" e "esquecimento". Mais apropriado e menos cômodo, de acordo com a autora, seria falarmos em "afasia colonial", noção que nos permite enfatizar que certas ausências históricas não resultam de um déficit cognitivo ou de uma perda de memória coletiva, mas de uma estratégia de ocultação de saberes. Por remeter à dificuldade em associar as palavras aos objetos que elas designam, a ideia de afasia seria útil para ressaltar determinados aspectos da relação que a historiografia francesa mantém com o tema do colonialismo, como por exemplo o que Stoler, de forma bastante poética, resume como o "desconhecimento de uma presença".

Por outro lado, essas sombras às vezes podem saturar todo o espaço. Para determinada historiografia, notadamente a que vem sendo elaborada a partir dos antigos espaços coloniais, a narrativa histórica a respeito das formações imperiais do século XIX contribui para perpetuar a ideia de que os rumos de toda a humanidade se reduzem e são condicionados pela aventura europeia. Nesse sentido, tem-se insistido que, por mais violentas e transformadoras que tenham sido as dinâmicas estabelecidas no âmbito de algumas dessas formações imperiais, elas não determinam todas as memórias culturais e genealogias das sociedades implicadas: a dominação colonial foi um parêntese em suas histórias (Diouf, 2023, p. 14).

Assim, a imagem dos "espaços vazios" evocada por Paul Leroy-Beaulieu para se referir aos territórios ocupados pelos impérios europeus do século XIX, pode ser ressignificada, aqui, para ilustrar as lacunas – ou sombras – que se manifestam ora pela afasia, ora pela asfixia da memória colonial. Esse vácuo, que ainda persiste em boa parte da historiografia dedicada às formações imperiais europeias do século XIX, certamente se fez presente nessas breves reflexões. Mas, como sugeriu Frederick Cooper (2010, p. 34), talvez uma maneira eficaz de atender ao importante chamado de Dipesh Chakrabarty para provincializarmos a Europa seja, justamente, insistir em explorar sempre mais profundamente a própria história europeia, dissecando seus mitos mais fundamentais.

3.

O RAJ BRITÂNICO: ESTRUTURA, VIOLÊNCIAS E ALTERNATIVAS

Eduardo Borges de Carvalho Nogueira

> "E os indianos? A resposta é que eles se permitiram ser divididos – e, por fim, governados."
>
> (Ferguson, 2021, p. 59)

> "Europe's well-being and progress were built with the sweat and corpses of blacks, Arabs, Indians, and Asians. This we are determined never to forget."
>
> (Fanon, 2021, p. 53)"

Das epígrafes que abrem este capítulo é possível deduzir que partem de autores com visões distintas sobre a construção dos mundos coloniais. Ferguson, "anglo-saxão convicto", apresenta em seu livro *Império* a trajetória da construção do Império Britânico, partindo dos "aventureiros" que singraram mares em busca de riquezas ao ponto de conquistarem ricas terras ao redor do globo desde o século XVII. Imbuídos de espírito prático, ergueram, na visão do autor, as condições para o exercício do poder inglês sobre amplas regiões do mundo.

Poder que, segundo ele, incutiriam valores "nobres" aos vários povos "tocados" pela presença britânica, como a "liberdade política", pois "ficava muito difícil para os britânicos proibir aquela liberdade política a que eles mesmos davam tanta importância" (Ferguson, 2021, p. 21). Uma liberdade que, para Ferguson, situaria o Império como aquele que "fez mais para promover a livre movimentação dos bens, do capital e do trabalho" (Ferguson, 2021, p. 19).

Liberdades associadas, nesta perspectiva, aos amplos investimentos feitos pelos britânicos ao redor do mundo entre os séculos XIX e XX no que tange aos transportes e à comunicação. Assim, quanto à abertura da primeira linha férrea na Índia, o autor professa:

> [...] ligando Bombaim a Thane, a 33 quilômetros de distância, foi aberta formalmente em 1853; em menos de cinquenta anos, trilhos cobrindo mais de 38 mil quilômetros haviam sido instalados. No espaço de uma geração o "*te-rain*" transformou a vida econômica e social da Índia; pela primeira vez, graças à tarifa básica de terceira classe, [...] viagens de longa distância tornaram-se possíveis para milhões de indianos, "ligando amigos e unindo aflitos". (Ferguson, 2021, p. 187)

O entusiasmado historiador escocês, por vezes, chega a pronunciar uma espécie de *mea-culpa* ao longo de sua escrita, apontando para os "pecados" britânicos ligados ao racismo e à exploração. Contudo, a ênfase dada ao "progresso" viabilizado pelo Império, conforme Ferguson propõe, permitiria aos leitores decidir o "valor" dessa experiência colonial que teria impactado tão profundamente a formação do mundo contemporâneo. Uma decisão que seria claramente enviesada, pela explícita tentativa do autor de reabilitar o Império colonial britânico. De fato, na ausência de leituras que propusessem alternativas para esta visão elogiosa, aqueles que aceitassem as ideias de Ferguson poderiam mesmo deixar-se levar por sua perspectiva saudosista do *British Empire*.

Justamente para oferecer um olhar que fuja a essa visão exaltadora, iniciamos este capítulo também com uma citação de Fanon (1925-1961), icônico pensador a respeito da crueza e dos impactos negativos dos sistemas coloniais ao redor do mundo. Intelectual martinicano com forte atuação política anticolonial, Frantz Fanon continua a servir como farol crítico diante de visões de engrandecimento do exercício das vontades coloniais, bem como de relativização da crueldade delas. Esse engrandecimento e essa relativização, tal como resgatados por Ferguson, foram alvo de críticas não só pelo influente pensador da Martinica, mas também por Elkins, Thapar ou Pániker, entre outros, que igualmente rechaçam a apologia desse sistema atroz de submissão de uns à supremacia de outros povos.

Neste capítulo, analisamos a história do subcontinente indiano, com foco naquilo que serve de "objeto de glorificação", nas palavras do historiador escocês: o Império Britânico – em sua porção indiana, denominado *British Raj*. Termo "mestiço", aliás, assimilado pelo inglês, o qual originalmente revelava o exercício do poder entre as populações hindus de herança sânscrita, significando "reinar". A partir de 2 de agosto de 1858, *raj* passou a ser a designação oficial do poder direto da Coroa britânica sobre o subcontinente: trata-se precisamente da data em que foi aprovado pelo Parlamento britânico o *Government of India Act*, por meio do qual, então, transferiu-se grande parte dos poderes da *East Indian Company* (EIC) para a Coroa.

Dessa forma, analisamos o desenvolvimento histórico e as estratégias de dominação e controle do governo inglês sobre essas populações submetidas ao *British Raj*, e as negociações, resistências e táticas engendradas pelos colonizados, em reação. Dois importantes movimentos de contestação ao regime colonial britânico, o Congresso Nacional Indiano, fundado em 1885, e a Liga Muçulmana, fundada em 1906, serão especialmente esmiuçados em suas trajetórias. Por fim, investigamos mais de perto o massacre no parque Jallianwala Bagh, quando tropas comandadas pelos ingleses abriram fogo contra milhares de indianos desarmados nos arredores do importante Templo Dourado, de religiosos sikhs. Esse dia, 13 de abril de 1919, cuja efeméride marcava o tradicional Festival de Primavera na cidade de Amritsar, no norte da Índia, passou a ser lembrada como o dia do Massacre de Amritsar.

Nosso intuito é apresentar a história dessas diferentes repúblicas contemporâneas, outrora sob o *British Raj*, da perspectiva de autores como Elkins, Panikér e Thapar, cujo olhar para as populações hindustanis assume a posição mesma desses sujeitos que, por quase cem anos, entre os séculos XIX e XX, resistiram e insurgiram-se contra a dominação do Império britânico.

Government of India Act

Servindo como bode expiatório para o estabelecimento de mudanças nos desígnios determinados pelo Império com relação à Índia, a *East India Company*, já antes mesmo do referido *Act* de 1858, vinha apresentando alterações significativas em seus estatutos. Se antes o comando da presença inglesa na Índia restringia-se à figura do governador-geral, cargo máximo ocupado pela *East India Company* (EIC), agora a própria Coroa se colocava acima dele, designando, para tal cargo honorífico em terras indianas, o *vice-rei*. Deste, e do prestígio do *governor-general*, emanava a autoridade da rainha Victoria.

Contudo, por maiores que fossem seus poderes, a *East India Company* foi remodelada pelo *Imperial Legislative Council* (ILC), e passou a contar com a participação de indianos em suas fileiras – pela primeira vez, desde que foi fundada em 1600, a EIC incorporou nativos ao corpo do Império. A partir de 1853, quando é constituído o ILC, a casa legislativa é composta de quinze membros, sendo sete eleitos entre seus antigos diretores e o governador-geral, e oito apontados pela Coroa. A partir do *British Raj*, o ILC foi reduzido a doze membros, sendo, metade deles, não oficiais do Império mas oriundos da aristocracia indiana – ou seja, príncipes, senhores de terras e administradores a serviço dos ingleses.

Indianos, portanto, que passaram a compor a estrutura do governo britânico, ainda que, inicialmente, seus poderes fossem limitados a debates e decisões sobre assuntos previamente selecionados. Ou seja, súditos de uma Coroa distante que impunha, tanto a eles como às demais camadas das sociedades indianas submetidas ao jugo britânico, exibições públicas de poder em diversos níveis.

Uma dessas celebrações era a chamada *durbar* – do persa, "assembleia" –, em que se observa a necessidade britânica de somar-se às luxuosas exibições de poder tradicionalmente presentes no jogo político indiano. Nesse cerimonial, gesto que já demonstra a absorção de práticas hindus, operava-se o grande "teatro do poder", onde discutiam, sobretudo, os caminhos da política imperial.

Essa necessidade de se afirmarem, ainda, como maiores que seus predecessores, fez os ingleses incorporarem o uso de certos códigos locais, para serem entendidos e respeitados. Assim, por exemplo, no *durbar* de

Délhi de janeiro de 1877, para aclamação da rainha Victoria como *Empress of India* (Imperatriz da Índia), foram convidados 400 príncipes indianos, juntamente com seus séquitos, além de terem sido chamados 15 mil soldados britânicos. Na ocasião, buscava-se representar o perfil suntuoso da Índia unificada sob o jugo do *British Raj*, bem como seu poder.

Na imagem 3.1 do encarte, o anônimo autor exibe as cores vibrantes do *durbar* mencionado. Nota-se claramente sua intenção de destacar elementos poderosos: a presença dos soldados *red-coateds* ao centro, na parte inferior, seguidos de elefantes paramentados, bem como, pairando acima de todos, a bandeira com as cores da Grã-Bretanha, onipresentes em tons e semitons por toda a gravura.

Nela percebe-se, em sua porção mediana, uma massa indistinta de pessoas com turbantes brancos, possivelmente membros dos séquitos das centenas de príncipes convidados. Talvez estes tenham sido destacados pelo autor junto aos soldados de casacas vermelhas na porção central inferior da imagem, portando indumentárias coloridas e luxuosas. Juntamente com latifundiários espalhados pelo subcontinente, esses príncipes desempenhavam importantes funções para o Império que iam além de sua participação, a partir de 1858, no já mencionado *Legislative Council*. Afinal, era com eles que o Império contava para o apaziguamento de revoltas possíveis, sobretudo da parte das lideranças rajputs, maratas e sikhs – grupos etnorreligiosos que haviam se militarizado, fosse para se protegerem da supremacia mogol, fosse para impedirem uma invasão afegã.

Assim, diferentemente de tempos anteriores, os ingleses passaram a contar com chefias locais como parte do Império, e não mais como sobrevivências de um passado anacrônico, forma como até então eram percebidos pelas forças britânicas. Era garantida agora a posse de suas terras, bem como estabeleciam-se relações pessoais entre estes senhores de terras e a Coroa. Projetava-se sobre eles a possibilidade de construção de déspotas a serviço do Império, pautados pelos padrões civilizacionais ingleses, e, naturalmente, leais à Grã-Bretanha.

Por mais que projetos cristianizadores tenham sido abolidos desde a instituição formal do Raj em 1858, permaneceram e fortaleceram-se as estratégias de transformação das lideranças locais em colaboradores na construção do império. Esse plano de anglicização levava em consideração as tradições e os costumes indianos, de modo a cooptar suas elites.

Contudo, é importante frisar que, da mesma maneira que tais elites entravam no jogo político dos ingleses com maior intensidade, estes, por sua vez, aprofundavam seu conhecimento a respeito dos próprios indianos pelo acesso aos idiomas locais. Os indivíduos eram sondados por ocidentais mesmo antes da implantação do Raj, sendo perceptível que o poder britânico já se dedicava à análise e apreensão de saberes nativos pelo menos desde a década de 1780. Assim, o conhecimento do sânscrito, idioma presente nos registros e tratados religiosos, filosóficos, literários, científicos e jurídicos hindus, o persa, idioma político e diplomático predominante, e as línguas vernáculas (bengali, marati e outras) tornaram-se chaves de compreensão e domínio importantes sobre as populações indianas.

O contato dos ingleses com eruditos indianos ligados ao conhecimento do sânscrito, os *pânditas*, promoveu seu acesso não só à língua, mas aos mantras sagrados, a princípio, vetados a cidadãos ocidentais. Assim, estes, ao alcançarem certo conhecimento, passam a prescindir da autorização ou intermediação do pândita, submetendo seus saberes a autoridade epistemológica europeia.

Já no subcontinente, as formas indianas de conhecimento foram reificadas e decalcadas a categorias europeias reducionistas, compreendendo a Índia, nessa óptica opressora, como mero objeto a ser possuído, "fagocitado". No entanto, esse processo de apropriação ia, de fato, além do "possuir" o território; almejava, sim, poder controlá-lo em todas as instâncias. Para isso, o Império Britânico lançou mão de recursos tecnológicos os mais variados, envolvendo logística, comunicação, administração, manipulação das populações e das paisagens e repressão política e social. Foi "bem-sucedido" por quase cem anos, afinal, havia a clara vantagem inglesa de terem sido os precursores da Revolução Industrial, que aliás foi essencial para a consolidação do Raj.

O pequeno grande mundo dos britânicos

Dessa forma, sobretudo ao longo do reinado de Victoria, o mundo encolheu para os britânicos. Fenômeno originado pela facilidade de transporte e comunicação entre as muitas e distantes partes do Império. Parafraseando

Ferguson, os ingleses tanto aniquilaram a distância quanto aniquilaram à distância (Ferguson, 2021, p. 184).

A Marinha britânica, por exemplo, desde 1860 possuía o mais poderoso encouraçado, o *HMS Warrior*:

> [...] era o navio de batalha mais poderoso do mundo, tão poderoso que nenhuma embarcação estrangeira jamais ousou trocar fogo com ele. E ele era só um de cerca de 240 navios, tripulados por 40 mil marinheiros – fazendo da Marinha Real a maior do mundo [...]. (Ferguson, 2021, p. 184)

Tamanha potência naval tornou a presença britânica hegemônica nos mares ao redor do globo, permitindo-lhe erguer fluidas redes comerciais e de domínio em escala mundial. Foi aliás a partir do desenvolvimento de sua Marinha que a EIC viabilizou a obtenção das principais matérias-primas presentes em suas colônias e áreas sob sua influência necessárias às transformações econômicas que ocorriam na própria metrópole: algodão, ferro e carvão.

O controle de fluxos marítimos nos três continentes não apenas alimentava as forjas e os teares ingleses, mas servia também para a manutenção do sistema comercial estabelecido entre diferentes partes da Ásia: da Índia partia, em caixotes britânicos, ópio em direção à China, a qual, por sua vez, fornecia chá a ser vendido pela Inglaterra tanto na Ásia como na Europa e na América, e desta provinham o açúcar e o tabaco distribuídos ao redor do mundo através deste amplo sistema comercial inglês.

Integrada profundamente ao *modus operandi* econômico britânico, a Índia era um importante mercado consumidor da produção industrial do Raj, bem como sua principal fornecedora de minérios e produtos agrícolas. Com a Revolução Industrial, a crescente exploração do carvão indiano como combustível – tanto para siderúrgicas quanto para as próprias locomotivas construídas para o escoamento dessa produção do interior até os portos, controlados pelos britânicos – gerou altas demandas dos insumos minerais e propiciou o incremento das ferrovias na colônia, que serviram para capilarizar sua capacidade de distribuição e venda das mercadorias, atingindo os confins do subcontinente. Dessa forma, as linhas férreas representaram, para a economia imperial inglesa, um negócio altamente lucrativo, uma vez que através delas alcançou escala global de exportação de seus produtos.

Se até o século XVIII a Índia tinha garantido grande parte dos mercados europeus com seus têxteis manufaturados, após a Revolução, passou a importadora dos tecidos ingleses industrializados (muitos feitos do algodão cultivado em seu próprio território). Aos tradicionais trabalhadores e empreendedores indianos ligados à produção têxtil, restou migrarem para outros setores da economia, nomeadamente, para a agricultura – estima-se que em finais do século XIX cerca de três quartos da população indiana se dedicava à produção agrícola, mais do que havia sido cerca de cem anos antes. Esse fato levou, por conseguinte, a maior pressão sobre o acesso a terras aráveis.

A essa altura, diferentes partes do subcontinente ficaram sob o jugo do Império Britânico. A violência, para Elkins, endêmica à estrutura imperialista e ao seu sistema de poder (Elkins, 2022, p. 22-23), reflete a imposição da força do *British Raj* diante do amplo e acidentado espaço a ser ocupado e de uma população altamente heterogênea.

Conforme apontado anteriormente, certos grupos étnicos ligados tradicionalmente à guerra, como sikhs, rajputs e maratas, foram cooptados pela estrutura imperial militar ao longo da história do *British Raj* – por mais que tenham sido eles mesmos que se insurgiram em 1857, e que seu número a partir do ano seguinte tenha sido reduzido, constituíam força expressiva das tropas a serviço da Coroa. Do total de soldados na frente indiana, que compunha 62% do total dos exércitos britânicos, apenas 69.647 eram de origem europeia, enquanto 125 mil eram indianos (Ferguson, 2021, p. 189). Essa soldadesca passou a agir a partir do viés britânico de "civilizar os selvagens" nos inúmeros conflitos e rebeliões que, ao serem aplacados, serviam como forma de demonstração de força e consolidação do uso da violência extrema contra as populações nativas.

Estratégias bélicas

Atreladas a tal práxis marcial, estruturas legais e supralegais eram implantadas de modo a fortalecer a repressão. Para pensadores do império como James Fitzjames Stephen, um "bom governo" reformaria, com a imposição da *pax brittanica*, as populações entendidas como "atrasadas". Um bom exemplo de seu pensamento é explicitado no seguinte excerto:

> A nossa lei é, de facto, a soma e a substância daquilo que temos para lhes ensinar. É, por assim dizer, o evangelho dos ingleses, e é um evangelho obrigatório que não admite dissidência nem desobediência. (Stephen, 1895, p. 286)

"Evangelho que não admite desobediência" foi o corolário da severidade imperial atávico à proposta moralizadora e "ocidentalizadora" da dita *pax brittanica*. Proposta que, aliás, subjazia ao discurso liberal inglês nutrido por certa autoimagem de império benevolente. Revelava-se em sua prática, naturalmente, o inverso:

> [...] codificou a diferença, restringiu as liberdades, expropriou terras e propriedades e garantiu um fluxo constante de trabalho para as minas e plantações que alimentavam a economia doméstica da Grã-Bretanha. (Elkins, 2022, p. 24)

Segundo Stephen, tamanho poder imiscuiu-se em âmbitos inclusive mentais, de modo a constituir uma "conquista moral, mais impressionante, mais durável e muito mais sólida do que a conquista física torna possível" (Stephen, 1895, p. 286). Conquista, portanto, de ordem política e econômica com vista à remodelação das populações subjugadas, para que se tornassem idealmente dóceis sob o jugo imperial. E, embora esse exercício do poder estivesse estruturado de acordo com as vias legais, a violência estatal era sancionada mesmo quando extravasava os próprios códigos.

Esse miasma promovido pelo Império Britânico revelava o caráter supralegal que atualizava seu sistema legal. Atuando através do poder de declarar lei marcial e estado de emergência, o raj britânico normalizava o uso intensivo da violência de suas forças militares contra as incessantes rebeliões. Entrelaçados às instâncias executivas do governo britânico na Índia, os soldados recebiam a incumbência de aplicar a força quando entendessem necessário, bem como a intensidade dela, ao atravessarem os limites da legalidade em suas ações e decisões, recebiam das instâncias governamentais o consentimento para suas medidas exacerbadas – e tais instâncias atualizavam, via emendas em regulações anteriores, os códigos que autorizavam a investida descomedida do poder imperial sobre as colônias. Assim, segundo Elkins, verifica-se que o *British Raj* se organizou, principalmente, a partir do uso, abuso e normatização do excesso da força visando a perpetuação de seu poder (Elkins, 2022, p. 25-26).

Para garantir a manutenção desse poder, outorgado por uma legislação marcial, o Império se valeu da instituição do *Indian Civil Service* (ICS). Controlado por cerca de mil homens de origem britânica (os que detinham os cargos mais altos na instituição), o ICS era responsável pela coordenação, tributação e gestão dos numerosos e complexos domínios, riquezas e populações a serem subjugados. A admissão nesse seleto grupo de administradores imperiais era feita por rigorosa prova realizada ainda na Inglaterra, e oferecida tão somente a jovens recém-formados de Cambridge e Oxford. Há de se destacar que, apesar de serem oriundos de estratos não vulgares, ainda assim, eram jovens de camadas medianas da sociedade inglesa dispostos a encarar uma carreira árdua na distante Índia.

A formação curricular dos cadetes incluía desde montaria, estratégias de campo e cartas náuticas, até aulas de direito e retórica, línguas vernaculares e cultura hindu (as duas últimas disciplinas tornaram-se obrigatórias a partir da segunda metade do século XIX). Acima de tudo, eram valorizadas suas capacidades para coletar informações, interpretá-las e construir argumentos claros em relatórios minuciosos, graças a certa obsessão estatística do ICS. Assim, seus dados serviam de base para a definição de medidas sobre espaços, recursos e populações. Como Pániker realça em seu *Indika* (2005, p. 281), as atribuições do *Indian Civil Service* compreendiam "coletar, classificar, organizar e codificar um imenso número de dados sobre propriedade, história, costumes, agricultura e direito". Em outras palavras, os oficiais do ICS detinham informações sobre as muitas realidades tocadas pela ação imperial na Índia, e as interpretavam com a autoridade de quem cursara os dois primeiros anos no Balliol College, em Oxford. O ICS assumia, dessa forma, o controle sobre a colônia nos âmbitos físico e humano, compondo o perfil notadamente contemporâneo do Estado imperial britânico, bem como do regime de funcionamento das regiões em nossa atualidade.

A contribuição tributária devida pela população derivava justamente da análise desse trabalho rigoroso dos técnicos gabaritados. Contudo, sendo poucos os depositários de imensas responsabilidades sobre vastas populações em escala local, chegava ao ponto de um único destes servidores deter o controle, ao menos nominal, sobre 3 milhões de indianos em uma área de 44 mil quilômetros quadrados (Ferguson, 2021, p. 202).

Imbuídos do ideário imperialista de "missão civilizadora", dada a confiança estratégica que recebiam das instâncias mais altas de poder, esses homens – que integravam a seção dos *covenanted* da ICS – adotavam a violência, armada ou "legal", sobre os súditos do Raj. Afinal, eram formados em estrutura educacional rígida, disciplinadora e valorizadora da obediência, seja aos seus superiores, seja à "missão civilizadora". Com isso, o ICS fazia parte de uma estrutura de governo capaz de seu autorregular e autovigiar, sem a necessidade de subordinar suas decisões ao Parlamento, em Londres, hierarquicamente superior.

Organização social

Outra importante ferramenta no exercício do *Indian Civil Service* foi o telégrafo. O "estreitamento do mundo inglês" tem muito a ver com essa invenção, que possibilitou o estabelecimento de linhas de comunicação à distância inter-regionais e intercontinentais. Aproveitando-se das estruturas ferroviárias, a informação cruzava os oceanos através de cabos submarinos duráveis, permitindo a conexão em rede das diversas colônias com a Inglaterra.

Por volta de 1880, cerca de 156.303 quilômetros de cabos oceânicos ligavam Londres a Austrália, Índia, colônias africanas e Canadá, sendo possível transmitir uma mensagem de Mumbai à capital inglesa por quatro xelins. Assim, não é surpresa que o centro de poder do Império tivesse conhecimento quase em tempo real do que acontecia em seus domínios. Sendo a Índia "a joia mais cara da coroa", a instalação do telégrafo foi anterior mesmo ao estabelecimento do *British Raj*, ainda quando estava sob a tutela da *East India Company*, e foi essencial no manejo estratégico de ordens para desbaratar o motim de 1857.

Desde o fim do século XVIII, encontravam-se em franco desenvolvimento o levantamento e a interpretação de dados cartográficos sobre diversas regiões do mundo, sobretudo sob o jugo inglês. Porém, a precisão desses dados ganhou forte impulso e tornou-se viável a partir do aperfeiçoamento do teodolito – um instrumento óptico com função semelhante à de um agrimensor que estabelecia agora limites precisos entre potências concorrentes em zonas de interesse comum. No século XIX, os mapas elaborados a partir da medição do espaço conjugados às informações obtidas sobre regiões, recursos e povos presentes nos espaços cartografados, davam aos ingleses o panorama perfeito do subcontinente indiano. O intuito era evidente: empreender todos os esforços para obter perspectivas que lhes auxiliassem na compreensão dos povos indianos sob seu domínio. Conforme Pániker afirma, "conhecer o país equivalia a ter sistemas de informação que facilitassem o controle militar, econômico e jurídico" (Pániker, 2005, p. 361).

Contudo, a Índia se revela extremamente complexa para o exercício de um poder que se propunha a agir da maneira mais uniforme e regular possível, sobretudo a partir de 1858. Mas os ingleses não pareciam ver dificuldade em elaborar um sistema de controle e poder sobre os indianos que se assentasse em parâmetros legais. Utilizando os conhecimentos de cartógrafos, exploradores e estudiosos orientalistas, o Império Britânico encontraria, nas tradições locais, meios oficiais de exercer seu domínio.

No que tange à compreensão de textos do *corpus* legislador islâmico – a sharia –, os ingleses limitaram-se a traduzir as normas consideradas relevantes pelos orientalistas – principalmente a jurisprudência de tradição sunita hanafita, que aliás era a que predominava nas comunidades do sul da Ásia.

Tais esforços, entretanto, encontraram barreiras com relação às leis hindus. Conforme antes mencionado, o acesso aos conhecimentos nativos pelos ingleses via decifração dos idiomas locais visava ampliar seu domínio sobre as populações subjugadas. Auxiliados por intermediários hindus letrados, orientalistas como Nathaniel Halhed, William Jones e Charles Hamilton, entre os séculos XVIII e XIX, iniciaram a busca por um *corpus* legal hindu primordial. Esta hipotética "constituição", para estes e outros homens com o mesmo fito, possuiria semelhanças com as leis britânicas, podendo servir, portanto, como base para o exercício de poder imperial a ser aplicado por seus oficiais nas muitas regiões em que atuavam.

O principal texto encontrado por eles que mais se adequou a tais expectativas foi o *Manavadharmashastra*, traduzido para o inglês pela primeira vez em 1794. Também conhecido como *Manusmriti*, estima-se que tenha sido escrito por volta do ano 100 d.C., sendo atribuída sua autoria ao mítico legislador original de nome *Manu*. Inserido nas tradições bramânicas letradas, este código refletia muitas das suas próprias perspectivas, não servindo como espelho das múltiplas realidades indianas da época.

O *Manusmriti* apresenta duas grandes divisões: a *varna* e a *jatti*. A primeira, *varna*, pode ser entendida como a reunião dos quatro grandes grupos fundamentais da cosmologia social védica, conhecidos como brâmanes, xátrias, vaixás, ou párias, e sudras – cujas funções sociais e ritualísticas eram diferenciadas, seguindo, cada qual, um conjunto de costumes e práticas próprios. Já as *jatti*, em diálogo com as *varnas*, estabeleciam regras para as relações entre esses grupos, bem como quais profissões cabiam a cada um deles desenvolver.

Tais escalonamentos, porém, não eram estáticos, muito menos, hegemônicos, na organização hindu anterior à ocupação inglesa. Associações profissionais e templárias, elos familiares, composição de aldeias, relações com as potestades vigentes, grupos devocionais, entre muitas outras formas de composição identitária, marcavam a multiplicidade das formas de se organizarem as comunidades hindus.

Indo além, as próprias divisões sociopolíticas, culturais e geográficas se distinguem conforme sua origem e devoção: a herança védica é mais acentuada no norte, por exemplo, e, de acordo com a divindade cultuada, classificam-se em *vaishnava* (Vishnu/Krishna), *shaiva* (Shiva) ou *shakta* (Devi).

Contudo, aos olhos dos orientalistas e administradores britânicos, a despeito de apresentar uma versão hierárquica e idealizada destas populações, o *Manusmriti* acabou por se tornar fundamental no modo pelo qual elas passaram a ser entendidas e organizadas pelo Império. As chamadas *varnas* ("classes sociais") e *jattis* ("castas") foram amplamente mobilizadas pela iniciativa britânica para assimilarem e traduzirem o texto jurídico a partir de outro conceito, de origem indo-portuguesa: a casta. Ao longo de seu projeto colonial na Índia, os portugueses, já desde o século XV, observaram o modo como se singularizavam atitudes e comportamentos de acordo com o grupo, cuja organização era baseada em diferentes graus de pureza ritualística. A essas diferentes categorias, deram o nome de castas. Os ingleses se apropriaram do termo a partir do século XVIII, quando passaram a ter contato com os conceitos de *varna* e *jatti* encontrados na literatura *shastrica* e védica, traduzindo-os por *caste*. Assim, foi feita a convergência entre o termo "caste", já existente em outras realidades coloniais, e a interpretação britânica das segmentações sociais apresentadas pelas tradições literárias escritas bramânicas decifradas.

Vistas por esse viés, as *castes* serviram de modelo para a reorganização das sociedades hindus sob jugo britânico. A partir de elementos locais, e de acordo com as demandas ocidentais, o *British Raj* adquiriu total controle das populações do subcontinente indiano. Conforme Pániker (2005, p. 353), *los intereses coloniales trasformaron una sociedad multifacética en un sistema social esencialmente religioso.*

Reduzindo os quatro grandes *varnas* à estratificação social do Medievo europeu – aristocracia, clero, burguesia e povo –, orientalistas e administradores britânicos decalcaram papéis a eles a partir de associações arbitrárias (porque europeizantes e imperialistas). Assim, aos brâmanes coube a posição de letrados e sacerdotes; aos xátrias, a de elite militar; aos vaixás, a de comerciantes, artesãos e fazendeiros; e aos sudras, a de camponeses – categorizações estanques com as quais os hindus não se identificavam.

Segundo Pániker (2005, p. 363), "a partir da década de 1860, a colônia foi inundada de livros, gazetas e manuais que detalhavam os costumes e práticas religiosas das diferentes tribos, castas e raças da Índia". Documentos, portanto, que apresentavam à própria população, segundo ação classificatória imperial, uma imagem refletida em um espelho que as distorcia, mas que era o modelo que deveriam assumir diante do *British Raj*. Quiseram reescrever a história e impor sua ideia da Índia aos milhares de indianos com a força de duas grandes instituições: o Exército do Raj e o *Indian Civil Service* – em ambos, a presença indiana era expressiva, inclusive de islamitas, ainda que ocupando posições menores, como soldados e funcionários públicos de baixo escalão. Sem embargo, os indianos que integravam o *uncovenanted civil service*, do ICS, eram, de fato, nativos que viam de muito perto as negociações e as relações de dominação e segregação em que estavam enredados.

Instalou-se em Calcutá, em 1817, a primeira Faculdade Hindu, onde se lecionava história e literatura europeias e ciências naturais. Fundada por ricos bengalis, os cursos refletiam o interesse de parte das elites locais em oferecer a seus filhos instrumentos para ingressarem na sociedade dos novos dominantes. Por volta de 1870, cerca de 6 mil indianos estavam matriculados em cursos de ensino superior nessa cidade, onde havia, ainda, cerca de 200 mil escolas secundárias com ensino ocidental em inglês (Ferguson, 2021, p. 207).

Eram os futuros contratados da *Indian Civil Service*, que executavam tarefas em diversos níveis na instituição, colaborando assim com o Império. No século XIX, ganhou força o conceito de "raça", intrínseco ao de imperialismo, que aprofundava os veios entre colonizador e colonizado; corroborava ainda a categorização das "castas".

Critérios baseados na cor da pele passaram a ser adotados como distintivo de superioridade ou inferioridade no *British Raj*. Termos como *nigger*, por exemplo, utilizado como adjetivo pejorativo contra as populações americanas de ascendência africana, encontrou terreno fértil na boca dos "brancos" anglo-indianos contra anglo-indianos "não brancos". Cidades como Kanpur, no norte da Índia, às margens do Ganges, passaram a ter "áreas para brancos" e "áreas para não brancos".

Essa racialização das divisões étnicas, políticas, sociais e culturais da Índia britânica estendeu-se também retrospectivamente, para o entendimento do passado das comunidades hindus a partir do entrelaçamento de suas histórias com os conceitos de raça e casta. É notória a construção da "teoria da invasão ariana" desenvolvida por europeus a partir da tradução e "interpretação" do livro sagrado hindu mais antigo, o *Ṛigueveda*. Escrito em sânscrito védico, o mantra narra a invasão do subcontinente por uma população chamada ária, ou ariana. Entendidos como um povo mais "avançado", em um passado remoto, os árias teriam subjugado as populações do centro e do sul do subcontinente, denominadas drávidas. Estas eram consideradas "inferiores", "atrasadas", por terem se deixado vencer – e por serem da "cor" negra, na paleta raciológica dos orientalistas. Os árias, os vencedores, eram os brancos, naturalmente.

Com a descoberta da grande árvore linguística indo-europeia por meio da tradução de outros textos em sânscrito, pôde-se identificar filologicamente as migrações dos árias de algum lugar na Ásia Central para o sul, vindo, então, a conquistar o subcontinente indiano, onde surgiram idiomas e sociedades marcados pela predominância deste povo. Também se reconhece sua passagem pela Europa pelas marcas que teriam deixado, as quais foram interpretadas pelos filólogos que se dedicavam a investigar o tronco indo-europeu com base nos idiomas antigos, como o latim e as línguas célticas e germânicas. Contudo, as fontes nas quais tais orientalistas encontraram estas pontes linguísticas entre Europa e Índia foram por eles compreendidas, equivocadamente, como fontes históricas fidedignas.

Julgou-se, com isso, que as populações descendentes dos árias mereciam ocupar posição alta na sociedade indiana, visto descenderem de conquistadores "brancos superiores". E, segundo esse raciocínio, os brâmanes, xátrias e vaixás é que pertenciam às ditas castas "superiores". Essa interpretação elitista corroborava o entendimento desses mesmos grupos, que compartilhavam a ideia apresentada sobre a invasão ariana, uma vez que os beneficiava, conservando-lhes suas posições e seu status. Às ditas "castas inferiores", como os sudras e os "sem casta", descendentes dos drávidas, restava submeterem-se àqueles.

Obtinha-se, dessa forma, a justificativa ideológica para a cristalização das posições sociais das populações hindus baseada em categorias consideradas imutáveis. Além disso, os próprios europeus passaram a se perceber como descendentes desse povo "superior", situando-se em um patamar ainda mais elevado que os próprios indianos portadores da suposta herança ariana. A partir da dita teoria, os ingleses, sendo descendentes dos arianos "mais puros", legitimavam seu status de "raça dominante" e o exercício de seu poder acima de todos os outros na Índia.

Em meio ao desenvolvimento dessa perspectiva, alimentada e alimentadora de posturas racistas, ocorria, conforme antes apresentado, a entrada crescente de hindus anglicizados nos serviços públicos, bem como sua adaptação às "regras do jogo" capitalista no mundo dos negócios. Frente a isso, a elite britânica sediada no território indiano se encastelava cada vez mais em suas autopercepções elitistas, apelando às ideias de status a partir da cor da pele e ao fato alegado de serem herdeiros de uma civilização "avançada", qual fosse, a ocidental.

Tensões entre a elite e os jovens funcionários hindus anglicizados se intensificaram a partir da década de 1860. O ápice desse enfrentamento surgiu com o projeto de lei *Ilbert Bill*, de 1883, que propunha que juízes indianos fossem autorizados a julgar réus ingleses. A decisão foi tomada pelo vice-rei, o marquês de Ripon, que ocupava o cargo desde 1880. No entanto, como magistrados hindus não tinham poder legal para proceder com julgamentos contra ingleses, Ripon declinou e pediu ao encarregado pela Justiça em seu Conselho, Courtenay Ilbert, para solucionar a questão. Mesmo assim, foi elaborada a lei, que veio a ser sancionada em 1884. A decisão causou furor entre os "brancos" da Índia, principalmente nos empresários de origem britânica de Calcutá, e a polêmica chegou à Inglaterra. Eivados por fortes posicionamentos racistas, os setores contrários à nova lei alegavam uma "incapacidade intelectual inata" dos indianos para desempenharem tais funções, e os acusavam de insubmissos, inferiores e ingratos.

A elite indiana anglicizada, da qual proviriam os juízes acusados de "incapazes" de julgar "brancos", deu-se conta de que o fosso entre eles e os ingleses era imenso e estava escancarado. Todavia, percebeu também que ao seu lado estavam todas as outras populações indianas submetidas ao jugo britânico, e que compartilhavam com ela uma mesma situação política: havia um "nós", os indianos, e havia um "eles", os não indianos.

Detentora de linguagens, ideias e atitudes relativamente comuns, a classe média ocidentalizada hindu compartilhava também entre si o sentimento de exclusão ao acesso a cargos públicos mais altos no *British Raj*, bem como o de serem percebidos como inferiores pela elite colonial "branca". Imbuídos dessa consciência, fundaram em 1885 em Bombaim o *Indian National Congress*, a semente do movimento nacionalista da Índia.

Inicialmente modesto e contando apenas com 72 delegados, o grupo formado servia, a princípio, como espaço de exposição dos incômodos de indianos frente ao regime britânico. Contudo, rapidamente obteve apoio de integrantes da classe média indiana anglicizada de outras partes do subcontinente, sobretudo dos indianos que compunham o ICS, fazendeiros de Bengala e empresários de Bombaim. A segunda sessão do Congresso

Nacional já contava com 434 membros, e definiu, pelo crescente número de afiliados, a organização em comitês provinciais, de modo a ganhar maior capilaridade e presença política. Com isso, a classe média que o compunha passou a externar com maior ênfase e articulação seus anseios, frustrações e projetos políticos, diante do domínio britânico.

De modo a dar corpo a esse conjunto de demandas e insatisfações, foram estruturadas duas linhas ideológicas congruentes com o perfil de seus principais líderes: Gopal Krishna Gokhale (1866-1915) e Bal Gangadhar Tilak (1856-1920). O primeiro, com profunda formação anglófila e professor de história e economia política da Fergusson College, de Poona, representava a ala moderada do Congresso, assumindo uma postura mais de diálogo e conciliação frente às autoridades do Raj. Tilak, também um erudito, invocava a memória dos maratas que se insurgiram contra o domínio islâmico, convocando a opinião pública de seus apoiadores para, unidos, reclamarem uma Índia hindu livre da tirania estrangeira. Duas grandes manifestações organizadas por Tilak foram os festivais de Ganesha, importante divindade hindu, em 1893, e o de Shivaji, o primeiro herói hindu a erguer-se contra o domínio islâmico, em 1895 – este último é considerado o fundador do poder marata no século XVII.

Percebe-se que o radicalismo nacionalista de Tilak e seus asseclas incomodava tanto as autoridades inglesas como as comunidades muçulmanas, das quais vamos tratar mais adiante. Acusado pelas primeiras de sedição, em 1897 foi preso, sendo liberado 18 meses depois, sob a alcunha de *Lokamanya*, "o amado líder do povo". Ele conclamava a urgência de uma ação mais contundente, recusando-se a aceitar as propostas reformistas dos seguidores de Gokhale.

Ante essa nova face da ação política indiana, o *British Raj* passou a adotar posturas mais incisivas, visando preservar sua mais preciosa joia colonial. Assim, com lorde Curzon assumindo o posto de vice-rei em 1898, houve uma virada reativa às mudanças e pressões encabeçadas pela classe média hindu. Em princípios do século XX, observam-se, entre esta e o governo inglês na Índia, dois momentos importantes desse embate.

O primeiro, ocorrido em 1904, consistiu no *Universities Act*, que dava ao governo colonial maior controle sobre o acesso ao ensino superior, bem como sobre as bolsas de estudo por ele concedidas. Este aumento do poder oficial sobre tal segmento educacional a partir de então representou a imposição de limitações maiores aos institutos de ensino superior privados, encabeçados por membros da classe média indiana. Estes interpretaram as medidas impostas pelo *Act* como um ataque a uma das principais bases de sua inserção social, o ensino particular.

O segundo, ocorrido no ano seguinte, alcançou proporções maiores. Trata-se da partilha de Bengala em 1905. Província importante no que se refere à presença inglesa na Ásia, bem como central para a classe média crescentemente crítica ao regime, o governo do vice-rei Curzon, temendo novas insurgências, decidiu dividi-la, criando a província de Bengala do Leste e a de Assam. Sem consulta prévia à população bengali, que era fortemente influenciada pelo Congresso Nacional Indiano, a implantação de tal medida foi ferozmente combatida pelos hindus.

Para os opositores à cisão, ela representava uma tentativa clara de reduzir o poder político angariado pela classe média hindu, bem como de abafar, com seu enfraquecimento, as críticas ao *British Raj*. Além disso, havia o fato de a nova província a leste contar com uma população muçulmana expressiva, que era vista pelo movimento nacionalista como um contrapeso à sua força. Assim, o ano de 1905 configurou, a contragosto do Império, um momento de reafirmação do nacionalismo indiano, fortalecido pelo amplo apoio conquistado entre hindus contrários à partilha de Bengala.

As tensões recrudesceram ainda mais com uma série de levantes que se sucederam contra os ingleses, como o boicote das províncias a seus produtos. Intensificando a pressão sobre as autoridades inglesas, surgiram, nesse mesmo momento, grupos radicais violentos a favor da *swarajya*, ou seja, a favor de um projeto de independência segundo as propostas mais contundentes de Tilak. Esses movimentos contavam com homens que acreditavam que somente através da revolução seria conquistada a liberdade. Aurobindo Akroyd Ghosh e Barindra Kumar Ghosh, irmãos bengalis pertencentes a esses grupos, abriram em Calcutá dois jornais da resistência – o *Yugantar* (Nova Era) e o *Bande Mataram* (Eu Te Louvo, Pátria) – para veicularem a defesa de suas posições políticas e incitarem guerrilhas. Paralelamente, usando recursos oriundos de sua posição social favorável – eram filhos da antes ascendente e agora rebelde classe média hindu –, eles passaram a adquirir armas, aproximar-se dos anarquistas russos e elaborar bombas para atingir seus ideais de liberdade do jugo inglês em qualquer instância.

Com a ampliação da adesão às ideias radicais de Tilak e com a intensificação das ações violentas de hindus contra o regime colonial, o Congresso Nacional Indiano, cuja facção mais moderada, ligada a Gokhale, não apoiava, evidentemente, tais manifestações, acabou por dividir-se. Em 1907, no encontro do partido em Surat, foi formalizada a cisão entre os partidários de Gokhale e os de Bal Tilak. Aproveitando a fragilização do partido, o governo britânico acusa os radicais brâmanes de sedição e de incitação ao terrorismo, e prendem novamente o líder Tilak, dessa vez, por sete anos.

Nesse meio-tempo, novas mudanças no Parlamento, em Londres, levaram ao estabelecimento de novo vice-rei, o conde de Minto. Com apoio do secretário de Estado John Morley, o novo governo colonial estabeleceu reformas no intuito de tentar atender às demandas da classe média indiana. Aproximam-se, então, da ala moderada de Gokhale, a qual logra maior espaço nas instâncias legislativas da colônia e participação nas eleições diretas para escolha de membros não oficiais.

Junto com essas reformas, foram estabelecidas salvaguardas para uma das mais importantes minorias indianas, os muçulmanos. A eles, que à época contavam com cerca de 62 milhões de pessoas (James, 1997, p. 419), foi garantida representação no *Imperial Legislative Council*, visto que possuíam particularidades em sua organização e no seu posicionamento político, bem como seguiam códigos legais próprios. Com isso, foi possível, a essa expressiva comunidade, alcançar maior segurança, diante das muitas transformações pelas quais passava a Índia. De modo a preservarem-se, foi criada em 1906, em Daca, a Liga Muçulmana, reconhecida pelo Raj como legítima representante dos interesses das populações indianas muçulmanas. Tiveram boa recepção, claro, porque o regime britânico não poderia se dar ao luxo de ignorar a força que elas tinham junto à política e ao exército anglo-indiano.

Não estamos dizendo que a comunidade muçulmana indiana entre os séculos XIX e XX estivesse do lado do Raj, mas ela possuía visões políticas distintas das propugnadas tanto pelos moderados quanto pelos radicais, ambos pertencentes àquela ascendente classe média hindu. Por exemplo, à época dos boicotes aos produtos ingleses, entre 1905 e 1907, os comerciantes muçulmanos se opuseram a esta iniciativa, entrando em choque direto com os ativistas envolvidos; a Liga também formalmente se opôs, em 1908, aos fortes protestos liderados pelo Congresso Nacional Indiano contra a partição de Bengala.

Verifica-se que os indianos islâmicos tinham organização política própria, ainda que não ligada, ao menos não predominantemente, ao ideário independentista prescrito pelo partido do Congresso. Mais como uma reação contra a ascendência política hindu, a Liga visava garantir a existência das comunidades muçulmanas, ante um cenário político cada vez mais radical e impelido por setores hindus nacionalistas. Estes setores, apoiando-se na mencionada "teoria da invasão ariana", reclamavam para si uma Índia atavicamente hindu, como Tilak, por exemplo, o defendia.

A teoria, portanto, serviu tanto aos interesses coloniais, reforçando seu sistema de dominação, quanto aos anseios da classe média hindu anglicizada, que ergueu sua identidade política sobre o ideário de serem os verdadeiros herdeiros da Índia. A partir da perspectiva arianista, o discurso dos descendentes dos antigos conquistadores era ainda mais veemente entre aqueles pertencentes às ditas "castas altas", muitos dos quais, sobretudo em Bengala, eram parte da classe média anglicizada envolvida com a oposição ao *British Raj*. Mesmo entre as "castas baixas" influenciadas por tal pensamento, havia um sentimento forte de ancestralidade, ainda que crítico à ordem social "bramanocêntrica".

Entrincheiradas na Liga, as populações muçulmanas por esta representadas, assim como a hindu, antes envolvida com o *Raj* mas agora em oposição a ele, abriam-se a influências do mundo ocidental já desde meados do século anterior. Um dos expoentes a favor da abertura islâmica indiana ao oeste foi o magistrado, educador e prolífico escritor muçulmano Sayyd Ahmad Khan. Descendente de linhagem da corte mogol, Khan apontava para as possibilidades de diálogo entre o Ocidente e as vertentes filosóficas islâmicas, influenciadas pelo pensamento grego e judaico, expressivos na Índia desde longa data. Imbuído desse espírito, o líder político islâmico de fins do Oitocentos defendia uma educação dialógica entre pensamento islâmico e ocidental aos jovens muçulmanos. O objetivo dessa proposta era ampliar a presença muçulmana em cargos burocráticos e políticos do *Raj*, visando, em última análise, recuperar o status político islâmico, decadente a partir da derrocada do Grão-Mogol.

Apesar da iniciativa – representada, por exemplo, na fundação, em 1875, do Aligarh College, e com a posterior e supracitada criação da Liga Muçulmana –, as comunidades islâmicas ainda se encontravam no meio do embate entre o poder britânico e as forças hindus nacionalistas. No entanto, não tardou para a organização política islâmica encontrar receptividade junto ao Congresso Nacional Indiano, do qual obteve apoio para a ideia de um projeto nacional pluralista.

Ao estourar a Primeira Guerra Mundial, era particularmente difícil a posição das comunidades muçulmanas indianas, dado que muitas delas tinham o sultão turco (aliado dos alemães e, consequentemente, inimigo da Inglaterra) em altíssima conta, sendo visto como o califa. Tornou-se premente assumirem uma posição que nem ofendesse sua ortodoxia, nem os localizasse no campo oposto ao da Grã-Bretanha.

Colocando-se ao lado do partido do Congresso a convite de Tilak, ou seja, ao lado da Índia, foi possível à Liga tanto se aproximar do nacionalismo indiano quanto torná-lo mais afeito à ideia de uma futura nação não exclusivamente hindu. Com o Pacto de Lucknow de 1916, por exemplo, foi acordado entre a Liga e o Congresso a representação provincial segundo os grupos religiosos – o que significava o reconhecimento, por parte da maioria hindu, da autonomia da comunidade islâmica.

A aproximação hindu-muçulmana tornou-se ainda mais forte com as reações do mundo islâmico ao Tratado de Sèvres, que derrubou o Império Turco, dividindo-o entre as potências ocidentais e desestabilizando os elos entre as comunidades islâmicas e o califado. Contando com o apoio do partido do Congresso, a Liga Muçulmana manifestou sua indignação ao acordo feito pelos impérios ocidentais sobre a Turquia, e aderiu ao ascendente movimento político de não cooperação, encabeçado pelo *vania* gujarate Mohandas Karamchand Gandhi (1869-1948).

A partir do conceito de *satyagraha*, ou seja, "insistência pela verdade", Gandhi instituiu a tática de não violência contra o *British Raj*, mobilizando elementos religiosos hindus para instaurar movimentos insurgentes pacíficos. Em um desses movimentos, Gandhi propôs o *hartal*, isto é, a paralisação das atividades laborais em grande escala com o fito de pressionar o Império Britânico.

Entretanto, desde meados da Guerra a Inglaterra vinha impondo medidas que, sob o pretexto de unir esforços, limitavam crescentemente a ação dos movimentos políticos indianos. Em 1915, com o *Defence of India Act*, instituiu-se a possibilidade de prisão sem julgamento e restrições à divulgação de ideias ou de movimento entre os súditos da Coroa inglesa na Índia. Na prática, essa lei recaiu mais sobre os grupos políticos nacionalistas indianos, cujos membros, incriminados por ela, foram acusados de violência subversiva nacionalista.

Quatro anos mais tarde, à lei ama foi agregada outra, conhecida como *Rowlatt Acts*. Com esta, seria permitido o julgamento de opositores políticos ao regime sem a presença de um júri, e ganhava força o encarceramento de suspeitos sem provas concretas ou veredicto. Mesmo com a total oposição de membros não oficiais indianos no *Imperial Legislative Council*, essa lei foi aprovada em fevereiro de 1919, causando forte comoção política.

Em 30 de março, como resposta às arbitrariedades do Raj, foi feita convocação à população indiana para participarem de um grande *hartal*. Em Délhi, no estado do Punjab, manifestantes que desejavam interromper o funcionamento de uma das principais estações ferroviárias da cidade foram duramente reprimidos por soldados do Império, resultando na morte de três grevistas. Estava evidente que, ante a prática da não violência e de greves, o regime colonial britânico responderia indiferentemente com violência.

Com a propagação das notícias da repressão inglesa aos movimentos pacíficos em Délhi, a população do Punjab iniciou, no dia 10 de abril de 1919, violentos protestos. Os choques foram intensos: casas foram saqueadas e queimadas, soldados atiraram nos bandos rebeldes, estrangeiros foram atacados e mortos. A resposta do Raj foi, a partir da convocação do general de brigada Reginald Dyer, proibir na província quaisquer reuniões em espaços públicos, na tentativa de restaurar a ordem imperial na região.

No entanto, no dia 13 de abril de 1919, na cidade de Amritsar, no Punjab, cerca de 20 mil homens, mulheres e crianças estiveram no parque *Jallianwala Bagh*, que fica nas cercanias do Templo Dourado, local sagrado dos sikhs. Haveria ali, naquele domingo, a abertura do festival de primavera da região, o *Baisakhi*, mas muitos dos cidadãos presentes foram mesmo com a intenção de desafiar, pacificamente, a proibição do regime colonial.

As forças comandadas por Dyer interpretaram o episódio como uma convenção de rebeldes, e não hesitou em despachar uma tropa, sob seu comando, para o local. Centenas de soldados armados adentraram no parque, trancaram o único acesso, e dispararam contra os milhares de pessoas que não tinham por onde fugir. Estima-se que, naquele quarto de hora, 379 pessoas foram assassinadas impiedosamente, e cerca de 1.500 ficaram gravemente feridas (Ferguson, 2021, p. 344). Ao final da chacina, os soldados, sob ordens do general carrasco Dyer, se retiraram do local deixando para trás corpos de mortos e feridos num mar de sangue.

Na sequência do massacre de *Jallianwala Bagh*, o Punjab foi colocado sob lei marcial. Sua população se tornou alvo de duras humilhações, como açoitamentos públicos e obrigação de rastejarem por certas ruas. Por todo o subcontinente, a reação indiana foi expressiva: Gandhi sedimentou sua proposta de não cooperação, assim como encetou seus primeiros movimentos de larga escala assentados nos princípios de *satyagraha* (busca da verdade) e *ahimsa* (não violência).

Os movimentos nacionalistas indianos, complexos em suas expressões e organizações, refletiam a imensa complexidade da própria Índia. Movimentos, portanto, condizentes com as realidades sociais, culturais, políticas e econômicas do subcontinente, e reveladores, inclusive, das tensões presentes tanto entre os grupos que os compunham quanto entre eles e o *British Raj*.

De estrutura autocrática em sua essência, por mais que tenha se revestido de aspectos liberais, o Império Britânico promovia um liberalismo voltado para a reprodução das estruturas que viabilizassem a manutenção de seu poder sobre as inúmeras populações sob seu domínio. Essas populações, portadoras de uma miríade de particularidades, sofreram a imposição de sistemas organizacionais que buscavam simplificá-las. A tentativa do regime colonial inglês de administrar os povos a partir do uso de elementos intrínsecos a eles, manipulando suas culturas e cooptando grupos, surtiu efeito, e permitiu que consolidasse seu poder por quase um século.

O *British Empire*, cuja força econômica e tecnológica, escrutínio científico e esforços políticos se voltaram para a conquista e exploração de um sem-número de povos e nações a partir do século XVIII, refletiu a gana imperialista em sua face mais cruel. O ápice de tamanho empenho foi, sem dúvida nenhuma, a criação de seu império na Índia. Dali, extraiu riquezas imensas que viabilizaram a ampliação do seu poderio ao redor do mundo. Suas estratégias inovadoras no controle social, manipulando o passado de povos inteiros em seu favor, instalando aparatos de controle administrativo e valendo-se da violência em variados níveis, caracterizaram-se como táticas "exemplares" de colonização.

A despeito desse sucesso presumido, a população indiana não se entregou deliberadamente à exploração colonial, como dizia Nial Ferguson em suas obras. Pelo contrário. Salvo poucas exceções, buscou não esquecer os caminhos adotados durante os anos sob o *British Raj* para, mobilizando seus próprios meios e através de suas especificidades e experiências, conquistar seu sonho: a *swarajya* (independência).

4.

NAHDA, CRISE ECONÔMICA E LIBERALISMO

Samira Adel Osman

O século XIX marcou uma série de mudanças para o Oriente Médio, confrontado pela chegada dos impérios europeus e pela suplantação da hegemonia do Império Turco-Otomano. Eventos como ocupação militar e revoltas, debates envolvendo temas identitários e nacionalistas, tentativas de reformas e constitucionalismos, além de impactos econômicos e culturais, colocaram a existência de um mundo certo e seguro sob os auspícios de uma nova ordem e de um novo poder. De início, os pretensos invasores foram desdenhados, e acreditava-se ser fácil rechaçá-los; mais tarde, chegou-se a uma conclusão diferente: era necessário criar forças e estabelecer mudanças para enfrentar os desafios que chegavam do Ocidente.

As mudanças seriam sentidas em toda a região, mas teve contornos particulares e exemplares em três locais centrais: no Egito, no Líbano e no Irã. Confrontados pelas suas posições estratégicas, no meio do caminho entre Europa, África e Ásia, foram os países que prontamente sentiram os impactos da dominação colonial e tiveram de responder de forma particular às novas exigências impostas por impérios em plena expansão, como o britânico e o francês, e pelos que procuravam se assegurar no rescaldo desses gigantes, como o russo. Resistir, reformar e readequar-se aos novos tempos foram os "três erres" adotados no Oriente Médio.

O marco da presença europeia no Oriente Médio

"Soldados, do alto dessas pirâmides, quarenta séculos vos contemplam", foi a frase proferida por Napoleão Bonaparte em 1798 para incentivar seus soldados a invadir o Egito. A conquista militar do país fez parte da Campanha do Oriente proposta pelo Diretório no ano anterior, cujo objetivo era estabelecer colônias francesas na região como compensação pelas perdas ultramarinas na América. O Egito era o ponto de partida e o caminho possível para chegar à Índia e disputar o controle da região sob domínio britânico. Embora tenha tido curta duração, já que para Napoleão interessava mais o desenrolar dos acontecimentos da Revolução Francesa, a invasão – denominada Batalha das Pirâmides – teve grande repercussão tanto para os egípcios, que a partir daquele momento se deram conta de sua vulnerabilidade diante dos invasores, como para os britânicos, que viram seus interesses coloniais ameaçados por outros impérios. A conjunção dessas duas fragilidades ligou Egito e Império Britânico e entrelaçou suas histórias no decorrer do século XIX.

A conquista turco-otomana do Egito em 1517 pouco abalara o poder dos mamelucos estabelecidos no país desde 1250 com o fim da dinastia Aiúbida (1171-1250), e se manteve como uma província tributária governada simbolicamente por um vice-rei, ou paxá, subordinado ao sultão otomano. O que se seguiu à invasão francesa foi uma guerra civil envolvendo mamelucos, interessados em retomar o controle anterior, otomanos, há tempos desejosos de deixar de ser apenas um poder nominal, e mercenários albaneses, que viram a oportunidade de alçar um grau na hierarquia de poder. O caos foi controlado por Muhammad Ali, que, em reconhecimento pelo restabelecimento da ordem, foi nomeado vice-rei do Egito em 1805 e governou até 1848. Ele e seus sucessores não chegaram a nomear-se como dinastia, já que se viam como otomanos, mas, quando seu neto Ismail chegou ao poder em 1863, pouco depois solicitou a troca de título de paxá para quediva, termo de origem persa de mesmo significado, porém, de maior impacto, tornando-se a marca distintiva desses governantes do Egito. O título foi usado até 1914, quando os britânicos derrubaram o último quediva, Abbas II, e fizeram do Egito seu protetorado.

Muhammad Ali e seus sucessores despertaram para a necessidade de implementação de medidas reformistas inspirados por ideias e princípios europeus que há pouco haviam batido às suas portas, colocando o Egito na liderança dos projetos modernizadores do século XIX. Entre outras medidas tomadas sob o impacto da invasão francesa, estavam: criação de exército, investimentos em industrialização e tecnologia, sistemas de irrigação e controle de terras, construção de obras públicas, investimentos em ferrovias e outros meios de transportes, criação de missões educacionais cujo destino era a Europa, publicação de jornais e centros de tradução para publicação de livros e manuais. Para alcançar esses objetivos, sistemas de generosas concessões aos estrangeiros guiavam o caminho da modernização, sendo sua maior expressão o projeto da construção do Canal de Suez. Outorgada por Said Paxá (1854-1863) a Ferdinand de Lesseps, a companhia franco-egípcia era a coroação da interligação ferroviária entre Cairo, Alexandria e Suez e marítima, com a interligação entre o Mediterrâneo e o mar Vermelho para alcançar o oceano Índico.

Além das grandes cifras que acompanharam esse empreendimento – mais de um milhão e meio de trabalhadores, mais de cem mil mortes, mais de oitenta milhões de francos de indenização para a Companhia do Suez e para o governo francês –, o projeto do Canal foi um marco do esgotamento dos recursos do tesouro nacional egípcio e da dependência e ingerência europeia em seu território, assim como, mais tarde, tornou-se símbolo do pan-arabismo, quando foi nacionalizado, em 1956. O sucessor de Said Paxá, futuro quediva Ismail (1867-1879), assumiu as dívidas com os recursos advindos oportunamente da exportação de fios de algodão para as tecelagens europeias em substituição ao produto norte-americano, como também abraçou o projeto modernizador com a reconstrução do Cairo nos moldes das cidades europeias, tendo Paris como horizonte. Abertura e pavimentação de ruas e avenidas com traçados largos e retos; construção de prédios públicos e de um novo palácio projetados por arquitetos europeus; residências e prédios comerciais ao estilo *art nouveau*; instalação de iluminação a gás; circulação de bondes; elaboração de projetos paisagísticos de jardins públicos, passeios e cafés; construção do teatro e da ópera nacional; inauguração de museus e bibliotecas, preparavam o país para a inauguração do Canal e para a realocação do Egito entre os países civilizados do mundo – que, na visão modernizante do quediva, deveria virar-se de costas para a África e colocar-se de frente para a Europa.

A inauguração do canal foi planejada para marcar os novos tempos. Em 7 de novembro de 1869, o quediva Ismail foi o anfitrião de diversos cientistas, artistas, escritores, como Eça de Queiroz, Émile Zola, Eugène Frometin, Henrik Ibsen, do imperador austro-húngaro, do príncipe herdeiro da Prússia e da imperatriz Eugênia – representando Napoleão III e prestigiando seu tio Lesseps –, que inaugurou oficialmente o Canal a bordo de um navio em um cortejo de embarcações. Simultaneamente, na Casa de Ópera eram ouvidos os acordes de *Rigoletto* de Giuseppe Verdi, em homenagem a Ismail. Dois anos mais tarde, a ópera *Aida,* feita sob encomenda, era encenada na mesma Ópera, colocando o Egito na cena teatral da civilização europeia.

Nas décadas seguintes, outras inovações, como o telégrafo, o rádio, o cinema, o gramofone e o telefone, impulsionariam as mudanças no estilo de vida e no pensamento, mas foi a palavra impressa o meio de divulgação de maior alcance. Enquanto livros didáticos, de poesias e romances, de história e ciência, divulgavam o saber escolar e o saber acadêmico nas diferentes escolas e universidades que eram criadas no país, os jornais alcançavam um público além dos muros das instituições ocupadas por alunos e professores. A prensa levada por Napoleão ao Egito tinha os caracteres árabes, gregos e latinos, permitindo que o primeiro jornal, *al--Waqaea al-Masreya* (Os eventos egípcios), uma espécie de diário oficial, fosse fundado em 1828, seguido pelo *al-Muqtataf* (A Manchete), fundado pelos cristãos libaneses Yaqub Sarruf e Faris Nimer, e pelo *al-Hilal* (O Crescente), especializado em ciência e literatura, de Jurji Zaydan. Mas foi com o *al-Ahram* (As Pirâmides), fundado em 1875 pelos irmãos libaneses cristãos Beshara e Salem Taqla, que a tradição jornalística de divulgação de notícias se instalou no país, aproveitando-se do telégrafo para noticiar quase em tempo real o que ocorria em outras partes do mundo, conquistando leitores no Egito e além dele, sendo ainda hoje o mais antigo e mais importante jornal árabe. Ao final do século XIX, mais de 160 jornais e periódicos eram editados em língua árabe no Egito e, mais tarde, sob a ocupação, publicou-se em língua inglesa o *Egyptian Gazette*, usufruindo da liberdade de imprensa, fosse para apoiar, fosse para tecer críticas aos administradores locais ou estrangeiros.

Nacionalistas e reformistas, como Muhammad Abduh e Jamal al-Afghani, também se valeram da imprensa para divulgar seus pensamentos e angariarem mais adeptos para o debate sobre o Islã e a modernidade. Afghani viveu no Egito entre 1871 e 1879, divulgando a tese de que na prática do islamismo autêntico estaria a força para combater as ameaças vindas do exterior, mas apenas uma leitura atualizada do Alcorão – àquela altura, ainda presa às interpretações dos estudiosos do século XI – poderia ser o caminho para recuperar essa força. Defendendo a Constituição como forma de refrear governantes absolutistas e pregando a unidade pan-islâmica, Afghani atraiu jovens acadêmicos, como Ahmad Lutfi al-Sayyid e Saad Zaghloul, além do próprio sheik Abduh, que era defensor de um islã progressista e tinha na primeira comunidade dos muçulmanos, o Profeta e seus Companheiros, o modelo de glória que existira no passado (*salafi*, daí salafismo, como ficou conhecido). Para estes, islamismo, nacionalismo e reformismo andavam de mãos dadas, e era o caminho para alcançar a modernidade e manter a soberania.

O ensino também foi afetado pelas mudanças, e a exclusividade das *madrassas* – escolas de moldes religiosos – no domínio do conhecimento e do saber foi abalada pela necessidade de uma educação tecnicista voltada para a instrução e formação de funcionários, oficiais, médicos e engenheiros, sendo precedida por escolas primárias e secundárias que abriam o caminho para as vicissitudes no campo educacional. Além das escolas governamentais, foi autorizada a instalação de muitas outras, criadas por missões europeias e norte-americanas ou pelas próprias instituições cristãs do país. Da mesma forma, a Universidade al-Azhar, que reinara sozinha como instituição de ensino superior desde o século X, foi confrontada pela criação da Universidade do Cairo, cujos embriões foram a Escola de Direito Francês, a Faculdade de Engenharia que funcionou entre 1816 e 1854, e a novata Escola Médica, tendo como seu primeiro reitor, entre 1908 e 1916, o futuro quediva Fuad I. Em 1919, a fundação da Universidade Americana do Cairo consolidava um modelo de ensino superior de modelo ocidental no Egito. A língua árabe também cedia espaço para o francês e o inglês, ensinados nas escolas, lidos nos livros e periódicos, falados nos ambientes públicos e domésticos. E ainda havia espaço, nessas grandes transformações, para incluir escolas voltadas para a educação de meninas e sua profissionalização como professoras e enfermeiras, e também como jornalistas e escritoras. Além do ensino, as meninas eram introduzidas em um mundo que oferecia e estimulava o estudo da língua francesa e de piano, novas formas de se vestir e novas formas de convívio social, contrastando com uma tradição arraigada aos casamentos arranjados, com a vida intramuros e com os hijabes que lhes cobriam a cabeça.

O novo Cairo era o reflexo do projeto de um novo Egito, mas que, para se concretizar, foi escorado em empréstimos, dívidas e juros que, cumulativamente, somavam cifras de centenas de milhões de dólares. Em uma tentativa de saldá-las, não restou ao quediva Ismail senão cortar na própria carne: vender as ações da Companhia do Suez ao governo britânico por 22 milhões de dólares, quantia equivalente a apenas um quarto dos 88 milhões investidos na construção, e postergar o pagamento dos juros da dívida externa. A compra das ações da Companhia do Suez pelos britânicos em 1876, por intermédio do ministro Disraeli e de empréstimos contraídos, concedidos pelos Rotschild, foi um marco da garantia dos interesses do Império Britânico no Oriente, que se via ameaçado desde a invasão napoleônica ao Egito. Aliando-se ao Império Otomano na diplomacia e controlando o Egito na economia, os britânicos blindavam seus interesses na Índia e a afastavam, ao menos em parte, das ameaças que rondavam seu mais importante domínio territorial. O Egito constituía-se o meio do caminho entre as ilhas britânicas e o Raj, agora com a vantagem tecnológica de usufruir de um Canal que encurtava o caminho para a Índia.

Para os acionistas, era necessário mais; apenas uma intervenção direta no país poderia garantir seus negócios e evitar prejuízos maiores, medida que se concretizou na ingerência direta de comissários europeus nos assuntos de Estado. A resistência do quediva Ismail foi quebrada quando o sultão otomano, o mandatário do país, atendeu aos britânicos e aos franceses e o depôs em favor de seu filho Tawfic. O governo do quediva Tawfic (1879-1892) era o que os britânicos desejavam: complacente em relação aos seus interesses e relapso aos interesses nacionais, sobretudo ao aceitar uma série de medidas de austeridade econômica para saldar a dívida externa e garantir os interesses dos credores, assim como permitir a presença de representantes dos governos britânico e francês para atuar diretamente nessa intervenção. As elites urbanas e os grandes proprietários de terras não viram com bons olhos esse intervencionismo, e, por meio da Assembleia de Representantes – o antigo Parlamento criado por Ismail em 1866 –, exigiram participação na aprovação das medidas econômicas e a criação de uma Constituição para restringir o poder do quediva.

A imposição das medidas econômicas e o intervencionismo foram sentidos na sociedade em geral, mas mais ainda entre os camponeses, dos quais foram cobrados mais impostos, e entre os militares de origem egípcia, que sofreram cortes em seus regimentos. O Exército do Egito esteve sob controle da aristocracia turca, de origem mameluca e albanesa, em detrimento dos militares egípcios, mas uma abertura de Said Paxá permitiu a entrada de outros membros da sociedade, que viram no exército uma possibilidade de emprego e ascensão social. Entre esses beneficiados, estava Ahmad Urabi (1841-1911), que atingiu um alto posto no Exército, superando a condição de subordinação a que estavam relegados os egípcios.

Um levante militar iniciado por soldados rasos e alguns oficiais de baixa patente para garantirem suas posições e conquistas foi apoiado prontamente por Urabi. Em um primeiro momento, esses oficiais exigiram derrubar os cortes no setor, garantir igualdade entre os militares e ter um ministro de Guerra de origem egípcia, no que foram parcialmente atendidos. No entanto, o que o levante militar provocou foi além das exigências de uma corporação, e Urabi passou a ser visto como um líder popular. Elites urbanas, grandes proprietários de terras, comerciantes, jornalistas, eruditos religiosos, camponeses e soldados uniram-se sob o lema de um Partido Nacional, clamando por reformas, reivindicando uma Constituição para limitar o poder do quediva, e exigindo o fim da presença estrangeira, sob os gritos de "O Egito para os egípcios". Liderado por um militar, o movimento inaugurou o papel que esse setor alcançaria no país ao longo de sua história recente.

Para os representantes britânicos e franceses, era o germe de um movimento nacionalista; para os reformistas, era um grito contra a ingerência; para os militares, era a manutenção do Egito na esfera do poder otomano; para o quediva, era perder o pouco da soberania que ainda detinha. A Tawfic não restou outra alternativa, a não ser reconvocar a Assembleia, promulgar a Constituição e nomear Urabi ministro da Guerra. No desempenho de suas funções, além de seu próprio interesse em acertar contas com desafetos no Exército, Urabi influenciou na demissão de funcionários europeus que ocupavam cargos públicos no Egito – medida entendida como um preâmbulo da expulsão total dos representantes das potências interventoras. A falta de diplomacia europeia, o isolamento do quediva, que se retirou para Alexandria, e o maior poder de Urabi que governava do Cairo, redundaram em levantes e motins de um lado, e ameaças e ultimatos de outro, até que a guerra entre o Egito e a Grã-Bretanha se concretizou em 1882. A resistência de Urabi foi possível porque ele ainda contava com o apoio de diferentes setores da sociedade, recebia contribuições de suprimentos vindas da Casa Real e mantinha suas fileiras a despeito da superioridade britânica.

Entretanto, não foi o suficiente para fazer frente ao Exército e à Marinha britânica. Capturado, Urabi foi preso, julgado e inicialmente condenado à morte por traição. Sua pena foi comutada pelo exílio perpétuo na colônia britânica do Sri Lanka, mas voltou ao país, após dezoito anos, por clemência do quediva seguinte, Abbas II (1892-1914), sob a condição de abandonar definitivamente a política e jurar lealdade a ele.

Urabi jamais quebrou sua palavra, e se recusou mesmo, quando foi convidado por uma nova geração de nacionalistas, a lutar contra os britânicos. A atuação do general egípcio dissidente dividiu opiniões: para alguns, como uma das netas de Muhammad Ali, a princesa Nazli, ele tinha sido motivo de orgulho nacional, que sempre lutou pelo bem do Egito e dos egípcios; para outros, era um traidor da dinastia de Muhammad Ali; e para outros mais, era o responsável pela humilhante ocupação do país. A redenção de sua imagem, que ele buscou reaver pelo resto de sua vida, só ocorreu em 1952, quando os jovens oficiais do Exército que ele ajudara a tornar egípcio derrubaram o último vice-rei e colocaram Urabi no panteão dos heróis nacionais.

Por fim, Tawfic foi restabelecido no trono, mas, da mesma forma que seu sucessor Abbas II, como mero fantoche do verdadeiro governante do Egito. Sir Evelyn Baring Cromer, futuro lorde Cromer (1883-1907), assumiu o cargo do Alto Comissariado do protetorado informal que se tornou o Egito entre 1882 e 1914 – um nome menos humilhante para a colônia em que o Egito se convertera –, para um triste epílogo da Guerra Anglo-Egípcia.

Com a eclosão da Primeira Guerra Mundial e o posicionamento do Império Turco-Otomano em favor da Tríplice Aliança, o Império Britânico formalizou seu domínio sobre o Egito depondo Abbas II e instituindo o país como seu protetorado formal – situação que perdurou durante o conflito mundial. Terminada a Guerra, ventos nacionalistas sopraram mais fortes no Egito e levaram alguns representantes da Delegação Wafd (A missão), formada por membros do Partido do mesmo nome, a embarcar para Paris e participar da Conferência de Paz de 1919, no intuito de cessar o protetorado e conquistar sua independência. Entre esses representantes, estava o pródigo Saad Zaghlul: durante a estadia do intelectual Al-Afghani no Egito, fez parte do seu círculo; foi aluno do filósofo e reformador Muhammad Abduh; frequentou o salão político do Oriente Médio liderado pela princesa Nazli, a neta de Muhammad Ali; estudou Direito na Escola Francesa do Cairo; casara-se com a filha do primeiro-ministro Mustafa Fahmi em 1896. Foi pelo casamento e pela proximidade com o sogro que Zaghlul saiu dos debates de pensamentos e foi para a ação política: foi nomeado ministro da Educação, a contragosto do quediva, que o considerava um opositor ao regime, e depois ocupou o Ministério da Justiça, ainda que por pouco tempo. O que marcou seu pensamento e suas ações foi considerar a possibilidade de um reformismo que freasse a autocracia monárquica e instituísse no país reformas modernizantes no ensino e na legislação, aos moldes ocidentais, que preservasse os valores islâmicos em consonância com os valores modernos, que incorporasse as minorias religiosas e desse um passo adiante com a incorporação do tema do feminismo na militância nacionalista.

Impedido de entrar em Paris, Zaghlul e seus apoiadores foram exilados em Malta, mas a chama do movimento revolucionário já havia se espalhado pelo Egito. Na primavera de 1919, manifestações populares, numa expressão genuína de movimento anticolonial que exigia o fim do imperialismo britânico, tomaram as ruas de Cairo. Os protestos cresciam na mesma proporção em que eram reprimidos, levando à morte de mais de oitocentas pessoas. Diante do inevitável, lorde Curzon, então secretário britânico de Relações Exteriores, recebeu a missão egípcia de selar um pacto que substituísse a condição de protetorado por uma aliança com os ingleses, porém, estes não abriam mão do controle da zona do Canal – condição *sine qua non* –, e assim não houve a finalização do acordo.

A violência contra os nacionalistas se acentua, e Zaghlul é encarcerado novamente. As reações no Egito multiplicam-se, e somam-se a elas vozes femininas, sob liderança da ativista pelos direitos das mulheres Huda Sharawi (1879-1947), esposa de um dos aliados de Zaghlul.

A participação das mulheres nos desdobramentos dos protestos de 1919 não é de causar espanto. Em 1890, a questão das mulheres era discutida nas reuniões dos reformadores e pensadores. Qasim Amin (1863-1908), um jovem advogado que participou do grupo de Abduh, foi um dos maiores entusiastas sobre o papel das mulheres e os debates nacionalistas. Amin considerava que o acesso à educação e ao emprego para as mulheres era a força necessária para impulsionar a mudança buscada pelos reformadores nacionalistas e islâmicos. Seus livros *A libertação das mulheres* e *A nova mulher* foram ferozmente criticados por homens – reformadores, conservadores, religiosos, nacionalistas – que viram apenas subversão social e religiosa em suas ideias. Mas mulheres como Huda Sharawi, e, antes dela, sua mãe e sua avó, e parte de uma elite letrada aderiram ao movimento nacionalista, lutando pelo país e pelos seus direitos.

Nada mais podendo fazer para impedir o progresso do movimento, restou à Grã-Bretanha declarar a independência do Egito em 28 de fevereiro de 1922. Mas foi uma vitória de fachada, pois o Império Britânico manteve-se presente no Egito controlando a zona do canal até 1956, enquanto continuava impondo reformas administrativas e fiscais, controlando os meios de comunicação, cuidando da proteção externa e entronando Fuad I (1922-1936), o sétimo filho do quediva Ismail, com o título de monarca. A Constituição, promulgada em 1923, "garantia" o caráter parlamentar da monarquia, o que absolutamente não impediu o rei de dissolver o Parlamento, tomar medidas para limitar o poder do Wafd e mesmo revogar a recente Constituição e outorgar outra em 1930. Assim, o Reino do Egito durou de 1922 a 1952, escorando-se por trinta anos nos últimos monarcas descendentes do albanês otomano Muhammad Ali, dando seu último suspiro com a deposição de Faruk pelo Movimento dos Oficiais Livres.

As invasões napoleônicas seguidas pela ocupação britânica deixaram marcas na soberania e na economia egípcias, como também transformaram a sociedade em diversos outros aspectos, provocando disputas e tensões entre as elites políticas e governantes de origem turca e a maioria da população nativa, que passou a reconhecer, como identidade nacional, o mosaico de aspectos árabes, egípcios e islâmicos que a constituem. Pensadores que defendiam a separação entre a vida religiosa e a vida social, que procuravam conciliar a fé islâmica com a modernidade, que defendiam a reforma dos novos tempos, encontravam eco nas elites urbanas, nos intelectuais e nos escolarizados, mas as massas rurais e urbanas se arraigavam ao mundo que conheciam e eram atraídos pelos que chamavam para o retorno ao verdadeiro e autêntico Islã, o Islã da *ummah*, que agora carregava o nome de Irmandade Muçulmana, movimento idealizado em 1928 por um professor da escola primária, Hassan al-Banna (1906-1949).

Em pouco menos de três décadas, desde a chegada da expedição napoleônica em 1798, o Egito passou por grandes e profundas transformações. Abd al-Rahman al-Jabarti (1754-1824), teólogo e intelectual que testemunhou a chegada dos franceses e escreveu sobre aparelhos, dispositivos, instrumentos e invenções trazidas pelos invasores, teria se surpreendido com o ritmo das mudanças e de como seu mundo islâmico, até então certo, seguro e inabalável, foi afetado por essa presença estrangeira. Para os cristãos, sob o domínio muçulmano, os europeus não eram os estranhos, eram os seus iguais e, por isso, ao invés de lutarem contra eles, clamaram pela sua proteção, agora nas montanhas libanesas.

Seda, literatura, educação. Como ser francês no Líbano

Uma terra de refúgio. Assim as montanhas do Mediterrâneo Oriental, ou o Monte Líbano, ficaram conhecidas para aquelas comunidades que se sentiam ameaçadas por perseguições de caráter religioso. Duas delas, drusos e maronitas, chegaram antes e se assenhoraram do local, e assim permaneceram mesmo com a conquista turco-otomana ocorrida no século XVI nas regiões da Síria e do Líbano, outrora sob o domínio bizantino. Os maronitas chegaram da Síria, de onde se originaram, no século VII, fugindo da perseguição de outras seitas cristãs, enquanto os drusos, uma dissidência do xiismo fatímida do Egito, se consolidaram como comunidade no século XI. Dividindo as terras e o poder entre si, as duas comunidades conviveram sob o domínio de um emir druso, e se contentaram em aceitar o domínio turco-otomano quando foram confrontados por ele no século XVI. Para os sultões que adotavam o modelo dos *milliets*, cabia às comunidades religiosas se autogovernarem sob os auspícios do sultão, recolher impostos e conviver com os demais grupos e seus diversos clãs e famílias que compartilhavam o mesmo território. No entanto, ao Monte Líbano foi outorgada uma condição especial: o Emirado, que existiu entre os séculos XVI e XVIII.

O emir druso Fakhr al-Din II Maan (1590-1633) preservou essa ordem de poder, mas aos poucos foi estendendo seus domínios para além do Monte Líbano, incorporando Sidon, Beirute e o Vale do Bekaa, basicamente o mapa atual do país, e chamando a atenção de governantes locais e do próprio sultão ao tentar ocupar terras sírias. Durante seu exílio na Toscana, tomou conhecimento da produção de seda e o interesse dos consumidores pelo produto de luxo e, ao retornar ao Líbano, promoveu o cultivo do bicho da seda na região montanhosa do Shuf. A seda havia sido introduzida anteriormente pelos mamelucos, mas a produção destinava-se apenas ao mercado local, já que a região síria, na qual o Líbano estava incluído, esteve mais envolvida com o comércio das especiarias orientais cujo destino eram os mercadores venezianos. A partir do século XVI, com o franqueamento do mercado aos franceses, ingleses e alemães, permitido pelos emires drusos dos clãs Maan e Shihab, a seda tornou-se uma importante mercadoria comercial para os produtores de Shuf e também agora para Kisrawan. Beirute e Sidon tornaram-se as principais vias de escoamento da produção, dinamizando os portos e as cidades beneficiadas pela comercialização da seda.

Para tornar o produto competitivo, Fakhr al-Din contratou técnicos toscanos para assessorar os habitantes locais a melhorar técnicas agrícolas da amoreira, introduzir novos casulos, promover instalações portuárias e difundir a técnica de fiação, além de incentivar a contratação de um maior número de camponeses, já que os locais drusos não conseguiam atender mais à demanda. Assim, os maronitas converteram-se na mão de obra adicional e, para atraí-los, várias facilidades foram concedidas, como também terras foram destinadas aos monastérios da ordem de São Marón e, mais tarde, para os religiosos gregos católicos, os quais também se tornaram ativos na produção da seda local. Além disso, algumas famílias maronitas foram dotadas da posse de terra, criando uma classe de proprietários feudais, notadamente os Hubayshes e os Khazins, competindo com outras proeminentes famílias drusas.

Um sistema microeconômico se estabeleceu em torno da seda: os donos de terra e o campesinato; os financiadores de capital; os intermediários da produção e venda; os compradores que obtinham a colheita para a venda em Sidon e Tiro; os exportadores que comercializavam com o mercado europeu desejosos de abastecer suas indústrias têxteis com os fios produzidos em outras terras. No caso da França, a maior parceira comercial do Líbano, entre 1815 e 1849, o consumo de seda quadruplicou, e cidades francesas como Lyon e Marselha absorviam quase toda a produção da montanha, chegando a cifras de 150 mil quilos de fios ou seda bruta em 1873, 540 mil em 1902 e 450 mil em 1904. A cada ano as fábricas francesas adiantavam cerca de 12 milhões de francos aos libaneses para a compra de casulos ou expansão das terras aráveis. Ainda que fosse um negócio que estivesse em mãos das comunidades drusas e cristãs (maronitas e gregos católicos), em 1862, os cristãos sozinhos já controlavam 33 fábricas de fio de seda, enquanto outras 14 estavam em mãos estrangeiras; em 1885 eram 105; em 1910, das 230 fábricas, apenas 10 não estavam em mãos cristãs.

Por outro lado, da França chegavam 5 milhões de francos em tecidos de seda, além de grãos, arroz, açúcar, couros, perfumes, sabões, armas e tantos outros produtos, enquanto a seda respondia por mais de 80% das exportações que saíam dos portos de Beirute. A prosperidade econômica era revertida na melhoria das propriedades, no consumo de produtos de luxo, na marginalização da produção de subsistência e no aumento da distância social e econômica entre proprietários e camponeses, entre cristãos e muçulmanos, entre as montanhas e as planícies e os vales, entre homens e mulheres que agora saíam dos espaços domésticos e ocupavam o trabalho nas fábricas de fiação.

Além de incrementar a economia, a produção da seda provocou mudanças sociais e políticas impactantes no Líbano do século XIX. Do ponto de vista social, criava-se um fosso entre uma aristocracia feudal de famílias tradicionais, uma crescente burguesia urbana de industriais, banqueiros e comerciantes, e um campesinato espremido entre disputas de poder que se escoravam no mosaico religioso da população libanesa. As clivagens regionais e sociais expressavam o distanciamento entre uma população muçulmana e drusa, alijadas do poder, da riqueza, da ascensão social e cultural, e os cristãos, beneficiados por todos esses aspectos e cada vez mais próximos da França, uma parceira comercial, uma mãe ocidental, uma abnegada protetora.

Quando o negócio da seda foi impactado pela concorrência do mesmo produto vindo da China e do Japão, e depois pelos acontecimentos da Primeira Guerra Mundial que tornaram o produto supérfluo, os libaneses deram-se conta de que a economia naufragara, que as fábricas fechavam aumentando o número de desempregados, restando como alternativa para boa parte dos cristãos emigrar para angariar recursos e salvar a economia familiar. Para os que permaneceram, sem contar com os recursos dos emigrados, restou a miséria e a Grande Fome que vitimou os libaneses nesse período.

Antes, os Massacres de 1860, como os trágicos eventos ficaram conhecidos, vitimaram milhares de cristãos no Líbano e por extensão na Síria, sob liderança drusa e seus parceiros sunitas. Do ponto de vista externo, levou a um posicionamento do Império Otomano por maior controle da região, com o apoio britânico, e do Concerto Nacional (França, Áustria, Rússia e Prússia) pela intervenção militar para proteger e amparar seus irmãos cristãos. Como resultado, criou-se no Líbano um regime especial autônomo dentro da estrutura do Império Otomano: o mutassarrifado (de *mutasarrif*, governador) tutelado, protegido, cuidado pelas potências concertistas europeias, representadas pela França. Do ponto de vista prático, ainda que se advogasse que estava em criação um regime republicano, democrático e anticorrupção, o novo regime baseava-se nas divisões religiosas e sectárias de poder entre maronitas, drusos, gregos-ortodoxos, católicos, sunitas e xiitas; no clientelismo e no clanismo; e, sobretudo, colocava os maronitas em situação de privilégio em relação aos demais, o que tem caracterizado a história libanesa até o momento.

Além do poder econômico que já desfrutavam, os maronitas passaram ao controle político e ascenderam a um melhor posicionamento social e cultural. E antes que a economia colapsasse e os conflitos sectários marcassem a história recente do país, o Monte Líbano, agora já estendido para além das montanhas e abarcando as áreas costeiras sob sua influência, juntamente com o precursor Egito e a Síria, viveu uma série de transformações no campo cultural que atravessou todo o século XIX, reunido sob o termo árabe *Nahda*, equivalente ao termo ocidental "renascimento", possibilitado pelo desenvolvimento educacional e pela difusão da imprensa, voltadas para publicação de jornais e periódicos, obras didáticas, científicas e culturais a fim de atender um público leitor e escolarizado que estava em formação. A *Nahda* contribuiu, assim, para o reavivamento da literatura árabe e para a modernização da língua vernácula – debatidas, elaboradas e transmitidas por pensadores e intelectuais e pelas instituições educacionais, sobretudo as de origem cristã.

As escolas primárias e secundárias estiveram sob controle de projetos francófonos, de disseminação do francês como língua da educação, da instrução, da cultura, da civilização. Resultado das ações de maronitas, jesuítas e lazaristas, bem como do governo francês que promoveu a Missão Laica da Universidade de Lyon, 25 mil alunos estavam matriculados nas escolas francesas em 1913, correspondendo a um terço do que havia em todo o domínio otomano. Em 1875, os jesuítas fundaram a Universidade Saint Joseph em Beirute, acrescida da Faculdade de Medicina Francesa em 1883, a partir de um colégio fundado em 1855. Escolas francesas para moças, dirigidas por freiras, eram procuradas por famílias cristãs e muçulmanas, para permitir-lhes certa instrução e profissionalização, e sobretudo para moldar modos e comportamentos.

As missões francófonas tinham como concorrentes as missões protestantes norte-americanas. Já em 1834, a primeira escola para mulheres foi inaugurada em Beirute, seguida de outra para meninas drusas. Em 1866, foi fundado o Colégio Protestante Sírio em Beirute, germe da Universidade Americana de Beirute, em terreno doado pela família Talhuk, de origem drusa. Além disso, os protestantes cuidaram da tradução da Bíblia para o árabe, em substituição ao siríaco e ao aramaico, colaborando para a simplificação e modernização da língua. Contribuindo para a introdução do pensamento europeu em língua árabe simplificada, os alunos da Universidade Americana de Beirute (UAB) se destacaram: o grego ortodoxo Constantine Zuraik e o protestante Nabih Faris, além de Chebil Chumail, que introduziu as teorias darwinistas na região. Egressos, como os Taqla, migraram para o Egito e contribuíram para a formação da imprensa; Jurji Zaydan publicou a *História da Civilização Islâmica*; e Hasan Tawfic, formado na Alemanha, escreveu a primeira *História da Literatura Árabe*.

Desse modo, francófonos e anglófonos disputavam espaço e influência nas obras educacionais, o que contribuiu para fazer do Monte Líbano, junto com o Egito, a região mais escolarizada e letrada no domínio turco-otomano. Por meio da educação básica, secundária e superior, instruía-se uma nova geração de jovens provenientes das camadas médias e altas, urbanas e proprietárias de terra, que compunham a elite local cada vez mais desejosa de se ocidentalizar. O trânsito de missionários, comerciantes, viajantes, diplomatas, funcionários permitiu a circulação de ideias e de comportamentos, e influenciava os modos de vestir, agora de acordo com a moda europeia, de falar nos idiomas francês e inglês, e de morar, então em bairros com residências de estética italiana e francesa.

Assim como o Cairo, Beirute também se tornou um centro de impressão de jornais, sobretudo de opinião e periódicos, já que a ausência de telégrafos fazia com que a notícia chegasse pelo correio tardiamente. A cidade libanesa hospedou cerca de 25 títulos da imprensa e nutria o Egito com editores provenientes de suas terras. Youssef Assir criou o primeiro jornal muçulmano, *Thamarat al-Funun* (Fruto das Artes), publicado no Líbano em 1875, além de contribuir para os projetos de tradução da Bíblia para o árabe e atrair os sírios para o movimento cultural. Livros, de diferentes temáticas, mas sobretudo de história, eram editados, destacando-se ainda um dicionário de árabe e uma Enciclopédia em fascículos versando sobre ciência e tecnologia, história, mitologia e literatura, produzida e editada por Butrus Bustani (1819-1893) e sua família, defensores da língua árabe tradicional e conservadora, posição aliás acompanhada por outros renomados intelectuais, jornalistas e escritores como Nasif e Ibrahim Yazigi, Yaqub Sarruf e Faris Nimr.

A valorização da literatura árabe, cujo vetor foi o reavivamento da língua, que poderia ser apenas um debate entre conservadores e defensores do árabe clássico-*fussha* (puro, gramatical, religioso) e do árabe dialetal-*ammiyeh* (coloquial, modernizado, vernáculo), extrapolava as questões linguísticas e adentrava no debate identitário e nacionalista árabe, na peculiaridade do mosaico religioso na região levantina. Para os muçulmanos, a língua árabe era o princípio fundamental da revelação e expressão religiosa, cuja fé era partilhada com seus senhores, os turcos-otomanos. Para os cristãos, a língua árabe era a expressão de um nacionalismo árabe, unindo diferentes credos que compartilhavam uma história, uma cultura e uma língua comuns, em oposição a seus opressores, os turcos-otomanos. A etnicidade árabe, expressa na língua, se converteu em arma contra a opressão turca e sua política de turquificação do Império no decorrer do século XIX. Arabismo e arabofonia era o elo entre cristãos e muçulmanos de uma mesma origem etnolinguística.

Butrus Bustani, importante expressão desse pensamento, clamava pela fraternidade entre muçulmanos e cristãos em seu semanário *Nafir Surrya* (Trompeta Síria), defendendo um nacionalismo transcomunitário e transconfessional baseado no amor à Pátria (a Grande Síria, da qual o Líbano era parte) e arabista: a língua, a história e a cultura eram a essência da identidade nacional. Pela *Nahda* linguística, literária, cultural, buscava-se se não o esquecimento, o apaziguamento e a cicatrização dos traumas dos Massacres de 1860. Era um clamor pela unificação nacional sob o manto da cultura e da ilustração, mas que predominou mais entre os cristãos que entre os muçulmanos, e que se expressou nas manifestações escritas, portanto restritas a uma elite letrada e elitista, marcando a distância de um nacionalismo quase impossível numa região dividida pelas montanhas e pela religião.

Nas negociações para a partilha do Oriente Médio no desenrolar da Primeira Guerra Mundial, os franceses continuaram sendo vistos pelos cristãos como seus defensores, os quais viram com alívio e entusiasmo a ocupação de seu território pela *maman* protetora de longa data. A Conferência de San Remo de 1920 assegurou à França o mandato sobre o Líbano e a Síria como forma de garantir fazer, do primeiro, um lar cristão no Oriente Médio. Um lar que cresceu como uma mansão ao incorporar e submeter outras regiões do vale do Bekaa e da região costeira de Sidon, Tiro e Beirute. Estava criado o Grande Líbano e o grande problema da impossibilidade de um nacionalismo e de uma nação, já que a religião sectária era o marco divisor de sua população.

Enquanto no Egito e no Líbano discutiam-se nacionalismos baseados em ideias europeias e pan-islamismo e pan-arabismo disputavam adeptos, espaços e projetos, na Pérsia, uma nova dinastia, turca, embarcou no projeto pan-iraniano, mas também tendo de enfrentar as decorrências do imperialismo na disputa por suas riquezas e seu território.

Tabaco, caviar, petróleo... O que mais querem os russos e os britânicos na Pérsia?

Rudyard Kipling em seu romance de 1901, *Kim*, popularizou a expressão "o grande jogo", anteriormente cunhada por Arthur Conolly (1807-1842), oficial da Companhia das Índias Orientais para se referir à rivalidade, aos conflitos e aos interesses do Império Britânico e do Império Russo pela supremacia na Ásia Central, que perdurou desde o Tratado Russo-Persa de 1813 até o Tratado Anglo-Russo de 1907. A posição do Irã, ainda reconhecido como Pérsia, o colocava na infeliz condição de estar espremido nesse "grande jogo" que combinava sua posição geográfica entre o Império Russo e a Índia do domínio britânico. Enquanto o último acreditava que o interesse do primeiro fosse alcançar suas terras mais valiosas, a Pérsia/Irã serviu como tabuleiro dos interesses imperialistas do período e, do ponto de vista interno, tinha uma dinastia governante que pouco fazia para se desvencilhar das garras do urso russo e do leão britânico.

A dinastia então reinante, Qajar, de origem turca, chegou ao poder na Pérsia em 1794 ao destronar o último rei da dinastia zande (1750-1794), e foi uma tentativa de restabelecer o glorioso período Safávida (1501-1722). O que se seguiu foi a consolidação de um novo poder, cuja marca política foi a mudança da capital para a cidade de Teerã, que sucedeu a Persepólis, sede da dinastia Aquemênida, e a Isfahan, da dinastia Safávida, como capitais. Foi com os qajares que a Pérsia chegou ao século XIX, tentando reviver a glória passada e se reafirmando na identidade persa, ao mesmo tempo em que teve de enfrentar os interesses imperialistas dos britânicos e dos russos.

Projetos de modernização e ocidentalização eram a panaceia para os regimes que enfrentavam a caminhada do Ocidente rumo ao Oriente, na busca de áreas para dominar ou garantir zonas de influência. O Império Turco-Otomano, que colocava em prática o Tanzimat (reformas), serviu de inspiração para o futuro primeiro-ministro Mirza Hussein Khan do governo do quarto xá qajar Nasser al-Din (1848-1896), até então refratário a adotar reformas internas que pudessem levar a Pérsia a uma nova configuração social, política e econômica, preferindo manter-se fiel aos interesses domésticos da aristocracia e sendo manipulado pelos interesses externos das potências estrangeiras.

Mirza Hussein convenceu Nasser al-Din a viajar pela Europa e ver com os próprios olhos os efeitos da Revolução Industrial: crescimento econômico; investimentos em educação, ciência e tecnologia; mudanças sociais e culturais; modernização da legislação e da política, em contraste ao que ainda vigorava no reino persa: tradicionalismo, despotismo, analfabetismo, pobreza pelos quatro cantos do reino. A solução veio em 1872, quando o agora ministro Mirza Hussein intermediou a assinatura das chamadas Concessões Reuters. Não que essas tenham sido as primeiras concessões, pois antes, em 1857, o xá franqueara aos britânicos a construção de uma linha de telégrafos, já que estes se mostravam preocupados com as revoltas na Índia, a "joia da Coroa", e seguiram-se ainda outras concessões menores a franceses, alemães e austríacos.

O barão de Reuters, um judeu nascido na Alemanha em 1816, convertido cristão e tornado cidadão britânico, foi o fundador das empresas de comunicação Reuters. Ainda que fosse esse o ramo pelo qual o renomeado Paul Julius tenha ficado conhecido, sua área de atuação foi ainda mais ampla, e, no caso da Pérsia, envolveu concessão para a construção de ferrovias e bondes, direito de exploração de minérios, irrigação de fazendas e investimento em variados setores industriais e econômicos, que impactariam na soberania nacional, no endividamento externo, na dependência econômica limitada à produção e exportação de algodão e ópio, na concorrência desleal com os pequenos produtores nacionais, e no maior empobrecimento da população. Tudo isso por uma bagatela insignificante como adiantamento e a promessa de, no futuro, receber os royalties das explorações.

Com a crescente impopularidade entre nacionais, clérigos, comerciantes e outros homens de negócios diretamente afetados, o que as Concessões Reuters evidenciavam era a política econômica do xá, que preferia conceder direitos de exploração de riqueza do país a despeito das repercussões para a população, e a despeito do enfraquecimento econômico e do endividamento crescente, e de como isso impactaria na soberania nacional. A insatisfação nacional foi acompanhada pelo descontentamento e pressão dos preteridos pelos britânicos e russos, o que levou ao cancelamento dos acordos antes de completarem um ano de existência. Mesmo voltando atrás, compensatoriamente, o barão de Reuters teve a permissão de criar o Banco Imperial da Pérsia e o direito de emitir papel-moeda, enquanto o governo britânico assumia a prospecção de minérios e o monopólio comercial no único rio navegável do país, o Karun; e, para acalmar a ira russa, o xá concedia-lhes, por sua vez, o direito exclusivo da exploração de caviar.

A política do xá qajar flutuava entre concessões e revogações, assim como a política externa da Rússia, e a Grã-Bretanha fazia da Pérsia, ora um instrumento de exploração, ora uma fiel aliada. Por décadas o xá Nasser al-Din continuou negociando concessões, satisfazendo-se com os aportes financeiros que enchiam os cofres públicos e que eram rapidamente esvaziados para pagar dívidas e empréstimos dos gastos excessivos da corte. Em busca de investimentos para o país, pendia para um lado e para outro, mas terminou em enorme endividamento, culminando com o leilão das riquezas do país, que acabaram em mãos estrangeiras.

No entanto, em 1890 esse arranjo foi longe demais; ao conceder o monopólio da compra, venda e exportação do tabaco para a British Imperial Tobacco Company por algo em torno de 15 mil libras, o xá fez crescer um sentimento nacionalista, que vez ou outra batia às portas da Pérsia, e nesse momento se concretizou como um movimento de insatisfação nacional conhecido como Revolta do Tabaco. As concessões, que eram impopulares na Pérsia, faziam crescer a insatisfação com o governo do xá, e a questão do tabaco foi a chama que faltava para incendiar a revolta popular.

É preciso compreender a importância do tabaco na economia local e nos costumes da população na Pérsia. O tabaco era plantado no Irã de forma nativa e artesanal em pequenas propriedades familiares envolvendo dezenas de milhares de camponeses; beneficiado, embalado e distribuído por outras centenas de pequenos investidores; vendido localmente ou exportado por milhares de pequenos comerciantes; e sobretudo consumido por centenas de milhares de pessoas em toda a Pérsia. Um negócio local e persa que o xá teve a má ideia de entregar aos estrangeiros, e, para além das consequências econômicas, essa medida foi vista como uma afronta aos interesses nacionais e domésticos, tendo a capacidade de unir uma população dispersa e dividida em torno de um interesse comum.

Os intelectuais defendiam que o caso do tabaco era a prova de que o poder do xá deveria ser limitado, a exemplo do que ocorria nos países ocidentais. Os mulás, que detinham o controle de terras produtoras de tabaco e compartilhavam dos mesmos interesses dos comerciantes, agiam como porta-vozes dos próprios interesses e de seus seguidores, mas revestiam suas queixas com discursos envolvendo os valores islâmicos e denunciavam o que estava por trás das medidas econômicas como uma afronta dos infiéis ocidentais que pretendiam subjugar o país.

Para os religiosos era dever do xá proteger o solo sagrado do xiismo, ao invés de ceder à sua ambição, e uma vez quebrada essa regra, a aliança entre o xá e os ulemás estava rompida. Por isso a *fatwa* (pronunciamento de um juiz religioso, o *mufti*) contra a concessão do tabaco, lançada em dezembro de 1891 pelo sheik Shirazi, o maior líder religioso do país, invocava o nome de Deus para declarar que, a partir daquele momento, o consumo do tabaco, contaminado por mãos inglesas, em solo sagrado persa e xiita era uma declaração de guerra ao imamato e aos doze imãs, e uma invocação a Deus para a antecipação do advento do Mahdi, o imã oculto. Por trás da *fatwa* de Shirazi, também estavam as ideias do pensador Jamal al-Afghani, o feroz crítico dos interesses britânicos no mundo muçulmano que já havia disseminado suas ideais pelas terras egípcias.

As palavras da *fatwa* foram repetidas e reproduzidas por religiosos, comerciantes, plantadores e intelectuais e espalhadas pelos quatro cantos do país, ironicamente usando a tecnologia ocidental dos mimeógrafos e dos telégrafos para alcançar vilarejos e cidades, muçulmanos ou não muçulmanos, ricos ou pobres, homens ou mulheres, inclusive as esposas e outras mulheres do harém do xá que aderiram ao protesto e à greve. Os narguilés foram colocados de lado e a fumaça do tabaco se dissipou na mesma proporção em que o protesto se alastrava. O alcance da *fatwa* e do protesto deve ser compreendido em seu caráter religioso, ao invocar o nome de Deus, e cultural, já que o consumo do tabaco era uma prática recreativa difundida em todo o país há muitos séculos. Portanto, a convocação de uma greve e a larga adesão a ela devem ser compreendidas como um gesto de grande sacrifício e rebeldia. Assim, o xá logo compreendeu que nada mais lhe restava a não ser revogar a concessão do tabaco aos britânicos, e ao Sheik, revogar a *fatwa* 22 dias depois de sua aclamação – para alívio de todos, que puderam comemorar a vitória acendendo seu tabaco em qualquer ponto do país. Fumar o tabaco deixara de ser *haram* (ilícito) para voltar a ser *halal* (lícito).

A Revolta do Tabaco mostrou até onde era possível desafiar a autoridade do xá e como era possível barrar a espoliação do patrimônio nacional por mãos estrangeiras, tendo balançado a sociedade persa adormecida no autoritarismo, no tradicionalismo, no secularismo, e mesmo colocando em dúvida a necessidade da existência de um monarca. Nasser al-Din, por sua vez, recolheu seus sonhos ocidentalizantes e perdeu o interesse em governar o país além dos muros do seu harém, onde continuou a viver no luxo, na extravagância e na ociosidade. Por esse motivo, poucos lamentaram seu assassinato a tiros poucos dias antes de celebrar os 50 anos de seu reinado, e a corte, para evitar o caos, logo tratou de fazer ascender ao trono o quinto qajar, Muzaffar al-Din (1896-1907).

Aos 43 anos, o filho mais velho e enfermo do xá assassinado herdou um país endividado e com os cofres vazios; uma corte corrupta e uma burocracia mal paga; uma população miserável que via seus campos secarem por sistemas de irrigação arruinados; e uma posição desconfortável no jogo das potências russa e britânica, que exigiam concessões, disputavam monopólios e emprestavam dinheiro para ver o monarca se afundar em termos de soberania nacional. Monopólios, concessões, tarifas alfandegárias vantajosas, empréstimos para pagar empréstimos, medidas que desagradavam aos comerciantes, conviviam com a liberdade de imprensa e de associação, acompanhada de pouca censura, o que facilitava a expressão de críticas ao governo vindas de liberais, nacionalistas, socialistas e reformadores islâmicos que, ora coincidiam, ora divergiam em suas reivindicações. Além de tudo, o reformismo na educação, com ampliação do número de escolas, inclusive algumas para meninas, desagradava os ulemás tradicionalistas acostumados com o controle moral do país.

Assim como o pai, Muzaffar al-Din, no campo econômico, foi seduzido por outro empresário britânico desejoso de enriquecimento fácil em terras persas. Com experiência adquirida na Austrália e na Nova Zelândia, o empresário William Knox D'Arcy recebeu em 1901 a concessão de prospectar, explorar e comercializar petróleo, gás natural e outros minerais ao sul do país, sem nunca de fato ter ido à Pérsia pessoalmente. Pagando 20 mil libras para uma concessão de 60 anos, o direito de exploração foi estendido por quase todo o território, em troca de pagar ao governo persa 16% dos lucros anuais da empresa petrolífera, um acordo que vigorou até 1979.

Com o apoio do governo britânico, por meio da Burmah Oil e do Almirantado, os primeiros anos foram mais de revezes e de pouco sucesso, quase levando ao abandono do projeto petrolífero, mas, num golpe de sorte e a pouco de falir e abandonar o país, no dia 26 de maio de 1908 a empresa viu o petróleo finalmente jorrar pela primeira vez na Pérsia e no Oriente Médio, de um poço perfurado a 360 metros de profundidade. A partir do ano seguinte, D'Arcy tornou-se acionista, diretor e presidente da recém-criada Anglo-Persian Oil Company (APOC), renomeada pouco depois British Petroleum (BP), já que o controle da empresa passava quase que totalmente para o governo de Sua Majestade. Em 1911, a construção do oleoduto permitiu escoar a produção para a refinaria de Abadan, que, em 1927, alcançou a cifra de 4,5 milhões de toneladas de petróleo. A despeito de o governo central da Pérsia ter o controle absoluto sobre a gestão, propriedade e operação da indústria petrolífera – fixação de preços, capacidade de produção, mercados consumidores –, eram os britânicos que determinavam as receitas que lhe seriam destinadas, e eles só negociavam diretamente com os chefes tribais e governantes locais.

Aos poucos o petróleo adquiria relevância e ia substituindo o carvão como combustível fóssil. A indústria e a marinha real inglesa reconheciam-no como uma forma mais eficaz e menos pesada de movimentar frotas e armadas. Até então, a Pérsia era apenas um peão no tabuleiro do jogo entre russos e britânicos, cujo objetivo maior era proteger sua rainha, não Sua Majestade, mas a Índia, a verdadeira joia da Coroa. A partir da descoberta do petróleo, além de salvaguardar os poços e garantir sua total exploração, os britânicos foram estabelecendo um governo indireto na Pérsia, ao assumir o controle do tesouro nacional, do sistema de transporte, da rede de comunicação, do Exército, governando por decreto e em plena garantia de seus interesses, quase apagando qualquer vestígio de soberania nacional.

Já a Rússia, que até então havia exercido sua influência em território persa sobretudo oferecendo recursos infindáveis ao xá, inclusive empréstimos para saldar empréstimos por eles concedidos anteriormente, ia perdendo terreno e moral desde a derrota na guerra contra o Japão em 1905. Ainda assim em 1907, foram assinados os Tratados de São Petersburgo entre Rússia e Grã-Bretanha, pelos quais a Pérsia foi dividida entre russos, que controlariam as províncias do norte (Tabriz, Teerã, Mashhad, Isfahan), e os britânicos, que controlariam as províncias do sul, restando uma zona livre entre ambas, para que os persas exercessem sua liberdade desde que não incomodassem os convidados que se tornavam anfitriões. Mais tarde, envolvida em seus próprios conflitos que culminaram na Revolução de 1917, a Rússia foi perdendo espaço e interesse na Pérsia, chegando a renunciar aos interesses no país e perdoar as dívidas contraídas durante o czarismo. Os britânicos, por sua vez, na mesma proporção em que controlavam a produção de petróleo e protegiam seu mais caro território, ocupavam o vazio deixado pelos russos e aumentavam sua influência na Pérsia, já que, às vésperas do primeiro conflito mundial, o inimigo era outro: a Alemanha.

Se os acordos de 1907 foram a coroação de uma nova configuração de poder na Pérsia, ao mesmo tempo serviram como mais uma fagulha na insatisfação nacional. Desde 1905, os diferentes setores da sociedade persa movimentavam-se contra as medidas adotadas pelo xá Muzaffar al-Din, que, no campo econômico, não conseguira se libertar da herança de seu pai ao continuar entregando os ativos do país para mãos estrangeiras, ao aumentar a dívida mesmo cortando gastos, e ao pretender compensá-las aumentando os impostos sobre os produtos, que inevitavelmente recaíam sobre os comerciantes já saturados da concorrência e dos privilégios estrangeiros. Como reflexo da Guerra Russo-Japonesa de 1905, a dependente economia persa viu os preços de produtos básicos como o trigo e o açúcar chegarem a cifras astronômicas. Diante das exigências russas para concessão de mais empréstimos, o xá preferiu sangrar ainda mais a nação criando mais impostos e atrasando pagamentos aos credores nacionais.

A resposta veio em uma conjunção de ações econômicas e religiosas que inaugurariam esse tipo de manifestação como marca do ativismo político no Irã, com o fechamento do comércio e peregrinação para lugares santos do xiismo. Esses protestos contra a política praticada pelo xá Muzaffar al-Din se iniciaram no mês de junho – o primeiro mês islâmico, *muharram*, quando, no décimo dia, celebra-se a *ashura*, que revive a Batalha de Karbala e o martírio de Hussein – e se intensificaram em dezembro, com a adesão de milhares de comerciantes, estudantes de teologia e ulemás, estes, liderados por Sayyid Abdallah Behbehani e Sayyid Muhammad Tabataba'i. Eles traziam cinco reivindicações inegociáveis: a revogação dos impostos, o cancelamento da humilhante pena de açoite nos pés (*falake*) e a demissão do governador que a executara, a reinstalação da sharia e a convocação de uma assembleia representativa (*adalatjaneh*).

Prometendo e não cumprindo, o xá apenas fez crescer os protestos e aumentar a adesão a eles, passando a contar não apenas com setores religiosos (ulemás e estudantes) e comerciantes e suas agremiações, que fechavam mesquitas e empreendimentos, mas também com intelectuais liberais e nacionalistas, setores das classes médias e altas, que agora exigiam juntos uma Constituição (*mashruteh)* que limitasse os poderes do xá e a instituição de uma Assembleia (*majlis*) na qual os diferentes setores da sociedade estivessem representados – tudo sem que houvesse derramamento de sangue. Sem poder mais ignorar as petições que chegavam de todos os lugares em uma campanha coordenada pelos ulemás, em agosto de 1906 Muzaffar al-Din decretou a convocação de uma Assembleia Nacional.

A redação da Constituição teve início em outubro de 1906, com a elaboração das leis fundamentais, que o xá pôde assinar em 30 de dezembro, cinco dias antes de seu falecimento. A Constituição, fruto de uma verdadeira Revolução Constitucionalista, foi um marco para o país e para o Oriente Médio de modo geral, sobretudo ao colocar em prática o estatuto que dizia que o poder do governante (o xá) emanava do povo e não de Deus, portanto, um poder destituído de caráter divino. Ao mesmo tempo, a Constituição dava destaque para o pensamento e o ativismo dos ulemás, assim como para a sharia, reconhecida como lei superior na qual as leis comuns deveriam ser legitimadas até o advento do Mahdi, o imã oculto. No aspecto religiosidade, reconhecia o xiismo como religião oficial do Estado, mas garantia os direitos civis das minorias judaicas, armênias, zoroastristas e babis.

Unindo conservadores, tradicionalistas, comunistas, religiosos, liberais ou, nacionalistas, o movimento tinha um objetivo comum que, quando foi alcançado, fez aparecerem as fissuras, as dissidências e as dissonâncias, que também encontraram eco nos interesses do novo xá qajar, Maomé Ali (1907-1909). Desejoso de restabelecer o poder absoluto e o poder dos ulemás, representados então por Fazlullah Nuri, os quais começaram a se mostrar receosos do alcance das influências ocidentais, o xá dissolveu a assembleia e enterrou a Constituição ratificada por seu pai, Muzaffar al-Din, havia pouco.

Assim, a Revolução Constitucionalista tomou novos rumos, com consequências que iam muito além de uma diferença entre constitucionalistas e conservadores com disputas de poder entre as diversas lideranças. Entre os crimes e atrocidades cometidas, havia: perseguição e execução dos constituintes, tentativa de golpe pelo xá, que foi deposto e se exilou na Rússia em 1909, enforcamento de Nuri por traição aos ulemás, fuga dos membros mais radicais da Assembleia, desordem e agitação em diversas províncias, antagonismos entre o engajamento das classes altas e a apatia das massas, e ingerência das potências estrangeiras, que já tinham ignorado a soberania nacional nos Tratados de 1907.

Retomados os trabalhos na recomposição da Assembleia em 1911, os interesses nacionais foram mais uma vez sequestrados pelos interesses estrangeiros, e restou um último protagonista na cena final do drama revolucionário: as mulheres. Ainda que não contempladas pelas mudanças legislativas, foram elas, trajadas com seus véus e xadores, que pressionaram maridos, filhos e irmãos a lutarem pela soberania nacional. Em vão. Um golpe de estado do último xá cajar, Ahmad Xá (1909-1925), apoiado pelos russos, em 24 de dezembro de 1911, dissolveu a assembleia novamente e dissipou os ventos constitucionalistas.

O saldo do movimento revolucionário também pode ser contabilizado: no tradicionalismo dos ulemás, que impediu o país de adotar mudanças que poderiam ter contribuído para enfrentar as transformações do século XX; nos modernizadores, que acreditaram que bastava adotar ideias ocidentais para modernizar a sociedade, desconsiderando seu senso de identidade e suas tradições que poderiam delinear um novo arranjo nacional; nos russos e britânicos, que interromperam o amadurecimento político da nação que poderia ter caminhado para a construção de um estado moderno onde as tradições e as inovações ocupassem o mesmo espaço.

Ironicamente, a Constituição resistiu e permaneceu vigorando no país até 1979; a Assembleia, como instância de representação do povo, sobreviveu ao absolutismo na última dinastia, dos Pahlevi, e à Revolução de 1979; o xiismo cresceu como força política que poderia derrubar governos considerados seguidores do "caminho da escuridão e da injustiça"; e, finalmente, a participação das mulheres com seus véus, associados ao atraso e à opressão, teve repercussão positiva em protestos e ativismos.

* * *

Al-Jabarti, que fora testemunha ocular das invasões do Egito pelas tropas napoleônicas, já se impressionara com aparatos tecnológicos e outras invenções levadas pelos franceses, e refutara suas ideias e seus pensamentos, como "bom teólogo" que era, e chegou a acompanhar a aclamação de Muhammad Ali pelo povo egípcio, que o via como o verdadeiro e legítimo governante, impondo ao sultão otomano essa escolha.

Mas esse acontecimento foi apenas uma ária da dramática sinfonia orquestrada pelo Oriente Médio no século XIX. Dali em diante, o arranjo se tornaria mais fúnebre, pois, se o término da Primeira Guerra Mundial significou uma mudança cataclísmica para o Oriente Médio, o que se sucedeu teve ares de apocalipse. Os ideais de igualdade que Napoleão espraiara pelo Egito, e que chocaram Al-Jabarti, não foram os princípios que guiaram as nações vencedoras do conflito.

Com o desmantelamento do Império Turco-Otomano, os países árabes que haviam se conscientizado que não eram partes dele, mas apenas povos subjugados, viram-se diante de uma frenética atividade política, acreditando no sonho de um mundo árabe renascido, reunificado e revigorado. A ária executada entre 1918 e 1920 parecia caminhar, assim, para um *grand finale* em favor das nações árabes. Redesenhar, redefinir e recriar foram os novos "três erres" adotados por Grã-Bretanha e França: as potências vitoriosas no Oriente Médio.

5.

JAPÃO: DA RESTAURAÇÃO MEIJI À EXPANSÃO JAPONESA NA ÁSIA

Luana Margarete Geiger

Introdução

No período que compreende a segunda metade do século XIX até o início do século XX, o Japão passou por consideráveis transformações que o tornaram o primeiro país não ocidental a se industrializar e receber reconhecimento como uma potência regional e, mais tarde, como uma grande potência do sistema internacional. Esta fase na história do Japão Imperial é dividida entre o período Meiji e o período Taisho.

Antes da Restauração Meiji, no período Edo (1603-1868), caracterizado pelo xogunato – sistema liderado por um comandante do exército conhecido como xógun – da família Tokugawa, o governo samurai, estabelecido em Edo (a atual Tóquio), controlava uma parcela significativa do Japão. O restante do território japonês era controlado por mais de duzentos senhores de guerra, conhecidos como "daimiôs". Os séculos XVII, XVIII e XIX para o Japão ficaram marcados por sua fragmentação política e por seu isolamento internacional.

A partir da metade do século XIX, as políticas estruturadas pelo xogunato Tokugawa, para manter a estabilidade do seu governo, demonstravam sinais de esgotamento. Os crescentes problemas domésticos criaram frustrações entre os samurais e questionamentos sobre a liderança Tokugawa. Neste cenário de declínio Tokugawa, embarcações estrangeiras chegavam à costa japonesa pressionando pela abertura de seus portos e dando início a um ponto de inflexão na política japonesa.

A Restauração Meiji (1868-1912)

A iminência de um processo de ingerência externa no território japonês abalou a estrutura do xogunato Tokugawa, que em meados do século XIX se viu obrigado a adotar uma postura conformista em relação à liberalização territorial imposta pelas potências coloniais ocidentais. Em 1854, o Japão relutantemente assinou um acordo comercial com os Estados Unidos, o Tratado de Kanagawa, que acabou representando o primeiro de vários tratados desiguais firmados nesse período.

A impossibilidade de resistência japonesa ante esse quadro desfavorável evidenciou a necessidade de promover o fortalecimento nacional como forma de buscar inserir o Japão nas novas dinâmicas externas sem perder de vista a sua soberania e os seus interesses nacionais. Por meio do reestabelecimento da figura do imperador, a Restauração Meiji encerrou o período dos xogunatos no Japão e buscou promover a centralização política do Império Japonês enquanto também superava a sua realidade feudal.

O principal objetivo do Império era inserir o Japão no sistema internacional em posição equiparável à das demais potências europeias do período. A geração de líderes da Restauração Meiji é conhecida por haver transformado o Japão na primeira grande potência moderna não ocidental na virada do século XIX para o século XX. Para defender o seu país das potências ocidentais, a liderança japonesa buscou modernização e ocidentalização.

Historicamente, o Japão nunca havia sido a parte mais rica da Ásia, nem mesmo a potência regional dominante. Sua geografia insular dificultava a integração nacional e sua topografia montanhosa limitava o cultivo agrícola. No século XIX, era tecnologicamente atrasado em comparação com o Ocidente. No entanto, no século XX, o Japão se tornou a única grande potência do Oriente, o que se refletia em seus altos níveis de Renda Nacional

Bruta (RNB) e RNB *per capita*. Ainda hoje, o Japão se mantém como o único membro oriental do Grupo dos 7 (G7).

A partir da metade do século XIX, a realidade do Japão foi transformada, não em função de suas próprias ações, mas por conta de eventos exógenos, que ocorriam do outro lado do mundo. Os desdobramentos da Revolução Industrial – a qual se iniciara na Inglaterra no fim do século XVIII e avançou sobre a Ásia em meados do século XIX – representaram ameaças sem precedentes à segurança nacional japonesa. Diante dos avanços das novas potências, o Japão se encontrou impotente e incapaz de se defender, independentemente de suas glórias culturais pré-industriais. A Revolução Industrial impôs desafios catastróficos para as sociedades tradicionais, que eram praticamente não tão dinâmicas, e, portanto, incompatíveis com alterações bruscas.

O Japão testemunhou as derrotas do Império Chinês, seu vizinho imediato e até então centro do ordenamento regional do Leste Asiático, nas duas guerras do Ópio: na primeira, de 1839 até 1842, e na segunda, entre 1856 e 1860. O desfecho fez sucumbir sua soberania com a imposição de tratados humilhantes pela Grã-Bretanha e pela França, cujas cláusulas podem ser resumidas a quatro pontos fundamentais: a) o país é obrigado a abrir seus mercados para o comércio internacional; b) as potências ocidentais definem, coletam e repassam parcialmente ao governo chinês as tarifas atreladas às atividades comerciais externas realizadas a partir do território chinês; c) ocidentais expatriados na China são julgados conforme as leis dos seus países de origem (enquanto os chineses não receberiam tratamento equivalente quando estivessem no Ocidente); e d) a nação beneficiada tem garantidas as vantagens comerciais em negociações com outras nações concorrentes.

Ainda isolados, os japoneses observaram com preocupação as imposições comerciais ocidentais, bem como a expansão territorial russa sobre a China enfraquecida, e concluíram que teriam destino semelhante em um futuro próximo. Em 1854, os Estados Unidos impuseram um tratado semelhante ao Japão, o Tratado de Kanagawa. Em 1858, seguindo na esteira dos Estados Unidos, outros tratados foram assinados com França, Inglaterra, Holanda e Rússia, dando continuidade ao processo que havia sido imposto anteriormente na China.

A experiência chinesa acabou se tornando um exemplo sobre o que não fazer. Diante das intrusões das potências que lideravam a Revolução Industrial, os líderes chineses adotaram estratégias de coerção e resistência militar que foram efetivas contra invasões de outrora, sem contemplar, porém, a lacuna tecnológica sem precedentes e que tornou a China insuficientemente preparada para se defender. A falta de conhecimento sobre o tamanho da ameaça que as potências ocidentais representavam e o atraso em relação ao aparato tecnológico inaugurado pela Revolução Industrial tornaram o Império Chinês incapaz de conter os seus invasores.

Para conhecer melhor os seus desafiantes, o xogunato Tokugawa estabeleceu iniciativas para o estudo do Ocidente e suas instituições civis e militares. Em 1857 foi criado o *Institute to Study Western Books*, um *think tank* de sua época. Subsequentemente, missões governamentais ao Ocidente tornaram-se frequentes.

O desafio ocidental, baseado na lógica científica, contribuiu para o declínio de sociedades tradicionais, como foi o caso de Tokugawa. As reformas necessárias para diminuir o atraso tecnológico foram altamente desestabilizantes por trazerem níveis sem precedentes de transformação à base de poder tradicional. A ordem antiga perdia controle, enquanto não havia consenso sobre como a nova ordem deveria ser.

Depois de uma série de batalhas pela liderança do Império do Japão na ordem emergente, a geração Meiji chegou ao poder. O imperador Meiji, de quinze anos de idade, dá nome à Restauração Meiji, que impõe a restauração do domínio imperial e um programa de acelerada ocidentalização. Na cerimônia que formalizou a tomada de poder em 1868, prometeu-se fortalecer o domínio imperial por meio da união da sociedade em torno do desenvolvimento econômico, governando por meio de uma nova assembleia popular, permitindo reconhecer e canalizar as aspirações das diferentes classes, descartando costumes obsoletos e buscando conhecimento internacionalmente.

Foi mantido o envio de delegações japonesas ao exterior a fim de que aprendessem sobre os sistemas ocidentais para emulá-los no Japão. Em função da similaridade entre o Japão e a Prússia em termos de fragmentação política, a atuação de Otto von Bismarck na unificação das numerosas principalidades prussianas, criando o moderno Estado alemão, chamou a atenção das delegações. O próprio Japão também estava dividido em numerosos domínios semi-independentes até 1868. A Prússia parecia, neste sentido, oferecer um modelo de relevância na transformação do Japão em um Estado unificado e potência regional.

A modernização conservadora

A missão Iwakura, que se tornou mais amplamente conhecida e era liderada por um dos mais influentes reformadores Meiji, Iwakura Tomomi, concluiu que as fontes do poder ocidental não eram apenas militares e tecnológicas, mas também institucionais e civis. Neste sentido, modernizar por meio da obtenção da tecnologia mais avançada não seria suficiente; fazia-se necessário também promover a ocidentalização por meio da introdução de instituições ocidentais no âmbito militar e também civil.

A decisão sobre se a modernização seria realizada com ou sem ocidentalização dividiu as respostas das sociedades tradicionais à Revolução Industrial. As consequências de suas escolhas foram determinantes e duradouras. A dinastia Qing, na China, percebendo que a ocidentalização implicaria transformar o éthos da sociedade, decidiu definir o próprio caminho para a modernização em sentido contrário ao tomado pelo Japão.

A decisão japonesa de buscar a ocidentalização caracterizou o desenvolvimento político e econômico, com impactos sobre a relação que mantinha com a China. Até então, o Japão baseava muitas de suas instituições em modelos e padrões chineses, e agora trocavam a sinificação pela ocidentalização. Ao observar os avanços tecnológicos promovidos no Ocidente – como a expansão das linhas férreas, o telégrafo, a navegação a vapor e a iluminação a gás –, o Japão concluiu que a sua resistência armada não seria capaz de enfrentar as investidas das potências ocidentais. Portanto, estabeleceu a política de modernização e ocidentalização visando lidar com o Ocidente em posição menos assimétrica.

A partir de uma análise da situação internacional obtida por meio das missões enviadas ao exterior, o governo japonês estabeleceu um objetivo político e uma Grande Estratégia específica para alcançá-lo. A Grande Estratégia integra todos os elementos relevantes do poder nacional, superando a esfera militar e abrangendo a influência econômica, a coordenação com os aliados, o aparato de inteligência e de propaganda, a estruturação institucional, o direito internacional etc. O grande objetivo da geração Meiji era preservar a segurança e a independência do Japão, ante o acelerado imperialismo ocidental e russo, adotando o modelo empregado por estes como referência.

A Grande Estratégia recém-formulada foi colocada em prática em etapas. Na primeira, a etapa doméstica, assumiu-se a estruturação institucional, cujas reformas proporcionaram a fundação para que o Japão se tornasse um Império, ao mesmo tempo em que suspendiam as restrições impostas pelas potências europeias em tratados portuários que só convinham a elas. A Terra do Sol Nascente pôde restaurar, assim, a sua soberania. Ao ocidentalizar o seu sistema e as práticas judiciais, as proteções legais especiais para expatriados não era mais necessária e o Japão deveria ser tratado como qualquer outra potência europeia. Dessa forma, o Japão logrou renegociar os tratados firmados com a Grã-Bretanha e depois com as demais potências europeias. A segunda etapa, em que os governantes se ocuparam da política externa do Império, foi marcada por guerras no continente asiático, tanto para conter a expansão russa na região como para estabelecer os limites de seu território.

Em 1869, um ano após a formação do novo governo, o Japão reverteu a distribuição de poder interna, eliminando o domínio feudal que por muito tempo fragmentava a sua unidade política. O passo seguinte foi o investimento em um sistema educacional compulsório, em 1872, a partir do reconhecimento de que a modernização depende da educação dos cidadãos. Em 1882, voltou-se às instituições financeiras e legais, com a criação do Banco do Japão e a promulgação de um código penal de inspiração ocidental. Em 1885, teve início o processo de reforma das instituições políticas, com a criação de um gabinete subordinado ao primeiro-ministro. Em 1886, se deu a fundação da Universidade Imperial de Tóquio, a se tornar um centro da educação superior ocidentalizada. Em 1889, foi promulgada a Constituição e em 1890 o primeiro Parlamento (*Teikoku-gikai*, ou Dieta

Imperial) foi formado, o sistema judicial foi reorganizado e foi introduzido um código civil ocidentalizado.

As reformas Meiji incluíram o engrandecimento das Forças Armadas e da estrutura logística, tomando como modelo o exército prussiano, de forma a possibilitar a projeção de poder em todas as direções. A frota japonesa foi baseada na Marinha britânica e sua doutrina naval foi baseada nos ensinamentos do almirante norte-americano Alfred Thayer Mahan, reconhecido teórico naval dos anos 1890.

A Rússia imperial também detinha interesses nos territórios da Manchúria, a península coreana, as Ilhas Curilas e Sacalina – razão pela qual os líderes japoneses percebiam a Rússia como a maior ameaça às suas ambições. Se ela ocupasse o vácuo de poder do Nordeste Asiático, ameaçaria os planos imperiais japoneses, de prospecção territorial – a Coreia, zona de litígio, inclusive era o ponto de partida desses planos. Além de representar a região mais estratégica para a busca pelo crescimento econômico do Japão, a península coreana também não deixava de ser rota para potenciais invasões ao território japonês. A Coreia foi como uma janela de oportunidade para transações internacionais, que somente voltaria a se abrir após a consolidação da fase de reforma doméstica, que incluía o crescimento militar e as revisões dos tratados estabelecidos com as potências europeias. A mesma janela de ação voltaria a se fechar assim que a Rússia terminasse a construção da ferrovia Transiberiana, prevista para 1900.

Dadas as circunstâncias, em 25 de julho de 1894, nove dias após a conclusão das revisões do tratado firmado com a Grã-Bretanha que completa a fase doméstica de sua Grande Estratégia de modernização, o Japão entrou em guerra com a China pelo controle da Coreia. Esta viria a ser a primeira das três guerras que visavam, em primeiro lugar, conter a Rússia, para criar e preservar o Império Japonês: a Primeira Guerra Sino-Japonesa (1894-1895), a Guerra Russo-Japonesa (1905) e a Segunda Guerra Sino-Japonesa, que, por sua vez, desdobrou-se na Segunda Guerra Mundial. Os dois primeiros conflitos produziram resultados que excederam os objetivos originais e o último catalisou uma guerra mundial que acabaria derrotando e dissolvendo o Império Japonês.

A Primeira Guerra Sino-Japonesa (1894-1895)

Preocupado com a balança regional de poder, o Japão utilizou a janela de oportunidade que se abriu entre a revisão do tratado que havia sido estabelecido com a Grã-Bretanha e a conclusão da ferrovia Transiberiana para impedir que a Rússia conquistasse a Coreia, diante do declínio e enfraquecimento chinês.

Uma sucessão de eventos interconectados escalaram as tensões entre Japão e China, finalmente levando à eclosão da guerra em 1894. Este conflito reformulou as dinâmicas do Leste Asiático com implicações duradouras e consequências transformadoras para a região.

As causas subjacentes dessa ofensiva estão atreladas às transformações na balança de poder asiática e à consequente instabilidade derivada da concomitante ascensão japonesa e declínio chinês. Nesse processo de reequilíbrio de poder na Ásia, a instabilidade gerada pelas reformas de toda ordem criou o receio, entre os japoneses, de perderem a Coreia para a Rússia.

A primeira causa para o conflito está, propriamente, na ascensão do Japão, a qual ocorreu ao longo de uma geração e o posicionou para suplantar a China como potência dominante na Ásia – não apenas em função das reformas domésticas que fez, mas também em função da própria crise doméstica na China, a segunda razão para o conflito: o declínio chinês, que minou sua habilidade de agir como protagonista na manutenção da ordem asiática. Como terceira causa está o controverso programa de ocidentalização em nível doméstico, legitimado pelo bom desempenho da política externa sob os reformistas Meiji. Em quarto lugar, a recusa chinesa em reconhecer as alterações em curso na balança de poder, ou em conceder reconhecimento à ascensão japonesa, causou profundos ressentimentos e alimentou o nacionalismo retaliatório no Japão. Neste sentido, a busca do Japão por respeito e prestígio internacional teve peso importante na equação da balança de poder do Leste Asiático.

Em conjunto, esses aspectos foram catalisados por elementos mais imediatos, entre eles, o escalonamento da confrontação interna na Coreia quanto à escolha de uma grande potência a quem se aliar; o assassinato do revolucionário Kim Ok-kyun em março de 1894; a Rebelião Donghak, também na Coreia, e a consequente solicitação de apoio chinês em junho do mesmo ano; o acúmulo de tropas chinesas e japonesas na Coreia no mês de junho; e o afundamento do Kowshing. Todos estes eventos estavam interconectados – o navio de transporte que fora afundado tentava entregar tropas chinesas para conter o avanço japonês e também surpreender a Rebelião Donghak na Coreia.

Durante o século XIX, a política coreana foi marcada por disputas de poder entre os clãs de diferentes reis coreanos, que frequentemente ascendiam ao trono enquanto crianças – o que levava a períodos de regência marcados por intrigas. Facções imperiais feudais atraíram potências externas para o conflito, tornando a família imperial dependente do apoio de atores externos. O assassinato de Kim Ok-kyun provocou agravamento das tensões Japão-Coreia.

A Rebelião Donghak, por sua vez, foi uma revolta importante em protesto à taxação opressiva e à má administração financeira da Coreia. Quando a China e o Japão consideraram enviar tropas, em postura intervencionista, o cenário para a eclosão da primeira Guerra Sino-Japonesa (1894) estava posto.

Entre os objetivos políticos estabelecidos pelo Japão como elementos de sua Grande Estratégia, destacam-se: a) a intenção de expulsar a China da península coreana sob a justificativa de que a intrusão chinesa violava a soberania coreana (do que os próprios japoneses também não estavam atrás); b) assumir, na Coreia, o papel que a Grã-Bretanha havia tido em relação à China, acreditando que apenas amplas reformas poderiam tirar a Coreia da pobreza endêmica, eliminar a disfunção imperial e colaborar com a prosperidade do Japão no processo de expansão do comércio. Os japoneses tinham providencialmente esquecido a sua própria aversão ao sistema de tratados desiguais cuja eliminação havia sido o pilar de sua Grande Estratégia.

Entre os objetivos políticos não declarados, está a intenção de preventivamente conter a Rússia, dominando a Coreia antes que os russos a alcançassem e forçassem a finalização da ferrovia Transiberiana – a Rússia, e não a China ou a Coreia, representava a principal preocupação à segurança nacional do Japão. A Coreia também se tornou um problema porque a desintegração de sua dinastia a estava expondo a intervenções externas. A China, igualmente, com sua dinastia Qing enfraquecida internamente, era incapaz de manter a tradicional ordem regional que criara. Assim, alterar a balança de poder pela substituição da China como potência regional dominante também era um dos grandes objetivos não declarados do Japão.

A Grande Estratégia japonesa permitiu que se estruturassem ainda um Exército e uma Marinha modernos, posicionando-o bem para o conflito. A batalha da Ilha Feng, que teve início em 25 de julho de 1894, marcou o início *de facto* da Primeira Guerra Sino-Japonesa. As tensões foram atenuadas quando o Japão afundou o navio a vapor *Kowshing*, de origem britânica, que levava tropas chinesas à Coreia. A interpretação do direito internacional realizada pelo capitão Togo Heihachiro justificava tal ação, e levou à declaração oficial de guerra no dia 1º de agosto de 1894.

Em 28 de julho de 1894, as forças japonesas engajaram as forças chinesas ao sul de Seul – atual capital sul-coreana –, dando início à batalha de Seonghwan, que resultou em uma vitória fácil para o Japão, com as tropas chinesas retirando-se para o norte, em Pyongyang – atual capital norte-coreana. Após uma semana do início do conflito, a China teve de abandonar o rei coreano, rendendo-se em Seul e efetivamente cedendo três quartos da parte sul da península coreana ao Japão.

Como consequências da Primeira Guerra Sino-Japonesa: a) o exército inspirou o orgulho nacional japonês, exibindo as atitudes heroicas dos soldados japoneses; b) o apoio popular ao governo e às instituições ocidentalizadas cresceu; c) as vitórias nas zonas de guerra e as campanhas midiáticas levaram a novas ambições territoriais e crescimento do nacionalismo; d) a população e o Exército demandavam a expansão dos objetivos de guerra, potencialmente envolvendo a remoção da dinastia Qing e o controle da China.

Outras batalhas importantes foram a de Weihaiwei, entre janeiro e fevereiro de 1895, que resultou na vitória japonesa e na eliminação do poder naval chinês na região; e a Batalha de Haicheng e Niuzhuang, em fevereiro de 1895, que levaram à extensão do controle japonês sobre a parte sul da Manchúria. Após estas vitórias, o Japão ameaçou continuar os avanços em direção à capital para forçar os Qing a resolver a guerra nos termos japoneses.

Em 17 de abril de 1895, o Tratado de Shimonoseki foi assinado, prevendo: o abandono chinês de suas reivindicações de suserania sobre a Coreia; cessão dos territórios chineses de Taiwan, das Ilhas Pescadores e da península de Liaodong ao Japão; o pagamento de indenizações ao Japão; a ocupação temporária do Japão em Weihaiwei e benefícios alfandegários; e diversos melhoramentos das condições comerciais em benefício do Japão.

A Primeira Guerra Sino-Japonesa trouxe para o Japão, como resultados previstos, a vitória sobre os chineses e a ocupação da Coreia; a eliminação do poder naval chinês; a alteração estratégica da balança de poder no Leste Asiático (a China, que era a potência regional dominante, foi derrubada de sua posição de primazia e substituída pelo Japão); e o status de Grande Potência não ocidental.

Entre algumas das consequências não intencionais da guerra, verifica-se: a intervenção da Rússia, da Alemanha e da França no rescaldo da guerra; o legado de animosidade entre a China e o Japão; a corrida armamentista entre a Rússia e o Japão, gerada pelo entendimento nos dois países de que era necessário fortalecer as suas capacidades militares para conter a expansão do outro na região; a declaração de independência em Taiwan e a subsequente campanha japonesa para subjugá-lo – a resistência taiwanesa levou a insurgências do povo e a uma prolongada ocupação dos japoneses.

As principais implicações da Guerra envolveram a transição das ordens domésticas tanto no Japão como na China; instabilidade regional; a luta de potências externas por concessões na região; a transição de poder do meio civil para instituições militares e o fim da ordem regional confucionista.

A Guerra Russo-Japonesa (1904-1905)

A causa fundamental da Guerra Russo-Japonesa foi a competição de soma zero pelo Nordeste Asiático, com Japão e Rússia buscando expandir os seus impérios territoriais. Na sequência da Primeira Guerra Sino-Japonesa (1894-1895), este conflito tornou o Japão uma potência internacionalmente reconhecida.

Duas lições importantes que o Japão levou desse conflito foram: que a guerra poderia representar um meio efetivo para alcançar objetivos políticos (levando à crença de que deveria ser utilizada novamente como meio de resolução de conflitos); que, para a Rússia, o domínio da Manchúria tinha particular significado, no sentido de expandir o seu Império e legitimar o seu regime autocrático.

A Guerra Russo-Japonesa se deu em consequência do fracasso de esforços diplomáticos realizados entre 1896 e 1903. Além das infrutíferas tentativas japonesas de delinear esferas de influência com a Rússia ao longo do paralelo 38 na Coreia, a invasão da Manchúria pela Rússia justo quando se dava a rebelião chinesa contra invasores estrangeiros (no Levante dos Boxers, 1899-1900) exacerbou as tensões na região.

Entre 1900 e 1902, diplomatas japoneses apresentaram uma série de propostas para tentar delimitar as esferas de influência na Manchúria, que também se mostraram infrutíferas. Em 1902, o Japão formou uma aliança com o Reino Unido (Aliança Anglo-Japonesa) para isolar a Rússia diplomaticamente e assegurar apoio financeiro para empréstimos de guerra. Em 1903, o Japão propõe alocar a Coreia para a sua esfera de influência e a Manchúria para a esfera de influência russa – embora a Rússia almejasse controle exclusivo da Manchúria e influência mútua na Coreia. Em 2 de fevereiro de 1904, o Japão entregou um *ultimatum*, acusando a Rússia de negociar com má-fé e de romper relações diplomáticas. Em 8 de fevereiro, o Japão lançou um ataque-surpresa sobre a frota russa ancorada em Lüshunkou – episódio que ficou conhecido como Batalha de Port Arthur (nome ocidentalizado de Lüshunkou).

Como havia sido o caso durante a Primeira Guerra Sino-Japonesa, em preparação para o conflito iminente, o Japão novamente estruturou uma Grande Estratégia que ia além do componente militar, abrangendo também a diplomacia, as finanças, a inteligência, operações logísticas e psicológicas. As operações psicológicas visavam obter vantagens das profundas divisões de classe e do nacionalismo em expansão no Império Russo. Além disso, os estrategistas japoneses esperavam que as tendências revolucionárias na Rússia obrigassem que um número crescente de soldados fosse enviado para proteger dos confrontos domésticos o czar e seu regime. No âmbito da logística, o Japão detinha vantagens para a compreensão dos desafios russos, incluindo a limitada capacidade de carga da ferrovia Transiberiana, que deixaria as forças japonesas em posição de superioridade numérica no teatro de operações, ao menos até que o gargalo ferroviário pudesse ser superado.

A estratégia naval japonesa espelhou aquela utilizada na Primeira Guerra Sino-Japonesa, dando ênfase a ataques-surpresa às forças navais inimigas para estabelecer o comando dos mares e assegurar as linhas de fornecimento. Entre fevereiro e março de 1905, ocorre a Batalha de Shenyang, que se tornou a maior batalha terrestre da história até aquele momento. Em maio do mesmo ano ocorre a decisiva batalha naval de Tsushima, em que a Frota Combinada do Japão derrotou o Esquadrão Pacífico Russo, em um encontro no estreito da Coreia. A marinha russa termina virtualmente destruída, gerando impacto profundo no moral russo.

As derrotas em terra e no mar contribuíram para o crescimento do movimento revolucionário na Rússia, mas o czar Nicholas II suspende a ordem de mobilização, priorizando a restauração da ordem doméstica sobre o esforço de guerra.

O Japão busca a assessoria diplomática dos Estados Unidos para cessar a guerra, em razão de sua própria exaustão militar e financeira. Em 8 de julho de 1905, tropas japonesas aterrissam na Ilha Sacalina, no extremo oriente da Rússia, buscando utilizá-la como barganha nas negociações de paz. Três dias depois, em 11 de julho, o czar Nicholas II assina o acordo de conciliação. Entre 9 e 29 de agosto de 1905, os líderes dos dois impérios reúnem-se em Portsmouth, em New Hampshire, para negociar as condições do acordo, mediado pelo presidente norte-americano Theodore Roosevelt.

A Guerra Russo-Japonesa foi altamente custosa para ambos os lados. O Japão, contudo, logrou alcançar os seus objetivos, incluindo a remoção das tropas russas na Manchúria, maior influência sobre a Coreia, aquisição da metade sul das Ilhas Sacalinas e controle sobre concessões ferroviárias russas na Manchúria. Estas conquistas estavam alinhadas com as ambições Meiji de expandir o Império sobre o continente asiático.

Já a Rússia, embora apresentasse vantagens significativas sobre o Japão – maior população, maior produção nacional, melhores condições de vida e maiores Forças Armadas –, perdeu oportunidades de utilizar a sua superioridade de forma eficaz. Os russos falharam em estudar as lições da Primeira Guerra Sino-Japonesa, apesar de estarem investidos na Manchúria, o mesmo teatro da Guerra anterior. A Rússia poderia ter aplicado os seus ativos navais nas vulnerabilidades japonesas, e o czar Nicholas II deveria ter investido mais no Exército e na infraestrutura ferroviária.

No Japão, a geração que havia estruturado a Grande Estratégia que permitiu a vitória nesses conflitos não deixou orientação para os seus sucessores, levando à falta de planejamento estratégico e complacência que levariam o Japão a encarar dificuldades na metade do século XX.

O período Taisho (1912-1926)

O imperador Meiji, nascido Matsuhito, agora símbolo da unidade e da transformação japonesa, faleceu em 1912. Seguindo a linha sucessória, o seu filho Yoshihito (1879-1926) ascendeu ao trono e tornou-se o imperador Taisho. O processo de construção da identidade japonesa, iniciada no período anterior, foi completada durante o período Taisho, quando o Japão já havia se tornado uma nação estável e próspera. O auspicioso nome Taisho remete à ideia de grandeza (do inglês *great righteousness*), e foi escolhido para marcar uma nova era, sugerindo autoconfiança na posição de potência.

Apesar do panorama favorável ao Japão, para o imperador Yoshihito, particularmente, a situação não parecia tão promissora, e ele não pôde desenvolver um papel ativo no governo. Tendo contraído meningite na infância, o imperador esteve doente durante grande parte de sua vida, mantendo-se o mais possível fora da vista do público. Havia crescente dúvida quanto à sua adequação física e mental para o cargo, e, de fato, embora tivesse sido considerado apto pelos médicos, a sua condição rapidamente se deteriorou, e em 1919 ele já não pôde mais desempenhar funções oficiais. Essa situação se alongou por alguns anos, até que o seu filho Hirohito (1901-1989), futuro imperador Showa, assumiu o trono como regente em novembro de 1921. Estes acontecimentos não prejudicaram, contudo, o governo do Japão ou o ritmo de seu crescimento econômico.

Embora o período Taisho não se compare com o período Meiji em termos de modernização nacional, tampouco com o período que o sucede em termos de expansão militar, é marcado por um palpável movimento pela democracia parlamentar – o que é simbolizado pela designação Democracia Taisho. Com o crescimento da educação superior, da indústria e da população urbana, uma nova sociedade tomava forma, com novas divisões e diferenças em termos de governo e negócios.

Os principais partidos políticos da época incluíam o Rikken Seiyukai e o recém-formado Rikken Kokumінto, o Partido Constitucional Nacionalista. Juntos, esses dois partidos iniciaram o Movimento pela Proteção do Governo Constitucional, que atraiu milhares de apoiadores e suscitaram uma moção de não confiança contra o primeiro-ministro Katsura Taro. Em fevereiro de 1913, milhares de manifestantes cercaram o edifício da Dieta – o poder legislativo do Japão desde 1890 –, obrigando Katsura a renunciar antes mesmo de ter completado dois meses no cargo. Essa foi a primeira vez na história japonesa que a voz da população contribuiu para a deposição de um governo.

Os debates políticos no âmbito acadêmico – especialmente nas Universidades Imperiais de Tóquio e Kyoto, além da Universidade de Waseda – evidenciavam a crescente preocupação dos estudantes a respeito dos problemas sociais e questões internacionais. A primeira década do período Taisho foi marcada pelo *boom* capitalista da Primeira Guerra Mundial e também pelas greves dos produtores de arroz em 1918, além da queda do Império Chinês e da Revolução Russa. O contexto externo alimentou as discussões sociais estudantis no Japão, as quais aos poucos se tornavam movimentos mais organizados.

O fim da Primeira Guerra Mundial trouxe esperanças de autodeterminação entre as colônias, gerando movimentos antijaponeses, como o Movimento de Primeiro de Março, na Coreia, e o Movimento de Quatro de Maio, na China, em 1919. Essas manifestações refletem, naturalmente, a intensificação dos sentimentos nacionalistas.

Durante a década de 1920, diferentes grupos de interesse buscavam estabelecer sua posição de poder relativo no novo Japão. O afloramento democrático é representado pela emergência de novos partidos políticos, incluindo o Partido Social Democrata e o Partido Comunista. Sindicatos trabalhistas deram voz aos trabalhadores, e houve uma série de greves de difícil gerenciamento ao longo da década, da mesma forma como ocorreu na Europa.

Algumas ideias liberais se assentaram, refletindo-se no voto permitido a homens acima de 25 anos e maior presença feminina na força de trabalho, nas fábricas e nos escritórios. Livros, música e teatro vindos do Ocidente chegaram ao Japão, reforçando a ascensão da urbanização, que praticamente quadruplicou entre 1895 e 1935 – ano em que aproximadamente 45% da população japonesa já morava em cidades de mais de 10 mil pessoas.

Como contrapeso à modernização, urbanização e ocidentalização promovidas pela geração Meiji, o imperador Taisho alterou o foco dos esforços nacionais – antes voltado ao crescimento do seu poderio asiático – para o gerenciamento das crescentes agitações domésticas. O incerto reinado de Yoshihito começou com uma crise política e divergências quanto às provisões para a expansão do Exército. Uma onda de instabilidade foi desencadeada pela renúncia do ministro das Forças Armadas e subsequente recusa do Exército em substituí-lo. Katsura Taro foi cotado por oligarcas para assumir o cargo, mas representava uma escolha impopular, uma vez que tanto o público quanto os partidos políticos o viam como símbolo da continuidade do autoritarismo oligárquico.

Como resposta ao ambiente internacional insidioso, a ideologia de Estado xinto – dominante desde a Restauração Meiji até a Segunda Guerra Mundial – advogava pelo totalitarismo estadocêntrico. Esta ideologia, que passou a ser ensinada em escolas militares e públicas, sustentava, pois, a divindade do imperador, rejeitava a ocidentalização, visava à expansão do Japão sob a *pax* japonesa – uma ordem global liderada pelo Japão – e preservava duas características únicas do Império: a longevidade da dinastia no poder e a etnicidade da população, definida pela linhagem.

O Exército, repositório da influência conservadora, expandiu-se para incluir as pobres e atrasadas áreas rurais, que foram receptivas ao fomento da linha nacionalista. As alas mais radicais dos altos escalões do Exército pressionavam por um papel mais assertivo do Japão na região, especialmente na China. Nesse sentido, ao fim do período Taisho, a política doméstica era marcada pelo retorno ao autoritarismo. Vários partidos competiam pelo poder e diferentes gabinetes eram formados e dissolvidos regularmente. Ainda sem convenções democráticas consolidadas, os políticos utilizavam qualquer expediente disponível para angariar apoio, incluindo subornos, intimidação e violência – o que ficava cada vez mais evidente durante os processos eleitorais. A crescente inflexão à direita refletiu-se na Lei de Preservação da Paz de 1925, que, com a Polícia a seus dispor, condenava movimentos por mudanças no sistema político. Assim, conforme o direitismo avançava, a democracia Taisho desaparecia.

6.

A REVOLUÇÃO INDUSTRIAL: ELEMENTOS PARA UMA DEFINIÇÃO*

Peter N. Stearns

A Revolução Industrial foi o desenvolvimento particular mais importante da história da humanidade nos últimos três séculos. Não se trata, contudo, de um episódio histórico isolado. Ele continua a moldar o mundo contemporâneo. Mesmo as sociedades industriais mais antigas ainda se encontram em processo de adaptação ao seu impacto – nas relações familiares e no meio ambiente, por exemplo. Novos gigantes industriais, como a China, repetem elementos do processo original, porém, expandindo seu alcance para novas direções.

O fenômeno começou há cerca de dois séculos e meio e tem transformado o mundo. Baseada em novos métodos e organizações com vista à produção de bens, a industrialização modificou os espaços em que as pessoas vivem, o modo como se divertem, a maneira como delimitam questões políticas – não poucos historiadores diriam que ela alterou até mesmo as formas de fazer sexo.

A Revolução Industrial é, desde o seu início, um processo global. Ela resultou de processos de mudança nas relações econômicas globais e, moto contínuo, colaborou para uma redefinição ainda maior dessas relações – e continua a produzir transformações no mundo.

* Este texto foi publicado em STEARNS, Peter N. *The Industrial Revolution in World History.* Colorado: Westview Press, 2013, p. 1-18. Tradução de Bruno Gambarotto.

Este capítulo explora o que foi a Revolução Industrial e como ela conferiu novas formas à história mundial – mesmo para além das sociedades específicas em que mais profundamente se enraizou. A industrialização foi a força mais fundamental na história mundial, tanto no século XIX quanto no século XX, e segue poderosamente moldando o XXI. De fato, as revoluções industriais ocorreram em três ondas. A primeira se deu na Europa Ocidental e nos Estados Unidos, recém-fundados, e seu ponto de partida se situa nos desenvolvimentos britânicos da década de 1770. Uma segunda onda eclodiu, a partir da década de 1880, na Rússia e no Japão, em outras partes do leste e do sul da Europa, no Canadá e na Austrália. O desdobramento mais recente teve lugar na década de 1960 nas fronteiras do Pacífico e, duas décadas depois, na Turquia e na Índia, bem como no Brasil e em outras regiões da América Latina. Cada grande onda de industrialização rapidamente alcançava outras sociedades não totalmente industrializadas, alterando relações econômicas e sociais básicas. Uma vez que a industrialização foi desde o princípio um fenômeno global, faz-se mister apresentar abordagens comparativas entre processos revolucionários específicos, como o alemão e o japonês, e entre sociedades que avançam em seu crescimento industrial e sociedades que ficaram para trás.

A Revolução Industrial envolve mudanças fundamentais, mas é uma forma curiosa de revolução. Alguns historiadores chegam a discordar veementemente do próprio termo. De qualquer forma, é uma revolução que se estende por várias décadas. Em seus estágios iniciais, possivelmente teve pouco impacto mensurável nas médias de produção geral, ainda determinadas por tradicionais métodos de trabalho. Contudo, o uso de novas máquinas e as redefinições relacionadas à organização do trabalho criaram rapidamente a sensação de grande mudança (mesmo entre grupos não diretamente envolvidos), e fizeram aflorar misturados o medo de ameaças aos costumes estabelecidos e o espanto ante a profusão de bens produzidos.

As reações de primeira hora contra o novo sistema mostram que a magnitude da mudança chegou aos lares – e o fracasso de tais ataques, que forçam a própria redefinição da ideia de protesto, demonstra quão irresistível se revelou essa máquina econômica. Nesse sentido – e no sentido mais amplo, de alterar todo o contexto da vida –, trata-se, de fato, de uma revolução. Em última análise, o papel da industrialização na mudança da estrutura da história mundial é seu corolário mais importante.

Desde o início, a industrialização se colocou como um conjunto de mudanças humanas, e a compreensão dos historiadores acerca desse aspecto humano tem dado contornos a alguns dos mais interessantes achados acadêmicos das últimas décadas. Pesquisadores observam que, em meio aos grandes fatores e grandes transformações, havia rostos individuais – alguns cheios de entusiasmo, outros cheios de dor. Os primeiros desenvolvedores da indústria fabril tiveram de abandonar os costumes de seus pais, abordagem que não raro exigiu considerável sacrifício e gerou tensão familiar. Por exemplo:

- No norte da França, no início da década de 1840, Louis Motte-Bossut montou uma grande fábrica de fiação mecânica de lã. Seus pais haviam sido proprietários de uma operação têxtil muito menor e mais tradicional, cuja manufatura se dava apenas a partir de um tipo simples de maquinário; eles se orgulhavam de poder examinar cada detalhe de sua operação e supervisionar pessoalmente a pequena força de trabalho que tinham à disposição. Motte-Bossut, por outro lado, almejava igualar a França à Inglaterra em termos de fabricação: em retorno de visita à ilha, ele levou ilegalmente à França projetos para equipamentos fabris de última geração. Sua grande fábrica tornou-se rapidamente uma das líderes da região; seus pais, porém, não colocavam os pés nela, julgando sua escala e seu perigo genuinamente imorais.
- Alfred Krupp nasceu em 1812 em uma família de comerciantes bem-sucedidos da cidade de Essen, na Alemanha. No entanto, Friedrich Krupp, seu pai, dilapidara a fortuna da família, ao fundar usinas siderúrgicas com sócios trapaceiros por duas vezes, o que o levou a conhecer o fracasso e a desgraça pública. Com treze anos de idade, Alfred foi mandado ao trabalho em uma fábrica, enquanto sua irmã exercia o ofício de governanta. Já ano seguinte, em 1826, ele abriu o próprio negócio a partir de uma parca herança, manufaturando tesouras e ferramentas manuais. Sem chegar a ser um gênio técnico, porém, empenhado em evitar os erros do pai, Alfred dedicou-se ao sucesso de seu empreendimento com obstinada devoção. Resultado: ele fundou uma das gigantes metalúrgicas locais durante as décadas cruciais da industrialização alemã.

- Chung Ju Yung era um aldeão sul-coreano que, na década de 1940, aos dezesseis anos, caminhou 240 quilômetros até Seul para conseguir um emprego como trabalhador temporário. Ele logo se voltou para uma atividade comercial modesta e passou a ajudar a desenvolver a revolução industrial da Coreia do Sul. Na década de 1980, quando Chung contava seus sessenta anos, sua empresa, a Hyundai, tinha 135 mil funcionários e 42 escritórios no exterior, envolvendo-se em atividades que vão desde a fabricação de automóveis à construção de enormes navios-tanque para o transporte de petróleo.

Os empreendedores que idealizaram parte do processo de industrialização têm origens variadas. Histórias de gente que partiu do zero para conhecer a riqueza extrema não são desconhecidas, mas o percurso mais consistente envolve a capacidade desses indivíduos de reconhecer o potencial de novas tecnologias e romper alguns dos hábitos econômicos dominantes na geração que os antecedeu. Essa habilidade foi característica tanto entre donos de fábrica oriundos de famílias de negócios, como Motte-Bossut, quanto entre os fabricantes de origem camponesa ou operária.

Os donos das fábricas, é claro, constituíram apenas parte da história humana da industrialização. Os trabalhadores também moldaram a Revolução Industrial, e também enfrentaram a mudança, não raro involuntariamente, ao dar sua contribuição. As crianças constituem uma categoria. Elas sempre trabalharam, na maioria dos grupos sociais: auxiliavam seus pais na fazenda e nos cuidados da casa e forneciam parte do trabalho braçal que integrava a fabricação artesanal, muitas vezes sob estrito controle do empregador. Elas continuaram a trabalhar nas primeiras fábricas, mas em um ambiente muito menos pessoal, em meio aos perigos das máquinas motorizadas e às novas exigências de esforço físico ou ritmo implacável. Audiências governamentais realizadas na Grã-Bretanha algumas décadas após o início da Revolução Industrial identificaram o que foi provavelmente a exploração mais chocante do trabalho infantil: as crianças passaram do fornecimento de trabalho suplementar ao trabalho pesado. Para o crescimento das fábricas de algodão em Lancashire – ávidas por trabalhadores e particularmente interessadas nos "dedos pequenos e ágeis" das crianças para o auxílio à operação das máquinas a baixo custo –, crianças eram recrutadas aos bandos nas *poorhouses* urbanas (cortiços). Muitas vinham de famílias desalojadas da manufatura manual rural por obra da expansão das próprias fábricas às quais agora serviam. Como operárias de fábrica, eram alojadas em dormitórios miseráveis e com frequência padeciam de violência com vistas ao aumento da produção. Crianças trabalhavam em turnos diurnos e noturnos e, desse modo, alternavam o período de descanso no dormitório. Como registrou de maneira sugestiva um relatório de 1836: "É tradição comum em Lancashire que as camas nunca esfriem." Não surpreende que algumas crianças cometessem suicídio, levadas ao desespero físico e emocional.

As mulheres constituíam outra categoria. Persis Edwards chegou às novas fábricas têxteis de New Hampshire na década de 1830 tendo o espaço rural por formação. Como a maioria dos novos trabalhadores fabris, ela tinha a expectativa de trabalhar apenas alguns anos, economizando a maior parte de seus ganhos para enviá-los à sua família no campo ou fazer uma poupança para o casamento. Em 1839, ela escreve a um primo que gostava "bastante" de seu trabalho – "me divirto muito mais do que eu esperava". No entanto, ela se queixa (valendo-se dos padrões de trabalho com os quais havia crescido, sem dúvida) que o trabalho a fazia sentir-se "muito confinada, não ia ser ruim ter um pouquinho mais de minha liberdade". Outra mulher da família observou, em carta um pouco mais sombria, que trabalhadoras de fábrica tinham status mais baixo do que seus pares que lecionavam em escolas ou costuravam vestidos em oficinas artesanais. Sua reação pessoal foi ambígua: "Eu fiquei muito cansada daquilo no começo. Minha vontade era que nunca tivessem inventado uma fábrica, mas quanto mais tempo eu fico, mais eu gosto."

Em 1907, durante a primeira fase da industrialização japonesa, 62% da força de trabalho fabril era do sexo feminino, em sua maioria, oriunda de áreas agrícolas distantes. A exemplo da Europa em momento anterior, uma população crescente e o declínio dos empregos na manufatura rural levaram as famílias camponesas a enviar alguns dos seus às cidades, a despeito das pressões e desconfortos implicados no ajuste a novas paisagens e novos trabalhos. Recrutadores de fábrica contratavam mulheres camponesas por intermédio de seus pais ou de seus irmãos, pagando-lhes uma gratificação ante o comprometimento de uma filha ou irmã com o que era um sistema de semiescravidão. Trabalhadoras de fábrica enfrentavam jornadas de doze horas por dia, recebiam alimentação e alojamento, e tinham de comprar a maior parte do que consumiam da loja da própria companhia. E elas recebiam apenas uma pequena parte de suas remunerações, pois os diretores haviam notado que qualquer respiro financeiro as inspirava a fugir. A maior parte delas provavelmente tinha a esperança de retornar à sua aldeia natal para se casar com um agricultor, mas geralmente elas permaneciam nas cidades, casando-se com um operário ou prostituindo-se. Uma assistente social inglesa de visita a Tóquio teceu comentários acerca das vidas dessas mulheres no espaço industrial: "As trabalhadoras das fábricas não só viviam em um deserto de pensamento, como seu ambiente físico também [era] uma espécie de deserto."

O significado humano da Revolução Industrial obviamente variou de acordo com o lugar e o momento em que se deu. A industrialização que ocorreu cedo, como a britânica, enfrentou tensões inerentes à novidade absoluta, uma vez que explorara técnicas sem precedentes. Sociedades que implementaram a industrialização em momento posterior puderam recorrer à cópia, porém, enfrentavam a concorrência das nações industriais já existentes, que lhes impunham igualmente dificuldades. A industrialização no contexto da cultura japonesa teve um impacto distinto do vivido no contexto francês, com uma mistura diversa de oportunidades e problemas em um e outro caso.

Inexoravelmente, porém, a Revolução Industrial variou conforme o tipo de grupo e indivíduo envolvidos. Proprietários de fábrica puderam ver a industrialização em termos de progresso e oportunidade, embora vivessem do mesmo modo, a depender da personalidade, ansiedades e preocupações. Trabalhadores recém-recrutados ou forçados tiveram menos chances de ajustes à economia industrial, e estavam mais propensos a pensar em termos de deterioração e desorientação – embora, como as mulheres da fábrica da Nova Inglaterra sugeriam, os ajustes fossem possíveis, e os benefícios reais, discerníveis. Por fim, um terceiro grupo de trabalhadores, inicialmente o maior, viu a industrialização se desenvolver em seu entorno – na Grã-Bretanha, na virada do século XIX; no Japão, na virada do século XX – e teve de decidir de que forma isso alteraria suas vidas, ainda que permanecessem no campo, em oficinas artesanais tradicionais ou no comércio.

Este capítulo trata do desdobramento da Revolução Industrial em seus diferentes e principais centros em todo o mundo e de seu impacto internacional. Os temas preponderantes são os processos de industrialização envolvidos, as causas que os promoveram e as maneiras pelas quais eles transformaram uma série de relações internacionais. A discussão não vai, porém, perder de vista a dimensão humana: a Revolução Industrial significou mudança – um conjunto mais decisivo de mudanças do que a maioria das pessoas já experimentou em termos históricos. Ela significou oportunidade, entusiasmo, desgaste e degradação, e essas diversas características constituíram parte essencial da conversão de uma sociedade de base agrícola em sociedade de base industrial.

Tecnologia e organização do trabalho

A Revolução Industrial constituiu uma daquelas raras ocasiões na história mundial em que a espécie humana alterou as estruturas de sua existência. De fato, o único desenvolvimento anterior comparável em termos de magnitude absoluta foi a revolução neolítica, a conversão da caça e coleta à agricultura como forma básica de produção para fins de subsistência. Tanto a Revolução Industrial quanto a revolução neolítica trouxeram mudanças fundamentais: transformaram-se as maneiras como as pessoas trabalhavam, os lugares em que viviam (comunidades sedentárias em vez de grupos nômades; cidades, em vez de fazendas e comunidades rurais), o potencial superávit econômico disponível e quantas pessoas poderiam encontrar sustento em todo o mundo. Essas mudanças inevitavelmente tiveram ramificações que alcançaram quase todos os aspectos da experiência humana – os hábitos de pensamento e as relações entre homens e mulheres, bem como os sistemas de produção e troca. A história completa da Revolução Industrial é precisamente o exame desses múltiplos impactos.

A essência da Revolução Industrial, no entanto, era bastante simples. Reduzida a seu âmago, ela consistiu na aplicação de novas fontes de energia ao processo produtivo, o que foi possível mediante equipamento de transmissão necessário para aplicar essa energia à manufatura. E, por conseguinte, consistiu em pensar a organização humana em escala aumentada, o que facilitou a especialização e a coordenação do trabalho em níveis que agrupamentos pré-industriais jamais haviam levado em consideração.

A Revolução Industrial substituiu progressivamente os seres humanos e os animais, como fontes de energia produtiva, por motores movidos a combustíveis fósseis (suplementados pela energia hídrica e, mais recentemente, pela energia nuclear). A invenção-chave na Revolução Industrial da Europa foi a máquina a vapor, que aproveitou o potencial energético do carvão. Revoluções industriais posteriores também usaram motores elétricos e de combustão interna (desenvolvidos na década de 1870), e petróleo, assim como o carvão. Antes da Revolução Industrial, quase toda a produção manufatureira e agrícola dependia de equipamentos movidos por pessoas ou animais de tração, com alguma pequena assistência de rodas hidráulicas. Com exceção das rodas hidráulicas, usadas principalmente para moer grãos, quase todas as ferramentas eram projetadas para uso manual. Os animais muitas vezes arrastavam arados na agricultura, mas o plantio e a colheita eram feitos à mão por trabalhadores auxiliados por ferramentas simples, como foices. Os teares usados na fabricação de tecidos eram movidos por pedais, e as fibras eram amarradas à mão. A Revolução Industrial introduziu progressivamente o vapor ou outra fonte de energia ao processo de produção, e aumentou constantemente a proporção do processo realizado por equipamentos sem orientação humana. Os teares elétricos, portanto, não apenas substituíram os pedais, como também cruzavam fios automaticamente, depois que um trabalhador inicialmente os fixasse em uma moldura. O manuseio da máquina envolvia garantir que o suprimento de fios permanecesse constante e lidar com fios quebrados ou outras panes; o próprio tecido não precisava ser tocado por mãos até que fosse recolhido. Novas e fabulosas fontes de energia – que em muito excediam o que pessoas e animais podiam fornecer, sendo transmitidas ao produto por máquinas semiautomáticas – foram o núcleo tecnológico da Revolução Industrial.

A faceta organizacional da Revolução Industrial foi inicialmente simbolizada pelas fábricas, mas os princípios organizacionais se espalharam para além delas. A Revolução reuniu grupos de pessoas no processo de produção.

A maioria das operações de produção anteriores ao final do século XVIII tinha centro no espaço doméstico, com colaboração e especialização de cerca de dez ou menos pessoas. Ainda que muitas das primeiras fábricas fossem pequenas, elas promoviam o agrupamento de um número maior de pessoas para o processo de produção. Elas também aumentaram a quantidade de especializações; tarefas foram subdivididas, e assim a produção total foi aumentada apesar de se descontarem as novas tecnologias. Em contrapartida, a maioria dos grupos de trabalho anteriores à Revolução Industrial – mesmo os grandes, como os trabalhadores escravizados das minas e das plantações agrícolas nas Américas – havia sido de tipo relativamente não especializado. Por fim, a organização de estilo industrial envolveu uma gestão mais consciente dos trabalhadores, com vista a um ritmo de trabalho mais rápido e totalmente coordenado. Aqui se evidenciava também um contraste com modalidades mais relaxadas de execução do trabalho, típicas de boa parte do trabalho pré-industrial, inclusive do trabalho escravo. Assim, a redefinição da disciplina e da especialização do trabalho, juntamente com o crescimento em tamanho da unidade de trabalho, definiram o núcleo organizacional da Revolução Industrial. Sistemas de trabalho que não puderam corresponder a essas características organizacionais, como a escravidão e a produção doméstica, caíram em declínio ou até desapareceram durante o processo de industrialização.

As duas características centrais da industrialização – revoluções na tecnologia e na organização da produção – deram ensejo a um claro resultado: um grande aumento na produção total de bens e na produção individual do trabalhador. A produtividade *per capita* subiu, em alguns casos, expressivamente. Um trabalhador de fiação francês ou britânico que, nos anos 1820, usasse fusos movidos a vapor, em vez de uma roca manual, era capaz de produzir cem vezes mais fio do que sua contraparte pré-industrial. Esse ganho de produtividade era inédito na indústria tecelã: os primeiros teares mecânicos apenas dobraram a produção, mas mesmo isso, por si só, gerou enormes impactos. O aumento da produção pôde e foi muitas vezes usado de várias maneiras: para aumentar a desigualdade no padrão de vida, dar sustentação a maiores receitas tributárias, e prover populações em rápido crescimento ou mudar e talvez melhorar suas condições de vida materiais. Esses resultados assimétricos e o equilíbrio entre eles constituem tópicos vitais de investigação quando se trabalha com o impacto da industrialização sobre indivíduos e sociedades.

O risco na análise da Revolução Industrial é a simplificação excessiva, porque suas características essenciais parecem simples. Explorar a história da industrialização envolve várias tarefas: rastrear por que certas partes do mundo encontravam-se mais abertas a novas tecnologias e novas formas organizacionais; analisar por que diferentes sociedades industriais estabeleceram práticas um tanto distintas (por exemplo, com variações no papel dos governos em promover e orientar o processo de industrialização); e entender a recepção e organização de diferentes reações que surgiram, mesmo em uma única sociedade industrial, à medida que as pessoas se ajustavam a inovações como máquinas movidas a vapor. A história completa da Revolução Industrial, em suma, envolve variedade e complexidade. No entanto, mesmo enquanto examinamos esses significados humanos mais ricos, a definição em sua essência não deve ser esquecida. Em qualquer processo de industrialização, o substrato tecnológico e organizacional inevitavelmente se agiganta.

Questões de interpretação

A Revolução Industrial levanta todos os tipos de questões interpretativas, incluindo, antes de mais nada, o que a provocou. A todo momento nos deparamos com questionamentos fundamentais. Alguns destes se aplicam até mesmo à sua definição propriamente dita, uma vez que os historiadores continuam a debater como chegar a um acordo diante desse divisor de águas na experiência humana.

A Revolução Industrial envolveu certos processos gerais. Os atores da industrialização tiveram de lidar com sistemas de trabalho, com o surgimento de novas formas de insumos, com novos hábitos de tempo. Essas mudanças envolveram o tratamento dado a eventos individuais: um dono de manufatura que teve de tomar decisões a respeito das regras de sua fábrica, um vendedor ambulante que percebeu que a crescente quantidade de mercadorias exigia a montagem de uma loja na aldeia em lugar da venda itinerante, um trabalhador de manufatura que aprendeu a escutar o apito de fábrica pautado pelos ponteiros de um relógio. Esses eventos, multiplicados pelas centenas de milhares de indivíduos envolvidos, constituíram os novos processos de trabalho, o surgimento de novas formas de comércio, a percepção de uma nova urgência no tempo de trabalho.

A essência da Revolução Industrial não flui, porém, a partir de eventos seminais muito claramente rotulados, como a posse de um novo presidente ou a assinatura de um grande acordo internacional. A história pautada por eventos seguiu enquanto o processo de industrialização se consolidava: a Grã-Bretanha lutou contra os exércitos de Napoleão, o Japão celebrou uma nova constituição, a Rússia sofreu o abalo de uma revolução em 1905. A Revolução Industrial associou-se a tais eventos e conheceu alguns claros acontecimentos próprios: a invenção da máquina a vapor por James Watt, a aprovação de novas leis contra o trabalho infantil, a criação de um ministério da indústria no Japão. Fazer com que a história industrial e a história baseada em eventos coincidam, porém, não é tarefa fácil, e a maioria daqueles que se debruçam sobre o tema da industrialização lida com um conjunto distinto de marcadores históricos.

Diferentemente das revoluções políticas, a Revolução Industrial nem sequer tem um início ou fim delimitado. A Grã-Bretanha, por exemplo, começou a abrir fábricas movidas a vapor na década de 1780. A mudança rapidamente se espalhou por umas poucas indústrias importantes – a fiação de algodão foi quase inteiramente mecanizada no intervalo de uma década –, mas a economia como um todo mudou de forma muito mais lenta. Na década de 1850 ainda havia tanto trabalhadores artesanais quanto fabris, e um equilíbrio entre populações rurais e urbanas. A industrialização havia transformado a vida profissional e as perspectivas e o horizonte da maioria não fabril, mas ainda não havia revolucionado esses contingentes. E, embora a produtividade tenha explodido em alguns setores, a produção *per capita* geral cresceu apenas gradualmente (cerca de 2% ao ano), porque grande parte da população ainda trabalhava em ambientes tradicionais.

A industrialização, de fato, frequentemente ganhou impulso algumas décadas após as primeiras introduções significativas de novos equipamentos e fábricas. Algumas sociedades, como veremos, conheceram a experiência de algumas fábricas mas não chegaram a viver subsequentemente uma revolução industrial. Mesmo muitas regiões que se industrializaram em alguns setores manufatureiros assistiram a uma onda maior de transformação quarenta ou cinquenta anos depois do esforço inicial. A "Segunda Revolução Industrial" na Europa Ocidental, no final do século XIX, pode ter trazido, portanto, mais mudanças para mais pessoas do que a primeira revolução. Japão e Rússia redefiniram e aceleraram seus processos de industrialização nas décadas de 1920 e 1930, meio século após o início de seu mais consequente empenho. Revoluções industriais são claramente longas, periódicas e difíceis de identificar.

Questões desse tipo certamente criaram problemas a uma imagem esquemática inicial da Revolução Industrial. Na década de 1950, o historiador econômico W. W. Rostow buscou criar algo como um modelo de revolução industrial que, ao subtrair desenvolvimentos históricos particulares, adequava-se a todas as revoluções industriais – desde o primeiro esforço britânico, passando pelo impulso japonês mais recente, até possíveis revoluções futuras (ele escreveu em período anterior ao Círculo do Pacífico entrar na briga). Rostow destacou algumas décadas de "decolagem", durante as quais a introdução inicial de novas tecnologias estimulou mudanças particularmente rápidas nos setores de maior importância. Trabalhos mais recentes sobre a industrialização apontam, por outro lado, para a variedade de mudanças concomitantes à introdução das primeiras fábricas: alguns setores artesanais cresceram, alguns setores industriais permaneceram atípicos e pequenos, e nenhum padrão preciso de dinamismo industrial existiu de uma região para a outra. Além disso, as fases preliminares não levaram, *pari passu*, a alguma maturação padrão. Enquanto a Alemanha rapidamente tendeu a um foco em fábricas relativamente grandes no campo da indústria pesada (embora esse movimento acompanhasse a manutenção de um setor artesanal substancial), a França alcançou uma forte taxa de crescimento manufatureiro através de uma mistura diferente: combinando com algumas fábricas a aceleração das operações artesanais em indústrias, para a fabricação de móveis, por exemplo. Mas, embora as revoluções industriais sejam desiguais, lentas e particulares, com casos que pouco se assemelham entre si, não há necessidade de descartar o termo "revolução". Afinal, as revoluções políticas às vezes se mostram lentas, e certamente nunca mudam as condições tanto ou tão rapidamente quanto seus proponentes imaginavam. As revoluções industriais surgem de mudanças anteriores – esse é um aspecto óbvio de causalidade e ajuda a explicar por que algumas sociedades têm revoluções industriais e outras não, apesar de esforço considerável. Revoluções industriais levam tempo, e envolvem diferentes partes da força de trabalho em diferentes graus de mudança. Elas, no entanto, produzem algumas mudanças fundamentais a partir da crescente introdução de novas tecnologias e novas formas organizacionais, mesmo que (como no caso francês mais especificamente) a introdução não seja apenas gradual, mas um tanto idiossincrática.

A qualidade revolucionária da industrialização se torna ainda mais óbvia no contexto mundial. A industrialização britânica e mesmo a francesa conheceram sua sequência, como veremos, a partir de padrões anteriores de mudança econômica e social. A introdução de equipamentos movidos a vapor denotava uma mudança real, mas que ocorria dentro de um contexto já dinâmico. Revoluções industriais posteriores, baseadas em grande parte na imitação das anteriores levadas a cabo em outros lugares, desenvolveram características revolucionárias mais rapidamente. A Rússia começou a formar uma mão de obra fabril na mesma janela geracional em que extinguiu a servidão rural e começou a universalizar o processo de letramento; o Japão produziu uma nova classe empreendedora no espaço de uma geração após a abolição do feudalismo; a Coreia do Sul lançou sua industrialização apenas uma geração depois da opressão econômica e política da ocupação japonesa. As imensas transformações sociais e políticas envolvidas em casos como esses ocorreram com uma velocidade desconcertante, e a Revolução Industrial desempenhou um papel central nelas.

Em suma, a variedade e a desigualdade do desenvolvimento industrial tornam o conceito de revolução industrial inegavelmente escorregadio. Nenhuma definição *a priori* pode substituir o exame caso a caso, e nenhum esquema ordenado capta a realidade em sua totalidade. No entanto, o fenômeno envolve níveis revolucionários de mudança, de modo que as sociedades que geraram uma verdadeira revolução industrial diferem das contemporâneas que introduziram alguma manufatura mecanizada, mas não uma revolução completa. Os debates acerca do conceito nos lembram adequadamente de sua complexidade, mas não precisam nos desviar do fundamental – de fato, revolucionário – que o processo gera com o tempo. As enormes diferenças entre a Grã-Bretanha de 1880 e a de 1780, os Estados

Unidos de 1900 e o de 1820, ou o Japão de 1960 e o de 1880 ganharam vulto de forma gradual e desigual – mas "suas revoluções" inquestionavelmente ocorreram. De fato, o primeiro uso do termo "revolução industrial", por um observador britânico na década de 1880, refletiu tardiamente as poderosas alterações nas estruturas básicas dessa sociedade e antecipou implicitamente as notáveis transformações de mesma monta em outras sociedades, nas quais a força das novas tecnologias e dos novos princípios organizacionais se enraizaram.

O alcance da Revolução Industrial

A plena potência da Revolução Industrial levanta várias outras questões de definição, embora estas possam ser tratadas com maior ligeireza. Em primeiro lugar, se uma revolução industrial começa (muitas vezes, porém, em sociedades em rápido compasso de transformação) com a adoção generalizada de novos equipamentos e a forma de fábrica em várias indústrias-chave, quando ela termina? Essa é uma questão intimamente relacionada às precauções contra uma simplificação excessiva. Uma vez que muitas formas industriais se espalham gradualmente, o processo não tem um claro ponto final. Camponeses franceses, por exemplo, adotaram de modo generalizado o uso de tratores somente após a Segunda Guerra Mundial. Eles já haviam adotado novos tipos de ferramentas manuais e alguns novos equipamentos de processamento; é certo que eles haviam aumentado sua produção para o mercado; e que haviam usado transporte mecânico, como trens e navios a vapor. Mas seu forte comprometimento com a mecanização no processo de produção chegou surpreendentemente tarde (embora tenha sido bastante vigoroso quando finalmente chegou). A França poderia ser considerada industrializada antes de seu vital setor camponês estar plenamente envolvido no processo? É evidente que o desnível da industrialização significa que mudanças fundamentais podem ainda ocorrer por mais de um século após o processo ter tido início de maneira discernível. Ademais, a Revolução Industrial gerou mudança recorrente mesmo nos setores primeiramente afetados. Muitos trabalhadores do setor do algodão britânico, confrontados na década de

1890 com novo maquinário produzido nos Estados Unidos que permitia a um só trabalhador cuidar de oito a dezesseis teares mecânicos, em vez dos dois ou quatro do início da industrialização, julgaram que suas vidas profissionais estavam mudando de uma forma muito mais radical do que a de seus antecessores. É bem possível que eles estivessem enganados, mas tinham um ponto plausível de discussão. As sociedades industriais aceitam, gostem ou não, um compromisso com ciclos recorrentes de inovação técnica e organizacional – isto é, renovação periódica de uma sensação de instabilidade e ruptura.

O período mais revolucionário do processo de industrialização termina, contudo, quando a maioria dos trabalhadores e gerentes (seja em fábricas, seja em oficinas menores) se vale de alguns equipamentos derivados da mecanização e opera de acordo com alguns dos princípios de organização industrial. Neste ponto, a sociedade em geral se encontra dotada da capacidade de aplicar procedimentos industriais à maioria dos ramos da economia, e, embora possa não tê-lo feito por completo (como os camponeses franceses, em alguma medida, retardatários), praticamente todos os grandes grupos foram confrontados com significativos ajustes ao impacto da Revolução Industrial. Historicamente, esse ponto foi atingido cerca de setenta a cem anos após a inovação tecnológica ter conhecido seu início. Assim, por exemplo, é legítimo assinalar o fim da Revolução Industrial dos Estados Unidos por volta de 1920, quando a produção fabril dominou de maneira acachapante outras formas de manufatura e quando metade da população se havia urbanizado. Imensas mudanças econômicas viriam a ocorrer após a década de 1920, ampliando as transformações que a Revolução Industrial havia levado a cabo, mas o contexto industrial estava pronto.

A definição da Revolução Industrial inclui, portanto, um conjunto robusto de transformações que começam quando inovações radicais em tecnologias e processos organizacionais são amplamente introduzidos nos principais setores manufatureiros e terminam, na fase verdadeiramente revolucionária, quando essas inovações são amplamente, embora não de forma necessariamente universal, estabelecidas na economia em larga escala. Mudanças subsequentes, muitas vezes bastante desestabilizadoras, são um efeito quase certo, mas que surgem dentro dos contornos de uma sociedade industrial.

Mas o que é, então, uma sociedade industrial? Esse é um segundo ponto de definição na expansão da ideia de revolução industrial para além de seus elementos mais básicos. Que tipos de alterações sociais se seguiram ao novo maquinário, às fábricas, aos depósitos e escritórios? A Revolução Industrial foi uma mudança de sistemas: novas tecnologias e organização impulsionaram a produção e impulsionaram a manufatura acima da agricultura como a maior fonte de riqueza e emprego. Para administrar o trabalho fabril e outros relacionados, e em razão de máquinas industriais começarem a assumir parte da produção anteriormente realizada no campo, as cidades cresceram rapidamente. Em 1850, metade da população da Grã-Bretanha vivia nas cidades, a primeira realização urbana de tal monta na história da humanidade – pois mesmo as sociedades agrícolas mais eficazes nunca foram capazes de liberar mais de um quarto de seu contingente populacional da economia rural. Era inevitável – embora se tenha dado mais uma vez de forma gradual – que uma mudança de sistemas desse tipo afetasse todos os aspectos da vida humana e social. Os hábitos pessoais mudaram à medida que as pessoas aprenderam um novo senso de tempo e disciplina. A condição da população idosa mudou. A Revolução Industrial na Europa e nos Estados Unidos deu aos idosos algumas novas funções, como a de cuidadores dos netos para os filhos trabalhadores, mas diminuiu seu status: as ocupações associavam-se ao alto dispêndio de energia e à capacidade de aprendizado de novas técnicas, e os idosos foram culturalmente rebaixados porque não pareciam dotados dessas qualidades. A Revolução Industrial também mudou a natureza da guerra, como se escancarou a partir da Guerra Civil norte-americana (1861-1865): a guerra industrial significou o emprego de tropas mais rápidas e de imensas mobilizações, de armamento devastador e o aumento do número de mortos e mutilados em batalha.

Em razão do poder da Revolução Industrial, quase tudo se alterou, incluindo a arte, a política, as relações entre pais e filhos e as relações diplomáticas, para citar apenas algumas áreas de mudança. Na década de 1850, a Revolução Industrial começava a abranger toda a história, em particular, em sociedades que se industrializavam diretamente, mas também, em certa medida, em todo o mundo. As transformações não eram completas – caso contrário, nós poderíamos esperar ver na década de 1990 sociedades industriais virtualmente idênticas umas às outras, o que não era o caso. Continuidades em padrões culturais e políticos pré-industriais, além de diferentes experiências no processo da Revolução Industrial em si, conservaram importantes diferenças. Não obstante, em um sentido real a história da Revolução Industrial é a história do mundo moderno; nenhum fator rivaliza mesmo remotamente com a influência da industrialização na explicação do que se passou no mundo – e do que ainda acontece enquanto ajuste na alteração dos sistemas humanos básicos. Mesmo acachapantes transformações nas lealdades humanas, como a ascensão do nacionalismo, embora seguissem novas ideologias, podem ser atribuídas diretamente à ruptura alimentada pela industrialização dos laços e dos contatos intensivos entre diferentes partes do mundo: as pessoas se tornaram nacionalistas para proverem-se de identidades que poderiam substituir os significados que a Revolução Industrial destruíra.

Por outro lado, um foco no fenômeno da industrialização em si deve ser, por assim dizer, seletivo. Para se ter uma noção do que ela envolvia em termos de novas tensões e novas oportunidades, não precisamos atravessar todas as guerras que se seguiram, em que novos navios, canhões e propaganda produzida industrialmente foram postos em operação: a atenção deve estar no mais diretamente humano e no impacto institucional e em alguns padrões gerais de áreas como o combate bélico ou o envelhecimento humano. Podemos colocar esse entendimento em jogo ao lidar com as especificidades da história militar mundial ou dos desenvolvimentos do bem-estar social. A ênfase nos tipos de mudança que mais direta e quase inexoravelmente resultaram das novas tecnologias e da nova organização da produção durante o período de um século ou mais em que as principais sociedades estiveram intensamente engajadas na Revolução Industrial fornece as diretrizes para a análise mais significativa.

Cronologia e geografia

Dois erros ao lidar com a Revolução Industrial são particularmente comuns, embora compreensíveis. Primeiramente, o fenômeno é muitas vezes confinado a um único período de tempo – o final do século XVIII e início do século XIX – como se, em razão de ter começado nesse ponto, também se tenha encerrado nele de alguma forma. Efetivamente, a Revolução Industrial avançou em três grandes fases cronológicas – a primeira, quando, circunscrita ao Ocidente, ali conheceu início e se espalhou diretamente; a segunda, quando amadureceu e começou a ultrapassar as fronteiras ocidentais; e a terceira, quando se tornou efetivamente global. Nossas vidas hoje estão sendo moldadas por essa terceira fase em curso. E em cada fase, a cronologia industrial atravessa divisões históricas mais convencionais, como a Revolução Francesa ou a Primeira Guerra Mundial. A história industrial tem sua própria cronologia, e deve ser vista como um processo contínuo.

O segundo erro comum envolve a geografia. Uma vez que a industrialização tem início no Ocidente, seu tratamento é muitas vezes limitado à história ocidental. Mas de fato a Revolução Industrial surgiu em um contexto global, teve rápidas consequências globais e hoje se tornou um fenômeno planetário. Apenas em uma escala histórica mundial pode-se capturá-la de maneira correta.

Assim, já na década de 1820, as economias latino-americanas, que haviam acabado de se libertar do controle espanhol, passaram a sofrer com a concorrência dos bens de consumo produzidos pelo maquinário britânico: tanto a atividade manufatureira local quanto a atividade comercial diminuíram. Na década de 1830, as pressões econômicas da industrialização abriram a China, quando a industrialização das nações ocidentais forçou o acesso aos produtos e mercados chineses e tinha o poder militar gerado industrialmente para fazer valer suas demandas.

No entanto, a Revolução Industrial ocorreu em sociedades individuais, e deve ser entendida também nesse contexto. Mesmo na história ocidental, a industrialização britânica, em razão de ter sido a primeira, às vezes é esboçada como se tivesse se apropriado do campo. Mas é óbvio que os padrões britânicos não poderiam ser inteiramente típicos do processo em outros lugares, mesmo em outras nações europeias. A Revolução Industrial deve ser vista como um desenvolvimento básico que ocorreu em muitos lugares distintos, o que significa que determinados padrões nacionais ou regionais de industrialização devem ser comparados, ainda que alguns elementos-chave sejam os mesmos.

Além disso, a industrialização a um só tempo uniu e dividiu o mundo, e essa tensão também continua. Tecnologias industriais e a expansão da produção manufatureira aproximaram rápida e precisamente todas as principais regiões. Essa é a razão pela qual a China viu ser impossível concretizar seu anseio tradicional de regulamentar o comércio exterior na década de 1830, e por que a África, com seus rios que passaram a ser penetráveis com o advento das embarcações movidas a vapor, foi submetida a novos níveis de comércio internacional. O encolhimento do mundo através de formas industriais de transporte e comunicação tem se intensificado a cada década. Mesmo assim, a Revolução Industrial criou novas divisões, separando países empenhados no processo daqueles que, por muitas razões, incluindo as pressões impostas a eles pelos estados industriais, não puderam participar do espetáculo. A divisão entre as regiões "detentoras" e "não detentoras" foi e é fundamentalmente uma divisão entre regiões industriais e (pelo menos até agora) não industriais, e é uma forma nova e nefasta de divisão. O elenco de personagens não é constante. O Japão – definitivamente uma nação "não detentora" que sofreu imenso assédio do Ocidente industrial entre as décadas de 1870 e 1880 – obviamente conseguiu assegurar seu lugar na festa industrial. Não obstante, a tensão ampla e irrestrita que a industrialização gerou no mundo em geral, a um só tempo trazendo regiões para um contato mais próximo e criando diferenças novas e dolorosas entre elas, continua a descrever grande parte da estrutura da história mundial. Ambos os aspectos, os sistemas compartilhados e as divisões gritantes, serão observados quando a Revolução Industrial for compreendida tal como deveria – como um processo mundial.

O quadro internacional também esclarece por que a Revolução Industrial deve ser vista como um processo ao longo de um extenso período de tempo, na verdade, como um processo ainda em andamento. Um economista colocou desta forma: durante os primeiros duzentos anos de industrialização, do final do século XVIII ao fim do século XX, sociedades que contam cerca de 20% da população mundial industrializaram-se sem obstáculos. Atualmente, em particular com as transformações em curso na China, Índia, Brasil e em outros lugares, outros 40% dos povos do mundo parecem estar vindo a bordo, quer queira, quer não queira. O dinamismo do fenômeno industrial continua.

Como todas as grandes mudanças, a Revolução Industrial trouxe consigo vantagens e desvantagens. Por exemplo, a industrialização melhorou a saúde humana, reduzindo drasticamente as taxas de mortalidade infantil em todo o mundo. No entanto, ela piorou a qualidade do nosso ambiente natural e continua a fazê-lo, contribuindo, por exemplo, para taxas mais altas de câncer.

Compreender esses resultados diversos é essencial para lidar com a história mundial recente e obter um entendimento sobre nós mesmos, pois um aspecto final convincente da Revolução Industrial centra-se nas questões não resolvidas e contestadas que essa agitação incomensurável ainda gera. É claro que, como veremos, alguns velhos debates acalorados perderam um pouco de sua intensidade; não nos preocupamos mais tanto quanto os historiadores outrora se preocuparam a respeito dos padrões de vida dos trabalhadores britânicos no início do século XIX porque sabemos que eles tinham algumas características atípicas comparadas com várias outras revoluções industriais e porque sabemos que as condições melhoraram no longo prazo. O impacto da industrialização na qualidade de vida em geral, no entanto, ainda permanece em forte debate. Quase certamente, a satisfação com o trabalho diminuiu para muitas pessoas – mesmo nos dias atuais. Quaisquer outros ganhos compensam?

Alguns debates dependem de mudanças em nossos próprios padrões sociais. Há cinquenta anos, leis que regulamentavam as horas de trabalho das mulheres pareciam ser um ganho puramente humanitário. Hoje percebemos que as leis tornaram as mulheres menos empregáveis porque reduziram a flexibilidade e que as leis resultaram de uma mistura de humanitarismo e interesses masculinos autocentrados. Mesmo leis que pouco a pouco tiraram as crianças da maioria das situações de trabalho parecem diferentes hoje, à medida que vemos taxas mais altas de depressão infantil e até mesmo suicídio associado a desajustes escolares. Talvez o trabalho fabril não fosse tão ruim para alguns.

Muitos debates se concentram no aspecto global da industrialização. Por que alguns poucos países respondem à industrialização ocidental com revoluções industriais próprias, enquanto a maioria não, pelo menos até recentemente? Por que alguns países nos dias atuais estão muito mais distantes da industrialização do que outros? Essas são questões difíceis de abordar sem um julgamento de valor de que deve haver algo de errado com os países que seguem em luta. Devidamente abordadas, porém, e vistas com uma percepção de que desde o início a industrialização impôs a certas regiões novas dificuldades que seriam difíceis de superar, as discussões resultantes são legítimas – e inevitáveis.

E quanto à globalização, o paradigma mais recente da revolução industrial em curso? Ela traz mais países ao sucesso industrial, ou sangra alguns países em benefício econômico de outros? (Ou ambos?) Umas poucas fábricas que pagam salários baixos e muitas vezes prejudicam o meio ambiente local serão responsáveis por uma industrialização mais completa no futuro – oferecendo aos trabalhadores novas habilidades, ainda que sob baixos salários – ou apenas perpetuarão a condição desigual da economia global?

Historiadores e cientistas sociais sabem muito a respeito do que acontece com a industrialização e do que continua acontecendo com o processo até hoje. Ainda há, contudo, alguns julgamentos difíceis, e é preciso incentivar o debate inteligente, bem como fornecer informações atualizadas sobre o que sabemos.

Em última análise, a grande questão é esta, e é de fato difícil de responder: dadas todas as suas mudanças e problemas, e todas as mudanças que ocorreram no modo como as pessoas avaliam suas vidas, tem a Revolução Industrial, por fim, sido algo positivo, ou devemos nos concentrar menos em celebrar seu inegável domínio tecnológico e mais em tentar desfazer ou remediar alguns de seus efeitos primordiais?

7.

EXPANSÃO COLONIAL E RESISTÊNCIA NA ÁFRICA

Felipe Paiva

Quando a Europa espraiou seus impérios pelo mundo, a maior parte das terras do globo já estava ocupada. Assim, foi preciso desapropriar a terra de quem já estava lá, de modo que colonizar foi simultaneamente tomar e subjugar. Com a terra vieram seus recursos, com a população conquistada veio a força de trabalho. Foi o próprio Adam Smith (1723-1790) – famoso pela expressão "mão invisível", metáfora que sintetiza o capitalismo de livre mercado – que falou a respeito da vantagem que os novos armamentos davam às nações "opulentas e civilizadas" em relação àquelas "pobres e bárbaras", de maneira que "a invenção das armas de fogo, certamente, é favorável à permanência e expansão da civilização" (Smith, 2017, p. 711). Desse modo, enquanto a Europa se civilizava ela barbarizava outros povos. Selvagens são sempre os outros.

A assim chamada "mão livre" aprisionou, e o fez rapidamente. Se em 1760, enquanto Smith preparava sua obra, aproximadamente 3% da população do globo terrestre havia sido conquistada por algum império (a maior parte deles, europeus), em 1880, ano que simboliza a conquista da África, esse número foi para 22%, chegando à casa dos 32% poucas décadas depois (Etemad, 2000, p. 172). No que diz respeito à África subsaariana, até meados de 1880 a presença europeia se resumia a tímidos postos comerciais espalhados pela costa, especialmente na margem centro-ocidental do continente. A partir de então, a situação modificou-se radicalmente, e a maior parte da África foi tomada à força, e sua população, submetida ao domínio estrangeiro.

As exceções foram raras, sendo a mais importante a Etiópia, que conseguiu derrotar o exército italiano na lendária batalha de Aduá, em 1896. Nela, o reino etíope não só humilhou a Itália como também enviou um recado relevante aos demais países interessados em colonizá-los, como disse o soberano etíope da época, o imperador Menelik II: "A partir de agora não quero mais ouvir palavras de paz!" Essa determinação ficou gravada na memória popular, de forma que anos depois o povo etíope ainda se perguntaria em seus ditos e cânticos populares: "Que tipo de tolos são os europeus?" (Markus, 1975, p. 161, 175).

A história da vitória etíope é fascinante. No entanto, foi a exceção, e não a regra. Na maioria das vezes prevaleceu a conquista, não raro, a violência extrema. Na tentativa de passar uma visão abrangente desse processo, serão analisados diferentes casos de conquista e domínio colonial. A escolha não foi aleatória, pois além do grau de dramaticidade que têm em comum, esses casos também nos auxiliam a pensar a África dentro de sua diversidade, para além da visão reducionista típica do racismo brasileiro.

Congo: a coragem da luta, a dignidade da fuga

Uma das principais justificativas usadas pelos europeus para invadir o continente africano foi o fim da escravidão. Depois de ter abarrotado muitos cofres e enchido muitos bolsos, o dinheiro do tráfico passou a ser visto como imoral, de forma que diversas campanhas humanitárias ocuparam a opinião pública europeia. Como alguns Estados africanos tinham suas economias baseadas no tráfico de escravizados, era preciso, segundo os teóricos do colonialismo, invadir a África e ensinar aos africanos o valor da liberdade. São dois os problemas nessa *estória*: o primeiro deles se refere ao fato de que nem sempre o escravo na África tinha as exatas mesmas funções de um escravo nas Américas; eventualmente as condições de trabalho poderiam ser bem parecidas, mas isso não era necessariamente uma regra. Era possível ser escravo e ser um respeitado guerreiro, mesmo um comandante em chefe, um burocrata, um agente do Estado ou uma concubina. O segundo problema é mais gritante: ao mesmo tempo que o tráfico foi minguando e que os impérios iam se apossando das terras africanas, novas relações laborais eram estabelecidas para dar lugar à escravidão.

O que prevaleceu foi a existência do chamado "trabalho por contrato", ou ainda "trabalho forçado". Mediante o pagamento de uma quantia ridícula, o africano era obrigado a cumprir esgotantes jornadas de trabalho, ficando sujeito a uma infinidade de violências físicas e mesmo a ser deportado para o estrangeiro. Foi dessa forma que muitos africanos, mesmo depois do "fim da escravidão", foram parar no Caribe, na Ásia e no Oriente Médio contra a sua vontade. Se os castigos físicos e o exílio forçado permaneciam, então o que mudava em relação à velha escravidão? Agora havia um contrato assinado e um salário, de maneira que, em tese, o africano podia escolher não trabalhar. As alternativas não eram muito promissoras, no entanto. Era isso ou ser preso por não trabalhar e ser enviado para o trabalho forçado. Trocou-se a escravidão por uma condição análoga a ela, uma enorme transformação, diriam os advogados da colonização na época. Um enorme cinismo, diríamos hoje.

Um dos defensores mais poderosos e intransigentes do colonialismo e do trabalho livre foi um homem alto, de barba farta e feições rígidas. Pouco simpático. Um sujeito que andava sempre bastante adornado com medalhas, insígnias militares e anéis de nobreza, além de uma espada embainhada em sua cintura. A arma era uma mera formalidade, ele mutilaria muitas pessoas, mas não com as próprias mãos. Em que pese esse aspecto duro, ele procurava passar a imagem de humanitário filantropo, financiando supostas instituições de caridade. Era uma tentativa de esconder sua megalomania, e profunda ausência de escrúpulos e empatia. Leopoldo era o seu nome, ser o rei da Bélgica era a sua ocupação.

O rei Leopoldo II da Bélgica ficou obcecado ao perceber que o seu país era a única nação "civilizada" sem uma colônia para chamar de sua. Em suas próprias palavras, "os belgas não exploram o mundo, é algo que precisamos fazê-los aprender". Ele ficou ainda mais perturbado após ler a obra de J. W. B. Money, autor que demonstrava o método de colonização que os holandeses utilizaram para conquistar a ilha de Java na Indonésia. Assim como a África, a Ásia também estava sendo dividida e Leopoldo ofereceu dinheiro à Espanha para participar do botim. Em troca ele só queria uma coisa: o arquipélago das Filipinas. O negócio nunca se concretizou, mas ele seguiu perseverando, e com seu dinheiro tentou adquirir porções da China, da Malásia e do Vietnã.

Não tendo sucesso em sua empreitada asiática, ele se virou para a África. Adquiriu ações da companhia que administrava o Canal de Suez, no Egito, e tentou comprar terras e lagos por lá, também sem muito sucesso. Fez menção, ainda, de comprar, por módicos 30 mil francos, "algum reino na Abissínia". Achava muito injusto que países como Portugal, França, Espanha, Holanda e Inglaterra pudessem extrair riquezas de colônias na África; ele também queria dar a sua contribuição à liberdade de comércio, também almejava "abrir rotas, pacificar o continente, abolir o trabalho escravo, estabelecer a paz entre os chefes locais por meio do arbítrio imparcial" (Hochschild, 1999, p. 859).

Sua persistência foi recompensada. Em 1885, após a conferência de Berlim, é reconhecido o domínio belga sobre a atual República Democrática do Congo. Na época a região era ocupada por vários povos e diferentes soberanias políticas, mas, ignorando essa diversidade, a colônia passaria a se chamar "Estado Livre do Congo". O novo nome ecoava o ideal de liberdade do liberalismo colonial, mas, para todos os fins legais, a colônia era propriedade privada de Leopoldo – uma das maiores ironias da história. Uma imensa propriedade, aliás, 75 vezes maior que a própria Bélgica. O modelo exploratório era simples: o Estado colonial se apropriaria dos produtos locais, especialmente a borracha e o marfim, e os comercializaria da forma que julgasse adequada. Em uma década os lucros passaram a financiar robustas obras públicas na Europa. O sonho de Leopoldo estava consumado; começava o pesadelo de muitos africanos.

Para conquistar o Congo, os belgas se valeram principalmente das contradições internas africanas. Conforme dito anteriormente, a escravidão era uma realidade na África no final do século XIX e princípios do XX. Assim, quando eles chegaram ao coração do continente, alguns líderes de aldeia viram na tutela colonial não uma subjugação absoluta, mas antes uma possibilidade de parceria comercial e mesmo algum tipo de aliança contra mercadores de escravos. Não devemos ver nessa postura uma falta de perspicácia política por parte desses líderes. Conhecendo somente seu contexto imediato, eles não tinham referências para compreender de forma completa a real dimensão dos atos dos agentes europeus. É preciso lembrar o óbvio: os africanos não participaram das conferências diplomáticas que dividiram seu continente, nem lhes foram distribuídas as atas traduzidas para os seus respectivos idiomas. Faziam seus cálculos políticos em franca desvantagem, assinavam tratados e verbalizavam acordos no escuro.

À luz dessa informação compreendemos por que a resistência no Congo foi, como de resto em muitos lugares da África, um conflito retardatário precedido de um acordo travado entre partes desiguais, europeus e africanos. Colaboração e resistência não são, portanto, aspectos contraditórios. Algumas situações ilustram bem a convivência entre colaborar e rebelar-se. No reino de Kuba, antiga soberania política localizada no interior do país, o soberano Kwet aPe foi preso ao tentar negociar os pesados impostos e o exaustivo regime de trabalho imposto ao seu povo pelos belgas. Em abril de 1904 ele foi convocado pelo capitão Jacques Paul Felix De Cock, comandante belga responsável pela região de Kasai. Até então, o poder belga havia se mostrado, nos cálculos de Kwet aPe, como um agente com o qual ele poderia negociar e mesmo obter alguma vantagem. Sua prisão arbitrária, no entanto, mudou completamente essa visão. A detenção durou apenas alguns dias, pois o soberano possuía boas redes de colaboração com algumas agremiações cristãs, que auxiliaram no pagamento do valor exigido como fiança.

O orgulho do rei, de sua corte e do povo estaria doravante ferido. Eles consideraram, com razão, que a arbitrariedade de De Cock era um insulto sem precedentes que merecia uma resposta adequada. Em setembro do mesmo ano, Kwet aPe enviou uma mensagem aos agentes coloniais comunicando que não enviaria mais pessoal para o recrutamento (isto é, pessoas para o trabalho forçado) e que não colaboraria mais sob nenhuma circunstância com os europeus. Pressionado pelos seus súditos e conselheiros, ele permitiu que um culto religioso chamado Tongatonga fosse disseminado em seu reino. Os praticantes diziam que, ao seguir os preceitos do culto, eles ficariam imunes às armas dos europeus e, portanto, prontos para a luta. Ritos como este foram comuns na resistência anticolonial africana, e não devem ser vistos como respostas obscurantistas de povos primitivos. Ao contrário, tratava-se da ideologia política disponível, com regramento político claro e uma motivação real: acabar com o jugo estrangeiro.

A guerra entre Kuba e os poderes coloniais eclodiu finalmente em novembro de 1904. O capitão De Cock foi socorrido por grupos de missionários cristãos armados, os mesmos que haviam, inclusive, mantido certo nível de colaboração com Kwet aPe anteriormente. Guarnições de soldados e jagunços chegavam cortando os rios do interior e ameaçando o território de Kuba. Essa reação em cadeia deixou claro para o povo Kuba que os europeus poderiam até ser diferentes em alguns aspectos: uns vinham pelo lucro, outros pela fé, uns eram do Estado, outros de empresas privadas. Contudo, quando os interesses do colonialismo eram postos em dúvida, todos se uniam qualquer que fossem seus rótulos; comerciantes, missionários, agentes do Estado ou oficiais militares tendiam a se unir quando o projeto colonial era seriamente ameaçado (Vansina, 2010, p. 97). Apesar de sua bravura, o povo de Kuba foi vencido em meados de 1905, sua desvantagem bélica em relação aos belgas era severa demais. Por mais sofisticados ritualisticamente que fossem, cultos como o Tongatonga não podiam parar as balas, ao contrário do que esperavam seus seguidores. As balas continuavam perfurando corpos e fazendo vítimas, desrespeitando qualquer crença africana. Já as crenças europeias estariam salvaguardadas, pois a produção para as empresas coloniais não iria parar. Afinal, ela contava com outro tipo de proteção muito mais eficaz nesse contexto, aquela que vinha do dinheiro e das armas.

Extorsão, sequestro, prisioneiros de guerra, presas de marfim e borracha. A principal forma de castigo era a mutilação da mão direita. Mãos e braços tornaram-se itens colecionáveis para agentes coloniais, cabeças decapitadas converteram-se em itens de decoração. Uma parte dessas cenas dantescas foi exposta em campanhas humanitárias da época, encabeçadas sobretudo pelo jornalista Edmund Morel, em brochuras e reportagens. É provável que entre 1880 e 1930 a população do Congo tenha diminuído de 15-20 milhões de habitantes para cerca de 10 milhões (Hochschild, 1999, p. 786). Todas as fontes históricas são consensuais a respeito do decréscimo da população, evidenciando que este episódio foi um dos primeiros genocídios coloniais da época moderna. Uma razão para o decréscimo na população está no extermínio: o colonialismo belga realizava campanhas punitivas sertões adentro, levando consigo nada além de morte e mutilação. A quantidade de vidas ceifadas e os requintes de crueldade utilizados transformavam a situação colonial em um “perfeito estado de caos”, segundo alguns relatos de época. Oficiais belgas chegavam a desrespeitar fronteiras e avançar sobre regiões de domínio inglês "atirando a esmo nos nativos, levando embora as mulheres jovens e o gado e queimando as mulheres velhas". Junto com esses corpos todas as vilas no caminho eram também incendiadas, não sobrando mais que esqueletos, esqueletos por toda parte.

Por outro lado, o regime de trabalho impo,sto pelo colonialismo belga era tão exploratório que muitas pessoas preferiam migrar para outras regiões em busca de refúgio, chegando até áreas de controle francês ou inglês. Muitas delas morriam pelo caminho, nas longas caminhadas, fosse por fome, exaustão ou por serem literalmente abatidas como caça por agentes imperiais. O êxodo e suas consequências ajudam a explicar o esvaziamento de vilas outrora florescentes, transformadas em cidades fantasmas. Os que não migravam ou não eram chacinados, buscavam esconderijo na floresta, evitando a exposição aos agentes coloniais. Como relatou um congolês a um agente imperial: "Meu povo prefere morrer de fome na mata ao invés de trabalhar forçadamente" (Morel, 1906, p. 175). Nesse contexto, a fuga é uma forma de resistência, pois fugir implicava expor-se a novos riscos, fosse na floresta ou por outras voragens coloniais. A migração era, portanto, um gesto de coragem, e não um ato de covardia.

Tais episódios expostos nos levam a uma visão mais ampla da resistência, na qual as armas convivem com a retirada, mas também com a eventual tentativa de negociação diplomática. De todo modo, trata-se de um evento sombrio na história do colonialismo europeu na África e na história humana em geral. O desequilíbrio de forças entre africanos e europeus foi tamanho neste caso que as formas de resistir eram escassas. Os extremos, no entanto, também foram sentidos em áreas dominadas por outras potências europeias. Foi na África, não por acaso, que aconteceu o primeiro genocídio do século XX.

Namíbia: a ambiguidade da resistência

A Namíbia evidencia a celeridade das mudanças ocorridas na África entre o prelúdio do colonialismo e a ocupação propriamente dita. Em meados do século XIX, se intensifica a instalação das missões religiosas; em 1884, a

Alemanha reclama formalmente a posse deste território e em 1906, estaria consumada a conquista, com grande parte do país convertido em campo de concentração. Primeiro a fé, depois o martírio. Após sofrerem com a tomada de seu território, segregação racial e a exploração de sua força de trabalho, uma parte expressiva da população local – o grupo étnico herero – iniciou uma resistência armada contra a ingerência alemã. Em 11 de janeiro de 1904, os hereros contra-atacaram, seguindo as ordens de seu principal líder à época, Samuel Maharero.

A verdade é que até meados de maio de 1904 as forças hereros obtiveram um sucesso militar inesperado. Poucos dias depois eles conseguiram reconquistar praticamente toda a porção central da Namíbia, ocuparam sítios e fazendas coloniais, excetuando-se apenas os postos fortificados do exército germânico, que ficaram ilhados. Essa estratégia mostrou-se, todavia, ruinosa para os próprios hereros. Ao não avançar imediatamente sobre as fortificações militares, eles acabaram dando tempo e espaço para que as forças alemãs se reorganizassem em torno de uma ofensiva ainda mais brutal que as anteriores. O governador alemão, Theodor Leutwein, expressou diretamente aos seus subordinados: "Não deve haver prisioneiros." Inclusive africanos feitos prisioneiros antes do conflito deveriam ser condenados à morte sumária. O comando colonial deu a ordem para o ataque, determinando abertamente que não deveria haver compaixão. A guerra foi usada como justificativa para tomar definitivamente a terra dos hereros e confiscar também todo tipo de rebanho que eles possuíssem. As consequências disso em uma população pastoril é a perda de controle sobre sua própria capacidade de sobrevivência enquanto sociedade, uma sentença de morte coletiva.

A situação se radicalizava de tal maneira que mesmo um homem empenhado como Leutwein passava a ser visto como moderado pelos poderes metropolitanos, tendo sido substituído pelo general Lothar von Trotha por ordem direta do kaiser. Era preciso experiência no ato de matar, por isso Von Trotha foi nomeado para esta função, pois anteriormente ele havia esmagado com mão de ferro rebeliões anticoloniais nas possessões alemãs na China. No ano de 1900, Trotha comandou pessoalmente a aniquilação completa de vilas que supostamente prestavam auxílio e guarida aos boxers chineses. Sob este novo comandante foi dada uma nova ordem para o ataque, determinando abertamente o extermínio dos hereros. Na visão de Von Trotha, a conquista colonial era simplesmente uma guerra racial na qual os herero deveriam ser submetidos tão só pela força, com o puro terror. A Namíbia entrava em estado de exceção, na medida em que essas ordens eram estendidas também às demais populações africanas, não ficando restritas apenas aos hereros.

As ordens de Von Trotha culminaram finalmente na Batalha de Waterberg, em 11 de agosto de 1904. Um grande número de hereros, incluindo mulheres e crianças, foram capturados, juntamente com seus rebanhos e suas poucas posses. Sem meios de seguir o combate, dado o número de reforços recebidos pelo Exército alemão e também dada a nova política de tolerância zero para com os africanos, uma grande parte optou pela fuga, adentrando no leste do país, uma região escassa de água e recursos: o deserto de Omaheke. Assim como nos eventos do Congo, a fuga foi um ato de resistência derradeira diante da assimetria de forças. Desse modo, os hereros foram da ação militar direta à evasão, adaptando sua resistência às condições concretas colocadas pelo colonialismo europeu na África. Resistir torna-se um ato tanto ativo (um confronto), quanto reativo (a fuga), a depender das circunstâncias. Tal como os belgas haviam feito antes, muitos soldados alemães atiraram a esmo durante a retirada dos hereros; as fontes relatam uma verdadeira visão do inferno, com homens, mulheres e crianças doentes e indefesos colapsando de cansaço, desfalecendo em exaustão. Sedentos, sem fontes de água disponíveis em meio ao deserto, muitos hereros evisceravam animais em busca de umidade em suas entranhas. Em uma situação limite como esta, sobreviver já era, em si, um ato de resistência.

Lothar von Trotha assinou uma ordem de extermínio em outubro de 1904. Nela, o general oferecia cinco mil marcos (moeda alemã) para quem lhe trouxesse o principal líder herero, Samuel Maharero. No mesmo documento ele também assegurava que qualquer herero visto dentro da Namíbia, "armado ou não, com ou sem gado, deve ser baleado até a morte. Não aceitarei mais mulheres e crianças" (Von Trotha, 1904). Maharero, acompanhado por uma tropa de cerca de 200 a 300 indivíduos de sua confiança, recuou até a fronteira leste da Namíbia com o protetorado britânico da Bechuanalândia, atual Botsuana, em setembro de 1904. Lá, ele procurava encontrar gente disposta a negociar armas e munições, para então retornar ao confronto. Ele buscava também um lugar seguro para esconder os mais vulneráveis. Em suas próprias palavras: "É isto o que eu procuro aqui em sua terra: paz, paz e um lugar para esconder as minhas crianças" (Maharero et al., 2020, p. 128). O governo colonial inglês aceitaria sua presença somente se ele depusesse as carabinas e aceitasse retornar à Namíbia assim que a paz estivesse estabelecida. O problema, que Maharero certamente percebeu, é que "paz" neste caso significava extermínio. A pacificação colonial da qual falavam os agentes britânicos só poderia ser alcançada com a vitória alemã. Completamente esgotado e sem meios concretos de tornar à luta, Maharero escolheu o precário abrigo que lhe foi oferecido, já que não encontrou as munições e nem as armas que foi buscar. O final de sua vida foi melancólico, morreu em 1923 em Bechuanalândia (atual Botsuana), como mais um refugiado, destituído de todas as honras que outrora teve como chefe de seu povo.

Tão logo a situação dos herero se mostrou insustentável, um líder de outra designação étnica, os namas, escreveria para Leutwein em novembro de 1904 dizendo não suportar mais as condições impostas pelo colonialismo. Seu nome era Hendrik Witbooi; outrora aliado tático dos alemães na conquista da Namíbia, ele via agora a guerra alcançar seu próprio povo. O recado foi dado pelo próprio Lothar von Trotha ao colocar um preço pela sua cabeça. Em resposta, Witbooi citava em sua carta que lutaria por "todas as almas de todas as nações e de nossos chefes que, sem culpa ou causa, pereceram" (Hillebrecht, 2015, p. 49). Witbooi conheceria seu fim já em 1905, morto em combate. Seu corpo foi enterrado em um lugar secreto pelas forças coloniais para evitar que se tornasse um lugar de peregrinação ou de homenagem futura.

Namas e hereros haviam tido seus próprios conflitos no passado. Ambos os grupos negociaram, em alguma medida e em momentos distintos, com o invasor colonial. No entanto, devemos afastar qualquer ideia fácil, muito difundida no senso comum sobre a África, de que tais conflitos eram "étnicos". Tratava-se, ao contrário, de questões práticas, como é de resto comum na história humana. Ambas as culturas possuíam formas de vida relativamente similares: eram seminômades e criadores de gado. Com verdadeiros desertos em seu interior e um clima normalmente seco com pouca precipitação de chuvas, as terras aptas para o pasto eram escassas na Namíbia. Ambos os grupos rivalizavam, portanto, por recursos. As lideranças de ambas as etnias mantiveram contato e acordos com os alemães visando de algum modo obter vantagem em relação às velhas contendas. Dessa forma, as autoridades alemãs tentaram explorar os conflitos pré-existentes em seu próprio favor. Os colonizadores lucraram com a rivalidade herero-nama, na medida em que atuavam como árbitros, deixando ambos os grupos competindo pelo apoio dos alemães. Com esse método, o colonialismo tornou mais aguda a disputa entre eles e mais difícil acordos com vistas a expulsar o colonizador.

Líderes como Witbooi e Maharero só abriram fogo quando os tratados de paz que assinaram com os alemães já não eram respeitados. Casos como estes nos levam a uma visão mais complexa e dinâmica da resistência. Em alguns momentos, uma velha historiografia opôs colaboradores e resistentes, escrevendo, assim, uma história parcial dos fatos, vendo os primeiros como meros oportunistas e aos outros como heróis de uma África livre. Tornaremos a este tópico em outro momento. Por ora, cumpre dizer que ver a história por este prisma tão redutor é também falsificá-la. A situação colonial não é simples; em muitos casos, para assegurar a própria sobrevivência do seu grupo, muitos africanos vão pactuar por diversas formas com os europeus. A resistência pode ser também um recuo estratégico, antes de um ataque frontal. Vemos, assim, que as sociedades africanas eram tão complexas, quanto também seus líderes eram astutos o suficiente para falar a língua do invasor quando fosse necessário, mitigando danos e buscando acumular forças.

Os sobreviventes das batalhas travadas entre hereros, namas e alemães, foram encarcerados em campos de concentração, sendo o maior deles o campo da Ilha Shark. Lá, namas e hereros eram abandonados à própria sorte, após dias e noites sem fim no deserto ou após as batalhas traumáticas transcorridas entre 1904 e 1907. Assim, ao chegarem ao campo, sua situação já era dramática. Ingressavam bastante fragilizados, sendo expostos a um clima severo, com pouca proteção nos abrigos e comida inadequada. Uma fonte da época, um missionário cristão de nome Laaf, anotou que aqueles que estavam em condições mínimas de saúde eram arregimentados para o trabalho forçado, tanto pelo Exército, quanto pela população civil alemã. A maioria, no entanto, estava "doente, em um estado miserável", pois:

> [a] apatia os fez gradualmente indiferentes em sua miséria. Eles estão separados do mundo exterior por grandes barreiras de arame farpado. Em alguns dias acontecem 27 mortes diárias. Os mortos são levados em carroças para o cemitério.

De fato, as estatísticas mais atuais corroboram relatos deste tipo. Entre outubro de 1906 e março de 1907, morreram entre 143 e 276 por mês. Durante este período, 1.032 prisioneiros morreram de um total de 1.795. A Ilha Shark era, de fato, uma fábrica de cadáveres, em muito semelhante aos campos de concentração que nos acostumamos a ver nas representações cinematográficas da Segunda Guerra Mundial. Mas esta não era a única fábrica da morte, contudo. Somando todos os campos de concentração, as mortes alcançaram um total de 7.682 entre outubro de 1904 e março de 1907, o que indica uma proporção de 30% a 50% de mortes somente nos campos (Zimmerer, 2008, p. 53).

O povo herero e nama continuou a resistir, dentro das terríveis condições às quais estavam agora expostos. Em uma situação tão dramática, a fuga e a sobrevivência já eram, em si, atos cotidianos de obstinação, de oposição ao regime colonial. Oficialmente, o conflito teve fim em 1907, mas a captura de prisioneiros para os campos continuou até 1908. Dez anos depois, já no contexto do final da Primeira Guerra Mundial, em 1918, o Império Britânico publicaria o *Report on the natives of South-West Africa and their treatment by Germany*, material narrativo e documental que pretendia denunciar a chacina colonial germânica na África. Essa era uma prática comum na rivalidade entre os impérios, denunciar os crimes dos outros, para não falar dos seus próprios. Com vasta ilustração, fotografias que materializavam o sofrimento africano, esta fonte continua a ser um importante registro do que transcorreu na Namíbia. Contudo, não deixa de ser curioso que a denúncia tenha vindo dos ingleses, considerando que a Inglaterra permaneceu com campos de concentração muitos anos após estes eventos. Foi esse o destino da principal guerrilha anticolonial queniana, os Mau-Mau.

Quênia: jurar a resistência

Os ingleses começaram a tratar o Quênia como colônia em fins do século XIX, mais precisamente entre 1880 e 1890. O país era um lugar estratégico em vários aspectos, principalmente para a construção das ferrovias ambicionadas pelo Império da rainha. Tais ferrovias serviriam para escoar a produção agrícola das demais colônias inglesas da África Oriental e Central. Para tanto, o Império avançou a desapropriação de terras dos povos autóctones, especialmente nas regiões mais férteis, as chamadas Terras Altas (*Highlands*). Essas terras foram divididas entre colonos ingleses, tanto particulares quanto grandes empresas. À população queniana sobraram duas alternativas: 1) trabalhar em sua própria terra como empregado de outrem, sujeitando-se a contratos exploratórios; 2) rumar para outros sítios menos férteis.

Nesse contexto, em 1940 alguns africanos foram alocados num lugarejo de nome Olengurune. Teoricamente, esta seria uma oportunidade de acessar a terra sem estar sob o jugo de um fazendeiro branco. No entanto, se as diretrizes agrícolas estabelecidas pelo Império fossem desrespeitadas, os africanos perderiam o direito à terra e ficariam, outra vez, à mercê. Dentre os povos envolvidos nesta situação os kikuyus tinham destaque pelo seu número e importância política. Vendo a concentração fundiária crescer em ritmo cada vez mais acelerado, os kikuyus voltaram-se para si mesmos, reforçaram antigos laços étnicos e criaram novas lealdades. Originava-se, assim, uma forma de resistência muito específica, ao mesmo tempo simbólica e prática: a política do juramento.

O reforço da lealdade étnica ficou evidente quando os kikuyus passaram a organizar eventos de confraternização coletiva em festividades populares das quais participavam milhares de pessoas. Em um desses eventos, ocorrido em 31 de maio de 1950, dezenove homens africanos, dentre os quais dezessete kikuyus, 1 massai e 1 kissii, foram acusados de conspiração por realizarem "juramentos ilegais". Em agosto do mesmo ano o governo proibiu irrestritamente os juramentos. Era o início do que ficaria conhecido como Revolta Mau-Mau, a resistência pelo juramento. Os kikuyus insurgentes juramentavam, por meio de rituais mágico-religiosos, lealdade à causa anticolonial. A retomada de suas terras era a pauta fundamental, mas também a expulsão violenta dos latifundiários brancos estava na ordem do dia. A revolta era, portanto, étnica em seu vínculo de solidariedade, camponesa em seu aspecto classista e mágico-religiosa em sua base ideológica.

Um relato em primeira mão pode auxiliar na compreensão dessa prática. O comandante guerrilheiro Karari Njama nos conta que durante uma visita à aldeia de sua namorada, em fevereiro de 1950, ele e outros sete rapazes foram detidos por homens armados com *simis*, tradicionais espadas kikuyus. Foram levados até uma cabana, tendo imediatamente a porta fechada atrás de si. Njama contou pelo menos quarenta rostos solenes o encarando, até que o silêncio foi rompido por um ancião, o responsável pela organização do juramento. Cortando a calada noite com suas palavras, o velho teria dito ao grupo:

> Queremos que vocês, jovens, juntem-se a nós na luta pela liberdade e pela devolução das terras que nos foram roubadas. Por isso trouxemos vocês até aqui, para realizarem um juramento de lealdade à nossa causa. Qualquer um que se recuse será morto e enterrado nesta mesma cabana.

Até aquele momento Njama estava aflito, o coração batia em disparada, mas ao entender o teor das palavras acalmou-se, compreendendo que iria se realizar o que finalmente ele próprio esperava. Enfim ele iria entrar para o movimento que lutava para reaver as terras e expulsar o colonizador.

Njama relata que um bode foi sacrificado e partes de seu esqueleto foram separadas da carne. Foi trazido até eles um recipiente feito de talo de bananeira e adornado com espinhos de árvores nativas, lá estava o sangue do bode misturado com terra, grãos de milho, sorgo e feijão. As chamas das tochas iluminaram um longo arco construído também com talos de bananeira e outras plantas e arbustos, embaixo dele foram colocados plantas e arbustos diversos além de ossos específicos do animal sacrificado, e parte de sua carne pendia no topo do arco, ao centro. Uma tira de couro do bode foi posta em volta do pescoço de cada um dos jovens e então eles foram orientados a segurar um punhado de terra contra o ventre e realizar uma volta no arco. Simultaneamente, o ancião declamava os votos iniciáticos que eles deveriam repetir a cada vez que uma volta fosse concluída. Assim era o juramento:

> Se eu for chamado a qualquer hora do dia ou da noite para ajudar no trabalho deste grupo, responderei sem hesitar; caso não o faça, que este juramento me mate. Se eu for obrigado a angariar apoio para esta organização, eu o farei; se não o fizer, que este juramento me mate. Nunca me recusarei a ajudar um membro desta organização; se eu recusar, que este juramento me mate. Jamais revelarei a existência ou os segredos desta associação; se eu violar esta confiança, que este juramento me mate.

Os votos eram repetidos sete vezes, relativos às sete voltas em torno do arco. A cada repetição era dado um gole do líquido presente no talo da bananeira e uma mordida na carne exposta. Os jovens permaneciam por todo o ritual contraindo, sempre, um punhado de terra contra o ventre. Terminada esta etapa, o ancião que presidia o juramento instava os iniciados a morderem cana-de-açúcar, derramava água fria nos seus pés e fazia uma cruz em suas testas com uma mistura de sangue e grãos. Depois disso, vários dos espectadores agarraram Njama e os demais rapazes, segurando a pele de cabra em volta de seu pescoço e dizendo em uníssono: "Que você seja destruído como esta pele se violar este juramento!" Terminado o rito, outra cabana os aguardava com um cordeiro assado, um banquete que, de acordo com Njama, durou até a meia-noite. Njama justifica o ritual da seguinte forma: "As terras roubadas do nosso povo devem ser devolvidas; e isso só poderia ser alcançado pela unidade inquebrantável de todos os kikuyus" (Njama; Barnett, 1970, p. 58).

É provável que o relato de Njama desperte determinados estereótipos negativos a respeito do continente africano: feitiços na noite silente, rituais macabros, sacrifícios sanguinolentos, velhos bruxos ameaçadores e demais banalidades do tipo. Cumpre, no entanto, contextualizar bem para compreender plenamente, à luz da história, o que realmente significavam estas cerimônias. Os juramentos precisavam ser realizados à noite e em espaços fechados, do contrário, agentes coloniais saberiam facilmente o que estava acontecendo; longe de ser um convite ao obscuro, a noite era um ventre estratégico. A ameaça a quem não se dispusesse a participar era uma necessidade tática: caso um dos jovens se recusasse e saísse com vida, ele poderia facilmente denunciar a conjura. O sacrifício de animais, por seu turno, é prática corrente em diversas religiões e o sangue, ou algum outro líquido simbolizando-o, também. Portanto, tratava-se de uma celebração complexa na qual se misturava uma agenda política clara (a retomada de terras por meio da revolta anticolonial); práticas mágico-religiosas anteriores típicas dos kikuyus (como o sacrifício e o consumo de determinados animais); maldições comuns à imaginação kikuyu (como a repetição do número sete); o hibridismo com elementos que os colonizadores trouxeram (a cruz feita na testa dos jovens representa bem este sincretismo); além da linguagem corporal dramática presente, por exemplo, no ato de colocar um punhado de terra junto ao próprio ventre. Com isso o rito nos diz: a terra que nos alimenta, a terra que nos foi tomada, esta mesma terra será reconquistada.

A origem do nome "Mau-Mau" é até hoje motivo de controvérsia. O fato é que foi o próprio governo colonial e a população branca de origem inglesa no Quênia que popularizou o termo, imprimindo-o em jornais e inquéritos, ecoando-o em programas de rádio. As hipóteses para o surgimento desta alcunha são várias e contraditórias umas às outras. De acordo com uma ideia geral da época, a palavra seria uma corruptela de "*uma uma*", expressão kikuyu que significaria algo como "fora, fora!". Esta expressão daria mostras da vontade do povo queniano de que os colonizadores fossem embora. Alguns autores propuseram posteriormente hipóteses mais plausíveis, como, por exemplo, que se trata da corruptela da palavra kikuyu para juramento "*muma*". O fato, no entanto, é que os próprios integrantes do movimento muito dificilmente utilizavam o nome "Mau-Mau" para referir-se a si mesmos. Em lugar disso, os revoltosos chamavam a si mesmos utilizando as seguintes designações: 1 – *Uiguano wa Muingi*, ou apenas *Muingi*, cuja tradução aproximada seria "a unidade da comunidade" ou apenas "a comunidade"; 2 – *Kikuyu na Mumbi*, forma com a qual os kikuyus usualmente referiam-se a si próprios enquanto grupo étnico; 3 – *Muhimu*, cujo significado é "mais importante" no idioma suaíli; 4 – *Muigwithania*, "O unificador"; 5 – *Muma*, que significa literalmente juramento; ou ainda 6 – KCA, sigla para *Kikuyu Central Association* (Njama; Barnett, 1970, p. 55).

A KCA foi fundada originalmente em 1924 pela população kikuyu como grêmio político e foi oficialmente banido do país depois do fim da Segunda Guerra Mundial. O fato de que muitos dos revoltosos vissem a si próprios como nada além que parte desta organização leva alguns historiadores a concluírem que o que o governo colonial designou por "Mau-Mau" não era senão uma linha mais radicalizada dentro da KCA. Desse modo, esta agremiação foi de uma junta restrita de membros tolerada pelo governo central para uma instituição guerrilheira clandestina com um apelo de massas. Apesar da origem do nome ser obscura, é certo que a composição étnica principal era kikuyu, sobretudo camponeses, que a terra era a reivindicação principal e que um de seus principais líderes foi um homem de nome Dedan Kimathi.

Kimathi começou sua trajetória como orador, passando para um dos principais administradores das solenidades de juramento, tornando-se um dos líderes do movimento. Era comum à época que a imprensa colonial (no Quênia e na Inglaterra) o comparasse a Hitler e a Mussolini. Equiparação curiosa, visto que não se tem notícia de Kimathi ter aprisionado seus inimigos em campos de concentração. Apesar de ser visto hoje na mitologia nacional como um herói de bronze, Kimathi tinha seus próprios demônios. Sua liderança não era unanimidade dentre os revoltosos, conforme Kahinga Wachanga, outro prócer da revolta Mau-Mau, testemunhou: Kimathi foi um grande líder, mas tornou-se "invejoso e faminto por poder em seus últimos anos". Em seus relatos, Wachanga se coloca frontalmente contra a ideia de que a revolta possuísse um único líder: "Nenhum de nós é líder ou comandante, exceto o juramento, o juramento é o nosso líder." Assim, além de disputar os rumos do movimento com outros dirigentes kikuyus, Kimathi tinha suas próprias lutas internas consigo mesmo. Em seu julgamento ele relatou sofrer a vida toda com "demônios" que o jogavam ao chão e o deixavam inconsciente, até que pessoas o carregassem e o socorressem. Os ataques desses demônios jamais o abandonaram, inclusive em seus anos de guerrilha na floresta. Logo, o diagnóstico dos médicos que participaram do seu julgamento apontou para a epilepsia. Vendo-se encurralado pelos britânicos, fustigado por outras lideranças Mau-Mau e em meio a crises constantes, Kimathi se entregou às forças coloniais em outubro de 1956 (Macarthur, 2017, p. 3, 97).

Comandados por homens como Njama, Kimathi e Wachanga, os rebeldes ficavam escondidos nas florestas e atacavam furtivamente forças policiais, agentes coloniais e jagunços de fazendeiros privados. A morte, fosse a do inimigo, fosse a de parceiros, era uma presença constante. A violência do movimento foi proporcional à violência colonial que o precedeu. O que veio em seguida, por outro lado, foi a barbárie. Para debelar a insurreição, o governo colonial declarou estado de emergência em outubro de 1952. Do mesmo modo, foram construídos verdadeiros campos de concentração para alocar os prisioneiros. Não era a primeira vez que os ingleses faziam isso na África, nos primeiros anos do século XX eles já haviam erigido campos de concentração na África do Sul, para aprisionar tanto a população de origem bôer, quanto para deter a população negra (Warwick, 1983, p. 152). Tinham, portanto, experiência no assunto.

No que tange ao Quênia, os números são difíceis de estimar em virtude da destruição sistemática das fontes. Oficialmente foram encarcerados 80 mil indivíduos, mas pesquisas recentes colocaram esta aferição em xeque. Caroline Elkins, por exemplo, avalia que o número total de prisioneiros foi da ordem de 160 mil a 320 mil pessoas. O que dificulta muito o trabalho da historiadora é o fato de que muitos dos campos eram cinicamente chamados de "vilas" na documentação oficial. Estranhos vilarejos estes, cercados por arame farpado, com torres de controle ao centro, ladeadas por postos militares e com a proibição expressa de seus habitantes visitarem o mundo exterior. Caso computássemos também estas "vilas" como campos de concentração, teríamos algo em torno de 1,5 milhão de pessoas aprisionadas, o que equivaleria a 90% da população kikuyu (Elkins, 2005). Some-se a isso um número igualmente difícil de estimar de kikuyus punidos com a pena de morte ou caídos em combate. As cifras oficiais contabilizaram 12 mil, mas 20 mil é um número mais próximo da realidade, de acordo com as pesquisas mais atuais (Anderson, 2005, p. 38). Estudos recentes têm demonstrado também que os prisioneiros foram submetidos a castração, estupro, espancamento e até canibalismo forçado.

Administradores coloniais foram instados a recolher, guardar e dar fim em todos os registros possíveis de genocídio e política concentracionária. Naquilo que ficou conhecido como "Operação Legado", o MI5 e as Forças Armadas de Sua Majestade destruíram sistematicamente toda e qualquer fonte ligada a esse episódio. Os documentos que não foram jogados ao mar ou incendiados,– secundados pelo testemunho de alguns sobreviventes – têm auxiliado a remontar o horror dos campos de concentração britânicos no Quênia, ajudando os sobreviventes em suas demandas por reconhecimento e reparação, o que levou o governo britânico a admitir, em 2013, de maneira inédita, os abusos ocorridos. Um passo relevante, mas tardio e incipiente, para desvelar um capítulo sombrio, como tantos outros, da história do imperialismo europeu.

O nacionalismo anticolonial: um tipo de resistência?

O domínio colonial na África teve uma vida breve, mas nem por isso ele foi pouco dinâmico. O modo como os europeus lidaram com os africanos para subordiná-los variou no tempo e no espaço, e o mesmo pode ser dito a respeito da forma como os africanos opuseram sua resistência. No entanto, nos três casos que foram analisados, apesar de suas enormes diferenças, notamos algo em comum. Aqueles que empunharam lâminas e fuzis contra o colonizador não o fizeram em nome das nações africanas que conhecemos hoje. Eles o faziam tendo por base outras lealdades políticas.

Seja no caso do orgulhoso rei de Kuba no Congo Belga tentando manter o *status quo* de antes da conquista. Seja com os chefes hereros e namas, que até aceitaram o elemento europeu, desde que este negociasse em bons termos. Seja ainda no exemplo da Revolta Mau-Mau queniana, na qual antigas solidariedades étnicas foram ressuscitadas. Em nenhum desses exemplos os insubmissos pensavam em termos de África conforme nós a conhecemos hoje, com as suas atuais fronteiras nacionais. A situação começou a mudar depois da Segunda Guerra Mundial, sobretudo em centros urbanos. Sendo assim, vale dizer que o caso Mau-Mau, mesmo tendo ocorrido após a Segunda Guerra, guarda relação com os demais exemplos apontados. O racismo e a opressão serviram como liga para a experiência coletiva de africanos que viviam em contextos urbanos, homens e mulheres que assistiram à derrota do fascismo. Ao fim do conflito, eles experimentam uma sensação estranha de vitória: uma ideologia racista e genocida havia sido vencida, o fascismo estava finalmente derrotado, mas e o que dizer do colonialismo? Qual o sentido em manter o domínio imperial no pós-guerra? Com estas questões em mente, uma espécie de classe média citadina ia se convencendo coletivamente acerca da necessidade da autodeterminação nacional e, ao mesmo tempo, criando vínculos (ainda que muitas vezes apenas simbólicos) com as demandas de grupos étnicos interioranos.

O jogo mudou definitivamente com a independência da então colônia da Costa do Ouro, atual Gana, em 1957, o primeiro território da África subsaariana a se tornar independente (com exceção do Sudão). A história do sucesso de Gana deve-se, em grande parte, ao seu dirigente, Kwame Nkrumah, o principal líder nacionalista africano do período independentista. Homem ambicioso e de grandes aspirações, Nkrumah havia passado anos fora de casa, estudando em universidades norte-americanas e convivendo com lideranças políticas importantes, tanto nos Estados Unidos como na Inglaterra. Ao retornar para Gana, ele já era conhecido em determinados círculos locais, muito por conta de sua atuação política e intelectual, atraindo o suporte das massas e da opinião pública ao canalizar as aspirações dos africanos para a autonomia nacional em relação à metrópole.

Nkrumah conseguiu angariar apoio de camponeses, trabalhadores urbanos e jovens em torno do seu partido, o *Convention People's Party* (CPP). Como líder inconteste das aspirações nacionalistas da Costa do Ouro, ele aceitou dirigir o país a partir de um período de transição negociada com a Inglaterra, que foi de 1951 até 1957. Nesse ínterim, ele atuou como primeiro-ministro e, posteriormente, como presidente. Gana rapidamente se tornou um símbolo de autodeterminação, criatividade e poder africano. Um exemplo poderoso do que a África poderia alcançar depois de um período curto, mas decisivo, de ingerência estrangeira. Gana anunciava a chamada "década africana", curtíssimo período de tempo em que um futuro emancipado e plenamente independente parecia ao alcance das mãos. Esse período, no entanto, não durou sequer uma década propriamente dita. Já em 1960, a independência africana conheceria os seus limites. Nenhuma trajetória demonstra melhor estes limites que a de Patrice Lumumba, líder da independência da atual República Democrática do Congo.

Nascido em julho de 1925 na província de Kasai, Lumumba ocupou empregos modestos em sua vida, antes de atuar como jornalista e agitador político. Esta atuação o levou à prisão em 1956. Dois anos depois, em

1958, ele se juntou ao Movimento Nacional Congolês (MNC), um grupo moderado de nacionalistas. Seis meses após entrar nesta agremiação, partiu para o já independente Gana para representar o Congo na Conferência dos Povos Africanos, tornando-se, assim, a face de uma demanda política clara e objetiva. Era chegada hora da independência política plena, não somente para uma etnia específica, mas para todos os africanos que estavam, naquele momento, no território dominado pelos belgas. Era nacionalismo, era revolução.

Como em toda revolução, a situação se precipitou rapidamente. Em janeiro de 1959, protestos foram severamente reprimidos em Léopoldville, a gravidade dos distúrbios levou as forças belgas a cogitar seriamente deixar o país. A entrega não seria tão fácil, pois Lumumba foi detido novamente, em novembro de 1959, acusado de "declarações sediciosas" e condenado a seis meses de prisão. A liberdade de Lumumba foi obra de veementes protestos populares. Vendo seu domínio ameaçado, os belgas procederam a uma conferência em fevereiro de 1960, na qual se estabelecia que a partir de junho o Congo passaria a ser uma nação independente. Tudo aconteceu em questão de meses, de forma tão célere que somos levados a perguntar, por quê? A pressão popular de fato foi um componente importante, mas é preciso esclarecer que a rápida evasão dos belgas foi também estratégica. Com um movimento tão rápido, os colonizadores simplesmente privavam jovens líderes de aprender a respeito da máquina burocrática e do próprio aparelho de Estado. Foi-lhes vedado o direito a uma transição política organizada e sistemática.

Sem uma transição adequada, a jovem nação não teve tempo para respirar. Já em setembro de 1960 o país estava dividido em dois grupos. Um deles liderado por Lumumba, vencedor das eleições para primeiro-ministro, e a outra liderada por Joseph Mobutu, coronel do Exército. A força das armas se impôs, e em novembro do mesmo ano o grupo de Mobutu, apoiado pelo próprio Exército belga e pelos Estados Unidos, venceu a disputa. Lumumba foi preso, violentamente torturado e morto com requintes de crueldade. Sua morte marcou o início do fim do otimismo da revolução africana; a resistência anticolonial parecia fadada a ser derrotada, mais uma vez. Os problemas foram externos, a ação dos velhos imperialistas de sempre, que pretendiam manter o domínio, mesmo que abrissem mão da colonização formal; mas também internos. Por um lado, alguns agentes africanos viam nas ambições europeias uma oportunidade de alcançar o poder, ao associarem-se a elas, e por outro lado os líderes anticoloniais que não eram assassinados viam-se herdando um aparelho de Estado fundamentalmente opressivo e, com isso, passavam a reproduzir a opressão colonial, mesmo que de maneira não calculada. O próprio Kwame Nkrumah, por exemplo, não lidou de forma muito aberta com determinadas demandas populares. Modos operacionais de pressão popular da resistência anticolonial anterior foram condenados a partir do seu governo. Um exemplo nesse sentido foi o tratamento que ele dispensou aos sindicatos e às greves em seu governo e a algumas agremiações de pendor étnico. As greves foram reprimidas e algumas destas agremiações proibidas.

É pouco proveitoso vê-lo simplesmente como um ditador corrupto. Melhor é enxergar em passagens como estas a contradição da própria resistência anticolonial africana. Quando os jovens políticos africanos alcançam o poder do aparelho de Estado eles herdam não lugares ricos e desenvolvidos, ao contrário, o que o colonialismo deixou de herança foi um aparato repressivo robusto e o subdesenvolvimento econômico. Desse modo, os líderes africanos precisaram fazer da resistência anticolonial um monopólio, pois a legitimidade das demandas políticas emanava da aderência que elas tinham à insubmissão contra o colonialismo. Encarnando o lado vitorioso dessa insubmissão, alguns líderes africanos simplesmente deslegitimaram ou mesmo suprimiram outras agendas políticas que, apesar de também anticoloniais, lhes fossem antagônicas. A contradição não é somente relativa a personagens específicos, como Nkrumah e Lumumba, mas à própria política das ex-metrópoles no mundo pós-colonial. Nenhum esforço importante de reconstrução ou construção foi realizado na África durante a época das independências, nada perto do que a própria Europa mereceu (o plano Marshall do pós-guerra). A radicalidade dessa contradição abriu margem não só para o autoritarismo de Estado, mas também para uma oposição ainda menos democrática. Foi desse modo que o próprio Nkrumah foi derrubado pelo Exército em 1966, iniciando um ciclo ainda mais autoritário em Gana e em toda a África.

Do mesmo modo, leituras ainda mais problemáticas foram realizadas da resistência anticolonial por parte de certos políticos nacionalistas africanos. O então chefe de Estado da Guiné-Conacri, Sékou Touré, por exemplo, reclamava a ascendência materna de Samori Touré, o *Almamy* do Império Malinquê da África ocidental que se opôs militarmente à invasão imperialista francesa durante o século XIX. Sékou Touré em vários momentos evocou a memória de seu suposto antepassado para criar consenso nacional e legitimar-se no poder. Tal consenso nacional era acompanhado por um forte discurso étnico malinquê instrumentalizado pelos órgãos de propaganda do partido. Touré apresentava-se como o descendente de Samori que vingaria o *Almamy*. Articulava, dessa forma, seu poder político de chefe de Estado com o de portador de poderes sobrenaturais herdados de sua suposta linhagem imperial. O resultado foi a perseguição diuturna de grupos opositores: professores, agremiações culturais, etnias específicas e sindicatos. Resistência tornava-se, assim, monopólio, e não libertação.

Afinal, o que é resistir?

Novas nações precisam de novos começos, novas histórias. Os historiadores africanos, bem como os especialistas em história da África em geral, encontraram na resistência à expansão colonial o marco zero dessa história, o início das nacionalidades emergentes. De um lado, os historiadores insistiam na importância metodológica do conceito da resistência para o correto entendimento dos fenômenos mais recentes que então se desenrolavam em solo africano. Neste caso, as lutas pelas independências nacionais. De outro lado, estudos baseados na resistência provariam que esta atuou – e ainda atuaria – como estimulante no desenvolvimento dos povos africanos. A questão é, portanto, desde o seu início, tanto historiográfica quanto política: homens de estado construíam um passado com o qual justificar suas aspirações e agendas, enquanto historiadores procuravam na resistência uma possível gênese para a própria agenda nacionalista.

Um tratamento propriamente sistemático para a questão veio ainda em 1968, com a primeira publicação do longo artigo de Terence Ranger – *Primary Resistance and Modern Mass Nationalism*. O autor lança mão das categorias que se fariam usuais a partir de então. Para Ranger (1993), haveria duas categorizações básicas para a resistência: as chamadas "resistências primárias" e as "secundárias". De um lado, a "resistência primária" diria respeito àquelas iniciativas e reações desenvolvidas durante a expansão colonial. De outro lado, o "moderno nacionalismo de massas" – ou "resistência secundária" – corresponderia às reações desenvolvidas principalmente no pós-Segunda Guerra.

De acordo com Ranger, os ditos movimentos primários de resistência formaram o ambiente em que, posteriormente, a política anticolonial nacionalista se desenvolveu. A resistência teria tido profundos efeitos, também, sobre a política e atitudes dos colonizadores. Neste sentido, teria havido uma "interação complexa" entre as manifestações primárias e secundárias, que, muitas vezes, se sobrepuseram uma à outra. Destarte, a "resistência primária" semeou projetos que seriam desenvolvidos futuramente, servindo de inspiração para o "moderno nacionalismo de massas" (Ranger, 1993). Em uma palavra: trata-se de demonstrar o "sentido da resistência". De onde surge e para onde ela caminha. Esta ideia continuísta norteou, desde então, os estudos acerca da resistência africana. Foi esta geração, formada por Davidson e Ranger, lastreada pelos mais prestigiados políticos africanos da época, a fundadora deste paradigma conceitual linear. O grande problema dessa interpretação é que ela enxergou o passado com os olhos do presente, tornando a resistência anticolonial refém do nacionalismo político das décadas de 1950 e 1960. Conforme visto em nossos exemplos anteriores, nem sempre a resistência anticolonial foi nacionalista, nem sempre ela foi armada, eventualmente ela precisou inclusive negociar em alguma medida com o poder invasor. Do mesmo modo, essa versão põe em oposição africanos insurgentes contra colaboradores, o que é tanto uma romantização, quanto também uma injustiça, visto que colaborar em muitos casos era sobreviver e, portanto, de alguma forma resistir. Não obstante, uma análise linear e homogênea desse tipo enxerga no nacionalismo moderno o fim calculado da história.

Em lugar disso, é mais frutífero atentarmos para o caráter desigual e irregular das transformações da resistência, tomada enquanto fenômeno concreto. Descobrindo, assim, elementos "tradicionais" no período "moderno" e vice-versa. Sem engendrar em uma fórmula opositiva em que um seria desenho acabado e o outro, rascunho preparativo feito às pressas, intempestivamente. Por exemplo, a revolução Mau-Mau analisada acima tinha como base um recorte "tradicional", mas se desenrolou já em um período de plena expansão do nacionalismo moderno. Se encararmos a construção do Estado-nação como fim último da resistência, estaríamos retirando elementos históricos de seu contexto original, submetendo-os a um processo de estetização para, em seguida, recorrer às suas supostas semelhanças classificando-os em tipologias e inserindo-os em uma narrativa política que lhes era originalmente estranha. Este foi exatamente o procedimento anacrônico realizado por Sékou Touré e outros políticos africanos autoritários.

Qualquer construção teórico-historiográfica que encare a "modernidade" – encarnada no "Estado-nação" – como ponto culminante de uma "tradição de resistência" estará fadada a confundir duas instâncias diferentes do conceito da resistência. Uma dessas instâncias diz respeito à historicidade própria de um evento específico de iniciativa e oposição anticolonial. A outra é relativa aos fenômenos de ruptura, continuidade ou antecipação que acontecem no interior dessa mesma historicidade. Obliterando-se estas duas instâncias e incorrendo em um processo de "afinidade seletiva", deságua-se em um vínculo muitas vezes artificial entre as independências e as iniciativas anticoloniais dos finais do século XIX.

É preciso encarar a resistência como um conceito complexo. Em muitos casos, ao tomarem o poder, as elites africanas repetiram – calculada ou inadvertidamente – práticas típicas do próprio poder colonial. Neste quadro, o nacionalismo anticolonial deve ser analisado não somente pelo que ele disse, mas sobretudo pelo que efetivamente praticou. Especialmente porque em alguns casos haverá, inclusive, o apoio tácito ou aberto, das outrora metrópoles coloniais. Com efeito, a resistência evapora como uma mera palavra no vocabulário de homens públicos que pretendem monopolizar o poder e, consequentemente, a narrativa histórica. É papel do historiador realizar a crítica para não ficar a reboque desta atuação, vendo nos grupos subalternizados a sobrevivência de práticas anticoloniais de resistência.

8.

UMA BELLE ÉPOQUE: O TRIUNFO EUROPEU ENTRE LUZES E SOMBRAS

Ana Carolina Huguenin

O combate às "coisas antigas"

Ao referir-se à passagem do século XIX para o século XX, o romancista austríaco Robert Musil escreveu, em *Um homem sem qualidades*:

> [...] surgira por toda a Europa, repentinamente, uma febre que dava asas a todos. Ninguém sabia exatamente o que acontecia [...] mas por toda parte pessoas erguiam-se para combater as coisas antigas (Musil, 1989, p. 44).

As "coisas antigas", para repetirmos a expressão de Musil, sofriam, há mais de um século, o desafio contínuo da ampliação do conhecimento científico e da alteração das bases técnicas do sistema produtivo – o que, de múltiplas formas, impactou a sociedade e suscitou, ainda nas palavras do escritor, "uma nova arte, um novo homem, uma nova moral", provocando uma alteração sensível "nas camadas sociais" (Musil, 1989, p. 44).

Avanços tecnológicos em série abriam caminho para saltos quantitativos e qualitativos da produção desde o final do século XVIII, no âmbito de uma revolução tecno-científica que acarretou transformações econômicas, sociais e culturais. No último quarto do século XVIII irrompeu na Europa uma dupla revolução, ou um "levante gêmeo" (Hobsbawm, 2000, p. 17), cujos efeitos se espalhariam pelo mundo. Tal levante teria características mais marcadamente políticas e institucionais na França revolucionária, e técnico-científicas ou industrializantes na Inglaterra, epicentro da Primeira Revolução Industrial. Foram lançadas as bases militares e econômicas de uma expansão sem precedentes, e originou-se no continente europeu um conjunto de transformações que recairiam sobre todos os continentes. Em tal cenário ascendeu o capitalismo industrial e uma nova classe, a burguesia, que buscava liderar não apenas a industrialização, mas também generalizar uma nova visão de mundo, marcada pelo liberalismo e pelo nacionalismo. Em meio à disrupção política e tecnológica, seguiu-se a contínua ampliação de horizontes econômicos e culturais, da rede internacional por onde circulavam e circulam, de forma sempre mais densa, bens, recursos financeiros, informações e pessoas.

Em um contexto acelerado de urbanização e industrialização, surgiram ainda novas paisagens, entrecortadas por estradas de ferro, símbolo e materialização de uma revolução em curso nos meios de transporte. Novos atores sociais, novas relações de trabalho, possibilidades e ritmos de vida despontaram rapidamente, num processo histórico marcado por inovações técnicas e revoluções institucionais em sequência, na esteira do processo de modernização industrial.

A partir do século XVIII e no contexto da grande indústria capitalista, se seguiram à Primeira Revolução Industrial uma série de revoluções tecnológicas. Entre a última década do século XIX e o início do século XX, um novo processo de ruptura, ou uma Segunda Revolução Tecnológica, esteve em curso (Mandel, 1985). Fontes energéticas alternativas e inovadoras, a eletricidade e o petróleo, vieram se somar ao vapor. Se os grandes eixos da Primeira Revolução Industrial foram a tecelagem e a fiação, novos setores se desenvolveram para além da indústria têxtil, a exemplo da siderurgia e da indústria química. Surgiram nesse cenário grandes empresas centralizadas e sociedades anônimas, em uma impressionante expansão da produção industrial e das finanças. Novos recursos e bens de consumo impactaram as artes, o cotidiano e a vida das pessoas: os motores de combustão interna, o automóvel, o telefone, o gramofone, o cinema, e, no âmbito da produção massificada, voltada para um mercado consumidor em expansão, grandes *magasins*, ou lojas de departamento. Nas grandes cidades, agora iluminadas pela eletricidade – ou sob "o choque brutal que

[as] fez se acharem de repente sob o brilho da luz elétrica" (Benjamin, 2010, p. 48) –, os cavalos e as seges foram rapidamente substituídos por novos meios de transporte coletivo, o metrô e o bonde, trazendo uma sensível modificação da paisagem, das possibilidades de circulação e do ritmo de vida. Multidões, vertigem e movimento compunham a experiência urbana, marcada por uma sucessão de choques e de estilhaços próprios da modernidade (Benjamin, 2010).

Uma *belle époque* de prosperidade, progresso tecnológico e paz abriu-se na Europa Ocidental do final do século, após a crise deflacionária que marcou os anos 1870 e 1880. A poderosa expansão econômica lançou a produção industrial a patamares inéditos. Seus sinais já estariam "indiscutivelmente presentes nos anos 1890", e, a partir da primeira década do século XX, "a fase de crescimento se acelera para atingir seu dinamismo máximo às vésperas da Primeira Guerra Mundial" (Winock, 2013, p. 50).

Se a Primeira Revolução Industrial lançou as bases militares e econômicas de uma gigantesca expansão europeia, no contexto da Segunda Revolução Industrial essa expansão atingiu o seu ápice, para decair irremediavelmente a partir de 1914. Segundo Hobsbawm (2010, p. 39),

> Nos anos 1880, a Europa, além de ser o centro original do desenvolvimento capitalista que transformava o mundo, era, de longe, a peça mais importante da economia mundial e da sociedade burguesa. Nunca houve um século tão europeu e nunca tornará a haver.

A "bela época" de um fim de século europeu cuja glória, segundo o historiador britânico, não se repetirá, desaguou na carnificina que abriu a "era da catástrofe". Suas origens, contradições e horrores se imiscuem, de formas múltiplas, com a beleza singular de uma *époque* que lançou ao mundo os desafios e as rupturas da modernidade.

Ao analisar o movimento histórico (re)definidor da modernidade ocidental, Alexandre Koyré aponta na seguinte formulação, título de obra homônima, uma dinâmica radical de abertura e ruptura: "Do mundo fechado ao universo infinito" (Koyré, 2007). O mundo fechado, sólido e finito dos cosmos aristotélico, onde todos os entes ocupariam lugares predeterminados de acordo com suas características intrínsecas, se diluiu diante do "universo infinito" da física moderna, ou da emergência do pensamento científico, que abriu caminho para a instauração de novos paradigmas, no âmbito incessante de um conhecimento antidogmático e por isso mesmo em permanente expansão. Para recorrer a um exemplo conhecido da postura revolucionária que define o "universo infinito", na física newtoniana os corpos não podem ocupar "lugares naturais" relacionados a características sensíveis e hierarquizados segundo leis estáticas que regem o *Cosmos*. O espaço concreto, estático e ordenado da cosmologia tradicional se dissolve, e, em seu lugar, emerge uma nova concepção de universo amplo e indefinido, regido por leis gerais que não comportam diferenciações naturais, ou noções de harmonia e perfeição atribuídas a, e diferenciadoras de, tudo o que existe (Koyré, 2007). O "mundo fechado" da tradição cede espaço a outros arranjos, menos limitados, mais escorregadios e movediços, no universo virtualmente ilimitado da dinâmica do mercado e da ciência modernos. Abre-se caminho para uma movimentação convulsiva e permanente na qual, segundo formulação de Marx, "tudo o que é sólido desmancha no ar". Às vésperas da Primavera dos Povos, que abalou praticamente toda a Europa em 1848, o autor escreveu: "A burguesia não pode existir sem revolucionar constantemente os instrumentos de produção, portanto, as relações de produção, e, por conseguinte, todas as relações sociais." Para Marx, o que distinguia a "época burguesa" das demais era justamente "o abalo incessante de todo o sistema social, a insegurança e o movimento permanentes", além da diluição da rigidez que caracterizava as relações sociais e suas concepções tradicionais. Assim, "tudo o que era sólido desmancha no ar, tudo o que era sagrado é profanado [...]" (Marx, 1998, p. 11).

Trata-se, portanto, de um abalo incessante que gera convulsões na dinâmica produtiva e, por extensão, na vida social e pessoal. A partir da formulação de Marx e ao analisar o movimento de desintegração e transformação da modernidade, Marshall Berman (2005, p.16) assim o definiu:

> O turbilhão da vida moderna tem sido alimentado [...] por grandes descobertas nas ciências físicas, com a mudança da nossa imagem do universo e do lugar que ocupamos nele; [...] os processos sociais que dão vida a esse turbilhão, mantendo-o em um perpétuo estado de vir a ser, vêm a chamar-se modernização".

Transformações na atitude intelectual, nas ciências naturais e nas relações socioeconômicas são – ou, mais especificamente, vêm a ser a cada instante, num processo permanente de um "perpétuo estado de vir a ser" – o turbilhão moderno. Associados, a produção industrial, a ciência e o mercado em expansão provocaram mutações profundas. O conhecimento científico transforma-se em tecnologia; a tecnologia em produção industrial, em revolução do sistema de transportes e meios de comunicação, em perturbação das redes sociais e culturais existentes, em aceleração da produção e dos ritmos de vida. O novo sistema carrega em si o universalismo, o desbravar de fronteiras, limites e distâncias próprios da ciência moderna, de extensão virtualmente ilimitada, "desmanchando no ar" tradições intelectuais, espirituais, sociais e econômicas do "mundo fechado" – ou combatendo e golpeando, como se referiu Robert Musil, as "coisas antigas". Ele se expande, universalizante que é, a exemplo do próprio conhecimento científico, e propaga um "universo infinito" de novas ideias e valores, de inéditas possibilidades que anunciam e apresentam, diante do mundo e de formas bastante desiguais, as suas maravilhas e os seus horrores.

Em um século marcado pelo avanço do conhecimento científico, as Exposições Universais, organizadas em diferentes capitais do mundo industrializado, exibiam maravilhas tecnológicas sempre mais impressionantes. Nelas, reuniram-se milhões de europeus de diversas origens sociais deslumbrados diante do potencial de sua civilização e da dimensão de seu triunfo. No contexto *fin de siècle* destacaram-se as exposições de 1889 e a de 1900, ambas sediadas em Paris. A primeira, dedicada ao centenário da Revolução Francesa, apresentou aos cidadãos do país e de todo o mundo a ousadia arquitetônica de uma impressionante torre de ferro, materialização monumental dos avanços da engenharia moderna. Além da torre Eiffel recém-inaugurada, franceses e turistas poderiam visitar 18 pavilhões coloniais (Hobsbawm, 2010). Celebrava-se assim, junto com o triunfo tecnológico, um dos horrores dele decorrentes, ou por ele em parte viabilizados: o colonialismo, que atingia o seu auge nessa "bela época".

Em 1900 – apenas dois anos após a publicação de *J'Accuse* de Émile Zola, e no auge da controvérsia que dividiria a Terceira República em torno do escândalo antissemita envolvendo o oficial Alfred Dreyfus –, a Exposição

Universal de Paris, ao longo de 200 dias, reuniu em torno de 50 milhões de visitantes do mundo inteiro, ao exibir e celebrar, em magníficos palácios construídos para a ocasião (o *Petit* e o *Grand Palais)*, a beleza inovadora do *Art Nouveau* e o revolucionário potencial energético da eletricidade (Winock, 2013). A exposição, cujo tema era "o balanço de um século", apresentava ainda como atrações uma roda gigante, projeções fílmicas em telas de cinema, uma escada rolante, e, entre tantos prodígios da civilização industrial, catorze pavilhões coloniais. Sobre a exibição orgulhosa dos triunfos do colonialismo, Hobsbawm afirma: "tratava-se de publicidade proposital, mas como toda propaganda – comercial ou política – realmente bem-sucedida, só teve êxito por ter tocado num ponto sensível do público" (Hobsbawm, 2010, p. 119). O ponto sensível do público era aquele que se abria ao orgulho imperial e se rendia aos apelos de uma certeza: a certeza da superioridade tecnológica e da expansão sem limites de uma cultura, de uma civilização e de uma "raça" supostamente mais evoluídas e destinadas a dominar, ou a carregar, na formulação do poeta Rudyard Kipling, o "fardo do homem branco"; a noção, sustentada por argumentos disseminados entre biólogos, cientistas em geral e leigos de toda sorte, "de que os homens brancos foram escolhidos pela evolução para dominar o mundo e proteger os seres inferiores de si mesmos" (Gay, 2002, p. 131).

O "universo infinito" da evolução tecno-científica avançaria junto com o "mundo fechado" das execuções sumárias, da dominação bruta, violenta e sem lei que caracterizaram a pilhagem colonial. Nesse sentido, podemos mencionar, dentre muitos exemplos, a ação da rica, liberal e civilizada Bélgica sob o rei Leopoldo II, no contexto de partilha da região congolesa (e do continente africano em geral) entre um pequeno punhado de potências ocidentais. No Congo Belga, homens, mulheres e crianças submetidos a trabalhos forçados foram vítimas de mutilações, espancamentos e fuzilamentos em escala massificada, levados a cabo por respeitáveis agentes coloniais a serviço do rei. A ação imperial antecipou, na qualidade de um terrível prelúdio, o massacre que em poucas décadas atingiria o próprio centro do assim chamado mundo civilizado (Arendt, 2009).

As rupturas da modernidade e a força da tradição: antissemitismo, elitismo e darwinismo social

Ao discutir o contexto efervescente de um dos principais eixos da modernidade europeia – Viena de fins do século XIX, marcada por uma série de inovações artísticas, políticas e urbanísticas, centro a partir do qual se desenvolveram as obras de Freud, Klimt e Schnitzler –, Carl Schorske afirma que "as forças do preconceito racial e do ódio nacional, que se julgavam dissolvidas pela luz da razão e pelo domínio da lei, ressurgiram com um ímpeto avassalador, enquanto o "século do progresso" soltava seu último suspiro" (Schorske, 1988, p. 182). As forças do ódio e da reação colocariam de joelhos, ainda segundo o autor, o liberalismo vienense, e, entre 1897 e 1910, a administração da cidade caiu nas mãos do prefeito antissemita Karl Lueger, fundador e líder do Partido Social Cristão.

A luz da razão e o domínio da lei estariam longe de esgotar a dinâmica do assim chamado século do progresso, como observa Schorske e o demonstram a selvageria colonial e o desenrolar da Grande Guerra. A solidez da tradição do *Ancien Régime* não se "desmanchou no ar" por inteiro, mas resistiu e se combinou, a partir de uma série de choques e interações, às "luzes" de uma nova era. No contexto de uma simbiose, ou de uma relação dialética entre modernidade e tradição, "por toda a Europa o Prometeu desacorrentado do progresso material ajudou a restaurar e endurecer a antiga ordem" (Mayer, 1987, p. 270) – o resultado, segundo Mayer, seria a Primeira Guerra Mundial.

A dialética entre modernidade e tradição atuaria com toda a força de sua ambivalência nos principais centros europeus: por exemplo, na magnífica Viena das vanguardas artísticas, das inovações arquitetônicas e da ascensão política do antissemitismo; ou na "cidade-luz" das reformas haussmanianas que inspiraram Baudelaire – palco resplandecente onde se desenrolaram a carnificina que se abateu sobre os trabalhadores da Comuna de Paris em 1871 e, mais de um século após a queda da Bastilha, a grande contenda em torno do *affaire Dreyfus*.

A condenação escandalosa e amplamente aceita do oficial do Exército Francês Alfred Dreyfus, capitão judeu falsamente acusado de traição, mobilizaria forças progressistas e reacionárias (antirrevolucionárias, antissemitas, ultracatólicas e monarquistas) numa grande controvérsia que se desenrolou, durante anos e em plena Belle Époque, no centro mesmo de difusão dos ideais de liberdade, igualdade e fraternidade. Não se tratava do Império Russo, marcado pela recorrência de infames *pogroms*, pelo Antigo Regime e pela servidão recém-abolida, mas da França republicana e secularista, berço dos ideais liberais e assimilacionistas do Iluminismo e uma das maiores potências do mundo. Se a Declaração dos Direitos do Homem e do Cidadão de 1789 veio estabelecer igualdade perante a lei e direitos básicos aos cidadãos franceses de todos os credos e origens, o antissemitismo moderno combinaria o milenar preconceito de origem religiosa a novíssimas teorias raciais e nacionais (Arendt, 2009), e se estabeleceu como uma grande força de reação. Novamente aqui, o "mundo fechado" de antigas superstições religiosas se combinaria com o "universo infinito" de novas ideias, conceitos e teorias políticas (o nacionalismo) e pseudocientíficas (o racialismo), no âmbito de uma explosiva interação entre tradição e modernidade.

Na grande contenda que marcou o *affaire Dreyfus*, intelectuais e artistas franceses se mobilizaram de ambos os lados do espectro político e ideológico. Se Émile Zola publicou em 1898 o artigo *J'accuse*, espécie de peça acusatória denunciando o escândalo e aglutinando as forças progressistas (defensoras dos ideais consagrados pela Revolução Francesa e encampados pela Terceira República), os também escritores Maurice Barrès e Charles Maurras (que se tornaria colaborador do regime de Vichy na França ocupada pela Alemanha nazista) foram, respectivamente, simpatizante e líder da *Action Française*, movimento ultranacionalista de extrema direita fundado em 1899, no calor do *affaire*. A seu respeito, Anton Tchekhov escreveu em carta a A. Suvorin:

> Dreyfus é oficial do exército, de modo que os militares ficaram na defensiva. Dreyfus é judeu, de modo que os judeus ficaram na defensiva. [...] Pouco a pouco, começou a embrulhada, alimentada pelo antissemitismo, um combustível que cheira a matadouro. Quando alguma coisa está errada dentro de nós, procuramos a causa do lado de fora e logo encontramos. (apud Gay, 1995, p. 78)

O "combustível que cheira a matadouro", conforme expressou Tchekhov, atingiria o ápice de sua força destrutiva com a ascensão do nazismo, um herdeiro do antissemitismo e do racialismo gestados ao longo do século XIX. A alteridade, o outro a quem seria lícito odiar e culpar, agredir e destruir, ou "o outro conveniente" (Gay, 1995) estaria dentro e fora da Europa, assumindo a forma de inimigos internos e externos, reais ou imaginários, encontrados ou inventados entre povos colonizados e as mais distintas nacionalidades, filiações ideológicas, credos, camadas sociais e potências rivais – variados "fantasmas", ainda nas palavras do escritor russo, sobre os quais depositar toda a culpa e aliviar todo o medo e toda a ansiedade que compõem o "mal-estar da civilização". Em meio a convulsões, receios e anseios de um mundo em rápida transformação, o ódio se afirmaria com a força de sua carga emocional e de seu potencial político. Uma destruição de escala inédita, sem precedentes, se aproximava da prodigiosa Europa *fin de siècle.*

Diante de forças transformadoras ergueram-se, assim, forças de reação e permanência, de antigos ódios e velhos preconceitos, sobretudo quando se tratava de garantir privilégios e posições de domínio político, cultural ou econômico (Mayer, 1987). Pressões contraditórias caminhariam e avançariam de mãos dadas, numa espécie de entrelaçamento conflituoso. Em um período de mudanças aceleradas – marcado, a partir da segunda metade do século XIX, pela democratização política (a disseminação do voto universal masculino); pela ascensão dos grandes sindicatos e partidos de massa; pela força crescente de ideais e propostas alternativas à ordem liberal –, irromperam o socialismo, a social-democracia e o anarquismo; e, por pressões pela emancipação das mulheres (que obtiveram no movimento sufragista um ponto fundamental de apoio e de ação), valores antidemocráticos e hierárquicos, elitistas e reacionários se fortaleceram e atuaram, em âmbito nacional e internacional, com todo o vigor de seu ódio ressentido diante da possibilidade de perda, ainda que parcial, de antigos (e recentes) privilégios. Recorria-se, nesse sentido, "à proteção armada contra a agitação de trabalhadores, a nível interno, e potências rivais e povos coloniais, no exterior" (Mayer, 1987, p. 270). Tratava-se do tradicional uso da força, do ideal aristocrático de bravura e de ação direta que não se submete a mediações racionais ou a ideais liberais de resolução não violenta dos conflitos. Isso encontraria expressão máxima, fora da Europa, no extermínio colonial, e, dentro do continente, na Primeira e na Segunda Guerras Mundiais.

Um mundo em transformação permanente suscita esperanças e receios, disposição combativa e temores; dentre eles, o medo e a ansiedade diante da possível perda de papeis dominantes – sempre suscetíveis à contestação, em contexto de avanço da democracia política e de luta por direitos sociais. A partir de uma miríade de rearranjos e rearticulações, adaptações e resistências, tais papeis procuraram se reafirmar, articulando valores do passado, noções arraigadas de desigualdade e elitismo, por meio de armas ideológicas oferecidas pelo presente. Nesse sentido, recorria-se ao discurso e a argumentos de autoridade consagrados pela modernidade: à ciência, ou à chancela pseudocientífica que amparava e fortalecia uma série de antigos e novos preconceitos para racionalizar e justificar diversas práticas agressivas. Criava-se, portanto, no ápice da Era Vitoriana, uma série de álibis (adotados por muitos, mas também por muitos contestados) para legitimar o exercício da violência e a manutenção da desigualdade (Gay, 1995). Dentre eles se destacou a influência do darwinismo social.

À publicação de *A origem das espécies* (1859) se seguiu uma série de apropriações e extrapolações no sentido de aplicar à sociedade contemporânea e às relações humanas as teorias da evolução e da seleção natural. A noção de "luta pela sobrevivência", de enfrentamento permanente do qual resultaria o triunfo do mais apto em termos fisiológicos, econômicos, sociais e mesmo raciais validaria uma competição desigual e sem tréguas, de acordo com algumas das correntes do que ficou conhecido como darwinismo social. Por meio do fisiologismo e da biologização dos indivíduos e das relações sociais, procurava-se justificar, por exemplo, a exploração de trabalhadores já organizados, na segunda metade do século, em grandes partidos e sindicatos, e que reivindicariam direitos supostamente negados pelas leis evolutivas: a desigualdade seria um dado e mesmo um imperativo da natureza, benéfico ao progresso e à evolução; racionalizava-se ainda a dominação de povos supostamente "menos aptos", conquistados pela imposição da força daqueles naturalmente destinados a dominar. A politização da obra darwiniana, à revelia do autor, serviria de arma contra o avanço de pretensões democráticas e igualitárias, no esforço obstinado contra as pressões, incertezas e mudanças de um século de democratização, o qual encontraria em seus defensores obstinação semelhante (Gay, 1995). No âmbito da aplicação política de teorias biológicas, buscava-se a chancela da ciência, ou fundamentos cientificamente autorizados, para reforçar e manter o *status quo* interna e externamente. Os seres humanos seriam inerentemente diferentes por obra e desígnio da natureza, por imperativos evolutivos e por determinação das forças cegas da fisiologia – o que justificaria as desigualdades sociais e a dominação de povos asiáticos e africanos.

Na dialética entre modernidade e tradição, o entrecruzamento de novas teorias científicas e velhos preconceitos. Na busca por respaldos para odiar, desprezar e agredir, destacou-se o argumento da raça (Gay, 1995). Seus teóricos reuniam uma multiplicidade de dados – das dimensões do crânio (craniometria) aos formatos do cérebro ou do nariz – para sustentar evidências absurdas, buscando chancela científica para o exercício da violência. Nesse contexto, "o álibi que aplacou a consciência dos imperialistas e seus defensores foi a convicção de sua própria superioridade racial" (Gay, 2002, p. 133). O racismo serviria assim como arma ideológica para a ação imperialista, cujo ápice corresponde, precisamente, à "bela época" interrompida pelo horror da guerra.

Colonialismo, nacionalismo e racismo

Entre 1876 e 1914, aproximadamente um quarto da superfície terrestre foi dominado por um reduzido punhado de países industriais. À exceção do Japão e dos Estados Unidos, potências europeias (França, Inglaterra, Holanda, Bélgica, Alemanha e Itália) estiveram à frente da colossal expansão econômica e territorial. Apenas o Império Britânico aumentou seu território em cerca de 10 milhões de quilômetros quadrados, a França, em cerca de 9, e a Alemanha, 2 milhões e meio (Hobsbawm, 2010, p. 101). A fúria expansionista da Segunda Revolução Industrial, cuja apoteose bélica seria a Grande Guerra, se espraiou pelo mundo, notadamente pela Ásia e pela África, divididas e dominadas. Seus efeitos incidiram sobre os mais diversos contextos sociais e culturais, sobre diferentes tradições, em alguns casos milenares, e modos de vida consolidados ao redor do mundo. A ostensiva presença estrangeira modificou a paisagem, as perspectivas e os ritmos de vida das populações locais. Investimentos de capital assumiram forma, por exemplo, na construção de estradas de ferro, na instalação de linhas de telégrafo e na implementação de serviços de infraestrutura urbana, a exemplo da iluminação pública. Alavancou-se, assim, ainda que de forma limitada e pontual, processos de modernização em larga medida impostos e plenos de conflitos e contradições; choques e interações entre múltiplas tradições religiosas, políticas e econômicas pontuaram a trajetória de povos cujos destinos foram marcados pela ação imperialista e pelo conjunto de alternativas formuladas diante dela. Novas ideias e novos arranjos ideológicos passaram a circular, sobretudo entre a *intelligentsia* ocidentalizada, que encontraria em ideais liberais, democráticos e socialistas, gerados e disseminados pela Europa, esteios a partir dos quais reivindicar para os seus povos a igualdade e a liberdade que lhes eram sistematicamente negadas, ou a sua plena independência frente às potências imperiais. Entre os novos parâmetros ideológicos, disseminou-se um dos expoentes políticos da modernidade: o nacionalismo, em torno do qual se organizaram múltiplas lutas pela libertação nacional. Os nacionalismos árabe, indiano e chinês, dentre muitos outros, se organizam a partir de finais do século XIX e inícios do século XX, para se projetar politicamente após as grandes guerras que o próprio imperialismo contribuiu para engendrar na Europa.

À administração direta de países como a Índia – onde, ao final do século XIX, cerca de 6 mil burocratas, apoiados por 70 mil militares britânicos, governavam 300 milhões de pessoas (Hobsbawm, 2010) – se somavam formas indiretas de dominação, variantes da submissão territorial formal, a exemplo de "zonas de influência" estabelecidas em diferentes regiões, ou do sistema de tratados desiguais implementado na China.

Em um contexto no qual a produção industrial e as atividades financeiras, conforme referido, se agigantavam, o processo de internacionalização econômica se aprofundou e excedeu, de forma radical, os limites econômicos e geográficos dos Estados nacionais. Intensificou-se dessa maneira a busca por novas fontes de matérias primas, por possibilidades ampliadas de investimentos de capital, e, sobretudo, por conquista e monopolização de mercados.

A empreitada econômica contava, necessariamente, com o suporte estatal - com o respaldo, a proteção e a competência administrativa de quadros militares e burocráticos, e com políticas protecionistas implementadas por diferentes governos nacionais. Numa era de acirrada competição entre economias industriais rivais, que buscavam garantir mercados para escoar a sua produção e evitar a deflação que as atingira nos anos 1870, o que estava em jogo, o alvo da corrida e da disputa, era o mundo. O liberalismo econômico, o *laissez-passer* como mote oitocentista do comércio internacional, cedeu espaço, na virada do século, a práticas protecionistas incisivas, de natureza política e governamental por definição. Assim, se o colonialismo apresentava uma feição econômica óbvia e crucial, estamos diante de um fenômeno de múltiplas faces - de natureza ideológica, política e cultural. Afinal, "[...] mesmo o homem de negócios [...] jamais pode ser tratado exclusivamente como uma máquina de ganhar dinheiro. Ele não ficava imune aos apelos políticos, ideológicos, patrióticos ou mesmo raciais associados à expansão imperial" (Hobsbawm, 2010, p. 105).

A expansão imperial exercia, portanto, uma série de apelos e pressões que transcendiam a esfera mais restrita dos homens de negócio e de suas empreitadas lucrativas. Junto às práticas de expansão e de dominação, elaborou-se um amplo conjunto de imagens e representações disseminados em escala planetária, um discurso que procurava identificar e definir os povos coloniais por oposição e a partir de perspectivas inferiorizantes em termos culturais, civilizacionais e raciais. Tal discurso orientou práticas de dominação e se disseminou pelas esferas cultural, acadêmica, institucional e artística, figurando como raiz e fruto de uma série de romances, poemas, pinturas, relatos de viagem, livros de História, teses e manuais científicos produzidos de forma ampla e sistemática na Europa. Neles, um discurso sobre a alteridade e a transformação do outro - o "dominado" - em objeto passivo e silencioso de escrutínio, análise e conhecimento. Entre o discurso ocidental e o seu objeto se estruturava uma relação e um exercício de poder que negavam ao outro a condição de sujeito politicamente atuante e historicamente situado, numa perspectiva de silenciamento, generalização, objetificação e desumanização (Said, 2007).

Entre o imenso volume de obras artísticas e acadêmicas cujos temas se voltaram para as regiões e os povos colonizados, citemos apenas um poema. Em 1862, a *Académie Française* promoveu um concurso de poesia para celebrar a construção do Canal de Suez. A obra, concluída em 1869, se desenrolava sob direção de Ferdinand de Lesseps e se tratava de um colossal e assombroso projeto da engenharia moderna, capaz de promover uma ligação inédita entre o mar Mediterrâneo e o mar Vermelho, entre Oriente e Ocidente. O vencedor do concurso promovido pela Academia, Henri de Bornier, escreveu num trecho de seu longo poema:

> Ao trabalho, operário que a nossa França envia.
> Traçai, para o universo, essa nova via. [...]
> Sim, é para o universo, para a Ásia e a Europa,
> Para os climas longínquos que a noite envolve,
> Para o chinês pérfido e o indiano seminu,
> Para os povos felizes, livres, humanos e bravos,
> Para os povos malvados, para os povos escravos.
> (apud Said, 2007, p. 136)

Nas trevas, ou "nos climas longínquos que a noite envolve", povos "malvados e escravos" seriam agraciados pelo talento e pela iniciativa sem precedentes dos "povos livres, humanos e bravos", pelas luzes de sua racionalidade técnica e de seu potencial científico. Uma nova via ligaria os dois continentes, mas não aproximaria, como seres humanos propriamente ditos, os europeus e os asiáticos. O "chinês pérfido" e o "indiano seminu" – para retomarmos a descrição generalizante e desumanizante da epopeia sobre o Canal –, que formavam, e ainda formam, as duas maiores populações do mundo, não fariam parte dos "povos livres e humanos". Ainda assim, receberiam, como uma espécie de presente valioso e generoso, a nova iniciativa e o novo milagre da civilização industrial. De um lado, uma força ativa e enérgica; do outro, a letargia, a passividade, a perfídia e a seminudez – os corpos expostos de centenas de milhões de pessoas em flagrante carência de dignidade e civilização.

Evidentemente, tais povos nunca permaneceram passivos, mas elaboraram respostas, caminhos e formas de resistência (Said, 2007). O "indiano seminu", num longo processo de luta e negociação pela independência, legou à contemporaneidade um de seus mais notórios líderes pacifistas, que abandonou os trajes ocidentais para assumir as vestes tradicionais de seu país – não como "indiano seminu", mas enquanto uma, entre muitas estratégias adotadas por Gandhi, de afirmação nacional. O "chinês perfido" se engajaria em duas revoluções entre 1911 (a revolução republicana) e 1949 (revolução nacional e agrária, combinada com a ascensão do Partido Comunista Chinês) e chegou ao século XXI à frente da segunda maior economia do mundo. Não apenas os chineses e os indianos, mencionados em termos tão desqualificantes no poema, mas todos os povos coloniais elaboraram as próprias estratégias e narrativas de emancipação, que vieram à tona de forma explícita e contundente, por vezes violenta e armada, por vezes negociada, numa longa sequência de lutas pela independência nacional que marcou o século XX.

Na delimitação rígida entre "nós" (os "povos livres, humanos e bravos") e "eles" (os "povos malvados e escravos"), e para sustentar e reforçar a ação imperialista, se destacou uma arma de natureza política e ideológica: o racismo. Amplamente disseminado na Europa oitocentista como chave da história, no século XX tornou-se ideologia estatal pela primeira vez a partir da ascensão do nazismo. Não se tratava de algo inventado ou desenvolvido, apenas ou especificamente, na Alemanha; tampouco era algo inédito, original ou desconhecido, mas um conjunto de ideias, um discurso e um pensamento cujas origens remontam ao século XVIII, e que serviram como importante esteio da política imperialista (Arendt, 2009).

As origens do pensamento racial remontam à reação de membros da aristocracia diante da ascensão do Terceiro Estado e da Revolução Francesa. Tal pensamento viria contrapor uma suposta raça de aristocratas à ideia revolucionária de criação de uma nação de cidadãos (Arendt, 2009). Em agosto de 1789, no mês seguinte à queda da Bastilha, a Declaração dos Direitos do Homem e do Cidadão veio formalizar e consolidar a ideia, nova e até então radical, de que "toda soberania reside essencialmente na nação; nenhum corpo, nenhum indivíduo, pode exercer autoridade que dela não emane expressamente". Desloca-se assim, no âmbito de uma revolução política e institucional, o *locus* da soberania e a legitimidade do exercício do poder, antes assentado no reino dinástico de ordem divina. A soberania, numa perspectiva secularizante, cara ao liberalismo e ao Iluminismo, não emanaria de Deus, mas do conjunto de cidadãos que compõem a nação. Estes, ainda de acordo com a Declaração, "nascem e permanecem livres e iguais perante a Lei". Os princípios da soberania nacional e da igualdade legal ou formal vieram romper com a ordem nobiliárquica e hierárquica do *Ancien Régime*, com uma sociedade estamentária e aristocrática de privilégios garantidos pelo nascimento e pela linhagem.

Nesse contexto, e diante de princípios que os ameaçavam frontalmente, membros da aristocracia emigrada, influenciados pela obra do conde Henri de Boulainvilliers, identificaram-se não com o conjunto de cidadãos que compunha a nação francesa, mas como uma parcela à parte, descendente de conquistadores nórdicos que subjugaram, pelo exercício da força, os gauleses – ou os galo-romanos, dos quais descenderia a "plebe" que compunha o Terceiro Estado. A França, a partir de um ponto de vista racial, não seria uma nação de cidadãos livres e iguais perante a lei, mas um território no qual a maioria de origem latina foi submetida a uma casta governante de origem germânica. Da conquista e do sangue, derramado e transmitido, teriam advindo os privilégios e o poder aristocráticos, seu embasamento e sua legitimidade. A nação de cidadãos deveria sucumbir (ou jamais ter emergido) diante de uma suposta raça conquistadora e destinada, por suas características inatas, a dominar.

Em face da inovação política e filosófica irrompida a partir da Revolução Francesa, o "mundo fechado" da tradição aristocrática, ou do elitismo nobiliárquico, apresentou a sua resistência, mobilizou suas estratégias de argumentação e sobrevivência, e ofereceu munição ideológica para o que mais tarde, no *fin de siècle*, se configurou como racialismo, ou racismo científico – um dos álibis e instrumentos, conforme nos referimos, da política imperialista e um dos componentes centrais da ideologia racial nazista, que compreende a história como luta de raças. Nesse caso, a identificação racial nega a noção de igualdade entre os homens e as mulheres que compõem o corpo político da nação, e o coloca sob violenta ameaça. No limite, são impulsionados conflitos civis e limpezas étnicas, nos quais o século XX foi pródigo, e que se espalharam pela Europa a partir da Segunda Guerra. Vejamos um exemplo: os critérios liberais de cidadania, segundo a tradição revolucionária de fins do século XVIII, não incorporavam a raça; à revogação desses critérios na Alemanha nazista, uma vez tendo o racismo se tornado ideologia de Estado, seguiu-se a revogação dos direitos de cidadania dos judeus alemães. Os cidadãos identificados com a alteridade racial seriam, pelas leis de Nuremberg (1935) – em grave afronta ao legado iluminista –, não mais um conjunto de cidadãos com direitos e deveres, mas um corpo estranho e impuro dentro da nação orgânica, inimigos a serem expropriados, expulsos e eliminados.

Ainda em meados do século XIX, o diplomata francês de origens aristocráticas Arthur de Gobineau previu a queda da civilização em seu *Ensaio sobre a desigualdade das raças humanas* (1853). O desfecho trágico da espécie humana seria consequência inevitável da "mistura de sangue", por meio da qual as raças ditas inferiores predominariam. O conde Gobineau era partidário da ideia de que os nobres, descendentes de povos germânicos, teriam sido subjugados por burgueses herdeiros de escravos galo-romanos – um sinal da decadência de cunho racial que, fatalmente, segundo suas previsões, conduziria a humanidade à degeneração física e intelectual. Na esteira do germanismo, o autor acreditava que os homens superiores – aqueles que não eram filhos nem propagadores da decadência e da degeneração raciais – seriam os herdeiros dos merovíngios, e formariam uma elite sanguínea de "filhos do rei". Em vez da tradicional casta de príncipes, o que se propõe é a existência de uma raça de príncipes, de uma nova aristocracia natural, biológica ou racial. Assim, "graças à raça, podia ser formada uma elite com direito às antigas prerrogativas das famílias feudais" (Arendt, 2009, p. 203) – prerrogativas negadas e (parcialmente) revogadas pela modernidade, ou pelo liberalismo e pela democracia modernos.

A compreensão da história como luta racial ou biológica, nos anos que se seguiram à publicação do *Ensaio* de Gobineau, marcou o darwinismo social, o racialismo, a política imperialista e, finalmente, o regime nazista. Seus efeitos destrutivos se fizeram sentir fora e dentro das nações europeias, engendrando conflitos civis, massacres, julgamentos sumários e negação sistemática de direitos: "A raça, quer sob forma de conceito ideológico gerado na Europa, ou como explicação de emergência para experiências chocantes e sangrentas, sempre atraiu os piores elementos da civilização ocidental" (Arendt, 2009, p. 216). Na Belle Époque, uma sucessão de experiências sangrentas atingiu o mundo colonial. Ao seu fim, elas atingiriam também, e com violência inédita, as próprias nações europeias. Se a raça atraiu os piores elementos da civilização ocidental, ela engendrou, no próprio núcleo da modernidade, um choque brutal do qual o continente jamais se recuperou por inteiro.

Entre luzes e sombras caminharam os prodígios de um século veloz e inovador. Entre antigos e novos atores sociais, aristocratas e camponeses, burgueses e operários, formou-se um amplo espectro de ideias, correntes de pensamento, dinâmicas de enfrentamento e acomodação.

Burgueses, aristocratas e trabalhadores

Em meio a falhas e contradições, ambivalências e disputas que marcaram o Oitocentos, se estabeleceu, com seus modos de vida, seu sistema de crenças e de valores, uma classe social: trata-se de um grupo heterogêneo, diverso e numeroso de indivíduos reconhecidos e identificados, de modo genérico, como burgueses. Aos termos "burguesia" e "burguês" eram atribuídos, muitas vezes, sentido pejorativo. Novos trabalhadores industriais, artistas e velhos aristocratas não raro os associavam à ambição e à exploração, à falta de imaginação, insensibilidade e comodismo, ao arrivismo de *parvenus* vulgares e filisteus que não sabiam o seu lugar na hierarquia social e teimavam em escalá-la, como terríveis alpinistas. Flaubert se referiu da seguinte forma à *bourgeoisie* da qual ele mesmo viera: "Eu chamo de burguês qualquer um que pense de forma rasteira" (apud Winock, 2013, p. 109). A mediocridade, ou o embotamento espiritual e intelectual atribuídos a esse grupo difuso de novos atores sociais, certamente não anula o fato de que, por meio de novos instrumentos políticos e ideológicos, e de ações e iniciativas econômicas inovadoras, ele contribuiu, de forma decisiva, para ensejar as transformações radicais das quais *o fin de siècle* (e o século como um todo) foi pródigo, e que ocupam o próprio cerne da modernidade oitocentista.

Mesmo alguns dos críticos mais contundentes, a exemplo de Marx e Engels, reconheceram e até louvaram, em seu *Manifesto,* a contribuição histórica da burguesia como agente de mudança e de ruptura com a antiga sociedade nobiliárquica – a qual, não obstante, conforme assinalamos, não desapareceria por inteiro, mas resistiria e se readaptaria, a partir de uma série de choques e acomodações, aos novos tempos. Se a épica da expansão moderna contou com a iniciativa e o financiamento burgueses, não se pode ignorar, por outro lado, a atuação de forças e valores tradicionais, guerreiros e aristocráticos, disseminados e atuantes, por exemplo, nos exércitos alemão, britânico e japonês, que logo iriam combater no contexto na Primeira Grande Guerra. Ainda em outra escala, ao longo do século, contingentes mais pobres da Europa, pouco ou nada representativos das camadas burguesas, se espalharam pelo mundo, contribuindo com a expansão do "universo infinito" a seu modo, no desespero plebeu dos imigrantes; e, dentro do continente, por meio da luta encarniçada por direitos políticos e sociais.

A predominância da nova classe nunca foi completa, e sua ascensão, embora rápida e decisiva, deparou com obstinadas forças de permanência e objeção. Assim, "os mais ativos entre os burgueses vitorianos tinham que enfrentar arbitrariedades por parte da realeza, reivindicações dos aristocratas, interferências do clero e hábitos culturais sedimentados pelo tempo" (Gay, 2002, p. 34), por vezes em uma disputa árdua com os potentados locais por poder e por espaço político. Os hábitos sedimentados pelo tempo, a tradição com a qual uma falange de comerciantes, advogados, funcionários e empresários vieram em parte romper (e tantas outras vezes conciliar) encontrava-se presente, de diferentes maneiras, não apenas no "andar de cima" das camadas clericais e aristocráticas (a última com grande penetração nas Forças Armadas e na administração pública), mas entre os trabalhadores rurais. A terra continuava a ser, no início do século XX, a principal forma de riqueza e renda das classes dirigentes (Mayer, 1987). Na França, por exemplo, a agricultura era então o meio de vida de 17 milhões de pessoas, em torno de 40% da população ativa do país (Winock, 2013, p. 90). O controle do poder político, a influência ideológica, econômica e cultural das novas classes médias eram muito mais firmes do que o haviam sido em torno de cem anos antes, mas estavam longe de ser absolutas.

Agentes revolucionários ou acomodados senhores de uma nova ordem, a se esconderem sob o guarda-chuva conservador sempre que as barricadas populares se erguiam, ruidosas e ameaçadoras? O certo é que a burguesia oitocentista, que se moveu, em diferentes momentos, em ambas as direções, era consideravelmente diversificada e heterogênea. Sua escala é ampla o bastante para incluir desde a plutocracia formada por grandes empresários, banqueiros, financistas e industriais; o exército de profissionais liberais que ocupavam e transformavam sobretudo as grandes cidades – médicos, engenheiros, advogados e intelectuais; passando ainda por funcionários públicos de grande e pequeno escalão, até modestos lojistas e comerciantes, acossados pela aparição de grandes lojas de departamento na segunda metade do século e amedrontados diante da possibilidade real de se nivelarem às classes trabalhadoras.

A diversidade também se revelava em diferentes aspirações políticas, mais ou menos progressistas e democráticas, ou francamente conservadoras e reacionárias, entre os membros da alta burguesia e o que passou a ser denominado classes médias. Diferenciações internas marcavam, assim, uma frágil e por vezes tensa unidade, que, não obstante, se matinha. Na Belle Époque, existia "de fato uma classe burguesa; sua unidade tinha menos relação com o lugar que ocupava no sistema produtivo que com a consciência de seus membros de fazerem parte dela [...], [e com a existência] de um sistema de valores, de um estilo de vida" (Winock, 2013, p. 90).

No âmbito deste sistema de valores e estilo de vida, o ideal cavaleiresco de bravura guerreira cederia espaço para a emergência de um novo herói, prosaicamente paramentado de sobrecasacas, guarda-chuvas e sóbrias pastas de documentos: "o burguês pacífico, tolerante e secular, que prefere a prudência e os lucros à glória" (Gay, 2002, p. 54). Parcimônia, autocontenção, disciplina financeira, trabalho e capacidade de poupança; dedicação aos negócios e à família nuclear; projeção na carreira, aumento de capital e ascensão social formariam um novo, pacificado e mais discreto horizonte de grandeza associado às classes médias. Em seu centro, o ideal de indivíduo livre para, dentro dos limites da lei, determinar os próprios rumos, de acordo com sua vontade, seus recursos (materiais e pessoais) e capacidade de cálculo e escolha. A valorização do trabalho e da poupança contrastava-se ao modelo aristocrático, sem dúvida mais perdulário e ocioso. Entre os percalços e perigos, um sócio desonesto, a falência nos negócios, maus investimentos, o rebaixamento material ou uma violenta revolta popular. A sobriedade e a ordem – social, familiar e institucional –, uma vez estabelecidos os seus interesses, não deveriam ser perturbadas pela desmedida e pela desrazão da excentricidade aristocrática e, sobretudo, da fúria popular. Assim estariam garantidos a harmonia e, ideal tão caro ao

Oitocentos, o progresso contínuo, racionalizante e civilizatório – horizonte de expectativas e esperanças brutalmente atingidos pela carnificina das trincheiras e pela sucessão de catástrofes que a elas se seguiram. O novo sistema de valores carregava em suas bases uma ideologia revolucionária em relação ao *Ancien Régime*, mas conservadora diante de alternativas democratizantes e igualitárias que também se afirmaram ao longo do século: o liberalismo.

Racionalismo, secularismo, constitucionalismo, liberdades e garantias individuais são premissas básicas do pensamento político liberal que, até meados do século, não pressupunha, de modo algum, o princípio democrático de direito universal ao voto. O poder do qual a monarquia absolutista fora privada não deveria recair nas mãos das classes populares; a expansão de direitos políticos não deveria ser ampliada a ponto de incorporar, como eleitores e representantes eleitos, aqueles que não teriam qualificação intelectual e econômica para decidir sobre os destinos da nação – ou, de resto, sobre os próprios destinos. O direito ao voto ficaria restrito a uma minoria, sua universalização (que se resumiria aos homens até o século XX) era, na primeira metade do Oitocentos, um critério de democratização fundamental que habitava o âmago mesmo do princípio de soberania popular (Rémond, 1997).

Barricadas foram erguidas, revoluções conduzidas e duramente reprimidas em nome da ampliação de direitos políticos. Nos anos 1830, na França, a Monarquia de Julho veio substituir o regime de restauração monárquica e triplicou o número de eleitores – os quais, não obstante, não ultrapassavam 3% da população, parcela extremamente reduzida que conseguia fazer jus aos critérios censitários. Às objeções da oposição democrata, o liberal moderado e primeiro-ministro François Guizot respondeu com uma fórmula simples e direta: "Enriquecei-vos!" (Rémond, 1997, p. 41). Presumia-se, de acordo com um modo de pensar bastante comum entre as camadas burguesas e liberais à época, que bastaria trabalhar e economizar, com esforço e disciplina, mérito e talento, para alcançar o enriquecimento e, consequentemente, o voto. O problema, portanto, não estaria nas restrições censitárias, mas nos indivíduos que não seriam capazes de amealhar 300 francos para garantir o direito de eleger os seus representantes. Limitar o sufrágio era uma preocupação porque, de acordo com uma perspectiva antidemocrática e antipopular, ameaça maior que o retorno da monarquia de direito divino seria a ascensão de homens e mulheres que estavam muito distantes de qualquer possibilidade de seguir a recomendação do primeiro-ministro – isto é, de enriquecer e atingir a quantia exigida pelo censo. Trabalhando nos negócios, fábricas, terras e lares da burguesia e da aristocracia, ou errando pelas grandes cidades como mendigos e prostitutas, uma massa de deserdados permaneceria excluída da representação nacional, mas não indefinidamente.

Em 1848, novamente na França, uma revolução cujas repercussões ultrapassaram rapidamente as fronteiras do país e se espalharam pelo continente veio multiplicar em aproximadamente quarenta vezes o número de eleitores, que saltaram de 250 mil para 9 milhões e meio de homens (Rémond, 1997) – as mulheres francesas ainda teriam de lutar e esperar pelo direito ao voto por quase cem anos, até 1945. Uma república secular e democrática de voto universal masculino se ergueu para logo ser golpeada e derrubada em 1851, com a ascensão do Segundo Reinado, sob Napoleão III. Em junho de 1848, repressão violenta se abateu sobre os revolucionários mais radicais, isto é, mais profundamente comprometidos com os princípios de democratização política e social. Em nome da ordem, milhares foram deportados, presos e assassinados. Diante da radicalização, liberais moderados, em geral ligados às classes médias ordeiras e ajuizadas, procuraram aliança e resguardo no guarda-chuvas conservador, que incluía orleanistas e adeptos do *Ancien Régime*. Em 1871, um massacre de proporções muito maiores, sempre em nome da ordem, se abateria sobre os trabalhadores da Comuna de Paris, em plena luz do dia e na cidade-luz da Europa *fin de siècle*, recém-remodelada sob a administração do prefeito Georges-Eugène Haussmann.

Enfrentando violentas pressões, derrotas e percalços, a democratização política avançou ao estender o direito de voto aos homens das camadas populares. Um extenso esforço de organização sindical e política marcou a trajetória dos trabalhadores europeus e garantiu conquistas consolidadas em meio a fortes resistências e obstáculos, inclusive e marcadamente de natureza legal. O direito ao voto, à greve e à organização sindical se estabeleceu na segunda metade do século, junto à emergência de partidos operários e de sua afirmação como partidos de massa: o Partido Social-

-Democrata Alemão foi fundado nos anos 1860; das *trade unions* britânicas surgiu o Partido Trabalhista, cujas origens remontam aos anos 1890, e que em 1906 elegeu seus primeiros candidatos. Na França, em 1884, a liberdade sindical foi formalmente reconhecida e, em 1895, foi formada a Confederação Geral do Trabalho (CGT). As greves, descriminalizadas em 1864, afirmaram-se como instrumento de conquista e meio fundamental de reivindicação. Recorrentes e muitas vezes cercadas de violência, elas se tornam mais numerosas no início do século – em 1900, foram registradas 890 greves no país; em 1910, o número saltou para 1.517 (Winock, 2013, p. 146). Entre avanços e recuos, o movimento operário suportou toda sorte de barreiras legais, de violência física e social, exclusão e repressão, para se afirmar como grande força política no tumultuoso século XX.

"Num único significado cintilante": o naufrágio europeu

Em 1912, trabalhadores, burgueses e aristocratas embarcaram num gigante transatlântico considerado "inafundável". Incorporando o espírito titânico da modernidade industrial, o navio transportava em seus compartimentos mais baixos as "classes inferiores", deixadas à própria sorte quando o Titã europeu naufragou. Um terrível prelúdio da "era da catástrofe", prestes a despontar apenas dois anos depois.

No popular seriado britânico *Downton Abbey*, a trama se inicia justamente a partir do naufrágio do *Titanic*. Na cena de abertura, o espectador é confrontado, em poucos segundos, com dois milagres da civilização moderna: a rede de telégrafos e o trem a vapor. O último transporta Mr. Bates, que servirá como valete, entre numerosos trabalhadores, na magnífica propriedade da família aristocrática Crowley. Já o telégrafo transmite, em abril de 1912, uma notícia trágica: os herdeiros James e Patrick Crowley, entre outros aristocratas, burgueses ricos e trabalhadores pobres, morreram no naufrágio. Além da perda pessoal, o conde de Grantham, Robert Crowley, que se salvou de dificuldades financeiras e manteve a propriedade casando-se com uma rica "plebeia" norte-americana, enfrenta um imbróglio legal: por lei, em pleno século XX e no maior centro industrial do mundo, as filhas não podiam herdar o título ou a propriedade do pai.

O direito caberia exclusivamente a um homem, com quem Lady Mary, a filha mais velha, deve se casar. A família logo descobre que o novo herdeiro é um primo distante, típico representante da classe média – um advogado de Manchester avesso aos modos de vida aristocráticos e filho de um médico ("Existem profissões piores, eu presumo", diz o conde a respeito da própria ocupação). Quando o herdeiro, para surpresa da família, anuncia que manterá um emprego e poderá se dedicar a questões relativas ao espólio nos finais de semana, a matriarca Lady Grantham pergunta: "O que é um final de semana?" Aristocrata de berço, aferrada às tradições de sua classe e avessa à nova ética do trabalho, a velha senhora não sabia exatamente o que seria um fim de semana (tampouco, evidentemente, um dia útil), mas estava familiarizada com as inovações técnicas recém-introduzidas naquela "bela época": o telefone, a luz elétrica, o automóvel. A personagem, cuja inadequação aos novos tempos é por vezes cômica, está, por outro lado, assim como os seus familiares, longe de figurar como mera sombra de um passado perdido. Na propriedade centenária, tradição e modernidade convivem e interagem, entre antigos e novos senhores e uma grande equipe de trabalhadores que servem à família prestando múltiplos serviços domésticos. A Primeira Guerra Mundial vem abalar de forma decisiva o cotidiano de Downton, a trajetória e o futuro dos seus habitantes, do país e do continente, a todos atingindo de diferentes maneiras. É o fim de uma *belle époque*, o naufrágio de suas promessas liberais de prosperidade, civilidade e harmonia. A carnificina promovida nos países coloniais atingiria a Europa em seu próprio cerne, resultando no declínio definitivo de sua hegemonia.

Ainda sobre as contradições e os conflitos que marcaram a passagem do século XIX para o século XX na Europa, retornemos ao *O homem sem qualidades* de Robert Musil, em que se lê:

> Amava-se o super-homem e também o sub-homem; [...]; havia a um só tempo crentes e céticos, [...] sonhava-se com velhas alamedas de castelos, lagos de vidro, pedras preciosas, haxixe, doença, demônios, [...] horizontes imensos, rebeliões de operários escravizados e destruição da sociedade. Eram contradições e gritos de guerra muito diversos, mas tinham, todos juntos, um ritmo comum; se alguém dissecasse aquele tempo, a insensatez

> apareceria como um círculo quadrado que quer consistir de madeira de ferro [...], mas na verdade tudo se fundia num único significado cintilante. (Musil, 1989, p. 44)

Musil aponta uma espécie de unidade divergente, que cintila sobre um fundo de grandes contradições. "Gritos de guerra muito diversos" formariam o "círculo quadrado" de uma experiência histórica marcada pelo ápice da civilização europeia e, junto dela, pelo saque e pelo extermínio coloniais; a glória sem precedentes seguida de uma hecatombe que teve seu início no verão de 1914; os avanços da democracia e o cultivo do ódio (Gay, 1995); a experiência vertiginosa da modernidade, que "desmancha no ar" limites e certezas, e o poder da tradição que a ela resiste e nela se imiscui de diversas maneiras. Imensas contradições, como quer Musil, que, em seu dinamismo conflituoso, jamais se assentaram, e que mudaram de maneira definitiva, entre luzes e sombras, prodígios e horrores, promessas de emancipação e barbárie, o continente europeu e o mundo.

9.

ALÉM DAS LINHAS DE MONTAGEM: A REVOLUÇÃO FORDISTA E A ERA DA PRODUÇÃO E DO CONSUMO DE MASSA NOS ESTADOS UNIDOS DO SÉCULO XX

Gabriel Onofre

Você consegue encontrar alguma semelhança entre Henry Ford e Vladimir Lenin? Pergunta difícil? A resposta mais óbvia é não, afinal o rico homem de negócios americano e o revolucionário socialista russo não parecem compartilhar trajetórias, interesses e ambições. Mas, apesar de diversas diferenças, esses dois indivíduos contemporâneos possuem características que os aproximam, como o fato de serem bem-sucedidos e populares em suas épocas e, principalmente, de representarem projetos de sociedade que mobilizaram expectativas, sonhos e frustrações. Enquanto Lenin representava a revolução do proletariado e a busca pela igualdade social, Ford encarnava a utopia de uma sociedade capitalista na qual a produção e o consumo de massa proporcionariam bem-estar material para um amplo contingente da população.,

Este capítulo trata do segundo projeto de sociedade, inspirado e estruturado a partir das transformações produtivas iniciadas por Henry Ford nos Estados Unidos do início do século XX. O fenômeno econômico e social que se convencionou chamar de "fordismo", em alusão ao empresário e ao automóvel Ford T, pode ser compreendido de duas formas: em uma perspectiva mais delimitada, referindo-se às mudanças do sistema de produção e do mundo do trabalho a partir das inovações técnicas e tecnológicas da indústria Ford; e, em uma perspectiva mais ampla, se relacionando às transformações que ultrapassaram os limites da fábrica e redefiniram a estrutura econômica, a ordem social e os padrões de vida de toda uma geração.

Ao longo de meio século, a "revolução fordista" transformou a produção industrial moderna e a economia capitalista. Lutas sociais, períodos de expansão econômica e de recessão, duas guerras mundiais e uma infinidade de debates e decisões individuais, corporativas, institucionais e estatais contribuíram para influenciar e definir um novo arranjo social e político que perdurou até meados da década de 1970. Nesse período singular da história americana, uma parcela significativa da população experimentou uma melhora no seu padrão de vida, com empregos estáveis, aumentos salariais, elevado poder de consumo e benefícios sociais. Uma condição de dar inveja às gerações passadas e futuras do país.

Nas próximas páginas, vamos examinar a "revolução fordista" e seus impactos sociais, econômicos, políticos e culturais nos Estados Unidos durante a primeira metade do século XX. Buscaremos responder a duas questões principais: como surgiu o sistema de produção e de consumo de bens duráveis de massa? E quais foram as principais consequências desse processo?

Para compreendermos melhor essa longa e complicada história, precisamos dar marcha à ré e voltar no tempo para os Estados Unidos do início do século XX, contexto histórico que forjou as transformações do sistema produtivo.

O nascimento da produção de massa na virada para o século XX

No final do século XIX, a rápida expansão econômica, os avanços tecnológicos expressivos, a alta taxa de imigração e a industrialização acelerada transformaram uma nação predominantemente agrária e relativamente homogênea em uma sociedade vibrante, diversificada e complexa. Enquanto em 1880 metade da força de trabalho do país estava na agricultura, em 1920, essa proporção havia diminuído para apenas um quarto.

A expansão da indústria pesada, especialmente na mineração e na produção de aço, somada ao crescimento acelerado das grandes cidades, marcou o surgimento da economia industrial moderna nos Estados Unidos. Essa transformação carregou consigo os benefícios da modernização econômica, casos dos novos produtos de consumo e inovações tecnológicas, como a luz elétrica e o fonógrafo, mas ao mesmo tempo foi acompanhada por problemas antigos e outros nem tanto, como a violência e a pobreza nas áreas urbanas.

Neste contexto, Henry Ford (1863-1947) deu os primeiros passos para aquela que seria uma das maiores revoluções econômicas da história moderna: a introdução de um sistema de produção de massa de bens de consumo duráveis. Em 1903, após trabalhar anos como engenheiro na empresa de Thomas Edison, Ford inaugurou sua empresa de produção de automóveis, a *Ford Motor Company*, voltada para produzir um automóvel simples e com preço mais acessível que o disponível no mercado. Por trás desse objetivo estava sua convicção de que era preferível vender quantidades maiores com uma margem de lucro menor do que vender menos com maiores margens. As propagandas dos primeiros modelos enfatizavam que eram carros seguros, confiáveis e úteis para o dia a dia, uma proposta diferente da concepção corrente do automóvel como um bem ostentatório e de entretenimento. Sua ideia era transformar um bem de luxo em uma mercadoria essencial da vida moderna.

Em 1906, Ford adquiriu 24 hectares de terra em Highland Park, um pequeno subúrbio a dez quilômetros do centro de Detroit, onde construiu o maior prédio do estado. A fábrica de Highland Park, apelidada de Palácio de Cristal pela grande quantidade de janelas de vidro, em pouco tempo se tornou a maior produtora de automóveis do mundo. Toda a estrutura da nova fábrica foi concebida com o intuito de aperfeiçoar a produção, reduzir os custos e o preço final dos produtos e, como efeito, aumentar as vendas.

O Palácio de Cristal entrou para a história pela revolução da produção que ocorreu no seu interior. Neste complexo industrial, Ford aperfeiçoou estratégias e métodos de organização do trabalho concebidos anos antes pelo engenheiro e economista Frederick Taylor (1856-1915) e divulgados em obras como *On the Art of Cutting Metals* (1907) e *Os princípios da administração científica* (1911). A nova forma de gestão da força de trabalho, chamada posteriormente de taylorismo, buscava otimizar as tarefas desempenhadas pelos trabalhadores, eliminando operações desnecessárias e maximizando a produção.

Na fábrica Ford, a racionalização do processo produtivo e a reorganização do trabalho ganharam uma nova dimensão. Durante oito meses, engenheiros estudaram a forma mais eficiente de operar as mais diversas máquinas e executar todo tipo de tarefa na linha de produção. Sob os olhares de supervisores atentos, operários, dispostos lado a lado em longas mesas, desempenhavam movimentos rígidos, coreografados e cronometrados. Cada tarefa possuía um movimento e um ritmo certos, seja o aperto de um parafuso ou a passagem de uma peça finalizada para o trabalhador ao lado. Tudo dentro do planejamento que os engenheiros da Ford desenvolveram em seus estudos. As mudanças de organização do trabalho surtiram efeito rápido: em 1912, o processo altamente aprimorado produziu 181.951 carros. A produção e a qualidade aumentaram, o preço caiu e as vendas cresceram.

Deu certo, mas ainda era uma operação estática. A mudança fundamental que revolucionou a indústria moderna aconteceu com a introdução da linha de montagem. Nas palavras de Henry Ford, o primeiro passo na produção em massa começou quando "levamos o trabalho até os operários, em vez de os operários até o trabalho". A nova operação teve início no primeiro dia de abril de 1913, quando os operários incumbidos da montagem do volante se posicionaram diante de uma longa estrutura de metal à altura da cintura e sobre a qual havia uma fileira de cápsulas de magneto. A esteira de montagem e o suor dos trabalhadores reduziram o tempo de produção da peça de 20 para 5 minutos. Um sucesso imediatamente implementado nas demais etapas da fabricação.

O tempo de produção de um Ford T caiu de 12,5 horas para 93 minutos. O preço do carro despencou pela metade e as vendas e o lucro da Ford explodiram. A empresa rapidamente dominou o mercado. Em 1913, a Ford fabricava praticamente metade dos automóveis nos Estados Unidos, 261 mil modelos T diante de 287 mil das outras empresas somadas. Tudo isso com 13 mil operários, número impressionante quando comparado aos 66 mil trabalhadores empregados nas concorrentes. O Ford T tornou-se o primeiro e mais popular automóvel do século XX.

Esse novo sistema de produção da Ford revolucionou a indústria moderna ao promover um aumento extraordinário da produção e da produtividade. Nele, três aspectos eram fundamentais: um sistema rigoroso baseado na completa padronização da produção, a organização vertical dos fluxos de informação, comando e controle na estrutura fabril, e a economia de escala que propiciava a redução de custos do produto final à medida que a produção aumentava. Padronização, controle e economia de escala foram resumidos na máxima de Ford: "O cliente pode comprar o Modelo T da cor que desejar, contanto que seja preta."

É importante também mencionar que a introdução da esteira de montagem e a extensa divisão e sincronização do trabalho não se limitaram à fábrica da Ford, estendendo-se para outras indústrias, setores da economia e nações. Isso fez com que a expressão "fordismo" se tornasse sinônimo das transformações sem precedentes desse período.

A resistência do chão da fábrica

Em 1917, enquanto Lenin liderava os revolucionários russos na derruba do czarismo e no início da construção do sonho de uma sociedade mais igualitária, nos Estados Unidos, o capitalismo testemunhava um evento significativo: o início da edificação do maior complexo industrial do mundo, a fábrica da Ford em River Rouge. A nova instalação, com seus dois quilômetros e meio de extensão, noventa e três prédios separados, um aeroporto, um hospital e capacidade elétrica para iluminar uma cidade de um milhão de habitantes, se tornou um ícone do capitalismo industrial americano.

River Rouge impressionava e encantava muitas pessoas. A partir de 1928, quando as obras foram concluídas, mais de cem mil pessoas, provenientes de diversas partes do mundo, passaram a visitar anualmente o complexo industrial. Até mesmo os soviéticos enviaram seus técnicos. Em 1929, uma comissão do Conselho Econômico Supremo, chefiada por Stepan Dybets, desembarcou em Dearborn, no estado de Michigan, para conhecer a nova instalação. Na década seguinte, como parte do projeto de industrialização do Primeiro Plano Quinquenal, os soviéticos construíram sua réplica do River Rouge. O complexo de Ford se tornara um modelo universal de produção, referência para projetos de desenvolvimento industrial, capitalista ou não.

As fábricas de Ford podiam impressionar americanos e estrangeiros – seja pela arquitetura única das vidraças do Palácio de Cristal, seja pela grandiosidade de River Rouge que a sucedeu –, mas não surtiam efeito em seus trabalhadores. Pelo contrário, os operários detestavam trabalhar nas fábricas Ford, e tinham grandes motivos para isso. Em um cenário dominado por engrenagens e correias, permeado por ruídos ensurdecedores e impregnado pelo odor penetrante do óleo, os trabalhadores lutavam para manter o ritmo frenético e sobre-humano ditado pelas máquinas e por seus empregadores. Nesse espaço degradante, somava-se um trabalho opressor acompanhado por uma disciplina fabril de características espartanas. Executavam-se tarefas simples e repetitivas ao longo de intermináveis nove horas de monotonia, enquanto capatazes com o objetivo de acelerar a produção vociferavam ordens como "aperte o parafuso" e "atenção ao encaixe da porca". O intervalo para o almoço se limitava a míseros 15 minutos, e apenas 3 minutos eram concedidos para as idas ao banheiro. Um ambiente que remete às cenas icônicas imortalizadas na obra-prima de Charles Chaplin, *Tempos modernos*.

Nesta nova configuração, o operário perdeu o controle do seu trabalho, com a gerência da fábrica ditando o andamento da produção, controlando a velocidade da esteira e determinando a intensidade das tarefas. Acrescentou-se a isso a redução do trabalho qualificado no processo produtivo, quando tarefas complexas e especializadas, realizadas por trabalhadores com vasta experiência, foram substituídas por movimentos simples e rotineiros, para os quais os novos trabalhadores precisavam de muito pouco para aprender. No início da década de 1920, quase a metade dos trabalhos na Ford necessitavam de apenas um dia de treinamento e um total de 85% requisitavam menos de duas semanas.

Diante disso, os trabalhadores buscaram reagir. A tentativa de sindicalização dos operários da Ford foi combatida ferozmente pelo empresário que, até para os padrões da classe empresarial americana da época, possuía uma verve antissindical reconhecida. Para dificultar a mobilização dos seus trabalhadores, Ford empregava um grande número de imigrantes em sua fábrica. Em 1914, enquanto apenas 29% dos seus trabalhadores eram nascidos nos Estados Unidos, 71% pertenciam a 22 nacionalidades diferentes, a maioria deles poloneses, húngaros, italianos e russos. Sem dúvida, uma babel de idiomas que dificultava a organização. Para lidar com a diversidade de empregados, os supervisores de Ford aprenderam a falar em praticamente todas as línguas europeias o tradicional "Apressem-se" (*Hurry up*).

No entanto, as tentativas de controle dos trabalhadores enfrentaram uma resistência silenciosa e eficaz. Em 1913, aproximadamente 1.400 operários não apareciam para trabalhar todos os dias, um número que representava mais de 10% da força de trabalho. Essa reação, que obrigava a companhia a contratar quatro trabalhadores para conseguir um, impactava a produção e atrapalhava o funcionamento da empresa.

Para (tentar) resolver esse problema, em 1914, Ford instituiu o Dia de Cinco Dólares e reduziu a jornada de trabalho de nove para oito horas diárias. A notícia da nova remuneração, que representava o dobro do que os trabalhadores recebiam até o momento, se espalhou rapidamente, funcionando como uma propaganda positiva para a empresa. Embora em sua autobiografia e em uma série de entrevistas Ford tenha justificado a medida como uma ação voltada para transformar o trabalhador em um consumidor dos seus produtos, sob a lógica de que produção de massa precisava de consumo de massa, dificilmente essa foi a razão principal. Afinal, seus 13 mil trabalhadores eram insuficientes para atender as centenas de milhares e, depois, milhões de Fords T que deixavam as fábricas todos os anos.

Dessa forma, outros motivos explicam melhor a instauração do Dia de Cinco Dólares, como a necessidade de reduzir a taxa de rotatividade de funcionários na produção e a busca pelo controle e padronização da força de trabalho. O primeiro objetivo no curto prazo foi atingido: a taxa de rotatividade caiu bruscamente de 370% em 1914 para apenas 16% em 1915. Mas o segundo objetivo era mais complexo e demandava mais do que um simples aumento no contracheque. Por isso, apenas metade dos cinco dólares era assegurada como remuneração fixa pelo trabalho desempenhado, enquanto a outra metade estava atrelada a uma espécie de participação nos lucros, dependendo do comportamento do trabalhador dentro e fora da fábrica. Para receber a remuneração integral, o operário precisava manter-se no emprego por pelo menos seis meses e cumprir exigências morais rigorosas. Era preciso "viver da maneira correta", ou seja, do jeito que o departamento sociológico da empresa julgava apropriado, o que implicava adotar um estilo de vida religioso, abstendo-se de bebidas alcoólicas, problemas domésticos e dívidas. No entanto, mesmo após inspeções frequentes dos supervisores às casas dos trabalhadores, cerca de 40% deles eram considerados inelegíveis para receber os cinco dólares completos. No fundo, a ideia de Ford era produzir um "novo homem", um trabalhador padrão. Para ele, não bastava produzir carros iguais; era preciso ter trabalhadores iguais.

O sucesso inicial do salário de cinco dólares durou pouco. A inflação dos anos seguintes, provocada pela Primeira Grande Guerra (1914-1918), reduziu significativamente o poder de compra para o equivalente a menos da metade em 1918. Dessa vez, Ford não reajustou os salários e seus trabalhadores entraram em greve. Diferentemente de quatro anos antes, quando graças à falta de concorrência ele podia oferecer uma remuneração superior à praticada no mercado, agora a competição com a General Motors e Chrysler não lhe permitiam o mesmo movimento.

A origem da sociedade de consumo de massa nos anos 1920

A implementação do modelo fordista de produção significou a combinação de velhos elementos já presentes no taylorismo com novidades trazidas pela indústria Ford, como a linha de montagem e a racionalização do trabalho. Contudo, um aspecto distinguia o fordismo: a ideia de que produção de massa significava consumo de massa. Essa era uma preocupação real de Ford, que acreditava na inclusão do trabalhador como consumidor, ainda que em uma perspectiva conservadora, já que os aumentos salariais seriam resultado da benevolência dos patrões e não da ação sindical ou da regulação do Estado.

Nas condições sociais, políticas e econômicas dos Estados Unidos do início do século XX, essa concepção fordista de gestão do capitalismo, baseada no barateamento das mercadorias e no crescimento do poder de consumo dos trabalhadores, mostrou-se na prática irrealizável; pelo menos de forma sustentada. A predominância de uma visão política e jurídica favorável à classe empresarial em detrimento dos trabalhadores e a ausência de regulação estatal das relações de trabalho dificultaram – se não, impossibilitaram – a inclusão sustentada do trabalhador enquanto consumidor no sistema econômico.

Contudo, na década de 1920, em meio à consolidação da supremacia dos Estados Unidos no mundo após a Primeira Guerra Mundial, ocorreu uma expansão extraordinária da economia e a disseminação do modelo de produção de massa. Isso se deu pela incorporação das transformações técnicas e tecnológicas do fordismo por outras indústrias e setores, o que permitiu a formação, ainda que em bases frágeis, de uma sociedade de consumo de massa.

A prosperidade econômica e a difusão do sistema de produção tiveram um impacto significativo na economia e na sociedade americana. Diversos indicadores econômicos e sociais, como renda e emprego, mostraram uma evolução notável, enquanto o custo de diversos bens duráveis diminuiu, contribuindo para uma explosão no consumo. Isso foi exemplificado pelo automóvel, que se transformou em um bem de consumo de massa durante esse período. Em 1910, apenas 468 mil carros circulavam nos Estados Unidos, mas esse número aumentou para 9 milhões em 1920 e impressionantes 23 milhões em 1929. Essa cifra correspondia a quase um veículo por família americana e representava 80% da frota mundial.

Nos anos 1920, os carros, como as ferrovias no século XIX, representavam o ideal de progresso e prosperidade do capitalismo americano. A explosão de consumo não só transformou um bem de luxo em um artigo acessível às camadas médias, mas também mudou a paisagem das cidades – com seus novos postos de gasolina, subúrbios e vias públicas amplas e urbanizadas – e capturou, como nenhuma outra mercadoria, o imaginário social da época, se tornando uma obsessão nacional. Quando, em 1919, um fiscal do departamento de Agricultura perguntou a uma mulher o porquê de sua família ter comprado um carro, se ainda não possuíam uma banheira em casa, ela respondeu de maneira simples e objetiva: "Você não consegue ir à cidade com uma banheira."

Além do automóvel, outros bens de consumo invadiram os lares dos cidadãos do país: geladeiras, aspiradores de pó, ferros elétricos e fogões alteraram o cotidiano e o interior das casas americanas. Os novos objetos eram possíveis nos lares abastecidos agora por energia elétrica, outra novidade da época. Enquanto em 1912, apenas 16% dos cidadãos americanos tinham eletricidade em casa, em 1927, esse número aumentou para 63%.

Nesse contexto, uma nova cultura de massa ganhou forma, em especial com a difusão do rádio. As cinco estações de rádio do país em 1921 se multiplicaram para 606 em 1929. Um aumento extraordinário que possibilitou a disseminação de informações e entretenimento em formatos inéditos, alcançando uma audiência de mais de 30 milhões de aparelhos sintonizados diariamente.

Ao mesmo tempo, atividades de lazer em massa emergiram nos Estados Unidos, incluindo a crescente popularidade de esportes como o beisebol e o boxe. Além disso, o cinema se tornou uma forma de entretenimento amplamente frequentada, atraindo cerca de oitenta milhões de espectadores em uma população total de cem milhões no final da década.

Essa expansão econômica, que permitiu um aumento sem paralelos do consumo e do padrão de vida de uma parcela significativa da população nos anos 1920, alimentou a utopia da construção de uma sociedade de classe média na qual a pobreza seria um triste problema do passado. Na campanha presidencial de 1928, o então candidato republicano Herbert Hoover declarou otimista: "Nós na América hoje estamos próximos de triunfar sobre a pobreza como nunca antes na história do mundo. A indigência está desaparecendo entre nós." O otimismo de Hoover foi compartilhado pelos eleitores, que lhe deram uma vitória retumbante naquele ano. O "sonho americano" de possuir uma casa própria e um automóvel parecia uma aspiração possível para um contingente cada vez maior da população.

Neste momento, em contraposição à utopia dos revolucionários nacionais e internacionais, que se encontravam cada vez mais mobilizados pelos ventos de mudança que sopravam de outras partes do planeta, em especial da União Soviética de Lenin, o capitalismo americano prometia uma transformação dentro dos limites da ordem estabelecida. A revolução produtiva do fordismo parecia ser, por si só, suficiente para elevar o consumo e o bem-estar geral. Uma promessa que não durou sequer uma década.

Tudo o que é sólido desmancha no ar

Em 29 de outubro de 1929, a quebra da bolsa de Nova York enterrou os sonhos de uma prosperidade duradoura e deu início à maior crise econômica da história do capitalismo moderno. Diferentemente daqueles que acreditavam em uma crise temporária, semelhante às recessões de 1913 e 1919, os anos posteriores ao *crash* de 1929 revelaram uma situação bem distinta – e para pior. Nos três anos seguintes, apresentou-se um quadro geral de crise econômica e social jamais visto: os lucros das corporações caíram de US$ 10 bilhões para US$ 1 bilhão; mais de 100 mil empresas fecharam as portas jogando milhões de indivíduos no desemprego, que atingiu uma taxa recorde no país, 25% da força de trabalho; milhares de bancos faliram, o que levou uma grande parcela da população a perder suas poupanças; nas áreas rurais, em razão da queda dos preços, milhares de fazendeiros se endividaram e perderam suas propriedades; arrendatários e trabalhadores rurais, assombrados pela fome, deixaram suas comunidades.

Entre os contemporâneos, duas interpretações sobre a crise polarizaram o debate: de um lado, os que defendiam que a crise era um processo inevitável, característico da dinâmica da economia capitalista; de outro lado, os que sustentavam que a crise era provocada por erros de política econômica e, portanto, poderia ser corrigida pela ação das autoridades. O presidente Hoover, com uma avaliação equivocada dos desafios econômicos, tomou medidas limitadas e suas ações se mostraram insuficientes para conter a crise. Esse fracasso resultou na vitória eleitoral do democrata Franklin Roosevelt, em 1932, que, embora não apresentasse um programa consistente para resolver a crise, prometia uma abordagem diferente.

A falência do capitalismo *laissez-faire* das três primeiras décadas do século abriu oportunidade para o estabelecimento de um novo contrato social no país, baseado na reformulação do papel do Estado e na reestruturação das relações sociais e econômicas. Diante de uma crise sem precedentes, trabalhadores urbanos e rurais, fazendeiros, arrendatários, profissionais liberais e empresários, todos em alguma medida afetados, demandavam do Estado alguma solução. No comando de um Estado historicamente pouco interventor, o novo presidente tinha um desafio grande pela frente.

A grande transformação do *New Deal*

Ao longo do primeiro mandato, apesar de certa hesitação inicial em adotar um plano de intervenção econômica mais ambicioso, o governo Roosevelt gradualmente apresentou algumas medidas para combater a crise. O chamado *New Deal*, embora não constituísse um programa coerente e bem definido de políticas públicas, fixou um plano de ações pragmáticas e imediatas com os objetivos de acabar com a Grande Depressão, melhorar a vida de milhões de americanos e evitar uma nova crise.

Na primeira metade dos anos 1930, o presidente e seu corpo técnico, chamado de *new dealers*, não possuíam um receituário de políticas econômicas teórica e empiricamente legitimadas para lidar com a recessão (a obra *Teoria geral do emprego, do juro e da moeda*, publicada em 1936 pelo economista britânico John Maynard Keynes, permaneceu pouco influente nos Estados Unidos até o final da década). Ainda assim, eles compartilhavam duas convicções: i) a de que o Estado precisava ter um papel fundamental no processo de recuperação econômica, dada a incapacidade do mercado de responder aos problemas econômicos; ii) a de que essa era uma crise de subconsumo, ou seja, de falta de consumidores e, por isso, era necessário estabelecer uma nova política de rendas que possibilitasse que os trabalhadores se tornassem consumidores de fato na economia americana.

Para retomar o crescimento da economia e resgatar a confiança no sistema econômico, o governo adotou uma série de ações específicas para ajudar agricultores, empresários e banqueiros, investiu bilhões de dólares em projetos de infraestrutura, que iam da construção de hidrelétricas, estradas e pontes à implementação da eletricidade nas casas de milhões de habitantes das áreas rurais, e promoveu elevados investimentos para a geração de trabalhos públicos e para a criação de um sistema de bem-estar e de seguridade social.

Para recuperar o consumo, buscou promover uma nova distribuição da renda e da riqueza. A ideia era que o Estado precisava garantir um equilíbrio de forças no mundo laboral, restringindo o poder das grandes corporações, ampliando os direitos do trabalho e aumentando a influência dos trabalhadores organizados. A maneira de fazer isso era proteger e incentivar os mecanismos e as instituições coletivas dos trabalhadores, como os sindicatos e o modelo de contratação coletiva. A aprovação da Lei Wagner, em 1935, ao legalizar as entidades sindicais e reconhecer seu poder nas negociações coletivas dos empregados com seus patrões, procurou fornecer instrumentos legais aos trabalhadores organizados para que com mais poder político pudessem negociar em melhores condições para aumentar seus salários e resolver o problema da demanda e do crescimento sustentado da economia. Um dos resultados dessas medidas foi o crescimento do movimento sindical, que passou de menos de 3 milhões de trabalhadores sindicalizados (menos de 10% da força de trabalho industrial), em 1932, para mais de 15 milhões de membros (35% dos trabalhadores industriais), em 1945. Um fortalecimento que significou maior poder de negociação, aumentos salariais e benefícios para os trabalhadores.

A redefinição do papel do Estado, o reordenamento das relações entre capital e trabalho e a incorporação dos trabalhadores como consumidores essenciais para a economia representaram uma nova etapa no fordismo. A partir desse momento, um capitalismo liberal reformista, em que o Estado desempenharia uma função mais ativa na economia e nas relações sociais sem, no entanto, comprometer a centralidade do mercado na alocação dos recursos econômicos, seria o instrumento para a retomada do crescimento da economia e para a promoção de uma sociedade de consumo de massa.

O insucesso do capitalismo *laissez-faire* em cumprir a promessa de libertação material por meio da racionalidade técnica e do aumento da produção e a ameaça do comunismo com sua visão de um paraíso igualitário na Terra motivaram o aparecimento de uma nova abordagem econômica do capitalismo como a solução para os problemas econômicos e sociais da época. A ideia de uma sociedade de consumo de massa, regulada pelo Estado dentro da estrutura do capitalismo, emergiu como um caminho para alcançar a prosperidade geral e uma maior igualdade nacional.

A Segunda Guerra Mundial e seus impactos para a economia americana

No entanto, até o final da década de 1930, os alicerces desse novo arranjo social e político fordista ainda permaneciam frágeis no país. O próprio presidente Roosevelt e alguns dos seus assessores ainda permaneciam apegados à importância do equilíbrio fiscal quando a retomada da recessão nos anos 1937-1938, a explosão de greves operárias e a pressão das grandes corporações contribuíram para desafiar a visão predominante sobre o papel e os limites do Estado na administração da economia. A ideia de que os gastos públicos eram benéficos e essenciais para tirar o país da crise ganhou força com o início da Segunda Guerra Mundial na Europa.

A eclosão da guerra representou uma oportunidade única para a consolidação das mudanças então em curso, em especial a ampliação dos poderes do Estado e a influência das ideias do keynesianismo. Se, de um lado, o esforço de guerra significou a moderação das políticas reformistas do *New Deal*, de outro lado, a mobilização sem precedentes do governo e da sociedade se traduziu na conversão total da economia americana para a guerra e no fim da Grande Depressão. O aumento extraordinário da produção gerou direta ou indiretamente 17 milhões de vagas de trabalho, o que praticamente caracterizava uma situação de pleno emprego. Quem não estava nos campos de batalha, estava trabalhando nas fábricas, nos setores de serviço, na agricultura. Um exemplo emblemático dessa economia voltada para a produção militar é que, entre 1942 e 1945, o setor automotivo não produziu um carro sequer, uma vez que suas indústrias estavam convertidas para produzir materiais para o exército americano.

A guerra significou ainda o fortalecimento da concepção de que o Estado precisava intervir nas relações entre capital e trabalho, e, no caso desse período excepcional, essa ingerência assumiu características inéditas, como o controle estatal de preços, salários e aluguéis. Em um discurso de 29 de dezembro de 1940, em nome da vitória da nação na guerra, o presidente Roosevelt solicitou o sacrifício de trabalhadores e empresários:

> A nação espera que as nossas indústrias de defesa continuem a operar sem interrupções por greves ou bloqueios. Espera e insiste que empresários e trabalhadores reconciliem as suas diferenças por meios voluntários ou legais, para continuarem a produzir os fornecimentos que são tão necessários (Jay; Conklin, 2020, p. 96).

Durante o conflito, o Estado mediou acordos entre corporações e sindicatos com o objetivo de manter a produção industrial e preservar a estabilidade econômica e social interna. Enquanto as grandes empresas recebiam contratos vultosos com o governo federal em troca da contratação de trabalhadores sindicalizados, os sindicatos retribuíam os altos salários e a fartura de empregos com a promessa de não realizarem greves.

Esse acordo, contudo, não impediu a ocorrência de paralisações não autorizadas pelas lideranças sindicais (*wildcat strikes*). Nos anos de 1943 e 1944, mais de quatro milhões de trabalhadores cruzaram os braços em 8.708 greves não autorizadas por seus sindicatos. Além da coerção estatal e patronal, esses trabalhadores ainda enfrentavam uma atmosfera adversa, marcada pelo crescimento de um discurso que associava patriotismo e sacrifício em tempos de guerra.

Como sempre, grandes corporações e trabalhadores receberam tratamentos diferentes por parte do Estado. Embora o discurso do sacrifício fosse para os dois lados, estando as empresas impedidas de aumentar seus preços e os trabalhadores de reivindicar melhores salários, o fato é que o *boom* econômico da guerra beneficiou sobretudo as corporações industriais. A maioria esmagadora dos contratos com o governo federal ia para as grandes empresas, em detrimento das pequenas e médias, o que teve como consequência a concentração do poder econômico. Nesses anos, o lucro das principais corporações do país saltou de 19 bilhões em 1940 para 124 bilhões em 1944.

A vitória das tropas aliadas na Europa e na Ásia suscitou sentimentos contraditórios nas principais autoridades do governo americano: a celebração pela derrota do inimigo fascista foi acompanhada pela apreensão quanto ao pós-conflito. O desafio era a transição da economia de guerra para a economia de tempos de paz. Que tipo de transição seria essa? Como conduzir o processo sem desencadear uma nova crise econômica? E como atender às expectativas que haviam sido alimentadas por diversos segmentos da população após anos de sacrifício? Afinal, os empresários almejavam aumentar seus preços; os trabalhadores demandavam salários melhores; o cidadão comum, que economizara seus dólares ao longo dos anos, estava pronto para gastar. Como conciliar todos esses interesses e fazer o sistema funcionar?

A resposta foi a reconversão baseada em uma economia de consumo de massa, o que aprofundava o acordo social fordista gestado nos anos anteriores. Com exceção da esquerda radical, essa solução tinha o apoio de diversos segmentos econômicos e sociais da época. A divergência estava em como fazer. Para os conservadores, a nova economia devia se basear na retração do Estado e na promoção da iniciativa privada. Menos *New Deal* e mais *laissez-faire* era o caminho para eles. Para os liberais, um Estado atuante – mas não uma economia planejada, como nos países socialistas, ou um poderoso sistema de Bem-Estar Social, como em algumas nações europeias – era o caminho para conciliar o crescimento econômico de uma economia capitalista e as demandas de uma democracia representativa. Já para os trabalhadores e outros grupos da esquerda reformista, uma economia fundada no elevado poder aquisitivo dos trabalhadores, garantida por um Estado forte e atuante, era a resposta mais apropriada para estimular o crescimento econômico mediante a expansão do consumo. No final, a reconversão refletiu, em maior ou menor grau, as preocupações e propostas dos dois últimos grupos.

O consenso social em torno de uma economia de consumo de massa respondia ainda aos anseios e às expectativas de uma sociedade marcada por anos de privação pela crise e pela guerra. Em 1945, uma demanda reprimida considerável estava pronta para ser acionada para atender a oferta de novos bens e mercadorias da economia em processo de reconversão. No lugar de uniforme militares, armas e tanques de guerra, as fábricas passaram a produzir máquinas de lavar, geladeiras, fogões, rádios, aspiradores de pó, aquecedores e todo tipo de produto para os sedentos consumidores americanos.

O acordo social fordista

Nas três décadas que se seguiram ao final da guerra, um novo contrato social consolidou-se no país, moldando as relações econômicas, políticas e sociais. Seus três pilares fundamentais eram: o Estado keynesiano, a centralidade do consumo de massa na economia e na sociedade e o acordo entre as grandes corporações e o movimento sindical organizado.

O primeiro pilar refere-se ao crescimento dos poderes e da capacidade administrativa e financeira do Estado durante a guerra. Um Estado maior precisava gastar mais; logo, precisava também arrecadar mais. O imposto de renda federal, instituído em 1913, expandiu-se com a aprovação de uma nova lei de imposto (*Revenue Act*) que ampliou a base de contribuintes de 7 milhões de americanos, em 1940, para 42 milhões em 1942. Se até a década anterior apenas 5% da população pagava imposto sobre sua renda, com a guerra esse número saltou para 74% dos americanos; um verdadeiro sistema de arrecadação de impostos de massa.

Esse Estado maior foi acompanhado pela consolidação do keynesianismo como recurso de política econômica do governo americano. A "revolução keynesiana" rompia com três princípios fundamentais da economia clássica – a ideia segundo a qual a oferta (produção) gera automaticamente sua própria demanda (consumo), a crença de que os mercados são sempre estáveis e tendem ao equilíbrio e a visão de que não há dispositivos acessíveis ao Estado para combater as crises – e fornecia os instrumentos e a legitimidade para uma nova gestão da economia. Na concepção keynesiana, em situações de demanda insuficiente por bens de consumo e investimentos e diante de um mercado incapaz de se autorregular, a intervenção estatal possui uma função crucial ao estimular a "demanda agregada" (o conjunto de gastos dos consumidores, investidores e do poder público) e restabelecer o equilíbrio da economia e o pleno emprego de máquinas e pessoas.

No pós-Segunda Guerra, essas ideias ganharam popularidade nos Estados Unidos, relegando seus opositores ao ostracismo por pelo menos uma geração. O influente jornalista Henry Hazlitt, um dos expoentes do então nascente movimento conservador, ao lamentar a preservação das políticas econômicas pelo então presidente republicano Dwight Eisenhower na década de 1950, questionou "Somos todos keynesianos agora?".

O segundo pilar refere-se à centralidade do consumo de massa, que, embora não fosse uma novidade, assumiu características inéditas. No pós-guerra, o consumo foi alçado a um valor importante e imprescindível na sociedade, medida de avaliação do sucesso e do fracasso no modo de vida americano (*American way of life*). Nesta concepção, a fronteira entre cidadania e consumo, direitos e benefícios econômicos, ficou cada vez mais tênue e embaçada, e o cidadão, confundido com um simples consumidor.

Panfletos de propaganda, anúncios de revista e discursos de autoridades públicas incentivavam o consumo, transmitindo a mensagem de que o bom cidadão era o cidadão-consumidor. Uma publicidade na popular revista *Bride* estampava:

> [...] quando você compra dezenas de coisas que nunca comprou ou sequer pensou antes [...] você está ajudando a construir maior segurança para as indústrias deste país [...] O que você compra e como você compra é muito vital em sua nova vida – e para todo o nosso estilo de vida americano. (Cohen, 2003, p. 119)

Neste período, a economia de consumo de massa, mais do que a expansão do consumo e da produção, significou a construção de um ideal de sociedade no qual o crescimento econômico continuado beneficiaria a todos, independentemente de classe, raça, gênero ou nacionalidade. A grande expansão da economia dos Estados Unidos entre 1948 e 1973 alimentou a aspiração de uma sociedade próspera para grandes parcelas da população sem necessidade de reformas políticas ou sociais de distribuição de renda. Era a utopia de um bolo cada vez maior que permitisse que todos ganhassem sem reduzir o tamanho do pedaço de ninguém. Em 1950, o presidente Truman prometeu que "elevar os padrões das nossas famílias mais pobres não será feito à custa de mais ninguém. Todos nós nos beneficiaremos com isso, pois a renda de todos aumentará ao mesmo tempo".

No contexto da Guerra Fria, a economia de consumo de massa, que vinculava a liberdade ao direito de consumir, e o keynesianismo, que assegurava um Estado interventor sem o controle dos meios de produção, tornaram-se um consenso político no país, compartilhado por democratas e republicanos com poucas exceções, ao fornecerem as bases e legitimarem a reprodução das estruturas econômicas e sociais dentro da ordem capitalista. Na guerra ideológica contra o comunismo, a sociedade de consumo tornou-se uma arma de propaganda, para dentro e para fora dos Estados Unidos, de uma suposta superioridade do capitalismo. Carros, eletrodomésticos, televisões a cores, Coca-Cola, jeans, hambúrgueres, filmes de Hollywood e muito mais – desde que o dinheiro possa comprar – compunham o sonho de uma sociedade próspera de classe média.

Neste momento, um episódio conhecido como "debate da cozinha" (*kitchen debate*) traduz a importância da economia de consumo de massa na disputa ideológica. Em julho de 1959, o vice-presidente Richard Nixon encontrou o premier soviético Nikita Kruschev durante uma visita à Exposição Nacional Americana, em Moscou. Em frente a um modelo de cozinha de uma família de classe média americana, os dois líderes travaram uma conversa acalorada sobre as virtudes do capitalismo e do comunismo. Diante de todo tipo de eletrodoméstico, automóveis e latas de Pepsi, o político americano definiu: "Isso é o que a liberdade significa para nós". Em seguida, após anunciar que três quartos das famílias americanas possuíam casa própria, 56 milhões de pessoas possuíam carros e 50 milhões televisores, emendou: "Os Estados Unidos aproximam-se do ideal de prosperidade para todos em uma sociedade sem classes". Uma autoimagem, parcial (porque não era para todos) e deformada (pois refletia apenas a dimensão material) de uma sociedade que buscava se apresentar interna e externamente como próspera e sem grandes diferenças sociais. O que tivera início há meio século como uma revolução na produção e no consumo, liderada por Ford, agora se configurava como uma utopia universal que buscava desafiar o sonho da sociedade igualitária preconizada por Lenin.

O terceiro pilar da construção do consenso em torno de uma sociedade de consumo de massa foi o contrato social estabelecido entre Estado, grandes corporações e movimento sindical no pós-guerra. Nesse novo arranjo social, o Estado assumiu um conjunto de atribuições: exercer política fiscal e monetária ativa e voltada para promover o crescimento da economia, controlar os ciclos econômicos, incentivar o consumo de massa e garantir uma situação de relativo pleno emprego. As grandes empresas assumiam o compromisso de manter investimentos continuados, de aumentar a produtividade e a produção e de aceitar os sindicatos e os aumentos salariais dos seus trabalhadores. Já a classe trabalhadora organizada, em troca de aumentos salariais, da ampliação de benefícios privados e do crescimento do poder sindical de negociação coletiva, adotaria uma posição colaborativa com o capital, abrindo mão do controle do processo de produção dentro das fábricas e de uma postura combativa nos sindicatos.

Esse acordo social, no entanto, estava longe de ser uma certeza, ou mesmo uma possibilidade, no período logo após a guerra. Uma crise aguda, embora breve, decorrente dos desafios enfrentados na reestruturação da economia americana, como o elevado desemprego resultante do retorno dos mais de 12 milhões de militares e o rápido aumento dos preços após uma liberalização abrupta, gerou grande insatisfação. Em consequência, em 1946, mais de 4,5 milhões de trabalhadores, entre mineiros, estivadores, maquinistas, petroleiros e outros operários, entraram em greve em todo o país, o que impactou setores-chave da economia, como a produção de carvão e ferro e o ramo de transportes.

A essa crise seguiu-se uma guinada conservadora na sociedade e na política americana. Os sindicatos, responsabilizados pela escassez de alguns produtos e pela inflação alta, perderam popularidade e o discurso anticomunista ganhou força, assumindo uma posição cada vez mais central no debate público do país. Nas eleições de 1946, os republicanos ganharam maioria na Câmara e no Senado, o que contribuiu para conter a expansão das políticas reformistas na administração do democrata Harry Truman. No ano seguinte, esse Congresso dominado por republicanos aprovou a Lei Taft-Hartley, que restringiu as atividades e o poder dos sindicatos.

Nesse cenário, o desfecho da luta dos trabalhadores organizados pode ser analisado de duas maneiras, ambas parciais e complementares. Por um lado, houve a frustração de não terem alcançado reivindicações mais audaciosas, como maior participação na gestão e no controle das decisões nas fábricas. Por outro lado, houve o êxito na obtenção de consideráveis aumentos salariais e benefícios inéditos, como seguro-saúde e pensões.

No início da década de 1950, consolidou-se um compromisso de classe, com o apoio do Estado, entre as grandes corporações e os sindicatos. Nesse acordo, os trabalhadores concordaram em não buscar o controle direto das fábricas e a ampliação do poder sindical em troca de melhores condições de trabalho, salários mais altos e benefícios. Esse pacto foi inicialmente estabelecido entre o sindicato United Auto Workers (UAW) e as três maiores empresas automobilísticas (General Motors, Ford e Chrysler). Como resultado desse acordo, os trabalhadores conquistaram um aumento salarial de 20% e um plano de seguro-saúde que continuaria a valer após a aposentadoria. Em contrapartida, as corporações garantiram cinco anos sem greves e a renúncia a reivindicações mais radicais. Esse acordo, conhecido na época como "Tratado de Detroit", serviu de modelo para outros contratos em diversas indústrias e setores da economia.

Historiadores, cientistas políticos e sindicalistas debateram (e debatem) se o acordo fordista deve ser interpretado como uma vitória ou uma acomodação por parte da classe trabalhadora organizada. Independentemente dessa análise, é inegável que as décadas de 1950 e 1960 marcaram um período de prosperidade para o trabalhador americano branco, sindicalizado e empregado nas grandes indústrias.

Home sweet home no subúrbio

O crescimento econômico sustentado, o aumento do consumo, a elevação dos salários da classe trabalhadora e a redução da desigualdade de renda são alguns dos indicadores que explicam por que o período entre as décadas de 1940 e 1970 é chamado de "anos dourados" nos Estados Unidos. Durante esse período, o Produto Nacional Bruto (PNB) saltou de US$ 209 bilhões em 1946 para US$ 1 trilhão em 1970, o que resultou em lucros crescentes para as empresas, uma maior taxa de emprego, aumentos salariais e uma melhoria geral no padrão de vida da sociedade.

Nesse período, a renda da família média americana dobrou, provocando um grande aumento do consumo. Entre 1946 e 1955, por exemplo, as vendas de automóveis nos Estados Unidos quadruplicaram, fazendo com que três quartos das famílias americanas tivessem pelo menos um carro em suas garagens. No mesmo período, a porcentagem de famílias americanas com geladeiras passou de 44% para 80%. Bens antes limitados às classes alta e média, agora chegavam aos lares das classes trabalhadoras.

O aumento da estabilidade econômica, associado a um crescimento das oportunidades de emprego e a salários mais elevados, desencadeou uma significativa elevação da taxa de natalidade, fenômeno conhecido como *baby boom*. Nesse contexto, famílias numerosas, impulsionadas por políticas governamentais de subsídio para a construção de estradas e moradias, optaram por deixar seus apartamentos nos centros urbanos, migrando para os subúrbios em busca de residências maiores, um ideal de segurança e novas opções de lazer. A posse de uma casa nos subúrbios tornou-se a aspiração máxima, e o crescimento sem precedentes desse tipo de habitação redefiniu a geografia das cidades americanas.

O fenômeno da suburbanização também se manifestou na criação de novos padrões e espaços de consumo e lazer na sociedade americana. Um exemplo notável são os shopping centers (*shopping malls*), que surgiram na década de 1950 e se disseminaram pelos subúrbios, tornando-se ícones de um estilo de vida que associa cada vez mais entretenimento e consumo. A expansão desses centros comerciais pelos subúrbios refletiu uma mudança de paradigma na maneira como as pessoas vivenciavam o lazer e satisfaziam suas necessidades de consumo.

Além dos shopping centers, outros símbolos emblemáticos do capitalismo americano emergiram nesse período, deixando uma marca duradoura nas ruas e na imaginação dos americanos. As redes de fast food, representadas pelos pioneiros Kentucky Fried Chicken (KFC) em 1952, Burger King em 1953 e McDonald's em 1955, não apenas alimentaram os paladares americanos, mas também simbolizaram a conveniência e a padronização que caracterizavam a cultura de consumo da época. Esses estabelecimentos não eram apenas pontos de venda de alimentos, mas também marcos visíveis da transformação social e econômica que acompanhava a expansão dos subúrbios nos Estados Unidos.

A suburbanização desencadeou ainda a expansão dos cinemas *drive-in*, que aumentaram de apenas 5 em 1939 para impressionantes 1.500 em 1949. Sob o céu estrelado, famílias inteiras se acomodavam dentro de seus automóveis, testemunhando a transformação da tela gigante ao ar livre em uma experiência cinematográfica única. Enquanto os adultos se envolviam nas tramas projetadas na imensidão da tela, as crianças exploravam os brinquedos infantis instalados, fazendo do cinema *drive-in*, mais do que simples locais para assistir a filmes, um símbolo da vida privada no período.

Nesses e em outros cinemas, a poderosa indústria cinematográfica americana desempenhou um papel crucial na difusão e popularização de novos valores no pós-guerra. A América retratada por Hollywood era (ou deveria ser) uma nação de consumidores, uma sociedade sem problemas de classe, onde a ideia de liberdade era associada à vida privada e ao consumo. O cenário de prosperidade econômica e social influenciou a produção fílmica, que se tornou mais conservadora. Se, em 1936, durante a Grande

Walters Digital UG/Alamy/Fotoarena

SAWASSAKORN MUTAPRAPRUT/Alamy/Fotoarena

1.1. e 1.2. O mobiliário urbano de diversos países tem se tornado alvo de intensa disputa de narrativas entre autoridades instituídas e grupos sociais subalternos em torno da memória nacional. Na primeira foto, uma fonte construída na Praça de Armas de Cusco no século XIX; na segunda, a mesma fonte encimada por uma estátua do Inca Pachacutec, acrescida em princípios do século XXI.

Hirarchivum Press/Alamy/Fotoarena

2.1. Desfile da vitória militar francesa, Segunda Expedição. Madagascar, 1895.

Penta Springs Limited/Alamy/FotoarenaStock Photo

2.2. O pequeno Jack, o menino missionário, e seus companheiros de brincadeiras.

Skimage/Alamy/Fotoarena

3.1. *Durbar* de Délhi, 1877.

Antiqua Print Gallery/Alamy/Fotoarena

3.2. *HMS Warrior* e *HMS Black Prince,* os dois primeiros *ironclads* britânicos. Pintura de Charles Edward Dixon, 1901.

3.3. O Primeiro Congresso Nacional Indiano reunido em Mumbai, 1865.

4.1. General Bonaparte no Egito, 1867. Pintura de Jean-Léon Gérôme.

Roman Robroek/Alamy/Fotoarena

4.2. Antiga fábrica de seda no Líbano.

Everett Collection/Fotoarena

4.3. Estudantes em protesto contra a monarquia durante a Revolução Constitucionalista da Pérsia, 1908.

Historic England/Heritage Images/Imageplus

5.1. Oficinas de construção de motores no estaleiro Laird Brothers, em Birkenhead. História da construção naval da Marinha Real, século XIX.

Photo 12/Alamy/Fotoarena

5.2. Litografia colorida mostrando o interior da estação de St. Pancras, que foi projetada por George Gilbert Scott (1811-1878) para a linha de extensão da Midland Railway para Londres (Reino Unido, 10 de junho).

akg-images/Album/Fotoarena

6.1. O Imperador Meiji, governante do Japão entre 1867 e 1912, junto de sua família.

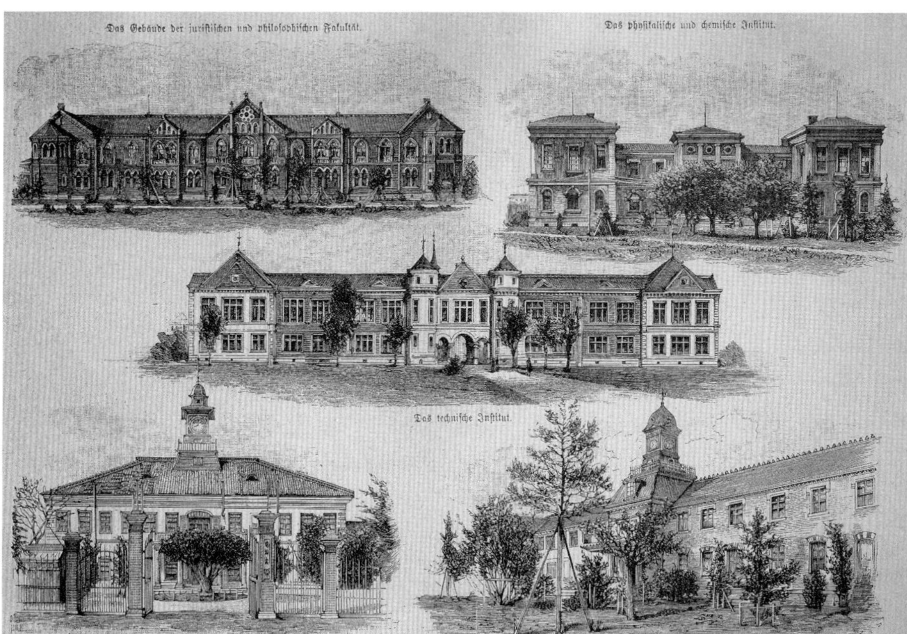

imageBROKER/Sunny Celeste/Newscom/Fotoarena

6.2. Xilogravura da Universidade Imperial de Tóquio, 1892.

6.3. Cartão-postal do estaleiro naval de Portsmouth, nos Estados Unidos, onde ocorreu a conferência de paz entre Japão e Rússia em 1905.

Photo 12/Alamy/Fotoarena

7.1. O Palácio da Eletricidade, na Exposição Universal de Paris, em 1900.

THE PRINT COLLECTOR/HERITAGE IMAGES/SCIENCE PHOTO LIBRARY/Fotoarena

7.2. O naufrágio do *Titanic*.

flhc jdb23/Alamy/Fotoarena

7.3. Homens exibem mãos amputadas no Congo Belga.

AP Photo/Imageplus

8.1. Inaugurado em 1928, no estado do Michigan, o complexo industrial de River Rouge, com dois quilômetros e meio de extensão, noventa e três prédios e mais de cem mil trabalhadores, tornou-se o centro da produção em massa da Ford e a maior fábrica do mundo no final dos anos 1920.

Kirn Vintage Stock/Alamy/Fotoarena

8.2. Casas recém-construídas em um subúrbio dos Estados Unidos no início da década de 1950. O subúrbio tornou-se, então, um símbolo poderoso do *American way of life* ("estilo de vida americano") e uma aspiração da classe média branca.

Exampapers.nust.na/Wikimedia Commons

9.1. Samuel Maharero (1856-1923), líder da resistência do povo herero contra o colonialismo alemão na atual Namíbia, faleceu no exílio em Serowe, atual Botsuana, vítima de um tumor no estômago.

SuperStock/Alamy/Fotoarena

9.2. Pessoas detidas em campo de prisioneiros, suspeitas de participar da insurgência Mau Mau. Quênia, 1952.

SuperStock/Alamy/Fotoarena

9.3. Britânicos rendem suspeitos de participar da rebelião Mau Mau (provavelmente 1952).

Historic Images/Alamy/Fotoarena

Samory modtager en fransk Udsending.
(Efter Le Tour du Monde.)

10.1. Recepção de embaixada francesa no acampamento de Samori Touré, Guiné. Ilustração publicada no periódico *Le Tour du Monde*, Paris, 1890.

Old Books Images/Alamy/Fotoarena

10.2. Tropas militares de Samori Touré. Ilustração do relato das campanhas no Sudão francês em 1886-1888, por Joseph Simon Gallieni, retirada do jornal *Le Tour du Monde* (1890).

Hemis/Alamy/Fotoarena

10.3. Estátua em memória de Samori Touré. Distrito de Ogoué (Ndjolé), Ilha de Samory, República Gabonesa.

11.1. Cartão-postal com título: “Criados domésticos”. Luanda. Sem data, mas com carimbo postal de 1907. Fotógrafo e editor: Eduardo Osório.

Arquivo Histórico Ultramarino, Calçada da Boa-Hora, nº 30. 1300-095 Lisboa

11.2. Postal de Moçambique, edição Santos Rufino, s.d. (provavelmente déc. de 1930).

Antonio Luiz Ferreira/Coleção Dom João de Orleans e Bragança/ Acervo Instituto Moreira Salles

12.1. Missa campal celebrada no dia 17 de maio de 1888 em ação de graças pela Abolição da Escravatura no Brasil. Antonio Luiz Ferreira. Campo de São Cristóvão, Rio de Janeiro/RJ, Brasil.

12.2. Alegoria da República Federal Brasileira. Deodoro da Fonseca, ao centro, ladeado por Ruy Barbosa, Quintino Bocaiuva, Silva Jardim, Lopes Trovão, José do Patrocínio, Campos Salles e outros líderes do movimento republicano.

George Grantham Bain Collection/Wikimedia Commons

Hpav7/Wikimedia Commons

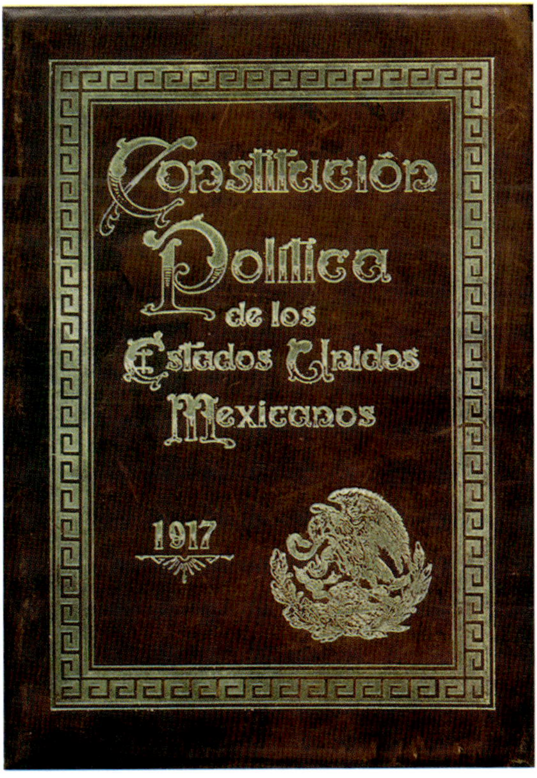

13.1. Emiliano Zapata, ao centro, depois de lançar o Plano de Ayala.

13.2. Fac-símile da capa da Constituição Política dos Estados Unidos Mexicanos, 1917, a primeira a reconhecer direitos trabalhistas.

Ryan McGinnis/Alamy/Fotoarena

13.3. Ilustração nos EUA evidencia a dimensão internacional assumida pelo movimento guerrilheiro em Chiapas, México, a partir de 1994.

Penta Springs Limited/Alamy

14.1. Fumadores de ópio na China, 1867.

Jjok/Wikimedia Commons

14.2. Soldados coreanos com prisioneiros chineses durante a Primeira Guerra Sino-Japonesa, 1894.

14.3. Grupo de boxers capturados por tropas dos Estados Unidos durante a Revolta dos Boxers.

FLHC54/Alamy/Fotoarena

15.1. Retrato de Domingo Faustino Sarmiento (1811-1888). Eugênia Belin Sarmiento.

15.2. Escola Normal Caetano de Campos, Praça da República, São Paulo, 1905.

Guilherme Gaensly/Acervo do Instituto Moreira Salles

Arquivo Edgard Leuenroth/Unicamp

16.1. Mulheres trabalhadoras posam em frente à fábrica. São Paulo. Início do século XX. Fundo: História da Industrialização (1889-1940).

Arquivo Edgard Leuenroth/Unicamp

16.2. Homens, mulheres e crianças trabalhadoras em frente à fábrica Crespi. São Paulo. Início do século XX. Fundo: História da Industrialização (1889-1940).

Depressão, metade das produções abordava os ricos e a desigualdade econômica como ameaças à boa vida em sociedade, em 1960, esse número caiu para menos de 5%. Da mesma forma, os filmes que apresentavam grandes corporações como vilãs e nocivas aos interesses coletivos, que representavam 20% da produção total na década de 1930, praticamente desapareceram nos anos 1950.

Já no cenário artístico do pós-guerra, destacou-se a *pop art* com sua abordagem crítica e provocadora com relação à cultura de consumo. Andy Warhol, um dos ícones mais emblemáticos desse movimento artístico, transformou itens ordinários do cotidiano em obras de arte, buscando provocar uma reflexão profunda sobre a sociedade contemporânea e suas relações entre consumo e produção e entre celebridade e consumismo, como se pode observar, respectivamente, na sua pintura de uma fileira de latas de sopa (*One Hundred Cans*) e em sua sequência de imagens de Elvis Presley (*Eight Elvis*).

Os limites da sociedade de consumo de massa

O *boom* econômico facilitou a decisão política de ampliar os gastos públicos em diferentes áreas para manter a economia aquecida e ampliar o bem-estar social. Em uma economia com forte associação entre investimentos públicos e privados, o governo aumentou consideravelmente seus gastos na construção de estradas e moradias e em programas sociais, como o auxílio-desemprego e a seguridade social.

Uma das ações mais importantes foi a aprovação da Lei de Reajuste dos Militares (*Servicemen's Readjustment Act*), mais conhecida como G.I. Bill, em 1944. Esta legislação ofereceu vantagens significativas para os veteranos de guerra, permitindo-lhes obter financiamento, especialmente, para habitação e educação. Considerada uma política pública bem-sucedida do pós-guerra, o G.I. Bill foi um meio de ascensão social para muitos soldados americanos que retornavam da guerra em busca de oportunidades para comprar uma casa ou frequentar a universidade. Ao oferecer crédito farto com baixas taxas de juros e prazos longos para o financiamento imobiliário, permitiu que milhões de americanos adquirissem suas casas próprias nos anos seguintes. Na década de 1950, a construção de moradias privadas cresceu mais do que nos 150 anos anteriores e, por isso, em 1960, uma em cada quatro casas no país havia sido erguida nos últimos dez anos, sendo 80% delas nos subúrbios.

Contudo, muitos eram os excluídos dos critérios da G.I. Bill: enquanto as mulheres eram discriminadas por não serem veteranas de guerra, homens negros e brancos pobres tinham grande dificuldade em acessar os recursos disponibilizados pelo governo. No estado do Mississippi, por exemplo, em treze cidades, os veteranos negros receberam apenas dois dos 3.229 empréstimos imobiliários. A casa própria do "sonho americano", quase sempre uma residência de uma família de classe média branca no subúrbio, parecia pouco acessível a um contingente significativo da população.

A consolidação de uma economia de consumo de massa e a prosperidade material crescente geraram a ilusão de que a América se transformava em uma sociedade de classe média, ou seja, formada majoritariamente por pessoas com nível de renda e educação elevados e segurança no emprego. No entanto, para milhões de americanos, a prosperidade universal e a igualdade de uma economia fundada no consumo se mostraram mais promessa do que realidade. Os trabalhadores que não pertenciam aos sindicatos, os mais jovens, as mulheres e as minorias não usufruíram dos ganhos salariais e da estabilidade no emprego como os trabalhadores brancos, sindicalizados e do setor industrial.

O acordo social fordista revelou-se, assim, limitado, ao excluir uma parcela significativa da população que não estava ocupada nos setores da economia beneficiados pelos altos salários e pela negociação coletiva. Fatores como raça, gênero e origem étnica frequentemente determinavam o acesso a empregos privilegiados e oportunidade de participar plenamente na economia de consumo. Em resumo, os "anos dourados" não foram tão dourados para todos, sendo uma fotografia mais precisa de uma "América branca" que comprava carro, casa e eletrodomésticos, tinha acesso a crédito, frequentava a universidade e foi morar nos subúrbios para consumir nos novos supermercados e shopping centers.

Enquanto isso, outras "Américas" permaneceram à margem, ou foram subalternizadas. Em 1962, de acordo com o *Bureau of Labor Statistics*, um em cada quatro americanos vivia na pobreza. Essa pobreza estava fortemente ligada à cor da pele e à origem étnica, afetando principalmente metade da população negra do país, a quase totalidade dos povos indígenas e os "novos imigrantes" urbanos da época. Essa realidade de pobreza foi ofuscada na memória nacional pela imagem da "sociedade da afluência", como foi apelidada criticamente por um dos seus contemporâneos.

Apesar disso, o auge do consenso social fordista, que ocorreu nas décadas de 1940 a 1970, foi um período excepcional na história dos Estados Unidos do século XX. Durante esse tempo, houve um aumento significativo das intervenções do Estado, uma redução da desigualdade econômica e um crescimento notável da sindicalização e da renda da classe trabalhadora no país. Isso representou uma mudança relevante em relação à economia capitalista que prevaleceu anteriormente (caracterizada pelo *laissez-faire* no início do século XX) e à que surgiria posteriormente (com o advento do neoliberalismo no final do século).

A crise do fordismo

Em meados da década de 1970, o modelo econômico e social fordista entrou em crise resultante de uma série de fatores, tais como a incapacidade do keynesianismo em manter o crescimento econômico e controlar a inflação e a insustentável exclusão de uma parte significativa da população dos benefícios econômicos e sociais do sistema. Para esta crise, contribuíram ainda mudanças nas condições nacionais e internacionais, como a ascensão da contrarrevolução conservadora, a automação, a transferência de grandes corporações para locais com legislação mais favorável e o enfraquecimento do movimento sindical.

Neste contexto, o aprofundamento da globalização, ao conectar mercados e economias em uma escala sem precedentes, redefiniu as dinâmicas econômicas locais e globais, intensificando a competição entre as empresas e exigindo uma adaptação rápida dos setores produtivos. O fim do longo ciclo de crescimento econômico do capitalismo do pós-guerra, somado à recuperação da Europa Ocidental e do Japão, representaram um desafio inédito para as empresas americanas. Diferentemente dos períodos de expansão econômica, nos quais os mercados internacionais absorviam a produção em crescimento, a crise da década de 1970 apresentou um cenário desafiador e adverso.

Assim, o modelo fordista, baseado em estruturas produtivas rígidas e de grande escala, não se mostrou capaz de competir com um novo sistema de produção mais flexível e dinâmico que então surgia na indústria Toyota no Japão. O toyotismo, baseado na produção *just-in-time*, na automação e em um método inovador de controle de qualidade, aparecia mais alinhado às crescentes demandas por personalização e variedade de produtos do novo capitalismo. Essa abordagem rápida e orientada para as demandas do consumidor, conciliando eficiência e inovação tecnológica, ganharam reconhecimento mundial, espalhando-se como modelo para diversos países.

Por fim, a crise do fordismo coincidiu ainda com o início do colapso do socialismo soviético. Enquanto as linhas de montagem fordistas começavam a revelar suas limitações, o socialismo, que por décadas se apresentara como uma alternativa viável, desmoronava sob o peso de suas contradições internas. No crepúsculo do século, o declínio desses dois paradigmas sociais diametralmente opostos sinalizou a necessidade urgente de repensar e redesenhar os projetos de sociedade contemporâneos, transcendendo as narrativas do passado e dando lugar a novas ideias e aspirações.

10.

O IMPÉRIO MANDINGA DE SAMORI TOURÉ E A CONQUISTA COLONIAL FRANCESA (1873-1898)

José Rivair Macedo

A memória popular, a historiografia e as obras de ficção atrelaram a figura de Samori Touré ao papel que ele desempenhou nas guerras anticoloniais durante as décadas de 1870 a 1890 no espaço que viria depois a ser designado como *África Ocidental Francesa*, ou *Sudão francês*. Este capítulo procurará enfatizar as dinâmicas africanas que tornaram possível a emergência de um Estado de grande influência política e militar que viria a representar papel de primeiro plano nas lutas de resistência no período de implantação do domínio direto da África pelas potências europeias. Mais do que realçar os traços que vinculam o chefe deste Estado às figuras de proa dos "heróis da resistência", como se o seu lugar na história se restringisse ao de ser o contraponto do projeto colonial francês, interessará sublinhar a originalidade de sua atuação como líder político soberano, porque, conforme bem advertiu o historiador guineense Khalil Fofana (1998, p. 8), Samori "não criou um império para resistir à colonização", mas foi levado a isso pelas circunstâncias.

A existência histórica do Estado samoriano resulta de influências diversas e independentes entre si em sua origem que, nos séculos XVIII e XIX, confluíram e criaram as condições objetivas para a afirmação de Samori Touré no cenário oeste-africano. A primeira diz respeito à recomposição e reconfiguração das formações sociais vinculadas ao grupo étnico-linguístico mandinga desde a bacia do rio Níger até o litoral atlântico, pela Costa do Ouro, Costa do Marfim e Serra Leoa, e pela Senegâmbia. A segunda tem que ver com o enraizamento do islã nas camadas populares das sociedades oeste-africanas promovido pelos povos fulas a partir da Guiné-Conacri e da fronteira oriental dos estados wolof do Senegal. A terceira, de caráter econômico, diz respeito ao envolvimento de grupos de mercadores mandingas denominados diúlas no comércio internacional com negociantes europeus tanto no tráfico internacional de escravos atlântico e saariano quanto nas negociações envolvendo matérias-primas locais (algodão, cacau, azeite de dendê, amendoim) úteis para a indústria de transformação que estava em franco desenvolvimento na Europa Ocidental no contexto da segunda Revolução Industrial.

Mandingas, fulas e islamização na Alta Guiné

A palavra mandinga é um designativo étnico-linguístico empregado no Brasil com sentido equivalente ao vocábulo francês *mandingue* e ao vocábulo inglês *mandingo*. Por vezes é também grafada como *mandenka*, *malinké* ou malinquê. Refere-se a subgrupos de povos falantes da língua *manden* (mandê) originários da região da bacia do Níger, no interior da África ocidental, que passaram por diferentes movimentos de dispersão geográfica no período situado entre os séculos XIV e XVII, sobretudo após a dominação imposta pelos marroquinos e a intensificação do islã na África subsaariana. Tais povos estão na origem familiar de Samori e na base social do Estado de Wassulu, que ele criou, conforme será mostrado na próxima seção deste capítulo.

A recusa por parte de determinados grupos mandingas em adotar formalmente o islã acarretou, aos que permaneceram em seus locais de origem, serem identificados pelo apelido de *bambaras*, cujo sentido original é de descrente ou infiel, não muçulmano. A esses mandingas dos atuais estados do Mali e de Burkina Faso, inimigos históricos de grupos fulas islamizados que os mantinham em estado permanente de guerra, atribui-se a criação, no princípio do século XVII, de duas organizações políticas à margem esquerda e direita do rio Níger: os reinos de Segu e de Kaarta.

Foi nesse mesmo momento que diversos grupos mandingas migraram em direção ao litoral do Atlântico.

O Reino de Segu, fundado pelo chefe lendário lembrado pelo nome de Baramangolo, escapou da esfera de influência fula e dos sultões do Marrocos sob o governo de Kaladian Koulibali (1652-1682). Maior projeção e influência regional ocorreu durante o período de governo de Mamari Koulibali, também referenciado como Biton Koulibali (1712-1755), cujas vitórias militares contra comunidades vizinhas e habilidade política lhe garantiram prestígio suficiente para manter a sua base de poder e o equilíbrio social. Ele criou uma organização militar eficiente e inovadora que tinha em seu epicentro um batalhão de infantaria denominado *tondyon*. Este batalhão era composto em sua maior parte por pessoas recrutadas entre os escravos do palácio real, escravos por dívida ou condenados, a quem, após o recrutamento, eram garantidos determinados privilégios sociais em troca da fidelidade aos chefes e de serviço militar. Quanto ao Reino de Kaarta, fundado por volta de 1650 por Sounsa Coulibaly, e tendo por sede de governo a cidade de Guémou, veio a ser governado pelas dinastias Massassi e Dyara, e na metade do século XVIII impunha o pagamento de tributos a comunidades de aldeia (*kafo*) de um vasto território que englobava as atuais regiões de Khasso, Nyoro e Kita, na atual República do Mali (Pacques, 1954, p. 45-59).

Os povos mandingas vieram igualmente a exercer papel de relevo num raio de extensão mais amplo devido às sucessivas migrações de pequenos grupos falantes da língua mandê que se projetaram rumo ao Oeste, através das rotas de trânsito da floresta tropical, ao longo dos séculos. As migrações deram origem a pequenas organizações sociais mandingas da Costa do Marfim, como Koyaradugu, Kabadugu, Worodugu e Nafaná. Tais comunidades encontravam-se sob o controle, ou pelo menos sob influência econômica, de linhagens tradicionais associadas ao comércio. Esta atividade mercantil era realizada por mercadores conhecidos como wângara, ou diúla; eles se distinguiam dos costumes e práticas tradicionais por seu vínculo com o islã e por seu envolvimento com o comércio de escravos (Wilks, 2000, p. 98-101; Massing, 2000). Uma das mais influentes comunidades controladas pelos diúlas chamava-se Kong, foi fundada em 1705 ao norte da Costa do Marfim e, sob a liderança de Sékou Ouattara, tornou-se um centro de comércio de produtos locais – em particular, a noz-de-cola – e de escravos enviados para as rotas do tráfico atlântico e do tráfico transaariano. No período de 1710-1894 calcula-se que dali tenham sido exportados um contingente de cativos que oscila entre 450 mil e 520 mil (Chikouna, 2008, p. 43).

Por toda a África ocidental linhagens familiares de origem mandinga como as dos Mané, Sané, Kaba, Konaré, Kuruma e Konaté gozavam de enorme prestígio e autoridade, com ou sem vínculo com o islamismo. Porém, esta influência dos chefes de linhagem familiar, a *fasiya*, ou de chefes de guerra conhecidos como *keletigui*, não eliminava a possibilidade da emergência de estruturas políticas mais amplas e centralizadas da monarquia, designada como *mansaya*. No decurso do século XIX, foi o monopólio e o exercício da violência, por meio da liderança de grupos armados, e a habilidade pessoal na arte da guerra, que constituiu o principal fator de acumulação de poder nas sociedades mandingas (Turco, 2006, p. 132-134). Nesse sentido, a trajetória de Samori Touré, conquistador de vasto domínio territorial que abrangia inúmeras comunidades e povos, ele próprio um mercador de sucesso e um habilidoso chefe de guerra, não constitui uma exceção, nem sua liderança foi um caso isolado. Entretanto, o alcance de seus feitos deu origem a uma formação estatal de grandes proporções, o que destoava das usuais formações políticas e sociais de pequena dimensão organizadas em torno da autoridade de chefes locais.

Tanto quanto os povos falantes das línguas mandê, outro grupo étnico-linguístico que exerceu grande influência na África ocidental pertencia ao conjunto de falantes das línguas halpuular. Tais povos, identificados pelos etnônimos peuls (nas áreas de influência colonial francesa), fulanis (nas áreas de influência colonial inglesa) ou fulas (nas áreas de influência colonial portuguesa), tiveram maior envolvimento com a difusão do islã. Provenientes da bacia do Níger desde o final do século XV, quando estavam apenas parcialmente islamizados, estabeleceram-se em diferentes territórios da Senegâmbia no início do século XVI. Sob a liderança de Koli Tenguelá, fixaram-se no vale do rio Senegal em 1512 e criaram o Estado Denianké do Futa-Toro, cujos governantes se mantiveram no poder até 1776. Foi a partir do Futa-Toro que diferentes líderes regionais vinculados ao islamismo deram início ao amplo movimento de reforma religiosa responsável pelo fortalecimento da presença muçulmana em todo o Noroeste Africano durante os séculos XVIII e XIX. Tais líderes estavam conectados a outros reformadores muçulmanos da região do Bondu, que se localizava entre os cursos superiores dos rios Senegal e Gâmbia, e aos movimentos dos fulas da região do Futa Djalon, na atual República da Guiné-Conacri.

De fato, este amplo processo de islamização esteve fortemente associado ao reformismo defendido por eruditos e *ulemás* (doutores da lei) de origem fula e hauçá, que por meio de alegada violência legal organizaram *jihads* em territórios da atual Nigéria, Mali e Senegal, dando origem na primeira metade do século XIX a Estados islâmicos de caráter eminentemente teocrático, como o califado de Sokoto (fundado por Usman Dan Fodio), o Império Fulâni de Maciná (fundado por Cheikhou Amadou), o Império Tuculor de Segu (criado por El Hadj Omar Tall). Vistas em conjunto, tais transformações políticas levaram a que o Islã, até então restrito às elites políticas e econômicas, ganhasse maior popularidade e se estendesse às camadas populares, o que se pode observar na difusão de adeptos de confrarias religiosas muito atuantes nas comunidades locais, em particular a confraria Qadiria e a confraria Tijania (Robinson, 2000).

No maciço montanhoso do Futa Djalon, em território da Guiné-Conacri, esse movimento reformista foi levado a cabo na década de 1720 sob a chefia de Ibrahima Musa Sambeghu, lembrado pelo cognome de Karamoko Alfa, que significa *Grande sábio*, o *Grande Mestre*. Foi este que, após a realização de uma *jihad* vitoriosa, impôs aos povos locais sossos e djalonkés um governo muçulmano de tipo teocrático e passou a reservar para si o título de *almami*, ou imã, isto é, o *líder dos crentes*. Tendo por sede inicialmente a cidade de Fucumba, e depois a cidade de Timbó, o imamado de Futa Djalon exerceu forte influência não apenas em centros urbanos da Guiné, como a cidade de Kankan, mas em comunidades situadas no extenso território entre Gâmbia, Serra Leoa e Costa do Marfim, vindo no século XIX a se tornar, pelo estado permanente de guerra contra os povos vizinhos, um celeiro de escravos para revenda no litoral em troca da obtenção de armas de fogo. Para o que interessa diretamente a este trabalho, cumpre salientar que a região do Futa Djalon virá a constituir, na segunda metade do século XIX, a principal base de sustentação do Estado criado por Samori Touré depois de ele ter conquistado as principais comunidades aqui mencionadas e passar a adotar para si o título de *almami*.

Antes porém de tratar diretamente de Samori, convém dizer algo acerca do mais respeitado líder afro-muçulmano reformador do século XIX, El Hadj Omar Tall (*c*. 1795-1864), que a partir de contatos com outros chefes na região do Kanem e no califado de Sokoto, na Nigéria, e no califado Fula do Maciná, no Mali, angariou experiência, respeito e prestígio para liderar fulas, hauçás e tuculores e formar um império de grande extensão territorial. Após ser reconhecido, no ano de 1848, como chefe religioso em Dinguiraye, no Futa Djalon, lançou uma *jihad* no ano de 1852 contra diversas comunidades do Senegal (no Kayor, Bawol, Sine e Salum) e no vale do Níger. O estado de guerra se estendeu para o interior do continente, e resultou na conquista dos reinos mandingas do Segu e de Kaarta, em 1861, e em ataques desferidos contra os fulas do Maciná. Foi durante um dos combates, em 1864, que ele encontrou a morte nas proximidades das falésias de Bandiagara, no interior do atual Mali (Comakha Fall, 2020, p. 111-112). Seu sucessor, Amadou Cheikhou Tall, elegeu como sede de governo território situado no antigo Reino de Segu, no Alto Níger, lutando contra os franceses até 1892, quando foi vencido e obrigado a procurar asilo no califado de Sokoto – onde morreu em 1895. Amadou foi contemporâneo e concorrente de Samori Touré, com quem manteve relações diplomáticas tensas na luta pelo poder e influência no conturbado cenário histórico da África ocidental anterior à conquista europeia.

A ascensão de Samori Touré

De acordo com Yves Person, os ancestrais paternos de Samori faziam parte das extensas famílias mandingas que se espalharam desde a região de Maciná, nas proximidades de Djenné, no Mali, até o norte de Gana, às margens do Níger e seus afluentes, na região da floresta, estabelecendo-se no século XVIII nas proximidades do Atlântico, entre o rio Pongo e Serra Leoa. Pertenciam ao grupo de comerciantes diúlas envolvidos com a compra e venda de mercadorias de interesse local e com atividades artesanais de prestígio – na qualidade de ferreiros e tecelões. Ele teria nascido provavelmente no ano de 1830, na aldeia de Minianbaladou, no planalto de Konyan, na atual Guiné-Conacri, tendo pelo lado masculino ascendência no clã Touré, e pelo lado materno, vínculos com o influente clã Kamara, ao qual se manteve fiel em sua juventude.

Levando em conta as narrativas recolhidas pelos detentores das tradições orais, o pai de Samori, chamado Kemo Lanfia, não era mercador, vivia como agricultor e artesão em tecelagem de algodão. Ao que parece, quando Samori completou vinte anos, portanto na década de 1850, ele passou a atuar como mercador ambulante de noz-de-cola, que era o principal produto comercial da região e altamente apreciado em toda a África ocidental, como também se envolveu no comércio de tecidos de algodão (Person, 1962, p. 165-170). Mesmo quando alcançou notoriedade, a sua experiência como mercador diúla foi aproveitada em negociações que envolviam a compra e venda de noz-de-cola, gado, armas de fogo e escravos. Seus vínculos com a atividade mercantil foram renovados após as conquistas e ele organizou um grupo especial de homens de negócio, os *kooroko*, que atuou no comércio caravaneiro, na guerra e em atividades artesanais – como ferreiros. Até o fim de sua carreira, manteve forte relação com os mercadores kriô de Serra Leoa, onde mandava comprar armas de fogo, e com os mercadores diúla de Kong, onde mandava buscar contingentes de cativos para servir de mão de obra ou de moeda de troca na obtenção de armas de fogo e de cavalos (Person, 1967; Fofana, 1998, p. 36; Chikouna, 2008, p. 45).

Um passo importante foi dado na década de 1860, quando, em paralelo com as atividades comerciais, ele tornou-se gradualmente um temido e respeitado chefe de guerra (*keletigui*), um "mestre do sabre" (*muritigui*) (Person, 1968, II, p. 806). Reveste-se de tom lendário típico da biografia dos heróis populares a história segundo a qual a sua carreira militar teria tido início após uma promessa feita para libertar a mãe, Sokhona Kamara, que tinha sido aprisionada e levada como refém até a sede familiar dos Cissé. Entregando-se voluntariamente no lugar dela, ali ele teria recebido instrução militar na arte da guerra e participado ativamente de razias, saques e aprisionamento de cativos, habituais nos conflitos entre os chefes locais mandingas. Essa primeira fase de sua carreira militar se prolongou até 1865, quando atuou a serviço de chefes locais como Mori Berete, nas proximidades da cidade de Kankan, e de Vafereba Kamara, nas imediações de Sanankoro. Remonta a essa época a solidariedade de armas com chefes de guerra que, nas décadas posteriores, viriam a ocupar os altos postos de suas tropas, entre os quais, Manikaba Moudou, Sonaba Diarra, Mantouman Dioubaté, Koulako Féré Dioubaté (Fofana, 1998, p. 21-23).

As qualidades excepcionais desenvolvidas nas atividades bélicas renderam a Samori o reconhecimento que lhe permitiu assumir a liderança direta de tropas colocadas a seu serviço, que, por meio da violência, impuseram gradualmente sua autoridade em âmbito local e regional obtida após sucessivas vitórias em campo de batalha. No final da década de 1860 ele conquistara a comunidade de Sanankoro, sua terra natal, e toda a região circunvizinha, de Kérouné a Bissandugu, e os chefes desses locais, além de reconhecerem sua autoridade, foram forçados e lhe prestar tributo periódico e a fornecer homens para integrar as tropas samorianas. Na década de 1870, as conquistas ganharam proporções maiores quando, por meio de atividade diplomática ou militar, sua autoridade foi imposta aos grandes senhores mandingas da Guiné, como os Konaté de Toron e de Faranfina, cujo líder Kaba Wulu Konaté, após ter sido vencido, foi decapitado. Em 1873, a vitória sobre o experiente chefe militar Nantenin Famoudou Kourouma, rei de Sabadou, e a incorporação da cidade de Worokoro, colocou Samori na posição de grande chefe, e lhe permitiu controlar uma vasta área da Guiné e em menor proporção o norte da Costa do Marfim. Neste momento, o conquistador reivindicou para si o título de *faama*, termo equivalente ao de monarca, rei, e as conquistas lhe haviam rendido vasto e diversificado butim e tributos, além de propriedades rurais de produção agrícola e celeiros e armazéns onde os produtos eram distribuídos por homens de sua confiança colocados na administração destas propriedades (Ki-Zerbo, 1989, p. 33-34).

A projeção em âmbito regional alçou Samori a uma posição eminente e ao mesmo tempo o obrigou a manter relações pacíficas ou bélicas com outros *faama* de prestígio, como os da linhagem Kaba da cidade de Kankan, contra quem guerreou entre 1878 e 1881, e também os das linhagens Keita, Traoré, Berete, Doumbaya e Magassouba. E em primeiro lugar os Cissé da cidade de Madina, a quem servira na juventude, cujo domínio lhe permitiu eleger Bissandugu como a cidade sede de seu governo. Neste local é que vieram a ocorrer as grandes assembleias dos chefes de guerra e chefes das comunidades integradas aos seus domínios. Aí, em uma grande assembleia pública, ele foi consagrado com o título de *faama* no ano de 1875; aí também, em 1882, os territórios identificados como as "terras de Samori" (Samoridougou) foram divididos em províncias; e aí, em 1884, os chefes e homens de confiança foram informados sobre a adoção do islã como religião oficial do governo, e sobre a concessão a Samori Touré do título de *almami*, termo que já vinha sendo utilizado para se referir a ele desde 1879.

A incorporação da cidade de Kankan após a derrota dos Kaba merece destaque porque tornou possível alterações significativas nos domínios samorianos. Desde 1875, uma frágil aliança com a elite local permitiu o acesso ao mais poderoso centro comercial guineense, uma vez que esta cidade era ponto obrigatório de passagem de numerosas caravanas que circulavam entre a região sul do Deserto do Saara, ao norte, e a grande floresta tropical ao sul, na direção do Atlântico (Fofana, 1998, p. 60), portanto, um local estratégico para as atividades de comércio e de abastecimento. A cidade era também um centro de difusão do islã, e foi a partir dela que se deu a aproximação de Samori com o islamismo, cuja doutrina ele desconhecia até então. Foi em Kankan que ele atraiu para seu círculo próximo e designou como principal conselheiro o guia espiritual originário da Mauritânia conhecido como *Karamo* Sidiki Chérif.

Apesar de Samori jamais ter se colocado como chefe reformador muçulmano, na década de 1880 ele parece ter identificado na *xaria*, a lei corânica, um fator de unidade e coesão para a sociedade sob sua liderança. Porém, esta decisão veio a ter consequências negativas no médio prazo, despertando oposições e revoltas locais de populações que não se identificavam com o islamismo e lutavam para se manter em conformidade com suas tradições ancestrais. Pode-se dizer que o revés do Império Mandinga passou a ocorrer a partir do ano de 1887, quando ocorreu uma revolta na cidade-fortaleza de Sikasso que não foi vencida após reiteradas tentativas de invasão das tropas samorianas: foi a primeira grande derrota após uma carreira gloriosa como conquistador imbatível, que seria seguida de outras derrotas ou fracassos diante de seu principal adversário, os colonialistas franceses.

Bases de poder do Império Mandinga

A maior dificuldade que se coloca ao estudo da organização política criada por Samori Touré diz respeito ao tipo de fontes históricas disponíveis, que provém na sua maior parte do lado em que estavam os seus adversários europeus. Poucas publicações baseiam-se em fontes locais, endógenas. Na década de 1960, Yves Person (1968) recorreu a fontes produzidas por estrangeiros, mas também ao relato de testemunhos orais de descendentes dos combatentes samorianos, o que lhe rendeu uma obra considerada magistral pela profundidade e complexidade dos assuntos tratados. Também o historiador guineense Khalil Fofana (1998) teve acesso a informantes locais que lhe permitiram incorporar elementos extraídos das tradições orais sobre Samori e o Império Mandinga.

De modo geral, os documentos disponíveis são relatórios militares, relatos de viagem ou textos de caráter etnográfico redigidos por franceses que participaram direta ou indiretamente dos acontecimentos retratados. O valor informativo dessas fontes não deve ser posto em questão, porém, elas precisam ser examinadas com certo cuidado a fim de evitar ou minimizar distorções, generalizações e erros de interpretação de uma realidade social diferente e estranha aos próprios padrões e modelos de seus autores. Após a conquista da Guiné, conforme será apontado na derradeira seção deste capítulo, as informações assumem um tom abertamente sensacionalista e incorrem em inúmeras imprecisões e/ou mesmo falsificações dos episódios relacionados com a vitória francesa. O mesmo não ocorre com as fontes escritas por oficiais militares no início da década de 1880, cujas descrições detalhadas da organização social e política no período de apogeu do Império Mandinga de Samori Touré – por vezes denominado simplesmente como "Terras de Samori" (Samoridougou) ou Império de Wassulu (Wassoulou) – continuam a servir como a principal referência de estudo dos historiadores e das historiadoras.

Um desses observadores estrangeiros, o capitão Louis Gustave Binger (1856-1936) confirmou a existência de 56 comunidades de aldeia durante o seu trajeto pela Guiné até o acampamento em que o *almami* o recebeu no ano de 1887 para tentar resolver pacificamente o conflito com a França. Juntando os dados de seu testemunho ocular com informações recolhidas de seus informantes locais, ele calculou que, no todo, a extensão territorial da área sob controle de Samori fosse equivalente a cerca de 160 mil km², no mínimo, e 500 mil km², no máximo, com população estimada em torno de 280 mil habitantes (Binger, 1892, I, p. 122). Outra fonte frequentemente empregada é o relato diplomático do capitão Etienne Péroz (1857-1910), que esteve em negociações na corte samoriana no ano de 1882. Segundo ele, a dimensão territorial do Império seria de 360 mil km², com uma população estimada em 1,5 milhão de pessoas que estariam distribuídas em centenas de comunidades de aldeia à beira de rios afluentes do Níger, como os rios Sansando, Kankaré, Kora Bougola e outros, e em inúmeras cidades, algumas delas com população estimada em 5 mil e 6 mil pessoas (Péroz, 1889, p. 376, p. 388).

A enorme extensão territorial levou a que Samori procurasse encontrar soluções de governo que extrapolassem o âmbito das relações familiares usuais nas formações sociais mandingas. O capitão Binger sintetiza em poucas linhas a estrutura básica da administração dos territórios: estes teriam sido divididos em distritos ou províncias, formando algo semelhante a uma confederação; estariam sob governo ou dos irmãos e filhos do *almami* ou sob o controle de chefes locais de linhagem que controlavam as aldeias, na antiga instituição mandinga chamada *kafo*; ou sob a supervisão de lugares-tenentes designados para o governo local (Binger, 1892, I, p. 70). A projeção de relações familiares para todo o território era algo comum nas sociedades linhageiras africanas, em que a multiplicidade de esposas e o grande número de filhos ou filhas era fator importante para medir o grau de influência dos chefes de linhagem. Observadores estrangeiros e tradicionalistas concordam quanto ao número excepcional de pessoas que integravam o círculo familiar de Samori. Em 1887 ele teria quarenta esposas, algumas livres e influentes, outras escravas, com menor influência e representatividade nas relações familiares; teria sido pai de 70 filhos em condições de montar a cavalo e guerrear e 29 filhas adultas (Person, 1968, II, p. 833).

A estrutura de governo era relativamente simples. As decisões mais importantes, sobretudo as que diziam respeito à guerra e à paz, eram tomadas em assembleias públicas, e as decisões ordinárias eram compartilhadas com um conselho de anciãos ou "conselho dos tios" – como costumava ocorrer nas comunidades aldeãs (*kafo*). Tratava-se de uma espécie de conselho de ministros cuja autoridade se estendia a todos os domínios do Império. O número de conselheiros, cada um deles nomeados de *laadilibagha-dyé*, variou ao longo do tempo, mas era constituído por pelo menos sete pessoas escolhidas entre amigos pessoais do monarca, chefes militares, *djelis* e, após a adoção do islã, *marabus* (ritualistas) e sábios versados no estudo do Corão. Os serviços do palácio e a fiscalização das propriedades, armazéns e dos tributos impostos às comunidades das províncias eram realizados por escravos designados *kokisi*, alguns dos quais alcançaram postos de grande prestígio como o controle e a gestão do tesouro, serviços de secretaria (correspondência) e diplomacia (Person, 1968, II, p. 869, 873). Esta informação contribui para demonstrar o quanto, nos séculos e locais aqui tratados, a escravização de indivíduos era uma prática recorrente não apenas para fins comerciais, mas para uso em trabalhos diversificados, desde a prestação de serviço compulsório em propriedades rurais, o trabalho de extração de vegetais e minerais, como também em serviços e atividades religiosas e, em determinados casos, em atividades domésticas ou administrativas nos locais que serviam de sede dos governos. Parte considerável da administração palaciana era integrada por escravos, e o seu emprego garantia aos governantes apoio e fidelidade direta em pessoal não integrado à família ou a linhagens locais.

Ao que parece, a adoção oficial do islã em 1884 e a subsequente tentativa de imposição das normas vinculadas ao governo muçulmano, em que pesem as convicções pessoais de Samori, podem ser vistas como tentativas de oferecer maior centralização ao governo a partir do modelo teocrático da *xaria*. É possível igualmente pensar que as resistências locais ao aumento de influência islâmica, em nome da continuidade das tradições ancestrais politeístas e comunitárias, tenha sido o ponto de partida da onda de revoltas que se seguiu ao levante da cidade de Sikasso em 1887. Este grande movimento de contestação lembrado na história local pela expressão *Ban kelé*, isto é, "a grande recusa", se prolongou até 1890. A primeira fagulha foi acesa em 1885, quando populações bambaras, não muçulmanas, reagiram às tentativas de imposição da teocracia islâmica. A isso se juntou a recusa às requisições intermináveis de tributos e de víveres para abastecer as tropas militares, adquirir armas e cavalos. O estado de rebelião se espalhou a partir das regiões de Konya, Sankara e Kuranko para todo o Vale do Níger, o que exigiu o fortalecimento das guarnições locais e enfraqueceu os contingentes militares na repressão das comunidades rebeladas (Person, 1968, II, p. 1.053).

Segundo o historiador Joseph Ki-Zerbo (1989, p. 48), o exército de Samori constituía "o pilar e o escudo do Império". Com efeito, o seu bom funcionamento é que garantiu o prestígio e a autoridade de seu chefe máximo. Segundo o erudito mandinga Djiguiba Kamara, além dos contingentes direcionados para a guerra, havia uma parcela de homens colocados sob o comando de Thango Oulén, a quem cabia a tarefa exclusiva de caçar elefantes para extrair as presas e utilizar o marfim em troca de armas, e que também estava encarregado de obter ouro, madeira e borracha nas aldeias para serem trocadas ou vendidas por utensílios de uso do exército (Bertho; Rodet, 2020, p. 178) – exército este, constituído por homens livres que se ofereciam como voluntários ou eram enviados como parte das requisições feitas aos governantes das comunidades aldeãs, ou ainda por escravos provenientes dos territórios conquistados especialmente convocados para tal fim em troca da liberdade.

No ano de 1889, momento de apogeu do estado samoriano, as tropas eram integradas por pessoas pertencentes aos diferentes povos do Futa Djalon e do Sahel: a maior parte era de origem mandinga da região do Konya e de fulas e senufos, mas também se podiam contar pessoas originárias da área de floresta, como os povos dos kizis, tomas e guerzés (Péroz, 1889, p. 407; Person, 1968, II, p. 893). Quanto à estimativa dos efetivos, as indicações deixadas pelos observadores variaram em proporção. A quantidade irrisória de 6 mil homens informada por Binger não tem fundamento ou base de sustentação. Apesar de não ser possível determinar exatamente número de soldados, pode-se afirmar que variou ao longo do tempo, de cerca de 15 mil a 35 mil homens durante a década de 1880, para 10 mil homens na década de 1890 – quando as tropas samorianas foram sendo gradualmente vencidas e encurraladas (Binger, 1892, I, p. 122; Person, 1968, II, p. 901).

Este exército permanente encontrava-se organizado e dividido em unidades de cavalaria de 50 homens e por unidades de infantaria integradas por atiradores a pé chamados *sofas*, dos quais tomavam parte homens em idade adulta e jovens ainda não circuncidados – conforme o costume mandinga e muçulmano. Cada esquadrão de infantaria chamava-se *kulu*, e dele faziam parte de 10 a 20 homens sob as ordens de um *kulukun;* uma dezena dessas pequenas unidades juntava-se para formar um *kelembolo*, termo que significa, literalmente, "mão de guerra" e se movimentava em companhias de 100 a 200 homens (Gueye; Boahen, 2011, p. 138). Era esta infantaria que garantia o sucesso da organização militar, dela provinham as tropas de elite de onde sairiam os chefes das colunas, batalhões e companhias maiores, bem como os agentes que atuariam na supervisão e controle dos chefes das comunidades locais. Uma espécie de reserva de elite era especialmente formada para ocupar postos de confiança, conforme se pode observar na descrição abaixo fornecida pelo capitão Péroz (1889, p. 410):

> O *almami-emir* mantém uma guarda composta de 500 jovens, escravos ou livres, filhos de miseráveis ou de chefes, escolhidos somente em razão de sua inteligência e de sua perfeita conformação física. Educados desde a infância junto a seu mestre, são ensinados a amá-lo e habituados à ideia de, por ele, sacrificar voluntariamente suas vidas. Eles são instruídos em todos os exercícios físicos e no uso de armas. Quando atingem 16 anos são enviados ao exército e investidos do comando de um esquadrão. Entre os que se distinguem em suas funções é que Samori escolhe os chefes dos grupos de cem e mil homens.

O uso de armas de fogo ganhou maior importância na medida em que o Império Mandinga foi englobando novos territórios. A cavalaria usava uma lança longa de cerca de 2 metros (*tamba*) e um grande gancho curvo (*woroto*) para desarticular o inimigo. Mas os contingentes de infantaria não empregavam armas brancas ofensivas, como lança e arco e flecha, que eram utilizadas exclusivamente para a caça; limitavam-se ao uso de punhais, sabres e espadas de duplo corte (*sirawa*) na luta corpo a corpo com o inimigo. O que prevalecia era mesmo o uso de diversos tipos de rifles e carabinas: até 1880 predominou o uso de fuzis de pederneira ou pistão; com o tempo passaram a ser empregadas armas mais modernas com cartucho e fuzis de tiro e recarga rápida, entre os quais os de marca Chassepot modelo 1866, Kropatschek e Graz; aos chefes era reservada por vezes a distinção de usar fuzis de repetição de marca Winchester ou

Remington. Segundo alguns observadores, 6 mil armas de fogo chegaram a ser utilizadas nos combates (Legassik, 1966, p. 105; Person, 1968, II, p. 912; Gueye; Boahen, 2011, p. 140).

A compra de fuzis, cartuchos, pólvora e outros suprimentos de guerra tornou-se atividade prioritária nos negócios mantidos em nome do governo do Império Mandinga. A circulação de caravanas de mercadores diúlas era intensa rumo à cidade de Freetown, em Serra Leoa, onde se encontravam filiais de estabelecimentos comerciais britânicos, entre as quais a Sierra Leone Coaling Company e Dempster & Cie., de Liverpool, seus principais fornecedores de armas e munições. O mercador diúla chamado Lasana Touré manteve prolongado contato com a Casa Bolling, que no início da década de 1890 era representada por Fode Kaba Dyeli (Person, 1967). No momento em que o conflito com a França deixou o plano diplomático para assumir gradualmente feição militar, pressões na Europa pretenderam fazer interromper essas fontes de fornecimento pelos britânicos, o que veio efetivamente a ocorrer sobretudo após 1894 (Legassik, 1966, p. 104).

Na fase final da guerra de conquista, Samori Touré chegou a incentivar a fabricação local de armas, dispondo para isso de 300 a 400 ferreiros capazes de criar manualmente armas e cartuchos. De acordo com Djiguiba Kamara, o mestre-artesão Siaki Kaba acompanhou Karamoko, um dos filhos de Samori, até a cidade de Saint-Louis, no atual Senegal, que era a sede do governo provincial francês, onde observou o funcionamento das armas de fogo europeias e retirou as informações necessárias para o início de uma fabricação local de fuzis. O trabalho era desenvolvido na aldeia de Téré, nas proximidades de Kankan, envolvia diversas equipes de ferreiros e artesãos manuais, e a utilização de forjas de diluição de ferro, fabricação de peças e montagem manual do armamento. Peças danificadas e cartuchos deixados em campo de batalha eram reaproveitadas (Bertho; Rodet, 2020, p. 177-178). Embora a qualidade dessas armas de fabricação local não possa ser comparada aos equipamentos modernos empregados pelos europeus, esta iniciativa demonstra a capacidade de adaptação e assimilação de condições técnicas para sustentar o período prolongado de guerra com os franceses.

O avanço francês e a conquista colonial

A presença francesa no litoral da África Ocidental remonta ao século XVII, momento a partir do qual negociantes ligados a Companhias de Comércio mantiveram contatos e negócios com a anuência das autoridades locais. Os primeiros estabelecimentos criados na foz do rio Senegal datam do final do século XVI, assumiram gradual importância da década de 1620 em diante e sua base de operações em terra teve início em 1626 na comunidade que evoluiria para a atual cidade de Saint-Louis. Em 1698 foram criadas as instalações do Forte de Saint-Joseph, que no século XVIII funcionou como centro organizador das operações de exploração do ouro das minas de Bambuk, pela Companhia de Galam, e do comércio de cativos a partir sobretudo da Ilha de Gorée. Uma mudança repleta de consequências ocorreu na metade do século XIX, quando a conquista colonial da Argélia, no período de 1830 a 1847, abriu caminho para a ocupação sistemática de territórios do Noroeste Africano. A partir de 1850, a região situada entre os rios Senegal e Gâmbia constituiu a ponta de lança do expansionismo político e militar francês rumo ao interior.

O contexto em que se deu a intensificação da presença francesa na África ocidental coincide com o período de deslanche do capitalismo ocidental em sua fase monopolista e com a aceleração da industrialização na Europa. Neste quadro, a África serviu como área fornecedora de matérias-primas e como área consumidora de artigos de consumo. Mercadorias tradicionalmente fornecidas pelas aristocracias locais do Noroeste Africano, como a goma arábica, provinham em grande medida da Mauritânia, do Senegal e da Guiné, à época sob o controle de Samori. O seu valor comercial era grande devido ao uso na confecção e no fabrico de cola, cera e tinta empregadas na indústria têxtil. A goma estava entre os artigos negociados com os franceses da Companhia de Galam e aqueles sediados na cidade de Saint-Louis, que viria a ser a capital da futura colônia da África Ocidental Francesa (M'Bokolo, 2011, p. 159).

Desde o Senegal até o Golfo da Guiné houve gradual abandono do comércio de escravos e a criação de parcerias rentáveis na extração e comercialização em larga escala de mercadorias obtidas da exploração de trabalho camponês escravo ou análogo à escravidão. Os dois principais produtos exportados, azeite de dendê e amendoim, viriam a ser matérias-primas do óleo utilizado no maquinário industrial. O amendoim senegalês, embarcado com regularidade a partir de 1844, abasteceu uma empresa especializada em óleo vegetal fundada em Bordeaux no ano de 1857. Transportado através da Estrada de Ferro Dakar-Saint-Louis a partir de 1885, apenas esse artigo veio a gerar 150 mil toneladas de produtos enviados para o exterior na década de 1890 (Cocquery-Vidrovich; Moniot, 1974, p. 204).

Segundo estimativas, o capital investido nas exportações africanas cresceu exponencialmente na segunda metade do século XIX. Os negócios com casas comerciais britânicas somaram cerca de 3,5 milhões de libras esterlinas em 1850, 8 milhões em 1880 e 15 milhões no início do século XX. Em relação às exportações do Senegal para a França, no ano de 1866 a venda de goma arábica gerou 5,1 milhões de francos, e a venda de amendoim, cerca de 4 milhões, de um total de aproximadamente 13, 1 milhões de francos (M'Bokolo, 2011, p. 170). Esta subordinação aos interesses capitalistas explica em grande medida a aceleração dos processos de conquista colonial por meio direto a partir do núcleo constituído no litoral do Senegal. As pretensões coloniais francesas ganharam vulto quando em 1854, à revelia dos africanos, o militar francês Louis Faidherbe foi designado para administrar a cidade de Saint-Louis e suas adjacências, o que desencadeou o processo que, décadas mais tarde, se concluiria com a ocupação efetiva direta e a imposição de soberania aos governos locais dos estados wolof do Waloo, Kayor, Sine e Salum, na bacia do rio Senegal. Esta dominação veio a ser concretizada mediante a articulação de ação diplomática que explorava a rivalidade e a concorrência entre dinastias rivais e ação militar direta contra adversários declarados dos europeus, e se completou no ano de 1886, com a vitória em batalha sobre as tropas do príncipe (*damel*) do Cayor chamado Lat-Dyor, o principal opositor dos projetos imperiais (Gueye; Boahen, 2011, p. 132-134).

A anexação desses potentados do atual Senegal favoreceu o avanço e a ocupação de territórios situados em toda a região do Alto Níger, mas esbarrou no confronto com os dois mais importantes chefes de Estado oeste-africanos que exerciam autoridade desde a década de 1870: o líder tuculor Amadou Cheikhou Tall, filho e sucessor de El Hadj Omar, que controlava, num raio de 500 léguas (cerca de 3.250 km), toda a margem esquerda do Níger onde tinham sido edificados os antigos Estados de Segu e Kaarta, vencido em 1892; e Samori Touré, que controlava a extensa área situada desde as savanas sudanesas até a floresta tropical.

Na história francesa escrita no período colonial, esses dois líderes personificaram a oposição ao *progresso* e à *civilização*, sendo descritos como déspotas sanguinários e assassinos. Numa obra publicada logo após a efetivação da conquista, o lugar-tenente Gatelet não hesitou por exemplo em afirmar que por ordem de Samori mais de 100 mil pessoas teriam sido massacradas anualmente, ou sido brutalmente escravizadas, e que toda a região encontrava-se mergulhada em desolação e ruínas, de onde concluiu que:

> Era então necessário que nos tornássemos os defensores dos negros oprimidos, ligá-los a nós pelo reconhecimento e interesses, e suprimir Ahmadou e Samori, [e que] hoje isto está feito, [tanto] pelo grande proveito de nossa colônia como pela honra da civilização e da humanidade. (Gatelet, 1901, p. 20)

Paralelamente ao discurso colonial eivado da ideologia de superioridade racial, que funcionou tão somente como justificativa para a invasão e a anexação de territórios africanos soberanos, o estado francês e os colonialistas criaram um eficiente sistema defensivo e mobilizaram armamento com capacidade de destruição muito superior à de seus adversários locais. Desde o período de Faidherbe, com o apoio da Marinha, uma linha de fortificações foi estabelecida com a finalidade de criar postos militares desde o litoral do Atlântico até o interior da bacia do Níger, que permitiam a penetração e circulação de pessoas, bens e equipamento militar. A primeira dessas edificações, o Forte de Medina, foi criado em 1855 na margem esquerda do rio Senegal, na região do Bondu, em território do atual Mali. Logo depois foram erguidas outras fortificações em Senoudoubou e Bakel que garantiam proteção aos negociantes envolvidos na extração do ouro das minas de Bambuk e funcionavam como uma barreira defensiva contra eventuais avanços provenientes do interior do continente. Tais fortificações protegeram os colonialistas dos ataques desferidos pelas tropas de El Hadj Omar, conferindo uma aura de invencibilidade aos *toubabs* – nome pelo qual eram chamados localmente os brancos europeus.

Mas foi na década de 1880 que o sistema de fortificações ganhou maior dimensão, com dezenas de postos militares feitos de pedra cercados por muros e dispondo de torres defensivas, que permitiram a ligação desde Saint-Louis, situada na foz do rio Senegal, no litoral Atlântico, até Bamako, cidade situada no interior do continente, na região da bacia do Níger. Munidos de peças de artilharia pesada e de canhões, essas edificações contavam com a presença de guarnições compostas por soldados franceses e tropas auxiliares recrutadas junto aos vencidos ou aliados – em particular, os batalhões auxiliares que viriam a ser conhecidos durante todo o período colonial como "atiradores senegaleses" (Bah, 1981, p. 989-990). As tropas sediadas na África encontravam-se organizadas em torno de um Estado-Maior constituído por um alto-comando, capitães franceses e capitães nativos, por cavalaria integrada por 2 pelotões com 53 cavaleiros cada uma; artilharia que contava com canhões, canhoneiras e provisão de dinamite para uso no ataque das fortificações africanas feitas de barro seco chamadas localmente de *tata*. A infantaria compreendia companhias da Marinha integradas cada uma por 100 homens, as tropas auxiliares e numeroso pessoal para o serviço braçal – como carregadores e prestadores de serviços gerais, inclusive na abertura de caminhos para o deslocamento das tropas, atividades equivalentes àquelas reservadas aos escravos (Gatelet, 1901, p. 70-71).

O estado de guerra entre franceses e africanos sob o comando de Samori Touré durou dezesseis anos, nos quais ocorreram períodos de conflito aberto e de negociação diplomática, em meio a uma constante guerra psicológica e de informação. À desigualdade técnica entre os equipamentos disponíveis a cada um dos grupos, em evidente vantagem dos franceses, compensou a enorme diferença numérica que beneficiava os africanos, forçando-os a encontrar meios e soluções para dirimir sua desvantagem. De modo geral, as tropas samorianas evitavam o conflito aberto, realizando a "guerra de movimento", ou "guerra de guerrilha", utilizando morros e galerias florestais como linhas de defesa fortificadas (Ki-Zerbo, 1989, p. 50). A velocidade das tropas e o bom conhecimento do terreno permitia a realização de manobras e ataques-surpresa. Com o tempo, técnicas militares empregadas pelos europeus foram assimiladas; a artilharia passou a ser organizada em seis fileiras de combatentes em linha, cujo revezamento permitia a continuidade da carga de tiros durante o carregamento dos fuzis de pederneira de apenas um tiro, que exigiam sucessivas recargas (Person, 1968, II, p. 977).

A primeira fase do conflito armado ocorreu no ano de 1882, quando as tropas de Samori e dos franceses disputaram o controle da cidade de Kenyeran, importante centro mercantil que permitia o acesso às áreas mandingas; e quando as tropas de Keme Brema, irmão de Samori, atacou os franceses em Wenyarko, perto de Bamako, para evitar que estes construíssem um forte ali. Outro confronto direto ocorreu em 1885 no momento em que o comandante Antoine Combes (1849-1930) ocupou Niagassola, ponto de passagem para as minas de ouro de Burém e foi forçado a se retirar de lá após ataques sucessivos e articulados de tropas samorianas comandadas pelo próprio Samori, por seu irmão Keme Brema e pelo chefe de guerra Masara Mamadi (Gueye; Boahen, 2011, p. 140).

Na segunda metade da década de 1880, o comandante Samori evitou o confronto direto e buscou alternativas diplomáticas. Em 1884, emissários foram enviados a Freetown, em Serra Leoa, para tentar obter apoio e proteção dos ingleses, sem sucesso (Ki-Zerbo, 1989, p. 37). Após o ataque a Niagassola, um tratado de paz foi estabelecido em 1886 com o tenente-coronel Henry Frey, pelo qual o governador francês do Alto-Senegal reconhecia o limite das possessões samorianas nas duas margens do Níger (Fofana, 1998, p. 82). Um ano mais tarde, no Tratado de Bissandugu, assinado em 23 de março de 1887 com o representante francês Etienne Péroz, as condições mostraram-se pouco favoráveis aos africanos, e em um dos artigos do documento Samori aceitou se colocar, ele e seus herdeiros, sob proteção dos franceses. Nas memórias do oficial, este "magnífico resultado" teria decorrido da "superioridade natural" dos europeus, conforme se pode ver na passagem a seguir:

> Malgrado o poder de Samory e a grande extensão de seu império, nós sempre tratamos com ele afirmando em alto e bom tom a superioridade e a condescendência do governo francês que se dignava a oferecer sua proteção a um chefe negro cujo poder, apesar de tudo, era quase nulo em comparação ao nosso. Certamente, nós observamos todo o protocolo que comportava a situação do monarca negro e o prestígio que o cercava; mas

> jamais admitimos que as bases de um entendimento entre nós fossem estabelecidas sob um tratamento de igualdade (Péroz, 1889, p. 373).

Ao que parece, a diplomacia era apenas um meio de ganhar tempo e, no caso dos franceses, um meio de obter informações sobre um inimigo irredutível. Os acordos firmados não eram seguidos e os franceses jamais deixaram de exercer influência direta ou indireta para enfraquecer a autoridade de Samori e aumentar as chances de vencê-lo em seu próprio território. Por outro lado, o controle dos territórios do Império Mandinga foi seriamente ameaçado nos anos de 1887 até 1889 em virtude da onda de sublevações que se seguiu após a resistência vitoriosa dos rebeldes em Sikasso, quando o reforço das guarnições locais e a repressão violenta geraram temor e insatisfação da população. A propaganda francesa explorou essa situação de instabilidade e, numa eficiente guerra de informação, espalhou o boato de que o *almami* tinha morrido, o que atraiu para si a adesão voluntária de chefes de regiões fronteiriças. Foi a partir daí que os franceses atravessaram o rio Níger, descumprindo o Tratado de Bissandugu, e, apesar de um novo tratado ter sido assinado em Niako em 1889, a derrota imposta ao líder tuculor Amadou Cheikhou Tall deixou todas as tropas francesas livres para a invasão armada e ocupação da Guiné.

A segunda fase da guerra aberta ocorreu quando as tropas do comandante em chefe do exército francês, Louis Archinard, atacaram Kankan com o apoio do influente chefe mandinga Daye Kaba, a quem a cidade foi entregue após a ocupação, em 11 de abril de 1891. Outro ataque europeu foi desferido em dezembro do mesmo ano, sob a liderança do tenente-coronel Humbert. Tais acontecimentos forçaram a reunião de uma grande assembleia dos chefes do Império Mandinga da Guiné e da Costa do Marfim para organizar a resistência, aumentar a munição e ampliar o recrutamento. Porém, com o ataque e a conquista francesa de Bissandugu em 1892, Samori perdeu outra importante base de apoio. Daí em diante ele passou a efetuar ataques esporádicos contra comboios e fontes de abastecimento do exército de ocupação, praticando ao mesmo tempo a tática da "terra arrasada" pela destruição ou incêndio de fontes de fornecimento de víveres, o que, evidentemente, criou um ambiente de desolação sem precedentes na região.

O estado crônico de guerra aos poucos foi enfraquecendo a autoridade de Samori, que tinha de reprimir revoltas internas e evitar disputas em seu próprio círculo familiar, onde era alimentado um clima de intrigas e traições que envolviam os seus filhos e filhas, alguns e algumas tendo sido executados e executadas; tinha de manter o controle das comunidades de aldeia e fazer frente a ataques cumulativos que produziam crescente desgaste de sua imagem. No ano de 1894, ele e suas tropas abandonaram a Guiné, estabelecendo-se no norte da Costa do Marfim, enquanto o exército de ocupação concentrou os ataques contra as caravanas mandingas responsáveis pela compra de armas em Serra Leoa e ocupou as fortalezas que permaneciam fiéis a Samori. Por sua vez, o deslocamento para a área de floresta, que era a principal fonte de fornecimento de noz-de-cola, despertou a oposição das elites comerciais locais contra Samori, que levou à tomada pela força da cidade de Worodugu em 1893 (Cissé; Kamaté, 2019, p. 476).

Nos últimos anos de guerra Samori tentou inutilmente obter apoio inglês a partir de Serra Leoa, mas seus antigos parceiros se colocaram como novo obstáculo. As reações da elite comerciante geraram novos conflitos armados em 1897 que levaram à invasão da poderosa cidade de Kong, aumentando com isso o número de adversários locais. Ao mesmo tempo, a conquista do Alto Níger pelos franceses foi sendo consolidada. A resistência tornava-se cada vez mais fruto da obstinação dos samorianos do que uma possibilidade efetiva de sucesso. Ao final, uma coluna sob o comando do capitão Henri Gouraud localizou o acampamento de Samori em Guélémou, na fronteira entre a Costa do Marfim e Serra Leoa, e conseguiu efetuar sua prisão no dia 29 de setembro de 1898. Ele foi conduzido até Saint-Louis, onde foi julgado, condenado e exilado no Gabão, país em que acabou morrendo, dois anos mais tarde, em 2 de junho de 1900 (Fofana, 1998, p. 124).

Samori e os usos do passado

As disputas pela memória constituem fenômeno recorrente na história e têm sido bem examinadas pela historiografia recente. Elas tendem a ser mais acentuadas quando dizem respeito a pessoas ou eventos paradigmáticos, influentes, modelares, e a dimensão que assumem por vezes interfere na própria maneira pela qual o passado é dado a conhecer. No caso de Samori Touré, a caracterização de sua imagem pública foi recorrentemente utilizada desde o período da guerra de ocupação colonial francesa, e nela foram apostos qualificativos positivos ou negativos que o elevavam ou rebaixavam como modelo de liderança. Conforme tem sido demonstrado, a associação de sua imagem com a resistência à conquista colonial fez dele um "herói instável", simultaneamente herói e tirano, o que se revela mesmo nos cognomes a ele atribuídos: na imprensa e nas crônicas francesas, evidentemente eurocêntricas, por vezes ele veio a ser identificado com o epíteto glorioso de "Napoleão sudanês", em contraste com a imputação depreciativa de "Átila africano" e com a identificação pejorativa que se fixou na imaginação popular de "Samori, o sanguinário" ou "Samori, o sangrento" (Bertho, 2017, p. 5, p. 10; Péroz, 1889, p. 388; Gatelet, 1901, p. 440; Ki-Zerbo, 1989, p. 45).

O caráter paradigmático da figura de Samori foi utilizado pela França durante o período colonial, tendo a imagem deste personagem sido apropriada, trabalhada e reconfigurada pela imprensa. Sua prisão, exibição pública e julgamento foram amplamente noticiados, e sua imagem, através de fotografias e desenhos publicados na imprensa ilustrada no período dos próprios acontecimentos, exemplifica o que determinados pesquisadores qualificam como uma "ocupação imagética da África" ou um "imperialismo das imagens". Este uso contribuiu para reforçar o discurso triunfalista que opôs "heróis" franceses devotados à causa da civilização a "vilões" africanos identificados com a violência e a opressão (Correa, 2020, p. 449-451). Os registros visuais de Samori contribuíram da mesma forma para a espetacularização de sua imagem, que, além de ser difundida em órgãos da imprensa como os jornais e revistas *Le Petit Journal*, *La Vie illustrée* e *Le Petit Parisien*, deu origem a cartões-postais e se fixaram no imaginário social contemporâneo, passando a alimentar discursos diversos quanto ao significado e à natureza (Bertho, 2018).

Popularizada e cristalizada durante o período colonial, a imagem distorcida de Samori Touré viria a ser reabilitada por uma historiografia africanista das décadas de 1950 e 1960 comprometida com a descolonização, em particular na monumental e incontornável tese de doutorado de Yves Person, na qual salientam-se a especificidade e originalidade de sua liderança (Suret-Canale, 1977). Valorizado na República da Guiné nos anos 1960 e 1970, quando foi alçado à condição de figura histórica emblemática e herói da resistência à colonização, sua imagem passou então por amplo processo de remontagem e ressemantização, sendo estampada em moedas, cédulas impressas e selos postais da série *heróis e mártires da África*. O presidente da Guiné, Ahmed Sekou Touré, um de seus inúmeros bisnetos, estimulou o desenvolvimento de uma ligação de sua imagem com a de Samori, que se tornou uma espécie de ancestral mítico da nação guineense, fortalecendo-a por meio da fabricação de monumentos públicos, pela divulgação de sua história em uma epopeia musical elaborada e executada pela orquestra nacional Bembeya Jazz e, sobretudo, pela repatriação de seus restos mortais do Gabão para a Guiné, onde veio a ser enterrado em Conacri como herói nacional (Correa, 2020, p. 464; Bertho, 2018). No discurso de abertura de um congresso de história promovido pelo governo revolucionário e dedicado ao tema da "resistência africana", toda uma jornada de estudos e debates veio a ser dedicada ao caráter e personalidade de Samori como "herói africano" e "patriota guineense" (Touré, 1982, p. 12-14).

Desde o período da ocupação francesa, todavia, o lugar de Samori na memória popular não era consensual. Se, por um lado, prevaleceu a imagem do grande líder, do chefe incontestável na Guiné-Conacri, por outro lado, suas ações por vezes foram julgadas excessivas, sendo consideradas moralmente condenáveis. Num dos mais antigos textos escritos sobre ele na África, no ano de 1914, composto na língua hauça pelo oficial sudanês Mallam Abu, da então Costa do Ouro (atual Gana), o conquistador é louvado por suas proezas militares mas visto como um traidor dos princípios fundamentais do islã, sendo reprovado por seus excessos e atrocidades (Bertho, 2019, p. 44). Na tradição oral das comunidades de aldeia do sul da atual República do Mali e das aldeias senufo das margens do rio Kankéléba, que no fim do século XIX encontravam-se na periferia do Império Mandinga, as restrições à imagem de Samori devem-se a outro motivo. Estas foram comunidades cuja população era não islamizada ou contrária ao islamismo no período das conquistas samorianas. Neste caso, o que prevalece é a "memória dos vencidos" sobre Yorsam, nome pelo qual Samori é ali identificado. As narrativas reproduzidas pelos detentores das tradições locais relembram comunidades atacadas e mantidas sob controle violento, integrantes dessas comunidades assassinados ou reduzidos em cativeiro. Teria sido este o motivo pelo qual grande parte dessa população se tornou não apenas favorável aos franceses, mas os recebeu como libertadores por ocasião da conquista (Peterson, 2008, p. 270-272).

Eis, em grandes linhas, um perfil histórico de Samori Touré e do Império Mandinga que ele construiu; do que ele representou como força política soberana em um dos momentos mais dramáticos da história africana. O que se percebe nessa visão em perspectiva é a originalidade da organização social e política que ele criou, sua incontestável influência em toda a África Ocidental e sua marca na memória pública das atuais repúblicas da Guiné-Conacri, Mali e Costa do Marfim. Sob a liderança de Samori, as sociedades mandingas passaram por um processo de reajustamento e de integração cujo impacto regional foi considerável, porém, as guerras de conquista e as guerras contra a ocupação colonial francesa geraram um estado de instabilidade social que foi bem aproveitado pela propaganda colonial após a incorporação territorial dos domínios samorianos ao Sudão ocidental francês.

A excepcional capacidade política, as habilidades militares como chefe de guerra e o carisma pessoal garantiram a Samori, por outro lado, lugar diferencial no cenário da conquista colonial. A variedade de perfis e qualificativos a ele atribuída no seu próprio contexto histórico ou na posteridade dá provas da profunda impressão causada por seus feitos na opinião pública europeia e na memória popular das sociedades da África ocidental, e a persistência de sua imagem desde o período colonial até o momento presente atesta o lugar de protagonismo que ele ocupou na história política contemporânea.

11.

HIBRIDISMOS CULTURAIS E RESISTÊNCIA POLÍTICA: OS FILHOS DA TERRA E A EXPANSÃO COLONIAL EM ANGOLA E MOÇAMBIQUE

Andrea Marzano e Matheus Serva Pereira

Em 1882, nas páginas do jornal luandense *O Futuro d'Angola*, o intelectual negro José de Fontes Pereira denunciou, em um artigo intitulado "Com preto e mulato nada de contrato", a crescente discriminação racial que limitava o exercício da cidadania e a ocupação de cargos públicos pelos "filhos da terra", criticando as autoridades coloniais, qualificadas como "certos ratões que nos mandam de Portugal", por não promoverem "a civilização d'um povo a quem não têm amor" (*O Futuro d'Angola*, 29 abr. 1882, p. 2).

Em Moçambique, em 1908, era publicado o primeiro número do jornal *O Africano*, uma iniciativa do Grêmio Africano de Lourenço Marques. Apresentando-se como um "grupo humilde – da triste humildade dos homens de cor", "composto, unicamente, de elementos africanos", o Grêmio criticava a incapacidade colonial portuguesa de construir infraestruturas. "Nem estradas, nem fontes, nem oficinas, nem escolas!" Seus membros denunciavam que, em troca de terem aceitado "um jugo dos que julgávamos civilizadores", só tinham recebido "o vinho branco para pretos e liberdade plena [...] de tomarmos bebedeiras". Apelando para o fato de serem portugueses, propunham a fundação de uma "escola de instrução primária", com o intuito de cumprir algo que a colonização portuguesa tinha sido incapaz de realizar: o afastamento dos africanos das bebidas alcoólicas e o "ensino do português", única língua a ser falada na futura instituição (*O Africano*, 25 dez. 1908, p. 1).

O combate ao racismo, o domínio da língua e da cultura portuguesa e a crença na superioridade da civilização europeia situavam intelectuais negros em uma posição peculiar nas sociedades coloniais. Este capítulo discorre sobre o percurso histórico que levou ao surgimento de movimentos nativistas em Luanda, capital de Angola, e Lourenço Marques, capital de Moçambique, bem como sobre as estratégias adotadas pela parcela urbanizada e parcialmente europeizada da população africana em sua luta por direitos, dentro dos limites impostos pela presença colonial portuguesa.

A formação das elites da terra

Até meados do século XIX, o principal interesse europeu na África era o comércio, especialmente de escravizados. A colonização das Américas, baseada na exploração da mão de obra escravizada, favoreceu o desenvolvimento de um modelo comercial envolvendo soberanos africanos e seus agentes, alguns deles provenientes da Europa e das Américas, e seus parceiros comerciais que atravessavam o Atlântico.

No contexto do tráfico de escravizados no oceano Atlântico, com a circulação constante de negociantes, tripulantes de navios negreiros e africanos, emergiu o que foi designado como uma "crioulidade atlântica", que se fazia presente em regiões escravistas das Américas e em áreas do continente africano, como o litoral de Angola, Senegâmbia, Serra Leoa, baía do Biafra, baía do Benim (Ferreira, 2006, p. 25-28).

O caso dos saros e *brasileiros* de Lagos, na baía do Benim, é significativo. Os saros eram iorubás escravizados que haviam sido capturados pelo esquadrão britânico no período de ilegalidade do tráfico, sendo encaminhados para Serra Leoa, fundada por abolicionistas ingleses em fins do século XVIII e convertida em colônia britânica em 1808. Na década de 1840, os saros, partindo de Serra Leoa, começaram a se estabelecer em Lagos. Os *brasileiros*, por sua vez, eram libertos, geralmente africanos da região iorubá, que retornaram à África Ocidental a partir da década de 1830. Em Lagos, formaram uma comunidade caracterizada pelo uso da língua portuguesa, a fé católica conjugada com outras religiões e por uma identidade fortemente distinta do restante da população. Os mais prósperos dedicavam-se ao comércio, sobretudo com a Bahia, havendo, ainda, um número significativo de trabalhadores manuais especializados. Muitos comerciantes *brasileiros* faziam a intermediação entre grandes firmas europeias, das quais compravam a crédito produtos manufaturados, e cidades do interior da atual Nigéria, que forneciam os artigos a serem exportados (azeite de dendê, panos da costa, nozes-de-cola, entre outros).

A partir de 1851, os ingleses buscaram estabelecer o controle sobre Lagos por meio de um consulado. Dez anos depois, implantaram um estatuto colonial. *Brasileiros* e saros apoiaram os ingleses como forma de manter certa independência em relação às autoridades africanas locais. Entretanto, sua atividade comercial também dependia de ligações familiares e alianças no interior. Na década de 1890, o poder britânico se estendeu pelo interior, através de um protetorado. Firmas europeias começaram a estabelecer filiais nas cidades interioranas, seguindo a expansão ferroviária, solapando as bases do poder e da influência dos comerciantes *brasileiros*. Um racismo crescente rebaixou-os a postos subalternos e mal remunerados. Cargos superiores e médios passaram a ser, cada vez mais, ocupados exclusivamente por brancos. Em resposta, a elite de Lagos, envolvendo saros e *brasileiros*, passou a valorizar a cultura iorubá (Cunha, 1985, p. 142 e p. 147).

A presença de *brasileiros* se estendeu por todo o golfo do Benim, desde Lagos, na atual Nigéria, até Acra, no Gana. No atual Benim, comunidades *brasileiras* surgiram a partir do estabelecimento de comerciantes de escravizados, provenientes do Brasil e de Portugal, e, no século XIX, de homens e mulheres que, levados ao Brasil na condição de cativos, decidiram retornar à África após a conquista da liberdade, estabelecendo-se na costa em que atracavam os navios. Designados em iorubá, fon ou mina como agudás, eles assumiram uma identidade diferenciada em relação ao restante da população, adotando o modelo de família patriarcal, usando talheres e trajes europeus, falando a língua e usando sobrenomes portugueses, valorizando modelos arquitetônicos e hábitos culinários *brasileiros*, além de professarem a fé católica ou, em certos casos, islâmica. Frequentemente alfabetizados, solidamente estabelecidos no comércio e, muitas vezes, grandes proprietários fundiários, os agudás foram aproveitados pela administração francesa no momento de sua implantação no Benim, atuando como intermediários entre o poder colonial e os autóctones. Inicialmente dominantes na economia da região, com o avanço da colonização francesa foram progressivamente afastados dos negócios em benefício dos conquistadores (Guran, 2000, p. 18).

Angola, onde o comércio transatlântico de escravizados foi mais duradouro, compartilhou com o restante da África atlântica um semelhante processo de mestiçagem cultural, igualmente articulado à formação de elites da terra que acabariam subalternizadas com a intensificação da presença colonial.

A formação das elites da terra em Angola

Luanda, futura capital da colônia de Angola, foi fundada em 1576. Os portugueses desejavam garantir os interesses do comércio de escravizados, sobretudo com o reino do Congo, que ganhava importância, mas se mantinha sob controle da comunidade mercantil portuguesa estabelecida em São Tomé e Príncipe.

Assumindo a feição de "colônia do litoral", Luanda rapidamente se tornou um grande fornecedor de escravizados para o mercado atlântico. O dinamismo representado pelo tráfico não impediu que a presença europeia em Angola fosse numericamente frágil e geograficamente limitada. Até a década de 1840, restringia-se a um corredor litorâneo entre as cidades de Luanda e Benguela, prologando-se para o interior próximo através de presídios e feiras, ao longo do rio Cuanza, até Malange. Na década de 1840 avançou, a norte, em direção ao Ambriz e ao Ambrizete, onde pequenas enseadas abrigavam o tráfico ilegal, e, a sul, em direção a Moçâmedes.

Em termos numéricos, a fragilidade da presença europeia propiciou o surgimento de uma elite da terra, formada por africanos negros e mestiços que se dedicavam ao tráfico de escravizados e ocupavam cargos na administração colonial, no Exército e no clero. A origem dessa elite foi a união entre europeus e mulheres africanas, livres ou escravizadas cujos filhos mestiços, parcialmente educados à europeia, participavam dos negócios paternos.

A principal característica dessa elite da terra era o domínio de códigos culturais europeus, que fazia com que seus membros fossem socialmente reconhecidos como civilizados, sem, no entanto, abandonarem inteiramente os costumes locais. O hibridismo cultural da sociedade luandense se manifestava no uso cotidiano do quimbundo, na culinária, nas vestimentas femininas, com panos sobrepostos, e até na rebita, dança de pares de sucesso no século XIX, conjugando movimentos de danças europeias com a umbigada africana.

As elites de Luanda e Benguela eram formadas, maioritariamente, por católicos, comerciantes de escravizados, que mantinham ligações estreitas com outras cidades atlânticas, especialmente Rio de Janeiro, Salvador e Recife. Alguns tinham nascido nessas cidades, outros, nelas haviam deixado esposas, filhos e sócios, ou as visitavam periodicamente a negócios. Negociantes nascidos ou estabelecidos em Luanda enviavam seus filhos para escolas no Rio de Janeiro, além de serem membros de irmandades religiosas nessa cidade (Ferreira, 2006, p. 31-38).

Em Angola, as referências à independência do Brasil (1822), e as consequentes ameaças das elites de seguirem o mesmo caminho, expressavam seu descontentamento pelo fim do comércio transatlântico de escravizados. Entre 1830 e 1845, ocorreram revoltas de colonos – e de alguns chefes africanos – no sul de Angola contra a repressão a esta atividade comercial. Pouco antes de 1851 foi fundada, em Luanda, a Comissão Promotora dos Interesses Comerciais da Província de Angola. Tal instituição, transformada na Associação Comercial de Luanda em 1863 ou 1864, representava, inicialmente, os interesses dos europeus envolvidos no tráfico ilegal. Em 1859-1860, colonos europeus e membros das elites da terra conspiraram pela independência, defendendo a formação de uma república unindo Angola e Brasil ou a oferta de Angola como colônia aos Estados Unidos (Wheeler; Pélissier, 2009, p. 143-145).

A formação das elites da terra no sul de Moçambique

Nem todos os grupos populacionais africanos identificáveis como elites da terra foram formados a partir das dinâmicas do tráfico transatlântico de escravizados. A ocupação colonial portuguesa em território moçambicano, entre os séculos XVI e XVIII, esteve concentrada no centro, no vale do Zambeze, e no litoral norte, na ilha de Moçambique, local com forte influência islâmica, consolidada integração com a cultura suaíli da África Oriental e um importante fluxo de mercadores de origem indiana. A partir do século XIX, o eixo da exploração colonial deslocou-se para o sul de Moçambique, tendo como ponto de partida a construção de uma fortificação pelos portugueses em 1782. A cidade de Lourenço Marques, renomeada Maputo após a independência (1975), paulatinamente ganhou importância.

Até a segunda metade do século XIX, o sul de Moçambique possuía uma pequena presença portuguesa, circunscrita ao presídio de Lourenço Marques, e um diminuto valor para a administração colonial. O comércio de escravizados, especialmente para o Brasil, e as rotas mercantis de longa distância no Índico, importantes fontes de receita que impactavam nas construções sociopolíticas das regiões norte e centro moçambicano, não eram parte constitutiva das dinâmicas sociais, culturais, políticas e econômicas no sul. Este vasto espaço geográfico, localizado abaixo do rio Save, passou por intensas transformações a partir da primeira metade do século XIX, ocasionadas pelo avanço territorial dos povos nguni, sobretudo de origem zulu, provenientes da atual África do Sul. Na segunda metade do século XIX, a descoberta de jazidas de diamante e ouro no Transval tornou Lourenço Marques, e as populações de seus arredores, um relevante mercado para a aquisição de mão de obra e escoamento da indústria mineradora sul-africana.

No sul moçambicano, as elites da terra formaram-se a partir de famílias que controlavam a caça e o comércio entre Lourenço Marques, Inhambane e África do Sul/Transval. Com uma participação pequena de seus lucros e de seu poder baseada no comércio de escravizados, os líderes de caravanas, barqueiros, comerciantes de diferentes escalas, com variadas origens europeias e indianas, em conjunto com chefaturas africanas locais, obtiveram prestígio político no século XIX, antes das conquistas militares portuguesas, por conta da influência sobre pessoas e rotas comerciais que controlavam, especialmente do marfim. Seus ganhos e vivências não estavam atrelados diretamente às dinâmicas coloniais portuguesas previamente existentes. Porém, seus filhos e netos, advindos de casamentos entre europeus, indianos e famílias de chefes locais, terminaram por ocupar posições nas novas redes econômicas, em profissões liberais ou em postos da administração colonial que surgiram com as mudanças da virada do século XIX para o XX, a partir da efetivação da dominação colonial portuguesa e da elevação da cidade de Lourenço Marques, a capital da colônia, entre a última década do século XIX e os primeiros anos do século XX.

A intensificação da presença colonial e a subalternização das elites da terra

Em meados do Oitocentos, sobretudo em fins daquele século, Inglaterra, França, Alemanha e Bélgica iniciaram a "corrida para a África", onde buscavam encontrar recursos naturais, extraídos por mão de obra barata, e, se possível, mercados para seus produtos industrializados. Portugal, país agrário e economicamente frágil, participou desse movimento sob a alegação da antiguidade da sua presença no continente.

Se a Conferência de Berlim (1883-1884) não teve, à época, a importância que lhe seria creditada pela historiografia, não deixou de ser relevante, por determinar que o reconhecimento do domínio sobre um território se daria, necessariamente, pela ocupação efetiva do terreno. Tal determinação seria um duro golpe para Portugal, obrigado, em um contexto de rivalidade entre os países europeus, a intensificar sua presença no ultramar.

Desde então, países europeus se envolveram em campanhas militares, alianças com soberanos e autoridades africanas e reorganizações administrativas. O mapa colonial da África foi desenhado por ações múltiplas e contraditórias não apenas dos colonizadores (militares, missionários, administradores, cientistas, empresários, aventureiros e colonos), mas também dos africanos e africanas. Alguns foram transformados em agentes do colonialismo, integrados às forças militares e à administração colonial.

O fim do comércio transatlântico de escravizados fora um duro golpe para as elites da terra em Angola, que perderam sua maior fonte de rendimentos, tornando-se mais dependentes dos cargos públicos na crescente administração colonial portuguesa. Entretanto, a concorrência entre países europeus por domínios na África, o racismo e a adoção de medidas para a ocupação efetiva dos territórios envolveram a crescente ocupação desses cargos por brancos naturais da metrópole.

Se, a partir dos anos 1880, a expansão da máquina administrativa e o crescimento de Luanda deram aos membros das antigas elites da terra novas oportunidades de emprego, a partir de 1900 o acesso aos cargos públicos se tornaria mais difícil. Em 1901, uma nova lei determinou que os nativos de Angola que pretendessem se candidatar a vagas de telegrafistas deveriam possuir certificados de habilitações em geografia e latim. Em 1911, um decreto governamental estabeleceu a exigência de cinco anos de estudos secundários para o ingresso nos níveis inferiores da burocracia, embora, até 1919, não existisse ensino secundário oficial na colônia. Em 1921, uma nova lei dividiu a administração pública num ramo europeu e outro africano, sendo este último designado Quadro Geral Auxiliar. Tal inovação restringiu a promoção dos nativos ao posto de primeiro-escriturário e criou uma escala salarial diferenciada entre europeus e africanos.

Esse processo afetou a geografia social da cidade. Antes do século XIX, Luanda já era dividida em dois planos principais. Na cidade baixa, próxima ao mar, ficava a área comercial e as residências dos negociantes, que compunham a maior parte das elites da terra, com grandes quintais onde se comprimiam escravizados esperando a venda ou sendo utilizados nos serviços domésticos. Ficavam, também, aglomerações de *cubatas* (casas, em quimbundo; habitações rústicas, tradicionalmente cobertas de palha), onde viviam africanos livres, então designados como gentios. A cidade alta sediava o poder administrativo, militar, judiciário e religioso.

O fim do comércio transatlântico de escravizados, a extinção legal da escravidão, a intensificação do número de colonos europeus em fins do Oitocentos, e, de forma mais expressiva, na década de 1920, alterariam significativamente essa disposição. O projeto de transformação da cidade baixa em área residencial exclusiva para colonos levou à expulsão dos africanos pobres para a zona desabitada, coberta de areia vermelha, onde cresceriam os *musseques* (bairros com saneamento precário, cujas construções são frequentemente caracterizadas pelo uso de materiais improvisados). Tal projeto atingiria, em seguida, as antigas elites da terra.

Ainda em decorrência do fim do tráfico, africanos negros e mestiços livres que o intermediavam no interior migraram para Luanda, aumentando os conflitos habitacionais.

Quanto à cidade de Lourenço Marques, a partir da década de 1890 seu crescimento foi acelerado. Com a definição de fronteiras entre Moçambique e Transval (1891) e o processo de conquista militar do território pelos portugueses, com a destruição do Império de Gaza (1898), a cidade, assim como todo o território moçambicano ao sul do rio Save, consolidou-se como um dos eixos da economia colonial portuguesa, sob o impulso da industrialização sul-africana. Ao mesmo tempo, tendo como intuito o expurgo para regiões rurais de qualquer vestígio da presença africana na cidade, o colonialismo português implementou uma série de projetos de engenharia e urbanização que promoveram a racionalização do espaço urbano, culminando na transferência da capital colonial da Ilha de Moçambique para Lourenço Marques.

O controle da caça e do comércio potencializou a presença de famílias locais poderosas no esforço em ocuparem a máquina administrativa colonial advinda com o estabelecimento de um fornecimento contínuo de mão de obra africana para as minas sul-africanas. No entanto, o racismo rapidamente restringiu o acesso aos postos mais elevados de trabalho aos filhos e netos, negros e mestiços, das elites da terra detentoras do prestígio político e econômico previamente existente.

A perspectiva racista que permeou a imaginação e a ocupação da cidade veio acompanhada por variadas formas de resistência. Porém, sua construção enquanto uma urbe moderna, que deveria irradiar a civilização colonial para o restante do território, trouxe consigo a promoção de Lourenço Marques como um local destinado aos homens brancos europeus. A expansão da presença branca no sul moçambicano, ocupando cargos na burocracia do Estado colonial, a reorganização econômica da região, com o estrangulamento do comércio de longa distância e o direcionamento dos lucros e investimentos para a indústria mineradora sul-africana, conjuntamente com a construção de uma infraestrutura urbanisticamente destinada aos novos habitantes de origem europeia, impactaram as elites da terra, assim como o papel que poderiam desempenhar nos novos contextos que se desenhavam.

Durante o período colonial, a capital moçambicana esteve dividida entre o centro, marcadamente europeu, e o subúrbio, marcadamente africano. Nas três primeiras décadas do século XX, delineou-se uma cidade segregada sociorracialmente por meio de uma "cidade de cimento", destinada à população branca, e uma "cidade de *caniço*", ocupada pela população negra e mestiça de origem africana ou indiana, marginalizada pelo colonialismo português. O projeto de separação explícita simbolizava o progresso civilizacional europeu desejado, assinalando quais experiências eram permitidas, aos diferentes segmentos sociorraciais, nos espaços citadinos. A "cidade de cimento" demandava mão de obra, suprida pelos braços africanos que viviam na "cidade de caniço". Isso acarretava a circulação de trabalhadores negros na "cidade de cimento" durante o expediente de trabalho, mas não a sua permanência em momentos de lazer. Membros das elites da terra, que passavam por um processo de subalternização, foram empurrados para as zonas fronteiriças entre o "cimento" e o "caniço". Neste decurso, construíram espaços de intermédio, com edificações que misturavam alvenaria e caniço, ocupadas maioritariamente por elites provenientes de Goa e famílias africanas filhas da terra. Cinemas, teatros, jardins, praças de touros, restaurantes, bares, hotéis, foram construídos a partir da concepção de que os diferentes espaços eram destinados a segmentos sociorraciais específicos (Zamparoni, 1998).

A formação da política do indigenato

No século XIX, a legislação definia, de forma abstrata e genérica, as populações do Império como portuguesas. Os princípios do liberalismo contrastavam com o cotidiano dos domínios ultramarinos, em que a ampla maioria das populações não tinha direitos reconhecidos, sendo sujeitada à escravização e ao tráfico.

Em fins daquele século, militares e administradores, definidos posteriormente como a "geração de 1895", passaram a discutir a inadequação do discurso liberal à situação das colônias. Imbuídos de ideias racistas condizentes com o darwinismo social, enquadravam as sociedades, e suas populações, em uma linha evolutiva na qual os povos africanos figuravam como os mais primitivos e os europeus eram apresentados como o modelo mais acabado de civilização. Baseados em tais pressupostos, reforçavam a ideia de que à Europa cabia a missão histórica de civilizar a África, argumento corriqueiro na defesa da dominação colonial.

A política do indigenato, resultante desse debate, foi materializada em decretos emanados da metrópole, entre 1899 e 1954, e portarias assinadas nas colônias. Sua abolição oficial, em 1961, respondeu ao início da guerra anticolonial em Angola. Tal política definia como indígenas os africanos não assimilados à cultura europeia, submetendo-os a um regime jurídico próprio sob a justificativa de que, enquanto primitivos, seriam inaptos ao exercício dos direitos e deveres da cidadania portuguesa. Embora reforçasse a subalternização extrema da maior parte dos africanos, oficializando a possibilidade de submetê-los a diferentes formas de trabalho compulsório, era apresentada como evidência do respeito dos colonizadores às práticas e costumes das populações colonizadas.

O indigenato previa a possibilidade de superação da condição jurídica de indígena através da requisição do estatuto de assimilado. Os africanos considerados juridicamente como assimilados eram aqueles que, após a avaliação de um tribunal ou um administrador colonial, mostrassem ter abandonado seus "costumes raciais". Este processo deveria ocorrer por meio da adoção da fé cristã e, consequentemente, da monogamia, do uso cotidiano da língua portuguesa, da alfabetização e da posse de condições materiais que possibilitassem "viver como um europeu". Na prática, significava ser um trabalhador assalariado e adotar símbolos materiais da vida ocidental, como o uso de talheres à mesa, mobiliário e trajes europeus. Caso tivesse seu requerimento aprovado, o interessado se tornava cidadão português, obtendo um alvará de assimilação. Ao contrário dos considerados indígenas, os assimilados não eram sujeitos ao trabalho compulsório.

A legislação reforçava o princípio de que cabia ao colonizador promover a gradual transformação dos "usos e costumes" dos indígenas, inserindo-os, progressivamente, nos quadros da civilização europeia. Embora a concepção jurídica da assimilação partisse do pressuposto do abandono de uma cultura em prol da adoção de outra, os próprios estatutos sugeriam a existência de "situações especiais", em que os indígenas poderiam "encontrar-se no caminho da civilização" (Decreto-Lei nº 39.666, de 20 de maio de 1954).

De fato, nos espaços luandense e laurentino (referente aos habitantes da então Lourenço Marques), muitos indivíduos juridicamente enquadrados como indígenas partilhavam, em variáveis aspectos, elementos da cultura europeia. Entre eles, vários preenchiam quase todos os requisitos para serem considerados assimilados, embora não o fossem "de direito", por não terem cumprido as formalidades exigidas para o reconhecimento jurídico da assimilação.

As categorias de assimilado e indígena, assim como o conjunto de leis e ideologias ao seu redor, estiveram associadas à criação de mecanismos de exploração da mão de obra africana pelo colonialismo. De maneira geral, elaborou-se uma imagem racista das pessoas negras/africanas como naturalmente propensas à vadiagem, que estimulou a produção de leis que concebiam o trabalho como ferramenta civilizacional. Através do estabelecimento da obrigação moral do trabalho para os indígenas, por meio de sucessivos códigos legislativos, buscou-se promover o surgimento de uma força de trabalho africana subproletarizada, abundante, barata e disciplinada.

A despeito do reconhecimento formal da assimilação, e do discurso dos agentes do colonialismo, a legislação não buscou expandir o acesso dos africanos à cidadania, mas limitá-lo. Em um levantamento do chefe de repartição do Governo Geral de Moçambique, de 1951, apenas 4.600 pessoas foram classificadas como assimiladas, em um total de quase seis milhões de habitantes (Arquivo Histórico de Moçambique, Direção dos Serviços dos Negócios Indígenas, Tribunais Indígenas, Assimilação de Indígenas, Caixa 1.624). O Censo Populacional de 1950 indica que, em Angola, para um total aproximado de quatro milhões de africanos, apenas 30.089 haviam conseguido alcançar o estatuto de assimilados (Wheeler; Pélissier, 2009, p. 200).

Com o estabelecimento da política do indigenato, os sujeitos cabíveis de solicitar o alvará de assimilação, tanto em Angola como em Moçambique, questionaram inicialmente a necessidade de fazê-lo, já que a negação do seu pertencimento automático ao universo da cidadania portuguesa lhes parecia um retrocesso, minando as posições relativamente privilegiadas que ainda ocupavam.

A resistência das elites da terra em Angola

Em Angola, antes do desenvolvimento da política do indigenato, surgiram formas de resistência relacionadas ao recrudescimento da identidade dos negros e mestiços considerados civilizados, sob a autodesignação de "filhos da terra" ou "angolenses". Nas últimas décadas do século XIX e no início do seguinte, foram publicados jornais semanários que contaram com a direção e/ou a colaboração de filhos da terra, defendendo os interesses do grupo. Entre eles estavam *O Cruzeiro do Sul* (1873), *O Eco de Angola* (1881), *O Futuro d'Angola* (1882), *O Pharol do Povo* (1883), *O Arauto Africano* (1889), renomeado como *O Polícia Africano* (1890), e *O Angolense* (1907). Nessa época, a militância dos filhos da terra encontrava pontos de convergência com a ação política de parte dos residentes europeus, muitos deles republicanos radicais que, por terem interesses arraigados em Angola, criticavam o excessivo controle administrativo e financeiro da metrópole.

A maioria dos filhos da terra de Luanda sabia falar, mas não escrever, em quimbundo, e a imprensa nativa preferia publicar em português. Ainda assim, alguns autores mencionam a existência de jornais bilíngues (em português e quimbundo) na segunda metade do século XIX. Desde então, e até fins do Oitocentos, intelectuais negros e mestiços radicados em Luanda começaram a se interessar pela língua ambunda.

Até 1926, a atividade jornalística era relativamente livre em Portugal, Angola e Moçambique, embora por vezes limitada pelos humores e personalidades dos governadores coloniais. Algumas leis censórias foram aprovadas na metrópole nas décadas de 1880 e 1890, em resposta à agitação republicana em Lisboa e nas colônias, o que não impediu o prosseguimento de uma intensa atividade jornalística em Angola, capitaneada por filhos da terra e colonos republicanos mais ou menos radicais.

Em julho de 1883, o intelectual mestiço João da Ressurreição Arantes Braga, diretor do semanário republicano *O Pharol do Povo*, publicou uma série de editoriais que criticavam abertamente a dominação portuguesa em Angola. Em 13 de julho, referiu-se ao exemplo da Independência do Brasil. Sete dias depois, defendeu que os filhos da terra, rechaçando a autoridade lusitana, deveriam buscar o protetorado da América, "nova Atenas", "empório das riquezas fabris, [...] sede natural das indústrias, [...]

berço das artes, [...] grande centro do movimento liberal". Em um contexto de intensa agitação em sobados do interior, advogou, em 27 de julho, a suspensão da cobrança de impostos aos nativos em alguns concelhos (divisões administrativas dos distritos). Nas suas palavras, "os abusos do exercício do poder demonstram a inexistência do direito; [...] por isso [o governo colonial] vai perdendo, a pouco e pouco, os concelhos do interior". A conclusão do artigo, reconhecendo a legitimidade da rebelião das massas africanas, refletiu o radicalismo de suas ideias:

> Saibam os *mandriões do poder* que vão repetir-se as tristes cenas de 1871 e 1872, e foi assim que começou a guerra dos Dembos [região localizada a cerca de 150 quilômetros a nordeste de Luanda, em que as autoridades africanas locais resistiram militarmente ao domínio português entre 1872 e 1919]. [...] Obrigar o povo a pagar à força da baioneta é ato de verdadeiro bandido. Essas violências estimulam e acordam o leão a dormir. É esperar.

Outro intelectual filho da terra conhecido pelo radicalismo foi o funcionário público e advogado provisionário José de Fontes Pereira. Entre 30 de setembro de 1886 e 22 de junho de 1887, Fontes Pereira publicou, n'*O Futuro d'Angola*, uma série de treze artigos denominados "A independência d'Angola". Embora tenha defendido posições mais radicais que as de outros publicistas do seu meio, a série de Fontes Pereira permite visualizar alguns dos principais argumentos do grupo, bem como suas ambiguidades. O jornalista denunciou a ineficácia das autoridades portuguesas na civilização da colônia e reivindicou o avanço da instrução primária. Comentou decretos que regulavam a nomeação de naturais da metrópole para o serviço nas colônias, denunciando a expropriação de cargos até então ocupados por filhos da terra. Criticou uma lei da metrópole que proibia os funcionários públicos africanos de gozarem licenças no Reino, como faziam os europeus. A série não deixou de defender, pontualmente e de forma ambígua, os demais africanos. Fontes Pereira criticou a transferência de serviçais para as roças de São Tomé, identificando-a como comércio de escravizados que comprometeria, pela carência de mão de obra, o progresso de Angola. Denunciou, ainda, a expropriação de terras dos "pretos livres" dos concelhos do leste, ressaltando o despovoamento dela resultante, que prejudicaria a agricultura e o comércio. A preocupação com a carência de mão de obra pareceu, nos dois casos, ser mais importante que a denúncia das injustiças inerentes à dominação colonial.

De fato, ao menos nesta série, Fontes Pereira não criticou o colonialismo em si, nem questionou o pressuposto da missão civilizadora como justificativa para a dominação colonial. Sua argumentação foi baseada na ideia de que as autoridades portuguesas falharam na missão – tida como justa e necessária – de levar a civilização aos africanos. Em função do desinteresse sistemático da metrópole pelo cumprimento dessa missão, os filhos de Angola teriam o direito de afastar o jugo português e de buscar um "novo protetor". Tal ameaça reforçou a crença na superioridade cultural europeia, mas também assumiu um sentido especial, em um contexto marcado pela concorrência entre países europeus pelo domínio de regiões do continente africano.

No último artigo da série, Fontes Pereira abordou a possibilidade de união entre os nativos "civilizados" de Angola e Moçambique para afastar o domínio português. Referiu-se, ainda, a revoltas de populações africanas que teriam afastado, em regiões específicas da colônia, a soberania portuguesa. Sugerindo a possibilidade de união entre essas populações africanas e os filhos da terra pela independência de Angola, Fontes Pereira apresentou um argumento final a favor de suas reivindicações.

Em janeiro de 1890, em uma série de artigos publicados n'*O Arauto Africano*, Fontes Pereira defendeu que Angola deveria ser colonizada pela Inglaterra ou por outra potência mais bem preparada do que Portugal para civilizar os africanos. Esta sugestão, formulada no contexto do Ultimato britânico, provocou fortes reações entre colonos, autoridades, e até mesmo filhos da terra. Não seria a primeira nem a última vez que membros das elites da terra defenderiam o colonialismo português, rebatendo ideias de conterrâneos radicais. Após este episódio, Fontes Pereira deixou de publicar na imprensa, vindo a falecer dezesseis meses depois.

A leitura dos jornais identificados com os interesses dos filhos da terra revela a existência de diferentes posições no interior do grupo, desde aquelas mais radicais, que apontavam para a ideia de independência, inclusive acenando para a possibilidade de associação entre os levantes das massas no campo e o protesto nativista das cidades, até outras mais moderadas, que se limitavam a preservar direitos da restrita camada de africanos que, em função do domínio de códigos culturais europeus, eram socialmente reconhecidos como civilizados. Ademais, muitos intelectuais filhos da terra assumiram posições mais ou menos radicais de acordo com as circunstâncias, a partir de considerações relativas aos temas em debate ou mesmo às ameaças de repressão. A existência de cisões no interior da militância, bem como a dificuldade de transposição da fronteira – social, cultural e identitária – que separava os filhos da terra dos demais africanos, explica a inexistência de um plano coerente e consistente que possibilitasse o afastamento do jugo colonial.

As críticas e reivindicações de filhos da terra avançaram pelo século XX. Em 1901, onze intelectuais reuniram protestos em *A Voz de Angola Clamando no Deserto*, uma coletânea de textos publicados na imprensa desde 1889. A publicação respondia a um artigo anônimo da *Gazeta de Luanda*, que defendia que, por serem supostamente inaptos para o estudo e avessos ao trabalho, os africanos deveriam ser sujeitos a tribunais próprios (princípio que se tornaria central na política do indigenato).

No interior do movimento dos filhos da terra, mas também em círculos de colonos, adensaram-se reivindicações de autonomia legislativa, administrativa e financeira das colônias. Em algumas cidades de Angola foram fundados, entre 1904 e 1911, onze núcleos maçônicos, que difundiam os princípios republicanos. Muitos ativistas republicanos na colônia eram exilados da metrópole, ou empresários e comerciantes europeus com família ou interesses monetários em Angola. Algumas prensas africanas dos anos 1880 e 1890 foram financiadas por benfeitores europeus, republicanos radicais que, reunidos na Associação Comercial de Luanda, defendiam a descentralização administrativa, manifestavam-se contra a transferência de mão de obra para São Tomé e protestavam contra a persistência da escravatura e do trabalho forçado.

Após a proclamação da República em 1910, partidos políticos foram organizados para a eleição de representantes de Angola no Parlamento português, que viria a elaborar a primeira constituição republicana. O Partido Reformista de Angola e o Partido Republicano Colonial, que defendiam a autonomia administrativa e financeira da colônia, buscaram atrair, sem grande sucesso, o apoio dos filhos da terra.

Entre esses últimos, muitos alimentaram esperanças em relação à República. No dia 19 de novembro de 1910, em Luanda, foi entregue ao governador geral uma Mensagem dos Filhos de Angola, assinada por 150 subscritores, informando ao governo da República os males da colônia, com destaque para o "ódio de raça" e a permanência da escravatura. O manifesto afirmava que europeus e filhos da terra, "igualmente portugueses", deviam agir juntos pelo bem da pátria. Apesar do apoio explícito ao novo regime, os autores ameaçaram veladamente as autoridades, sugerindo que, no futuro, poderiam exercer o sagrado direito de insurreição contra a República.

Atendendo uma aspiração de antigos residentes europeus e filhos da terra, o novo regime estabeleceu, em agosto de 1914, a autonomia política e financeira das colônias, conferindo largos poderes aos governadores-gerais. No mesmo sentido, a revisão constitucional de 1920 criou o cargo de alto-comissário, eleito pelo senado e dotado de grande independência em relação à tutela ministerial metropolitana. Apesar disso, logo os filhos da terra perceberam que parte dos textos legais responsáveis pela sua subalternização não eram oriundos da metrópole, mas sim dos poderes locais.

Na Portaria Provincial nº 43, de 26 de janeiro de 1913, o governador-geral Norton de Mattos definiu como "não indígenas" os "naturais da província" que sabiam "falar corretamente o português", ou exerciam "alguma arte ou profissão liberal", ou pagavam contribuição predial ou industrial, ou tinham "hábitos ou costumes europeus". Tal Portaria, que reconheceu, ao lado do indígena, a figura jurídica do assimilado, representou a consagração da política do indigenato na colônia. Considerando-se que, na monarquia liberal, os nativos das colônias eram legalmente portugueses, a segmentação da população era, para os filhos da terra, um rebaixamento de estatuto, o que seria agravado posteriormente por documentos legais que negavam aos assimilados igualdade plena em relação aos europeus.

Entre 1910 e 1930, os filhos da terra estiveram envolvidos em mais de uma dúzia de associações recreativas, culturais e de ajuda mútua. A Liga Angolana, uma das mais importantes, foi fundada em 1912 e oficializada em março de 1913. Entre seus objetivos destacavam-se os de lutar pelos interesses de Angola, desenvolver a educação entre os africanos, defender os direitos dos seus membros e estabelecer aulas de educação física. A Liga condenava a discriminação racial, mas sua estratégia consistia em alcançar a promoção dos africanos dentro das políticas vigentes. Como seus membros eram republicanos leais, o governo buscou, de início, cooptá-los, participando de suas cerimônias.

No início de 1913, após uma dissidência na Liga Angolana, foi criado o Centro Africano, mais tarde rebatizado como Grêmio Africano. Tal como a Liga Angolana, o Grêmio era leal à República. Em 1930, o Grêmio foi reformado e deu origem à Associação dos Naturais de Angola, patrocinada e estreitamente controlada pelo governo.

A existência de diferentes associações nativas revela a presença de hierarquias entre os filhos da terra. O Grêmio Africano, que alegadamente tinha apenas fins instrutivos, educativos e recreativos, agrupava famílias nativas renomadas desde pelo menos o século XIX, que, apesar de relativamente subalternizadas, ainda ocupavam cargos médios na administração e se dedicavam ao comércio. A elas se juntavam, ainda, alguns europeus. Do ponto de vista das atividades políticas, o Grêmio se manteve distante dos grandes confrontos que opuseram os filhos da terra às autoridades e aos colonos. A Liga Angolana, por sua vez, embora tivesse membros de famílias tradicionais do meio angolense, agregava uma maioria de sócios dos estratos mais baixos dos nativos considerados civilizados. Eram mestiços mais escuros e negros, funcionários subalternos, empregados do comércio, operários e pequenos proprietários rurais.

Ainda na década de 1910, filhos da terra foram acusados de fomentar revoltas. Em 1911, o funcionário público A. J. de Miranda liderou uma marcha de africanos que entregou uma petição ao governador-geral. Por sua atuação política, que possivelmente se completava na associação de socorros mútuos Educação do Povo, Miranda foi transferido, em 1912, de Luanda para Malange. No início de 1914 surgiram, em Malange, rumores de um movimento separatista. Miranda foi despedido da administração pública e exilado em Cabinda.

Alguns anos depois, em 1917, quando rebeliões dos chamados indígenas agitavam Amboim e Seles, o governador-geral foi informado sobre uma conspiração nativista no vale do Cuanza. Rumores apontavam uma associação entre filhos da terra e indígenas, com o objetivo de massacrar os europeus e pôr fim à autoridade portuguesa. No mesmo contexto, quarenta serviçais repatriados de São Tomé, armados de catanas, ameaçaram agricultores europeus no distrito de Cuanza Norte, gerando suposições de conluio com a Liga Angolana. Em todos esses casos, membros da Liga Angolana e muitos filhos da terra foram detidos, desterrados e presos.

No final da Primeira Guerra Mundial e nos anos que se seguiram, o aumento da inflação, sobretudo em Luanda, gerou protestos de filhos da terra e de colonos que reivindicavam aumentos salariais e denunciavam abusos nos preços. Ocorreram manifestações e greves de africanos e europeus, das quais se destacaram a dos ferroviários das estradas de ferro de Ambaca, em 1918, e a dos funcionários públicos, em 1920. Aparentemente liderados por europeus, tais movimentos favoreceram a hostilidade e as acusações contra os membros da Liga Angolana, apontados como incentivadores das greves operárias e de assaltos a casas comerciais.

O crescimento econômico de Angola, com base na produção de açúcar e café, e as dificuldades na Europa, relacionadas às consequências da Primeira Guerra Mundial, contribuíram para o aumento da migração de portugueses para a colônia. A intensificação da presença de europeus, que concorriam com os filhos da terra pela ocupação dos cargos públicos, aprofundaria o processo de subalternização a que estes já vinham sendo submetidos.

Em 1921, o alto-comissário Norton de Mattos buscou promover a economia e o povoamento europeu. Introduzindo a remuneração diferenciada para europeus e africanos no funcionalismo público e impondo barreiras à ascensão profissional dos segundos, afastou os últimos filhos da terra que ocupavam cargos locais relativamente importantes. Na mesma época, uma reforma dos corpos militares determinou que as companhias indígenas seriam comandadas exclusivamente por europeus. Tais medidas geraram uma onda de protestos dos filhos da terra.

No início da década de 1920, manifestações de africanos contra o trabalho forçado e o confisco de terras agitaram as regiões de Golungo Alto e Catete, servindo de pretexto para uma série de detenções, banimentos e deportações. O procurador judicial negro Assis Júnior, que já tinha sido detido em 1917, acusado de envolvimento em revoltas africanas em N'dalatando e Lucala, foi preso novamente, entre outros filhos da terra.

Norton de Mattos aproveitou os rumores de conspiração para esmagar a oposição organizada. Em fevereiro de 1922, a Liga Angolana foi banida e o seu jornal, *O Angolense*, foi fechado. A imprensa nativa foi silenciada. Várias dezenas de líderes, funcionários e jornalistas foram deportados. Outros permaneceram nas prisões de Luanda. Em 1925, foi autorizada a reconstituição da Liga Angolana, dando origem à fundação, em 1930, da Liga Nacional Africana.

As acusações dirigidas aos filhos da terra precisam ser problematizadas. Embora seja plausível supor que alguns, manifestando-se contra as arbitrariedades dos colonos, tenham fomentado revoltas no campo, é pouco provável que, em conjunto, tenham buscado promover um movimento de massas contra a dominação portuguesa. A identidade dos filhos da terra permanecia claramente distinta da dos demais africanos, que tendiam a identificá-los com os europeus e a encará-los com desconfiança.

De todo modo, a intensificação da repressão parecia prenunciar o futuro próximo. O fechamento político, anunciado em 1926, tenderia a silenciar a contestação angolense, levando os filhos da terra a privilegiarem o esforço individual para o reconhecimento como assimilados, nos quadros da legislação vigente. Assis Júnior, duas vezes preso em cinco anos, abdicou da militância e reafirmou sua lealdade patriótica a Portugal, numa marcha oficial ao palácio do governador, em 1926. Outros recusaram-se a renegar seu passado político e, entre 1928 e 1930, foram deportados. No final dos anos 1920, estavam lançadas as bases para um período de suspensão das atividades políticas de africanos e colonos.

A tradicional militância das associações nativas não desapareceu, embora a Liga Nacional Africana fosse, então, uma organização controlada e autorizada pelo governo. Liderada essencialmente por mestiços nascidos em Luanda, maioritariamente católicos, empregados da administração pública e moderados, tinha vários milhares de membros. Ainda que a sua base de apoio estivesse fundamentalmente nos centros urbanos, mantinha contatos nas cidades menores e no interior, e, a partir de 1935, mostrou-se mais preocupada e informada acerca da condição das massas africanas.

A Liga buscou proteger e promover os assimilados dentro do sistema, fazendo o mesmo, quando possível, pelos chamados indígenas. Defendeu benefícios sociais e educacionais para os seus membros, além de subsidiar escolas, instituições de beneficência e de saúde para os associados e suas famílias. Uma das suas principais formas de ação política foi a apresentação de petições. Em 1938, por ocasião da visita do presidente Carmona a Angola, apresentou um relatório resumindo suas reivindicações.

Em 1953 e 1958, a Liga submeteu petições contra as dificuldades enfrentadas pelos assimilados para a obtenção do bilhete de identidade. Em 1955 ou 1956, enviou um manifesto para as Nações Unidas declarando sua insatisfação com a soberania portuguesa (Wheeler; Pélissier, 2009, p. 220). Em 1957, seus dirigentes se recusaram a indicar representantes para a delegação oficial portuguesa nas Nações Unidas. A Liga defendeu, ainda, o aumento dos salários dos funcionários públicos, a abolição do corpo administrativo específico para africanos, a igualdade de direitos para as enfermeiras nativas e o melhoramento do estatuto dos africanos no Exército.

Entre 1930 e 1955, os dirigentes da Liga eram homens experientes, nascidos entre 1890 e 1910, que logo encontraram oposição na geração mais nova, nascida nos anos 1920 e 1930. Dirigentes dos grupos nacionalistas clandestinos dos anos 1950 eram, em parte, fruto das discordâncias no interior da Liga Nacional Africana.

À medida que as pressões governamentais aumentaram, do final dos anos 1950 ao início dos anos 1960, a Liga assumiu a forma de clube social e associação de ajuda mútua. Ao mesmo tempo, surgiram movimentos de libertação nacional que, ao contrário das associações nativistas que os precederam, não buscavam reformas no interior da ordem colonial, mas o rompimento com a metrópole.

A bibliografia fornece poucas informações sobre a atuação feminina ao longo da história dessas associações, ou sobre a participação de filhas da terra em organizações políticas da metrópole. Merece destaque a atuação da feminista Domingas Lazary Amaral, mestiça nascida em Angola, que estudou na metrópole, onde ingressou na maçonaria, e se destacou entre os oradores que louvaram, em Luanda, a proclamação da República, discursando em nome da Liga Republicana das Mulheres Portuguesas, organização feminista ligada ao Partido Republicano Português.

Lazary Amaral foi diretora da escola profissional Rita Norton de Mattos, dedicada à instrução de meninas indígenas. Viajou com frequência entre

Luanda e Lisboa, participando da fundação da Cruzada das Mulheres Portuguesas (1916-1938), organizada para assistir moral e materialmente os combatentes da Primeira Guerra Mundial e suas famílias. Em 1918, fixou residência em Lisboa, onde atuou, até 1927, no Conselho Nacional das Mulheres Portuguesas. No final de 1929, regressou a Luanda, afastando-se da vida pública. No início da década de 1930, retornou a Lisboa, onde faleceu em 1954.

Outro nome feminino apontado pela historiografia é o de Sinclética dos Santos Tavares, que em 1955 foi nomeada, com dois líderes da Liga Nacional Africana, para o Conselho Legislativo, antigo Conselho do Governo, órgão dedicado ao aconselhamento do governador.

A resistência das elites da terra em Moçambique

Em Moçambique, o descontentamento dos filhos da terra com a política do indigenato e com a institucionalização da categoria de assimilado intensificou-se após uma Portaria Provincial, publicada em janeiro de 1917, que estabeleceu aos "indivíduos de raça negra" que se distinguiam culturalmente dos demais a obrigação de solicitarem um alvará de assimilação.

Como primeira instituição representativa de seus interesses, fundaram, em 1908, o Grêmio Africano de Lourenço Marques, cujo estatuto foi aprovado em 1920. Os fundadores e primeiros membros do Grêmio compunham um amplo leque de filiações religiosas (católicos, protestantes e maometanos), diversidade linguística e profissional. O que os unia era o que declaravam como a "causa africana", expressão que sintetizava uma autoimagem de legítimos representantes dos interesses das populações africanas, o que lhes traria a permissão para agirem como críticos do colonialismo – não da colonização em si – e intermediários entre africanos e o poder português. Em 1938, o Grêmio foi obrigado a mudar de nome, passando a se chamar Associação Africana da Colônia de Moçambique.

Junto com a fundação do Grêmio, foi publicado o número inaugural do periódico *O Africano* (impresso entre 1908 e 1920). Tendo uma vida atribulada, este jornal manteve-se como um importante braço da associação, até ser vendido em 1918. Tanto o Grêmio como o jornal foram criados em um contexto de intensa movimentação cultural e social na capital moçambicana, que trouxe consigo a formação de uma série de associações, sociedades e clubes. Os irmãos José e João Albasini, conjuntamente com Estácio Dias, foram alguns dos principais idealizadores dos jornais *O Africano* e de seu sucessor *O Brado Africano* (publicado entre 1918 e 1974).

A ampla circulação dos dois periódicos, com tiragens que se mantiveram altas para os padrões moçambicanos, assim como sua longevidade, são demonstrativos de sua popularidade. No campo político, foram empreendimentos que buscaram dar visibilidade às ideias dos filhos da terra, especialmente dos membros do Grêmio, ao mesmo tempo que atuaram como agentes de transformações políticas, socioculturais e de pressão sobre o colonialismo português. No caso do *Brado Africano*, sua combatividade e questionamentos foram impactados pela inauguração do regime do Estado Novo em Portugal. O regime ditatorial comandado por Salazar minou a potência crítica do jornal, pelo menos até o final dos anos 1950 e início dos 1960.

Nos primeiros tempos do Grêmio, seus membros buscaram se afirmar como um grupo homogêneo unificado por uma identidade racial. No entanto, a partir dos anos 1920, questões ligadas às clivagens de origem socioeconômica e cultural, que se materializavam em disputas raciais internas entre os que se identificavam como "mistos" e os "pretos", deram origem a dissidências.

A primeira cisão institucional, de caráter efêmero, ocorreu em 1920, com a fundação do Congresso Nacional Africano, formado por negros não católicos do Grêmio, sobretudo maometanos e protestantes. Uma segunda cisão ocorreu em 1932, com a fundação do Instituto Negrófilo – rebatizado, em 1938, como Centro Associativo dos Negros da Colônia de Moçambique. Os estatutos do Instituto (1932) afirmavam que seu objetivo era "promover o desenvolvimento material, intelectual e moral dos associados e, em geral, de todos os negros portugueses". Apoiado por importantes membros do governo colonial, o Instituto adotou uma postura conciliadora em relação ao colonialismo português. Seus membros identificavam-se como pertencentes à comunidade negra, em detrimento dos identificados como mestiços. Quanto a estes, cabe destacar que, na primeira metade do Novecentos, tendiam a identificar-se como uma elite entre os filhos da terra, reunindo-se, para fins desportivos e recreativos, no Atlético Clube.

O compartilhamento das experiências de exploração colonial não promoveu, inicialmente, a construção de laços de solidariedade entre os opositores do colonialismo. As distinções de cunho racial, que estabeleceram clivagens entre os filhos da terra moçambicanos a partir de identificadores racializantes de maior ou menor proximidade com a branquitude (mistos/mulatos × negros) e em critérios religiosos (católicos × muçulmanos × protestantes), podem ser compreendidas como processos de divisão incentivados pelo colonialismo. No entanto, a fragmentação das organizações nativistas não deve ser vista apenas como uma consequência de interferências externas. Seus conflitos internos se manifestavam em paralelo aos interesses coloniais.

As condições estipuladas para a obtenção do estatuto jurídico de assimilado e, consequentemente, para o acesso à cidadania, restringiam as possibilidades de ascensão social das mulheres africanas. Critérios como a obrigatoriedade de saber ler e escrever em português, em um contexto de restrição do acesso à educação formal por meio da segregação racial, com um baixíssimo número de escolas e forte controle sobre o papel feminino na sociedade, limitavam o acesso das africanas à cidadania e a sua participação nas associações dos filhos da terra e em sua imprensa.

Os homens eram considerados detentores naturais da função de membros ativos da sociedade colonial, ainda que em posições hierárquicas racialmente distintas, cabendo às mulheres (brancas ou negras) um papel subordinado. Nesse sentido, os filhos da terra reproduziram formas de divisão e dominação de gênero marcadamente europeias em suas organizações e, potencialmente, dentro de seus lares. Isso não quer dizer que mulheres africanas, ao longo da primeira metade do século XX, não tenham tensionado o aparato dominador colonial por meio da solicitação da condição de assimiladas, ou exercido um papel importante nas associações e na imprensa criada pelos filhos da terra.

No contexto moçambicano, as fontes históricas nos trazem algumas pistas sobre as mulheres que solicitaram o estatuto de assimiladas. Em 1920, Maria Felicidade Mendonça, "solteira, doméstica" e "natural de Lourenço Marques", foi listada como tendo recebido o "alvará de assimilação" em junho daquele ano (Arquivo Histórico de Moçambique, Direção dos Serviços dos Negócios Indígenas, Caixa 1.621). Apesar dos escassos registros, nomes de mulheres moçambicanas que fizeram o mesmo tipo de solicitação aparecem pontualmente. Este foi o caso de Cecilia Horacio Batista Guilande, residente na Beira, doméstica e solteira, que havia obtido sentença a favor de sua cidadania em abril de 1958 (Arquivo Histórico de Moçambique, Direção dos Serviços dos Negócios Indígenas, Caixa 1.625). Ou da "assimilada Aurea Faria", que, em 1949, precisou que o administrador de Quelimane atestasse que ela podia "ser comparada a europeia, pois é educada, fala e escreve corretamente o português e tem muito boa apresentação" (Arquivo Histórico de Moçambique, Direção dos Serviços dos Negócios Indígenas, Caixa 1.623).

Para o caso das associações e da imprensa dos filhos da terra, os espaços de atuação e participação das mulheres africanas foi bastante restrito (Neves, 2008). O Grêmio, em sua lista de sócios entre 1908 e 1921, por exemplo, não possuía nenhuma mulher. O surgimento de mulheres como associadas ao Grêmio, a partir da década de 1920, não significou uma mudança no lugar social que ocupavam na associação. Afinal, não lhes era permitido exercer as mesmas funções que os homens.

As restrições nas associações refletiam-se na imprensa dos filhos da terra, marcada pelo silêncio de vozes femininas. Até 1950, nas poucas vezes em que apareceram nessa imprensa, foram como esposas das lideranças associativas, sendo apresentadas como seguidoras dos padrões e ideários europeus sobre as mulheres. A ausência de mulheres escrevendo para a imprensa dos filhos da terra começou a transformar-se, ainda que de maneira gradual, apenas no pós-Segunda Guerra Mundial, e no novo contexto de questionamento ao colonialismo europeu na África. Figuras emblemáticas da literatura moçambicana emergiram nessa época, como é o caso de Noémia de Sousa, que começou a publicar seus textos em jornais no final dos anos 1940.

Os dois principais jornais dos filhos da terra moçambicanos, *O Africano* e *O Brado Africano*, tiveram como fator fundamental de sua distinção a origem social e as pautas políticas de seus idealizadores e produtores. Ambos foram importantes ferramentas utilizadas pelos filhos da terra em suas reivindicações. Funcionaram também como aglutinadores dos projetos e das experiências desses sujeitos. Outra característica singular destes dois jornais foi a existência da "seção landim", inteiramente escrita em línguas locais.

Foi comum, na primeira metade do século XX, existirem na capital moçambicana jornais publicados em mais de uma língua. Estes representavam interesses das comunidades que habitavam a cidade, como o *Lourenço Marques Guardian* (1905-1952), publicado em inglês e português. No entanto, *O Africano* e *O Brado Africano* foram os únicos a possuírem uma parte de suas páginas ocupada por textos em línguas locais, que, embora fossem designadas genericamente como "landim", podiam ser zulu, changana ou ronga, o idioma mais falado no sul de Moçambique. A utilização dessas línguas, mesmo que as inferiorizando em relação ao português, consolidou a imagem dos dois jornais como porta-vozes dos anseios das populações nativas, contribuindo para a criação de um sentido de comunidade entre as elites da terra por meio da disseminação de ideias e formas de identificação próprias, que iam além daquelas impostas pelo colonialismo.

De maneira geral, os textos "landim" traziam versões traduzidas das principais manchetes publicadas em português, poucos textos inéditos e anúncios comerciais. Ao identificarem-se como cidadãos portugueses sem deixarem de ser negros e africanos, os filhos da terra buscaram se posicionar enquanto intermediários das populações nativas com os poderes coloniais instituídos e vice-versa. O uso de línguas locais condizia com as ambivalências existentes no seio dos filhos da terra. Por um lado, os redatores constatavam que, graças "às muitas missões espalhadas", os africanos haviam sido alfabetizados nessas línguas, e, portanto, julgavam necessário "escrever em landim para ser compreendidos" por aqueles indivíduos que diziam representar (*O Africano*, 25 de dezembro de 1908). Por outro lado, adotavam uma postura negativa a respeito da alfabetização em ronga ou outras línguas locais. O ensino do "landim" estaria, na concepção destes, "bestializando cada vez mais o indígena" (*O Africano*, 5 de setembro de 1909). Defendiam que estas línguas eram meros "dialetos", um "mal" que deveria ser combatido, e que o intuito primordial era o de "falar e escrever português, o melhor que pode ser" (*O Africano*, 25 de dezembro de 1908).

A perspectiva pendular sobre a gramatização e o uso das línguas vernaculares na comunicação oral e escrita, que tendeu para uma visão pejorativa e, por vezes, próxima da defesa colonial de tutelar as populações africanas, diz respeito à maneira como os filhos da terra lidaram com o uso da língua portuguesa em Moçambique. A partir de 1917, comprovar o conhecimento do falar, escrever e ler em português era uma etapa dificilmente transponível para o acesso à cidadania e para a defesa contra a aplicação de leis e práticas discriminatórias. Em um campo identitário, a compreensão da língua portuguesa foi comprovante de pertença ao corpo do Império Português, sem deixar de ser negro/africano. Colocando-se estrategicamente num pêndulo entre uma identificação enquanto "nós negros/africanos" e "nós portugueses/civilizados", os filhos da terra buscaram, por meio de um gesto retórico do uso da língua portuguesa, direcionar críticas aos colonos e à colonização, posicionando-se como porta-vozes das demais populações africanas e convocando-as para reivindicações.

O conhecimento da língua portuguesa foi usado como símbolo de adesão às prerrogativas coloniais civilizacionais, tornando-se uma importante forma de mensuração e validação do estatuto e da posição que os filhos da terra defendiam para si. A capacidade de escrever, ler e falar o português de maneira perfeita – pomposa – também permitia que se apresentassem publicamente como adeptos da "missão civilizadora", ao mesmo tempo que se precaviam de abusos coloniais (Penvenne, 1996). Cabe ressaltar que, no que dizia respeito ao domínio da língua portuguesa em sua versão escrita, muitos filhos da terra eram mais letrados do que camadas sociais europeias, sobretudo de origem rural metropolitana, que existiam no território colonial.

Independentemente de europeus e filhos da terra compartilharem aspectos culturais, como a língua, a adesão à cristandade ou modos de ser e estar no mundo identificáveis como portugueses, a raça sobrepôs-se como critério de diferenciação e hierarquização das dinâmicas sociais, políticas, culturais e econômicas, tanto em Angola quanto em Moçambique. Desde fins do século XIX, e sobretudo a partir da década de 1920, os que foram identificados como africanos (negros ou mestiços) sofreram perdas que diziam respeito às possibilidades de ganhos econômicos, de poderes políticos e de espaços de moradia e sociabilidade. Em Lourenço Marques, tal processo foi semelhante ao acontecido em Luanda, sendo derivado da expropriação de terras e da competição por empregos públicos. Quanto mais crescia a máquina administrativa colonial portuguesa, menores eram as oportunidades e maiores eram as barreiras impostas aos filhos da terra na busca por colocações no mercado de trabalho.

Por um lado, João Albasini (1876-1922) e outros ativistas filhos da terra, sobretudo por meio de textos na imprensa, estabeleceram suas identidades com base em critérios raciais a partir do embate com o colonialismo, pois viam-se como excluídos e explorados pelo poder colonial europeu. Por outro, defenderam que compartilhavam com o mundo branco ocidental a autoridade da "civilização". Como sujeitos do entremeio, posicionaram-se como capazes de atuar como intérpretes de mundos opostos e porta-vozes dos anseios dos demais nativos. Ao longo da primeira metade do século XX, suas críticas não se dirigiram, propriamente, à obra colonizadora e ao colonialismo, mas à incapacidade portuguesa de promover o que compreendiam como uma colonização completa e eficiente. Esforçaram-se na gangorra de reivindicarem para si os direitos dos cidadãos portugueses tentando não abandonar suas condições raciais e de origem africana.

Se, inicialmente, em Lourenço Marques, muitos filhos da terra se recusaram a solicitar o alvará de assimilação, tal movimento tendeu a se enfraquecer. Ser identificado legalmente como assimilado permitia que o indivíduo não tivesse de enfrentar obrigações e restrições impostas pelo colonialismo aos indígenas, como o alistamento militar, o trabalho forçado, o pagamento de impostos abusivos ou a restrição de circulação pelo território. O acesso a certos níveis de educação e a determinados cargos do funcionalismo público, alguns benefícios e melhores salários, só podia ser alcançado caso o sujeito fosse um assimilado. Como narra em suas memórias, o moçambicano Raúl Bernardo Manuel Honwana tornou-se oficialmente assimilado em 1931. Seu intuito foi o de "procurar um futuro menos degradante" para si e seus filhos. Na sua percepção, foram muito poucos os que desejavam "a assimilação como forma de ficarem iguais ao branco, ou que se sentissem verdadeiramente portugueses", sendo que "a maioria das pessoas se guiava, nesses anos recuados e difíceis, por um apurado instinto de sobrevivência" (Honwana, 2010, p. 108-109).

O associativismo na metrópole

O associativismo de filhos da terra teve lugar, também, na metrópole. A partir de 1910, surgiram associações em Lisboa, influenciadas pelas ideias do panafricanismo, unindo ativistas provenientes de várias colônias da África, destacando-se a Liga Ultramarina (1910), a Liga Colonial (1911) e a Junta de Defesa dos Direitos d'África (1912). Por meio do jornal *Voz d'África* e, posteriormente, do *Tribuna d'África*, a Junta defendeu, principalmente, a autonomia das colônias e a instrução das populações nativas em moldes europeus. Em 1919, a Junta sofreu uma dissidência, possivelmente influenciada pelas divisões do movimento panafricano internacional, dando origem à fundação da Liga Africana, que passou a editar o jornal *Correio d'África*. Em 1921, os remanescentes da Junta organizaram o Partido Nacional Africano e o jornal *Protesto Indígena*. A Liga Africana – à qual a Liga Angolana era filiada – e o Partido Nacional Africano mencionavam, em seus estatutos, o objetivo de revogação de toda a legislação discriminatória da África portuguesa.

A maioria dessas associações tinha ramificações nas colônias, eventualmente procurando auxílio de organizações internacionais para pressionar o governo português. Efetuavam petições, requerimentos, publicações e declarações em nome dos interesses dos povos e das elites africanas. Os seus jornais abraçavam abertamente o panafricanismo e versavam sobre democracia, constitucionalismo e liberdade.

A fim de exercerem pressão sobre Portugal, algumas dessas associações estabeleceram contatos com a Sociedade das Nações e com os congressos panafricanos. A Liga Africana era associada ao panafricanismo de Dubois, enquanto o Partido Nacional Africano se inclinava para o nacionalismo negro de Garvey. Na sede da Liga teve lugar uma pequena parte do congresso panafricano ocorrido em Lisboa, em 1923.

Desde 1922, as associações panafricanistas da metrópole foram sistematicamente banidas ou perseguidas, lutando contra a falta de fundos ou a hostilidade oficial. Entre 1923 e 1925, o Partido Nacional Africano protestou vigorosamente contra as práticas de trabalho forçado nas colônias portuguesas. Em 1929, enviou petição ao presidente português protestando contra decretos que erigiam novas barreiras à progressão em seções do serviço público. Em 1931, fundiu-se à Liga Africana, formando o Movimento Nacionalista Africano, sob os auspícios do governo português.

Considerações finais: protonacionalismos?

Existe uma consistente bibliografia sobre as elites africanas letradas em Angola e Moçambique que procurou analisar suas principais características, ideais e objetivos políticos, sua imprensa, sociabilidade e conflitos internos. Elencando personagens e eventos, uma parte dessa bibliografia produziu uma argumentação teleológica dos processos de independência (Rocha, 2002). Por terem adotado uma postura crítica às políticas coloniais, alguns estudiosos tentaram situar nesses grupos, de fins do século XIX e início do Novecentos, uma das origens dos nacionalismos.

Mais recentemente, novos estudos têm apontado para a complexidade desses sujeitos e suas pautas. Valorizando as ambivalências presentes em suas ações e discursos, demonstrando que suas experiências estavam em um limiar imposto pelo racismo europeu, a bibliografia contemporânea tem demonstrado como, no tabuleiro colonial, existiram processos contínuos de negociações e conflitos. Os filhos da terra nem sempre foram colaboradores e adeptos do colonialismo, assim como não podem ser definidos, em conjunto, como pioneiros dos nacionalismos e independências.

12.

O MOVIMENTO ABOLICIONISTA, A PROCLAMAÇÃO E A REPÚBLICA NO BRASIL

Cláudia Maria Ribeiro Viscardi

As últimas décadas do século XIX no Brasil não foram tranquilas. Qualquer um que se encontrasse atento aos acontecimentos seria instado a se posicionar diante das importantes questões que dividiam a nação: a abolição da escravatura e a mudança da monarquia para a república. Tais questões eram objeto de acirradas disputas, travadas nas ruas, na imprensa, no Parlamento e nas associações civis.

Ambos os debates ocorriam de forma paralela, à semelhança de duas retas que nunca se encontrariam no infinito, para a satisfação de Euclides com sua teoria geométrica. Os movimentos abolicionista e republicano tiveram mais desencontros do que tangências, daí as dificuldades em fazer que ambos se encontrassem no futuro. Até o início do século XXI, nada mais distante entre si do que os ideais de liberdade, anunciados pelos republicanos, e os de igualdade, reivindicados pelos adeptos do fim da escravidão. Ou seja, a República mostrou-se indiferente à escravidão antes e durante o movimento republicano, e, mais ainda, indiferente no pós-abolição, relegando ao abandono uma multidão de libertos despojados de aparatos mínimos de sobrevivência.

O país teve sua tranquilidade alterada após ter se envolvido em um conflito armado, a Guerra contra o Paraguai (1864-1870), que trouxe à tona alguns desafios, entre os quais estavam: qual o novo papel que o Exército teria na política nacional e como administrar uma sociedade escravocrata após a importante participação dos pretos na defesa da nação? As respostas aos desafios acarretavam a crítica da centralização excessiva do regime monárquico e da própria escravidão, duas instituições por demais consolidadas no Brasil do Oitocentos. Depois da vitória na guerra, como se estabeleceria o protagonismo brasileiro sobre a América Latina permanecendo o único país monarquista em todo continente americano? Dada a participação dos soldados negros no conflito, como manter intocável a ausência de cidadania de uma camada de trabalhadores tão importante para o progresso material da nação uma vez que inúmeras nações libertaram seus escravos?

Diante de tais dilemas, duas propostas já conhecidas foram postas à mesa: a abolição e a república. Embora tenham se organizado enquanto movimentos sociais ao mesmo tempo, seus atores, estratégias, interesses, organização e repertórios – que consistem nas inúmeras possibilidades disponíveis de ação dos atores sociais, nem sempre isentas de conflitos e disputas – encontraram-se apartados na maioria das vezes, conforme veremos.

Nosso objetivo é analisar esses dois movimentos, tão aproximados no tempo e tão distantes em seus pleitos. O sonho dos abolicionistas era o da igualdade entre os indivíduos às expensas da cor da pele; e o sonho dos republicanos era o da liberdade diante de um regime em que se sentiam tolhidos pelo Poder Moderador, por sua centralização excessiva.

Os ideais de república e de abolição eram já conhecidos no passado, embora seus adeptos passarem a se organizar em movimentos só ao final da década de 1860. República era sinônimo de um governo para o bem público. Já a abolição se diferenciava do conceito de emancipação, pois este era um processo lento e gradual, em oposição àquele, que implicava uma ruptura imediata. O processo abolicionista foi bem mais lento que o republicano, e seus desdobramentos, bastante diferenciados. De todo modo, sabemos que a abolição resultou de uma lei discutida e aprovada pelo Parlamento brasileiro, e a República, de um golpe de estado. Neste capítulo, propomos uma análise dos desdobramentos dessas questões, bem como de suas irrefutáveis interseções.

O processo emancipacionista

A partir da lei de 1831, que tornava livres todos os escravizados vindos de fora do Império, mediante a atribuição de penas aos importadores, o processo de emancipação iniciara seu curso, e com ele a ideia de que seria uma trajetória gradual e conciliatória. Os ingleses já haviam imposto a proibição internacional do tráfico de escravos, o que resultou, no Brasil, na aprovação da referida lei ainda no período regencial. Em que pese a proibição, era regra a violação à norma. O Brasil era o país que mais havia importado escravos africanos no mundo, sendo que entre 1830 e 1850 entraram cerca de 700 mil africanos no país. As resistências não se limitaram às vistas grossas ao descumprimento da lei. No Parlamento, foi proposta a erradicação da proibição, sob a alegação de que ela constituía um atentado à liberdade de comércio, para além de se configurar em intervenção estrangeira sobre a soberania nacional. Tal questão só seria resolvida definitivamente com nova proibição do tráfico em 1850, com a lei Eusébio de Queiroz.

Com o passar dos anos, o comércio ilegal foi desacelerado, e as dificuldades de obtenção de mão de obra, agravadas, pelas fracassadas tentativas de abastecer o mercado por meio da reprodução natural. Cientes de seus novos direitos, os escravizados iniciaram as lutas emancipacionistas, naturalmente reprimidas pelos donos de terra que resistiam ao máximo à perda de seus plantéis.

As pressões internacionais em prol da abolição – após 1860, nas Américas, apenas Brasil, Cuba e Porto Rico mantinham-se escravistas; aliás, os Estados Unidos também, que continuaram escravagistas até o fim da Guerra Civil, em 1865 – deixaram o Brasil com dificuldades em manter a instituição, além do temor de ser abalado por revoltas, a exemplo do ocorrido no Haiti ou na própria Guerra de Secessão nos Estados Unidos. Segundo Alonso (2015, p. 33), "Se a demografia jogava a favor do escravismo, a geopolítica oferecia contrapeso." Ou seja, o Brasil, a despeito de todas as pressões internacionais contrárias à escravidão, detinha um plantel muito significativo de escravizados (em 1872, cerca de 15% da população brasileira), concentrados nas regiões mais produtivas: Minas Gerais, São Paulo, Bahia e Rio de Janeiro.

A presença desse significativo percentual e o tráfico interno que vigorava, para além do investimento na reprodução natural, adiavam o problema da falta de mão de obra, que no médio prazo seria premente. Por outro lado, nossas elites temiam que o Brasil se tornasse – como de fato veio a acontecer – o último país do mundo a proibir o tráfico de escravizados com a África. A solução por uma saída conciliatória, embora não contasse com a adesão dos mais interessados na manutenção do sistema, aparecia como a alternativa menos danosa, desde que postergada ao limite.

Em setembro de 1871 foi promulgada a Lei do Ventre Livre, que determinava que todos os filhos de escravizados nascidos no Brasil a partir daquele ano estariam livres. Os debates duraram cerca de três meses e meio, o que demonstra a resistência dos parlamentares escravocratas em relação à emancipação. O projeto tramitaria pela Câmara e pelo Senado. Na primeira casa, em um universo de 125 deputados, seriam necessários os votos de pelo menos 63 deles, o que não seria fácil.

O projeto inicial foi perdendo substância ao longo dos debates. Alguns direitos concedidos aos escravizados foram sendo suprimidos. O primeiro deles foi o fim da liberdade prevista aos escravizados que pertencessem às ordens religiosas. O segundo foi o fim do direito de se valerem de promotores públicos em sua defesa, em ações cíveis de liberdade. Em terceiro, a regulamentação da compra da alforria, já que tanto o direito à composição do pecúlio para este fim, quanto o valor da indenização passaram a depender de negociações com os proprietários. Foram concessões que o governo teve de fazer para conseguir aprovar a lei.

Aprovada na Câmara, com votos contrários de 35 deputados, o projeto foi igualmente aprovado no Senado por 32 votos favoráveis contra 17. Os senadores haviam recebido pressões contrárias à aprovação do projeto por parte dos lavradores organizados, por meio de petições e abaixo-assinados. Muitos aderiram a tais pressões, colocando o projeto em risco, mesmo após ter sido desidratado. Também ficou aprovado que, caso o senhor libertasse seus escravizados remanescentes até os oito anos de idade, receberia uma indenização. Caso optasse por não fazê-lo, poderia mantê-los até os 21 anos de idade e, depois, libertá-los sem indenização. Como até os oito anos os bebês nascidos livres ficariam sob os cuidados de suas respectivas mães, e o governo não havia estabelecido como seriam cuidados após esse período, a expectativa geral era que permanecessem escravizados nas fazendas até os 21 anos, quando, de fato, estariam emancipados.

Para o interesse dos proprietários, nada mais suave e benéfico. Ainda assim, mostraram-se descontentes, pois temiam que a convivência, no mesmo espaço, de escravizados e libertos contribuísse para o aumento das rebeliões.

Os abolicionistas mais radicais, que lutavam por uma libertação imediata, viram com desconfiança e indignação a nova lei, embora, na prática, ela selasse o destino da instituição nas décadas seguintes. Ao contrário do que se possa pensar, a Lei Rio Branco (ou do Ventre Livre) desacelerou a campanha abolicionista, ao desagradar tanto seus defensores mais radicais, ou seja, os que a viam como uma protelação da liberdade, quanto os mais moderados, que já consideravam atingido o objetivo final. De todo modo, esta lei tornou a abolição fato iminente e incontestável.

Na década de 1880 proliferaram movimentos de defesa da libertação dos escravizados por meio da imprensa, comícios e conferências, peças teatrais, literatura e manifestos. Proliferaram, igualmente, as fugas e a criação de quilombos, eventos que contaram com a ação dos caifazes e de seus simpatizantes. O substantivo "caifaz", de tom pejorativo, na medida em que alude ao episódio da traição de Judas, referia-se a um grupo organizado em São Paulo que promovia fugas dos escravizados em fazendas de café. O movimento era composto por setores sociais médios e de ex-escravizados, que tentavam não só promover as fugas, como alocar libertos em postos de trabalho – o que deu ao termo, posteriormente, conotação positiva, no contexto da luta pelo fim da escravidão.

Os abolicionistas se organizaram em associações em defesa da liberdade imediata, enquanto os proprietários de escravizados criaram seus próprios clubes no intuito de defender seu "patrimônio financeiro", ou seja, para rejeitar as leis emancipadoras e as indenizações compulsórias. O uso da Justiça como instrumento de garantia das liberdades tornou-se comum, e o temor das elites proprietárias aumentava. O crescimento da campanha nas ruas pressionava a Coroa a posicionar-se.

Um dos setores mais ativos na defesa da abolição foi o dos militares positivistas. O grupo, sob a liderança de Miguel Lemos, era responsável pela produção e divulgação de pequenos ensaios distribuídos gratuitamente para consumo imediato. Neles, eram feitas referências a Auguste Comte e sua oposição veemente à escravidão, bem como à defesa de políticas públicas que cuidassem da incorporação do escravizado após a abolição por meio do trabalho assalariado. O convívio com os escravizados durante a Guerra do Paraguai e a influência do ideal civilizador próprio do positivismo levaram parte dos militares a condenar a escravidão, julgando-a um obstáculo ao desenvolvimento do Brasil.

No Parlamento nacional, a oposição feita à abolição era encabeçada, em sua maioria, pelos representantes da província do Rio de Janeiro. Como a produção de café já estava em queda na região, ela só era mantida pela exploração da mão de obra escravizada, o que mobilizava os produtores contra a emancipação. A proximidade entre a capital do Império e o interesse dos lavradores fluminenses tornava o processo ainda mais dificultoso. Tanto que, dos nove votos contrários à Lei Áurea (1888), sete vieram do Rio de Janeiro, em que pese a lei ter sido aprovada em prazo recorde, cinco dias. Antes, em 1885, fora aprovada a Lei dos Sexagenários, conferindo liberdade aos escravos acima de 60 anos, que eram raros em razão da baixa expectativa de vida por condições precárias de sobrevivência. Um ano depois, uma nova lei proibiu os açoites, o que tornava a repressão às fugas difícil para os lavradores, cada vez mais descontentes. Às vésperas da Lei Áurea, algumas províncias brasileiras já haviam, inclusive, decretado a abolição, a exemplo do Ceará e do Amazonas.

O longo processo abolicionista, que durou quase sessenta anos, foi concluído em um momento em que o país possuía cerca de 700 mil escravos, número relativamente baixo em relação às décadas anteriores, em um universo de 15 milhões de habitantes (Schwarcz, 2007, p. 24). Tal circunstância tornava a perda dos proprietários e os desgastes do Império menos penosos, a despeito da indignação de muitos pela ausência de indenização a que julgavam ter direito. Acontece que a maior parte dos escravizados sobre os quais exigiam indenização descendia de africanos que entraram no Brasil após a lei proibitiva de 1831, o que tornava ilegal qualquer petição relativa a eles – fato, porém, convenientemente ignorado pela elite.

É importante atentarmos para os discursos a favor e contra a abolição que povoavam os debates. Por meio deles é possível compreender como se estruturava o racismo, como se construíam justificativas para ações ilegais e como os proprietários de escravizados se apresentavam como vítimas, invertendo por completo a lógica dos fatos.

Bosi (1992, p. 195-245) já havia alertado sobre a ausência de contradições entre a escravidão e o discurso liberal brasileiro, ao afirmar que o par escravismo-liberalismo era apenas um paradoxo verbal, justificado, na prática, pela convicção de que o escravizado não era um indivíduo, mas uma propriedade senhorial. Em decorrência deste argumento, o escravizado não faria jus às liberdades individuais, e como propriedade privada, deveria ser protegido pelo Estado, daí justificarem-se os pedidos de indenização.

Segundo Carvalho (2002, p. 49-51), os próprios abolicionistas não teriam se valido do discurso da liberdade individual para defender a abolição. Para o autor, seus argumentos baseavam-se na defesa de uma "razão nacional", que via a instituição como um entrave ao crescimento do país e à construção da nação. Tanto para José Bonifácio como para Joaquim Nabuco, a escravidão dificultava a integração nacional. Carvalho ressalta, igualmente, as diferenças entre o liberalismo brasileiro e o estadunidense no debate sobre a abolição, ao apontar que, enquanto o primeiro atribuía à escravidão a responsabilidade por impedir a harmonia nacional (razão de Estado), o segundo se valia da defesa das liberdades individuais para se opor à instituição. No entanto, alguns intelectuais negros brasileiros, como Antônio Rebouças, precocemente, e, mais tarde, Luís Gama, defendiam os direitos dos escravizados de lutarem por sua cidadania por meio da compra de sua própria liberdade, o que ia de encontro à expectativa de que a liberdade viria por meio das concessões do Estado monárquico e dos proprietários de escravizados.

Mattos (2004, p. 5-6) pondera que em toda a Afro-América, inclusive nas colônias inglesas e francesas, o dilema entre o discurso liberal dos processos de independência e a instituição da escravidão resultou em ações questionadoras por parte das vítimas, que entendiam ser portadoras dos direitos de cidadania anunciados pelas revoluções atlânticas. Tal dilema seria parcialmente resolvido por meio das teorias racialistas do século XIX, que defendiam a existência de raças inferiores, incapazes de exercer os direitos de liberdade e igualdade consolidados pelo ideário liberal.

Carvalho afirma que havia uma diferença também quanto as justificativas religiosas para a escravidão por parte de brasileiros e americanos. Para os primeiros, a Bíblia se referia à escravização de almas e não de corpos. Portanto, o mais importante era tratar bem os escravos, uma vez que suas almas poderiam ser livres à revelia de seus corpos escravizados. Já os religiosos americanos condenavam a escravização dos corpos e a viam como um pecado aos olhos de Deus.

Parece que Carvalho esteve mais atento aos discursos do norte dos Estados Unidos, onde a escravidão não era majoritária – razão pela qual se colocaram contra ela na fratricida Guerra Civil americana (1861-1865). No sul escravista, a realidade era outra, e os discursos de abolicionistas e escravocratas em muito se aproximavam das alegações de seus congêneres brasileiros. O próprio Adam Smith, referência do liberalismo anglo-saxão, ao se referir à mão de obra escrava nas colônias, não a condenava. Para ele, o trabalho assalariado era mais lucrativo apenas nas metrópoles.

Bosi (1992, p. 209, 212-213) nos informa que entre 1854 e 1860, no âmbito de convenções comerciais ocorridas nos Estados Unidos, lavradores e proprietários de escravizados contestavam publicamente a proibição do tráfico, usando os mesmos argumentos dos lavradores brasileiros. Lá também o contrabando de cativos vigorou sob o olhar míope e cúmplice das autoridades.

Para Alonso (2015, p.59), nossos senhores escravocratas defendiam a instituição menos por princípios – como faziam os estadunidenses – e mais por circunstância, ou seja, reconheciam que a instituição era moralmente condenável, mas respondia a suas demandas econômicas mais imediatas. Dessa forma, concordavam com a necessidade de pôr fim à tão vil instituição, mas não renunciavam aos ganhos derivados dela.

Como é sabido, após a proibição do tráfico, houve uma concentração dos escravizados remanescentes nas regiões exportadoras de café. Para o setor cafeicultor nacional, concentrado nas províncias de São Paulo, Minas Gerais e Rio de Janeiro, não obstante as relações de dependência da mão de obra – maior entre as províncias de cultivo mais antigo e menor entre as de produção ascendente –, o discurso era semelhante em relação à abolição. Ela poderia ocorrer desde que o Estado garantisse a indenização e estabelecesse uma política de imigração como meio de substituir os trabalhadores escravizados depois de libertos.

Mesmo os cafeicultores do Oeste paulista, considerados mais "modernos e progressistas", tentaram ao máximo retardar o processo abolicionista – razão pela qual seus representantes no Parlamento votaram contra a Lei do Ventre Livre. Era comum ouvir-se que, se a abolição fosse decretada, os libertos seriam os maiores prejudicados, por terem que encarar jornadas de 14 a 16 horas diárias, como ocorria com os trabalhadores livres da Europa – ou seja, justificavam assim a escravidão, considerando-a um privilégio (Bosi, 1992, p. 239).

As pressões sobre a Coroa foram em parte bem-sucedidas. Muitos recursos foram alocados em prol de uma política imigrantista, mas a indenização não veio. Não por falta de interesse ou de recursos, mas por conta, sobretudo, do enfraquecimento do regime, deposto no ano seguinte à Lei Áurea. A ausência de perspectiva em torno da indenização contribuiu ainda mais para a fragilização da monarquia, uma vez que boa parte dos cafeicultores indignados aderiu ao projeto republicano.

O fim do século XIX no Brasil foi marcado pela divisão das elites entre várias correntes filosóficas para além do liberalismo, a exemplo do darwinismo social, do evolucionismo e do próprio positivismo. Dessa forma, o debate abolicionista fora do espectro liberal ganharia força entre os militares positivistas ortodoxos, os quais sustentavam ser ilegítima e moralmente degradante a escravidão. Responsabilizavam o próprio catolicismo brasileiro por ela, por se abster de críticas a uma instituição que só degradava o país e impedia o seu processo civilizatório.

É inegável que a escravidão e o racismo dela proveniente perpassavam vários setores da sociedade brasileira. Os esforços pelo branqueamento ou as tentativas de apagamento da própria cor na sociedade brasileira eram sintomas de um país que tinha dificuldades em resolver de forma definitiva essa questão.

A abolição como "dádiva da Coroa" – não como conquista da sociedade que em torno dela se mobilizara ou como reação às pressões internacionais – prevaleceu no discurso, nos símbolos e nos rituais, conforme esclarece Schwarcz (2007, p. 25, 30, 32 e 34). Festas e cerimônias tinham por fim desvincular a abolição do conflito social e de seu caráter de extrema violência, em prol do enaltecimento da fraternidade entre os brasileiros, numa negação dos que se valeram da força bruta. Missas e procissões, discursos em cerimônias oficiais, corridas de cavalo, peças teatrais, bandas de música, desfile de regatas na enseada de Botafogo, paradas militares e demais espetáculos faziam parte das celebrações, que começaram antes mesmo da aprovação da Lei Áurea, dada como certa no Parlamento, e se estenderiam até meados de maio.

Fundava-se o mito de uma sociedade racialmente harmônica, que valorizava tanto o senhor que voluntariamente libertava seu escravo, como o preto leal e merecedor da benesse de seu dono. A própria construção da imagem da Princesa Isabel como a responsável pela "dádiva da abolição" é um exemplo do apagamento do conflito. O reforço do mito da igualdade racial era dado pelo "caráter conciliador" do processo, que silenciou as incontáveis lutas e conquistas dos pretos por sua própria liberdade. Assim, após um longo processo que envolveu não somente concessões e conciliações, mas disputas violentas, a escravidão foi chegando ao fim.

Porém, outra questão dividia os brasileiros no mesmo período. É dela que agora iremos tratar para, em seguida, propor algumas reflexões sobre as interfaces envolvendo esses dois dilemas paralelos.

Republicanismo e proclamação

A ideia de tornar o Brasil uma República era bem mais antiga que sua proclamação, ocorrida em 15 de novembro de 1889. Desde os movimentos pela independência, ocorriam inúmeras manifestações, pacíficas ou bélicas, tendo como alvo a implantação da república, que seria a expressão de valores como liberdade, autonomia e o fim da tirania. Exatamente um século depois da conjuração mineira, o sonho de alguns inconfidentes foi realizado, mediante um golpe civil-militar impetrado sobre o imperador Pedro II e o regime monárquico. Mas será que ao nos referirmos aos republicanos do século XVIII estamos falando dos mesmos sonhos, dos mesmos valores e da mesma forma de governo que se estabeleceu no fim do século XIX?

Para não cairmos no anacronismo raso, uma pesquisa sobre os dicionários e documentos da época é capaz de nos dar acesso ao modo como a república era compreendida e como seus significados foram se alterando ao longo do tempo. Tais mudanças acompanhavam os debates e as teorias que eram formuladas com base nos diferentes acontecimentos do período.

Em 1720, antes mesmo dos movimentos pela independência, circulou no Brasil um dicionário que definia "república" como "estado governado por muitos magistrados escolhidos pelo povo" (Bluteau, 1720, t. 7, p. 268). A princípio, tal definição estaria mais próxima do conceito de democracia que compartilhamos no início do século XXI do que do de república, uma vez que o Novecentos nos apresentou vários modelos de repúblicas autoritárias, aqui e acolá. O termo "democracia", porém, nem sequer aparecia nesse dicionário. Mas o que de fato significava, à época, um "governo escolhido pelo povo"?

"Povo", no mesmo dicionário, é registrado como sinônimo de moradores de uma cidade, de plebe, vulgo, ou povo miúdo. Tais expressões pejorativas já atestam a falta de apreço do autor do dicionário pelo regime republicano, exatamente por este representar os interesses de um setor da população que Bluteau rejeitava ou julgava incapaz de definir os destinos de uma nação. No próprio verbete relativo à república, o autor exibe uma série de críticas ao regime (Bluteau, 1720, t. 6, p. 661).

Para termos uma ideia mais precisa acerca do vocábulo "república", procuramos no mesmo dicionário o seu antônimo, ou seja, o conceito de "monarquia". Em definição simples, "monarquia" era compreendida como um principado cujo Estado é governado por um monarca sem qualquer participação do povo. Novamente, tal conceito se aproxima mais de Estados autoritaristas, tirânicos, como entendemos hoje, mas, para o autor do dicionário, as tiranias estariam associadas à violência, o que não necessariamente acontecia nas monarquias (Bluteau, 1720, t. 5, p. 553-554). De todo modo, o ideal republicano do século XVIII, demonstrado por vários documentos de época, era o de um regime exercido por muitos, e, por essa razão, corresponderia à expressão de uma vontade popular. Os modelos mais próximos de república, que apareceriam poucas décadas depois de publicado o dicionário de Bluteau, foram as repúblicas francesa, a estadunidense e, mais tarde, a argentina.

Em outro dicionário, de 1813 (Moraes; Silva, 1813, t. 1, p. 528, e t. 2, p. 313, 461 e 528), a novidade foi o registro do conceito de democracia, uma forma de governo em que o poder se encontrava no povo e por ele era exercido – entendimento que compartilhamos até hoje. Mas o sentido de "povo" ainda coincidia com o dado por Bluteau. Assim, "república" mantinha o mesmo significado anterior, ou seja, o regime que pertence ao público, ou que é governada pelo povo ou por seus representantes. No início do século XIX, portanto, "república" e "democracia" eram conceitos equivalentes. Por essa razão, nos manifestos republicanos era comum substituir o termo "república" por "soberania popular", enquanto "monarquia" aparecia como o regime oposto à "república".

A partir da segunda metade do século XIX, o movimento republicano ocupou a capital do Império e demais centros urbanos do país. A publicação de um manifesto no jornal *A República*, em dezembro de 1870, com o fim de se criar um partido republicano e de se estabelecerem alguns parâmetros comuns entre seus 58 signatários, foi o passo inicial de um amplo e dinâmico movimento que mobilizou a nação. O ano de 1870 ficou então conhecido como o marco fundador de um republicanismo bem-sucedido e exitoso em suas pretensões, já que as tentativas anteriores haviam sido abafadas pela força da monarquia.

A essa altura, já eram conhecidos diferentes modelos de república, tido como um regime constitucional que poderia variar entre três modalidades: aristocrática, cujo poder estaria nas mãos da alta classe; oligárquica, em que o poder estaria nas mãos de poucos; e a democrática, com o poder nas mãos da maioria (Vieira, 1874, t. 5, p. 5, p.224-225). Os republicanos do Manifesto divulgado no jornal apostavam na terceira modalidade. E, para justificar sua mobilização pela nova forma de governo, esforçaram-se em dizer que a ideia de república sempre existira no Brasil – à revelia de seus diferentes significados – e que era a monarquia a excentricidade, e não o contrário. Com isso, justificavam sua opção política.

Os republicanos eram intelectuais e políticos do período que compunham uma geração portadora, no dizer de Sílvio Romero, de "um bando de ideias novas". Mas de que ideias se tratavam? Embora grande parte deles tivesse contato com vários autores estrangeiros e compartilhasse de um conjunto heterogêneo de visões de mundo, essas elites políticas e intelectuais dividiam-se entre dois conjuntos de doutrinas, um mais organicista e outro mais liberal. Aqui nos referimos, no primeiro grupo, ao positivismo, ao evolucionismo ou ao darwinismo social, e, no segundo, a um liberalismo oitocentista, de matriz bem mais conservadora do que o liberalismo clássico das revoluções.

Por conta da heterogeneidade desses grupos e de suas ideias, torna-se difícil e ao mesmo tempo pouco eficaz tentar enquadrá-los em matrizes teóricas definidas. Na maior parte das vezes, atuavam como intelectuais mediadores (Gomes; Hansen, 2016, p. 26-32) propagando as ideias republicanas por meios diversos. Quer dizer, valiam-se de pressupostos liberais e organicistas, de forma pragmática, para justificar suas escolhas políticas nas tribunas do Parlamento ou nas conferências e comícios fora dele. Seus manifestos, publicados em várias regiões do país desde 1870 até às vésperas da proclamação da República, explicitam bem essa heterogeneidade, sobretudo pela necessidade de construírem um discurso conciliador entre os mais diferentes setores que compunham o movimento. A abordagem mais liberal do Manifesto de 1870 do Rio de Janeiro, por exemplo, contrastava com outra, mais positivista, do Manifesto do Pará de 1886 (Viscardi, 2017, cap. 1). Os principais pontos que distinguiam as elites republicanas referiam-se ao posicionamento que tomavam em relação à abolição, às estratégias propostas para a consecução de seus objetivos e às relações entre Igreja e Estado.

Embora os positivistas se apresentassem como mais laicos e abolicionistas, havia liberais que compartilhavam dessas mesmas propostas, e uma grande maioria que evitava discuti-las, para não cindir o movimento, justamente pela falta de um consenso.

No que tange às estratégias de propaganda disponíveis aos republicanos, ao fim do século XIX, a mais significativa delas foi a imprensa. Na maior parte das zonas urbanas do território nacional proliferaram jornais republicanos pertencentes a clubes e associações, ou conduzidos por editores individuais, cujo fim era propagar as ideias do novo regime. Em levantamento realizado em um conjunto de 113 municípios que compunham a província de Minas Gerais, foi identificada a presença de 33 jornais republicanos. Considerando-se que boa parte desses municípios era rural e que os indicadores de letramento eram muito baixos – 75% da população do país era composta de não letrados –, o número é surpreendente, sobretudo por Minas não ter sido um dos principais polos do republicanismo brasileiro (Viscardi, 2013, p. 100). Entretanto, o total de impressos e seu impacto sobre a população ainda carecem de estudos mais aprofundados.

Para além da imprensa, integrava o repertório de ação do movimento republicano a criação de clubes, que eram associações de simpatizantes da causa, que variavam em número e em formas de ação. Muitos deles foram formados para organizar um jornal ou montar um partido político republicano. Era comum se responsabilizarem, também, pela divulgação de suas propostas e pelas críticas à monarquia, feitas não só pela imprensa, mas também nos comícios, nas conferências e no próprio Parlamento. Muitos clubes organizavam visitas de seus membros às casas dos munícipes; outros, incentivavam a leitura pública de jornais republicanos em bares e cafés, tornando o tema da mudança de regime mais acessível àqueles que não sabiam ler ou aos que, por estarem na luta pela própria sobrevivência, manifestavam pouco engajamento em relação aos principais debates que marcavam a nação. Esse caráter marcadamente popular dos ideais republicanos foi sublinhado pelos trabalhos de Chaves de Mello em seus estudos sobre o Rio de Janeiro (2007, cap. 1). De forma geral, em que pesem as dificuldades de comunicação interna, o movimento republicano se expandiu e se tornou conhecido por meio da atuação efetiva de seus aguerridos militantes.

Houve uma concentração maior das ações dos republicanos nas capitais de três províncias: Rio de Janeiro, por ser a capital do Império; São Paulo, por já ter no período uma economia em ascensão; e Porto Alegre, pela concentração de escolas militares, cuja influência positivista foi marcante. Em torno de algumas lideranças republicanas regionais, não só se compunham clubes, partidos e jornais, como se articulavam ações por outras províncias, mesmo as mais distantes do centro econômico-político do país. A cada pesquisa que se faz, mesmo em comunidades mais remotas, percebe-se que o ideal republicano se espalhava rapidamente ao longo dos quase vinte anos de propaganda, tornando-se conhecido.

Quais projetos republicanos eram esses? Com qual república se sonhava? Examinando a imprensa, os programas dos partidos e os manifestos, o que se encontra em profusão é muito mais uma crítica às mazelas e fragilidades da monarquia, do que propriamente um modelo de república que se queria alcançar. O único projeto que era capaz de conciliar republicanos de vários matizes, além da queda da monarquia, era o federalismo, ou seja, a ruptura com o excesso de centralização político-administrativa, imposta pelo Império após o período regencial. Tampouco os republicanos tinham definido qual modelo de federalismo pretendiam estabelecer: se mais próximos das confederações, se orientados por unidades federadas menos autônomas. Ao longo do movimento republicano, percebe-se não haver certeza sequer sobre o único ponto de consenso entre seus membros, o federalismo. O próprio formato organizacional assumido pelo republicanismo – de movimento social – dificultava a construção de projetos coletivos e consensuais, uma vez que se estruturava enquanto células autônomas nas diferentes províncias (Fernandes, 2006, p. 187).

Ator importante no movimento republicano foi o setor exportador brasileiro, sobretudo o ligado à produção de café. Sua adesão à república obedecia menos às filiações ideológicas e mais, como seria natural supor, aos interesses corporativos. O Império concentrava a arrecadação fiscal e a distribuição de receitas. Quando as rendas derivadas do café se avolumaram, sobretudo no oeste paulista, subsídios foram demandados, a exemplo da criação de maior infraestrutura de produção e circulação de mercadorias, do barateamento dos fretes e da garantia de abastecimento de mão de obra. Sem poderem reter nas províncias produtoras os excedentes auferidos pela exportação do produto, era esperado que os produtores se vinculassem a uma proposta federativa, que poderia descentralizar as receitas, possibilitando investimentos maiores em seus respectivos negócios. Para além do problema fiscal, o processo abolicionista os deixava inseguros em relação à oferta de mão de obra, e, por essa razão, como visto, empenharam-se em sua protelação, depois, na sua indenização e, por fim, em uma política subsidiada de imigração. Ao não admitir perder nem reduzir sua margem de lucro, aderiram ao projeto mudancista.

É comum encontrar, nos materiais disponíveis de divulgação científica da história do Brasil, uma avaliação simplificadora do advento da República, explicando ter sido a proclamação resultado exclusivo do ressentimento dos cafeicultores em relação ao Império, por este ter conduzido o processo da abolição. Tal afirmação reduz o movimento republicano a apenas um dos setores envolvidos, empobrecendo a discussão e retirando a complexidade de um processo eivado de contradições, conflitos, heterogeneidades, mudanças de rumo e incertezas. Os cafeicultores não foram os únicos atores do movimento, embora sua importância não possa ser relativizada, principalmente no seio das elites. Mas seus interesses nem sempre iam ao encontro de outros setores do movimento, a exemplo dos abolicionistas, dos intelectuais e de parte das camadas médias – estes últimos, em menor número, mas bastante envolvidos nas propagandas de rua.

Por fim, destaca-se a adesão à república por parte da juventude militar, frequentadora das escolas e muito influenciadas pela doutrina positivista. Como já aventado, os militares tinham se filiado às ideias abolicionistas como um caminho de tornar o país mais civilizado, e a República, para eles, viria como um coroamento da nova e moderna sociedade com a qual sonhavam. Claro que, inspirados por Comte, estavam longe de almejar uma república democrática ou liberal. Sua expectativa era por um regime ditatorial conduzido por militares, e que fosse capaz de ter força para, obedecendo à razão de Estado, impor normas que garantissem a criação de um Estado positivo, ou científico, no Brasil, nos moldes da doutrina que professavam. O interesse pelo poder e a cega adesão ao Exército como instrumento de moderação de crises e alavanca do progresso levariam a juventude militar a somar esforços pelo fim da monarquia.

Como vimos, dois projetos de república se desenharam nas últimas décadas do século XIX. Um, liberal, fundamentado nas experiências francesas e estadunidenses, propunha regime mais descentralizado, e valorizava as liberdades individuais e a soberania popular. Outro, positivista, que sonhava com uma ditadura militar capaz de conduzir o país à civilização, mas que apostava em um Estado que investisse na proteção social como meio de viabilizar o progresso. No entanto, ambos os projetos eram conservadores e não viam o povo como o real protagonista do novo regime.

Vistos os principais interesses, no âmbito do projeto republicano, dos diferentes atores, cabe refletir acerca do desenrolar do próprio movimento, de modo a compreender de que forma uma aspiração pacífica, conciliatória e agregadora, que reunia diferentes setores da sociedade brasileira, redundaria em um golpe de estado e entregaria o poder a um grupo militar mais velho e que não possuía vínculos diretos com o positivismo das casernas. Como explicar um movimento que nasceu da crítica ao modelo de Estado absolutista, representado pelo Poder Moderador do Imperador, ter se transmutado no elogio a uma ditadura militar?

Podemos dividir o movimento republicano em duas etapas consecutivas, ao longo das duas décadas de sua duração. Durante a primeira etapa, a expectativa era de que a monarquia caísse em razão de suas próprias fragilidades. Dessa forma, caberia aos republicanos desqualificar ao máximo o regime imperial e estabelecer como meta a conquista de reformas, que seriam responsáveis pela transição de um regime a outro, de forma conciliada e lenta, tal como se processara a abolição. Havia propostas de renúncia do imperador, de alteração da forma de governo por meio de um processo constituinte e até de tornar os republicanos majoritários no Parlamento para que, por meio do voto, a República fosse instalada. À medida que o tempo foi passando, porém, tais estratégias revelaram-se ineficazes. Por mais fragilizado que se apresentasse o monarca, já em idade avançada e sem sucessor definido, o regime resistia.

Assim, aos poucos, o movimento foi se tornando menos reformista e o discurso revolucionário ganhou corpo entre seus integrantes. As revoluções francesa, argentina e americana voltaram à pauta dos debates como exemplos a serem seguidos. O Brasil continuava a ser a única monarquia das Américas. Todavia, na ausência de uma ampla adesão a um projeto revolucionário, restava aos líderes recorrerem à força. Já sem esperanças em relação ao sucesso das estratégias conciliadoras, lideranças civis se aproximaram dos militares, não especialmente dos jovens já convertidos, mas dos chamados "tarimbeiros", chefes militares que haviam participado da Guerra do Paraguai e, por essa razão, incontestes lideranças no Exército. Aqui nos referimos aos já conhecidos marechais Deodoro da Fonseca e Floriano Peixoto. Foi a adesão deles, mesmo que vacilante, ao projeto golpista – que a partir desse encontro assume uma face civil-militar – que garantiu a deposição do imperador e a mudança de regime.

Como todo golpe, surpreendeu a muitos, sobretudo aos que se encontravam afastados da capital nacional, aos intelectuais militantes e até aos republicanos residentes no interior do Brasil. O telégrafo e a imprensa garantiram a consolidação do golpe, ao torná-lo conhecido nas regiões mais remotas do país na própria madrugada do certame. Depois, com o exílio da família real, os golpistas puderam se valer de todo repertório possível para convencer os resistentes sobre a fragilidade de qualquer tentativa restauradora. Para convencer o povo de que o novo regime resolveria todos os problemas nacionais, os republicanos promoveram desfiles militares, cerimônias oficiais, alterações de calendário, a criação de uma nova bandeira e de um novo hino nacional, enfim, a criação de novos símbolos. Estas medidas, imediatas ou não, revelavam um grande esforço dos republicanos em legitimar a nova situação, apagando do imaginário político quaisquer vestígios da monarquia, para construir novos imaginários – como ocorre em qualquer processo de mudança brusca de regime, seja por um golpe, seja por uma revolução.

No que tange às mudanças institucionais, um governo provisório composto de seis membros e chefiado por Deodoro da Fonseca emitiu os primeiros decretos do novo regime. Estavam extintos o Senado vitalício, o Poder Moderador, o Conselho de Estado, a emissão de títulos nobiliárquicos, a Constituição de 1824 e demais instituições e normas monárquicas. Uma assembleia constituinte foi convocada, e, para fixação dos critérios de sua composição, foram emitidas novas regras eleitorais – que, em relação ao último Código Eleitoral monárquico, a Lei Saraiva de 1881 (redigida por Rui Barbosa), alterava pouco no tocante à concessão de direitos políticos. As principais mudanças foram o fim do voto censitário e o estabelecimento de eleições diretas em todos os níveis. O voto do analfabeto e das mulheres não estava previsto ao fim do Império. Por fim, todas as províncias passaram a receber a denominação de estados e a capital se tornou o Distrito Federal, o que já revelava a intenção de se estabelecer uma república presidencialista federativa. Poderes ditatoriais foram entregues ao marechal Deodoro, chefe do governo provisório, para que evitasse ameaças ao novo regime, até que uma nova constituição fosse aprovada. Entre seus poderes, incluíam-se a nomeação de governadores e a censura à imprensa quando se fizesse necessária, além de estar autorizado a vetar quaisquer manifestações políticas, civis ou militares, que se opusessem ao novo regime.

O fim da monarquia não se deu sem percalços e sem protestos. O exílio imediato da família real inibiu as primeiras reações, mas, tão logo foi possível, os restauradores se organizaram no Brasil e no exterior com o fim de retomar o regime deposto. Alguns estados chegaram a ameaçar a nova ordem, e o país foi assolado por dois conflitos armados: a Revolução Federalista no Rio Grande do Sul e a Revolta da Armada. A imprensa não republicana catalisou as críticas ao novo regime e o ex-ministro visconde de Ouro Preto articulara, da Europa, um contragolpe. Mobilizados, os monarquistas conseguiram eleger 38 deputados constituintes, na expectativa de aprovarem um plebiscito que pudesse trazer, pelo voto, o retorno do regime deposto.

No entanto, os republicanos reagiram rapidamente às ameaças. A imprensa foi censurada e as ações violentas dos adeptos radicais do florianismo (conhecidos como "jacobinos") reforçaram as ações repressivas contra os restauradores. Por outro lado, diz-se que a própria família real, no exílio, procurou inibir a reação, temendo que irrompesse uma guerra civil no país. Na verdade, a monarquia perdera o fôlego, em razão da grande adesão ao novo regime.

Um mês após a proclamação, Saldanha Marinho chefiou uma comissão de cinco juristas encarregada de elaborar um projeto a ser examinado pelos futuros constituintes. Rui Barbosa, encarregado de fazer os últimos ajustes, praticamente reescreveu o texto que lhe foi entregue. Contudo, sendo submetida ao marechal Deodoro, a futura Carta Magna sofreu inúmeras alterações, freando os avanços liberais e democráticos pretendidos por Rui Barbosa. As interferências de Deodoro sobre o novo texto, porém, não foram bem recebidas, já indicando que os elementos civis procurariam restabelecer seu poder no âmbito da aliança golpista estabelecida para derrubar a monarquia, ou seja, não renunciariam à condução do novo regime em prol dos militares que chamavam de arrivistas.

A composição da Assembleia Constituinte, após as eleições decididas por cerca de 200 mil eleitores, mostrava de forma bastante clara o perfil que o novo regime assumiria. As lideranças mais radicais do movimento republicano, a exemplo de Silva Jardim, Lúcio de Mendonça e Lopes Trovão, não haviam sido eleitas. Da mesma forma, os positivistas mais ortodoxos não lograram compor a nova assembleia. Dos 205 deputados e 63 senadores eleitos, menos da metade tinha participado do movimento republicano. Mas, apesar disso, formavam a maioria na constituinte, em relação aos políticos ligados ao Partido Liberal ou Conservador do antigo regime monárquico. Somados aos militares, majoritariamente republicanos, porém sem vínculos partidários, estabeleceram expressiva maioria (Viscardi, 2017, p. 71, 74). No que diz respeito às profissões, a maior parte dos eleitos era formada por advogados, médicos e militares. Como havia muitos representantes que não possuíam vínculos partidários explícitos, sobre os quais não temos informações, avaliar quais interesses ideológicos predominaram no âmbito da Constituinte é muito difícil, o que torna mais apropriado partir da avaliação de seus resultados.

Os debates na Assembleia foram rápidos, e o novo texto foi aprovado em aproximadamente três meses. A rapidez decorreu menos do caráter conciliador do texto que do medo da febre amarela, que assolava a cidade e matava muita gente, sobretudo no verão. Por meio do texto constitucional, o Brasil se definia como uma República Presidencialista, com um modelo de federalismo bastante desigual, tanto do ponto de vista da representação política no Parlamento – a maior bancada era a de Minas Gerais, com 37 deputados, e as menores possuíam, no mínimo, quatro deputados, a exemplo do Amazonas, Espírito Santo e Paraná – como na distribuição de receitas fiscais.

A partir da Carta de 1891, as receitas sobre as exportações permaneceriam nos estados, e as de importação, no governo federal. Dessa forma, aos estados exportadores seriam destinados muito mais recursos do que àqueles que produziam para o mercado interno. Havia, no entanto, um mecanismo de compensação, que era a possibilidade de os estados negociarem empréstimos externos autonomamente. Tal possibilidade, aliada à falta de receitas, levou ao endividamento extremo de algumas unidades federadas, o que só seria resolvido por uma reforma constitucional em 1926.

Em relação aos projetos dos republicanos previstos em sua campanha, quase todos foram aprovados na Constituinte. Entre eles, podemos destacar a separação entre Estado e Igreja, plataforma dos positivistas, os quais, como vimos, estavam sub-representados na Assembleia, mas, com apoio dos representantes liberais, tiveram êxito. Quanto ao modelo de federalismo, duas propostas concorriam no âmbito do Parlamento. Uma, mais próxima do modelo dos Estados Unidos, em que as unidades federadas se tornariam bastante autônomas, defendida pelo gaúcho Júlio de Castilhos; e outra, defendida por Rui Barbosa, que deixaria mais fluidas as relações entre a União e os estados, garantindo alguns poderes ao próprio governo federal, inclusive o de intervir nos estados. Esta segunda proposta foi a aprovada.

No que se refere às propostas republicanas de soberania popular e fim dos privilégios nobiliárquicos, as mudanças foram significativas. A extinção dos referidos títulos, do Poder Moderador, da vitaliciedade dos cargos, a proibição da reeleição, as eleições diretas em todos os níveis, a organização dos três poderes com clara hegemonia do Legislativo, a descentralização das polícias, o instituto do estado de sítio, entre outras mudanças ocorridas em relação à Carta de 1824, comprovam que, mesmo sem terem tido um projeto de república muito bem definido, a maior parte dos temas sobre os quais algum consenso havia sido construído foi contemplada pelo novo texto constitucional.

Por fim, deu-se por encerrado o governo provisório por meio de uma eleição, no seio da própria assembleia constituinte, de um presidente da República e seu vice. Embora os civis tenham se organizado com uma candidatura própria, não houve concordância entre eles em torno do nome do cafeicultor paulista e republicano histórico Prudente de Morais. Como os civis eram maioria, alcançar tal consenso garantiria o controle civil do novo regime, mas isso não aconteceu. Deodoro da Fonseca foi eleito o primeiro presidente da república brasileira, e o seu vice foi Floriano Peixoto, embora eles compusessem chapas distintas. O controle civil e o afastamento dos militares da direção do país só ocorreriam na eleição de 1894, que elegeu o próprio Prudente de Morais, mas não sem lutas e conflitos.

Com respeito aos direitos de cidadania, como mencionamos, avançou-se pouco na transição de um regime para o outro. As liberdades civis da Carta de 1824 foram mantidas ou ampliadas, a exemplo da instituição do habeas corpus no texto constitucional e da abolição da pena de morte. Os direitos políticos também foram ampliados, como o direito à greve, às eleições diretas e um ligeiro aumento do número de eleitores, quando comparado à última lei eleitoral do Império.

No que tange aos direitos sociais, os avanços foram mínimos. Na esteia de um discurso meritocrático e liberal, o Estado se desincumbiu de suas obrigações em relação à saúde, educação e assistência aos brasileiros pobres. Tal decisão expressava a absoluta indisposição de nossas elites republicanas em encaminhar o processo do pós-abolição. Deixariam ao abandono uma multidão de libertos, imigrantes e demais trabalhadores livres pobres. Todo o projeto positivista de recuperação da nação pelo trabalho se esvaiu nas mãos de representantes liberais, desconectados da realidade vivida pela maior parte do povo brasileiro.

Tangências entre duas retas

No início deste capítulo, afirmamos que o movimento abolicionista e o movimento republicano caminharam à semelhança de duas paralelas que não se encontram no infinito. Embora os dois movimentos ocorressem no mesmo período, ao final do século XIX, nem todos os abolicionistas foram republicanos, e nem todos os republicanos, abolicionistas.

Isso não quer dizer que os movimentos não tenham se tangenciado ao longo do período. É impossível pensar que a abolição ocorreu à revelia da República ou que o movimento republicano em nada foi influenciado pela luta antiescravagista. O discurso republicano em prol das liberdades individuais e pela defesa da soberania popular certamente serviu de combustível para a luta abolicionista. Ademais, as duras críticas dirigidas à monarquia pelos republicanos retiravam os governantes da zona de conforto e os fragilizava diante da opinião pública, levando-os a responder aos anseios das ruas. O abolicionismo, por sua vez, fez com que parte dos fazendeiros, ainda dependentes da mão de obra escrava, fortalecessem o movimento republicano, na busca de uma alternativa ao regime, que anunciava estar próximo de decretar o fim da escravidão no Brasil. Ao mesmo tempo, grupos antiescravagistas reforçavam o discurso da excentricidade do Brasil nas Américas, único país monárquico e escravista.

Como vimos, nos manifestos republicanos publicados ainda na década de 1870, a questão da abolição não só não era contemplada como também "constatavam" que, sendo um problema da monarquia, ela deveria ser resolvida pelo imperador, e não pelos republicanos. Com o aumento da mobilização antiescravista na década de 1880, parte dos republicanos incorporou as bandeiras abolicionistas. A publicação da Lei Áurea em 13 de maio de 1888 foi o divisor de águas, trazendo para o movimento republicano uma legião de fazendeiros insatisfeitos e ressentidos, conhecidos como "republicanos de 14 de maio". Por seu turno, os cafeicultores que aderiram ao republicanismo tinham a expectativa de que o novo regime atendesse aos seus clamores por indenização. As lideranças republicanas, valendo-se do mesmo argumento usado para não tratar da abolição, alegaram que a responsabilidade por uma eventual indenização seria do governo monárquico findo.

Os desfechos finais dos dois movimentos revelam, além de suas tangências, os seus desencontros. Enquanto a abolição foi fruto de um longo processo de negociação e conciliação, a República resultou de uma ruptura institucional, após as tentativas de negociação terem fracassado. Cabe destacar que, a despeito do golpe de Estado, o movimento republicano que o antecedeu contou com a participação de variados setores sociais em diversas regiões do país. A opção pelo golpismo não pode mascarar o empenho de vários setores sociais que, ao longo de quase vinte anos, tentaram conferir novos rumos à política nacional. Da mesma forma, o fato de a abolição ter sido estabelecida por uma lei assinada pela Princesa Isabel não apaga o papel fundamental que o movimento abolicionista exerceu na consecução de seus objetivos.

Após a instauração do novo regime político, as elites monarquistas escravagistas esforçaram-se em compor o novo parlamento republicano com o fim de garantir a indenização a que julgavam ter direito. O discurso republicano de igualdade e cidadania não impedia que seus novos adeptos permanecessem ligados a presumidos direitos econômicos sobre a escravização de outros seres humanos. Caberia, pois, aos novos governantes resolver o ônus da abolição, tanto no que se referia ao destino de milhares de libertos, quanto aos abalos financeiros sofridos pelos proprietários não indenizados.

Embora os republicanos históricos ainda fossem maioria na Assembleia Constituinte, setores representativos dos fazendeiros, aliados a grupos conservadores, dificultavam uma ação mais efetiva para a adoção de medidas protetivas para os libertos. Dessa forma, os constituintes optaram por não amparar os libertos nem indenizar os proprietários, uma solução a meio caminho entre os interesses em disputa. Tratava-se de estratégia derivada de uma escolha política de isenção dos impactos decorrentes da abolição, amparada pelo discurso liberal de não intervenção do Estado na sociedade e na economia do país.

Assim, a Constituição de 1891 resultou na conciliação com as elites derrotadas do antigo regime, garantindo-lhes espaço político para defender alguns de seus interesses. Entretanto, para os pretos e para os pobres, a mesma Constituição foi uma sentença de abandono, na medida em que lavou as mãos em relação à sua obrigação de amparar os libertos e desvalidos por meio de políticas sociais inclusivas, estabelecendo a atuação de um Estado mínimo. Poucas décadas depois da abolição e da proclamação da República, seus contemporâneos já estavam cientes de que a República segregara muitos, e que a abolição não garantira a almejada liberdade.

Já a ausência de indenização aos fazendeiros poderia ser interpretada como sinal de que houve perda para os dois lados. No entanto, essa ausência foi curta. Os dois lados, afinal, não eram iguais. Os proprietários rurais foram indenizados, ainda que a conta-gotas, pela política fiscal de 1891 e pelas políticas de proteção ao longo do período. Os libertos nunca foram indenizados até o advento de algumas tímidas políticas de reparação surgidas mais de um século depois.

Sim, eram duas paralelas que jamais se encontrariam no infinito.

13.

A REVOLUÇÃO MEXICANA

Claudia Wasserman

A Revolução Mexicana de 1910 surtiu impactos profundos em toda a América Latina, e é, até hoje, reivindicada por partidos, movimentos e organizações que pretendem destacar-se na política do país. Distante 84 anos da eclosão revolucionária, em 1994 o país surpreendeu novamente quem tentava entender a sua dinâmica histórica e política, com a irrupção do movimento *chiapaneco*.

Na década de 1970, a ausência de ditadura militar era outro indício da singularidade do país em relação às demais regiões da América Latina. A estabilidade política mexicana surpreendia, em meio às teses de instabilidade congênita de seus pares latino-americanos. Semelhantes ao México em importância estratégica e como agentes de economia emergente, as nações vizinhas, sobretudo do Cone Sul, foram vítimas de ditaduras militares de duração variável, mas com características semelhantes no que se refere aos fatores que propiciaram a sua aparição naquele momento e naquele lugar.

Os golpes preventivos, perpetrados por militares com a colaboração de uma parte da sociedade civil, implantaram ditaduras de segurança nacional no Brasil, no Chile, na Argentina e no Uruguai. Mas o México, país de características semelhantes a estes últimos, foi preservado. Suas elites civis permaneceram no poder por mais de setenta anos, sob a hegemonia de um único partido político, o Partido Revolucionário Institucional (PRI). O Estado mexicano era palco de um relativo equilíbrio entre a utilização do aparato repressivo e os instrumentos destinados ao consenso. A explicação para a estabilidade política reinante no México nos anos 1970 parecia ter origem no processo revolucionário iniciado em 1910.

A Revolução Mexicana expôs a primeira grande crise do poder das oligarquias primário-exportadoras, herdeiras do período colonial e responsáveis pelo vínculo entre o latifúndio e o capital internacional. A crise ressaltou contradições da sociedade mexicana e foi responsável pela mobilização de camponeses, povos indígenas, operários e setores médios urbanos, capitaneados inicialmente pelas oligarquias periféricas insatisfeitas com os rumos da ditadura porfirista e pela incipiente burguesia industrial do norte do país.

O processo que eclodiu em 1910, com a insurreição comandada por Francisco Madero, possuía ingredientes que iam além da crítica das oligarquias periféricas às oligarquias centrais – estas últimas, representadas pela ditadura de Porfírio Diaz, no poder desde 1876. Esse movimento revelava os problemas inerentes à situação política, econômica e social do país, mas também fazia parte de uma onda de transformações que atingia todo o mundo semicolonial ou a periferia do sistema capitalista – exemplificados pela crise russa em 1905 e a Revolução de 1917, pela revolução republicana chinesa de 1911, liderada por Sun Yat-sen, pela independência húngara em 1918 e pela proclamação da República de Weimar na Alemanha em 1919. Mesmo sem conexões concretas ou influências mútuas, e ainda que os resultados tenham sido bastante díspares, a coincidência temporal e os problemas levantados pelos projetos políticos em cada região mostram que uma das primeiras crises do capitalismo ocorreu na periferia do sistema.

A Revolução Mexicana, que começou sob a liderança de uma parte descontente das próprias oligarquias mexicanas, adquiriu proporções inesperadas, com a participação de camponeses e operários de todo o país. O processo radicalizou-se a tal ponto que o México foi, em 1917, o primeiro país do mundo a promulgar uma Constituição que incluía reivindicações da classe operária e o primeiro país da América que incluía no texto constitucional demandas camponesas, a eliminação do latifúndio e deliberava sobre a realização de uma reforma agrária.

Contudo, ao longo do processo e até 1940, acabou prevalecendo o projeto burguês, que foi capaz de incorporar demandas de outras classes sociais e apresentar as suas propostas como resultado de uma vontade coletiva nacional. Entre os avanços da Revolução Mexicana, pode-se destacar, além da introdução das demandas operárias e camponesas no texto da Constituição, o nacionalismo como uma reação à interferência norte-americana. Todas essas conquistas não impediram, no entanto, que o país fosse um dos mais afetados pela presença norte-americana na América Latina, e não fez com que os camponeses e operários mexicanos tivessem, ao longo do século XX, uma situação mais favorável do que seus coirmãos latino-americanos. A despeito de seu nacionalismo, que possibilitou a estatização da exploração e comercialização do petróleo com a criação da companhia Petróleos Mexicanos (PEMEX) na década de 1940, bem como a nacionalização de minas e estradas de ferro, e apesar de ter servido de exemplo para tantos governantes e povos latinos, o México foi o primeiro país da América Latina a aderir a um tratado de livre comércio com os Estados Unidos (NAFTA), assinado em janeiro de 1994. As conquistas operárias e camponesas ao longo da revolução também não foram capazes de impedir o aparecimento de movimentos antissistêmicos nos anos 1990. Sintomaticamente, o mais incrível desses movimentos, surgido justamente em 1994, no sul do México, reivindica simbolicamente a figura de Emiliano Zapata, líder camponês na Revolução, representante dos interesses das classes populares no país e da valorização dos povos originários.

Com base na concepção de história de Fernand Braudel (1995), pode-se pensar na história mexicana a partir da "longa duração", para uma análise que identifique os vínculos existentes entre a Revolução de 1910, a ausência de uma ditadura de segurança nacional nos anos 1970 e o movimento *chiapaneco*, que estourou em 1994.

O contexto pré-revolucionário

Até a eclosão da Revolução em 1910, a evolução histórica do México seguia curso semelhante aos demais países do subcontinente: predomínio de economias primário-exportadoras, ênfase no latifúndio, na aliança com o imperialismo, constituição de estados excludentes, autoritários e racistas. A transição do Estado oligárquico para o Estado burguês nos países da América Latina foi diversa na cronologia – precoce ou tardia – e no caráter do processo – pacífico ou revolucionário. Porém, na quase totalidade dos países, os novos grupos dominantes, interessados em uma economia mais diversificada, não prescindiam da acumulação originada no setor primário-exportador. Mesmo os governantes que assumiram os processos de transição, como Getúlio Vargas no Brasil, Hipólito Irigoyen na Argentina, Arturo Alessandri no Chile e até Francisco Madero no México, tinham interesses no latifúndio. Esses governantes foram responsáveis pela modernização política (sufrágio universal), pela atenção a outras regiões e outros produtos que não fossem aqueles ligados somente ao setor exportador e tiveram uma preocupação com a dependência de seus países em relação aos centros hegemônicos do capitalismo. Mas não romperam com o latifúndio, tampouco com o setor mais dinâmico e com maior capacidade de acumulação das economias latino-americanas: agricultura de exportação.

No México, o movimento revolucionário se distanciou desse modelo. O latifúndio foi desmantelado, as oligarquias primário-exportadoras perderam o poder político e a evolução político-institucional do México seguiu um curso diferente. Importa enfatizar que, diferentemente da maior parte dos países da América Latina, o México manteve a democracia, e os movimentos populares tiveram assegurados canais de participação, podendo um civil concorrer a cargos públicos e atuar livremente, a despeito das frequentes acusações de fraude contra o Partido Revolucionário Institucional (PRI) na história contemporânea do país.

Em 1910, o México era governado por Porfirio Díaz, representante das oligarquias rurais primário-exportadoras – mineiros ao norte e plantadores de cana-de-açúcar ao sul – e conduzia o país despoticamente, segundo os interesses do capitalismo internacional e do latifúndio. A sustentação ideológica era dada por um grupo de intelectuais, influenciados pelo positivismo de Auguste Comte, cujas ideias serviram de base para justificar o poder, baseado no lema "ordem e progresso". Esses intelectuais, chamados de "científicos", foram educados na Europa e preconizavam a criação de um Estado poderoso centralizado, a abolição dos excessos de federalismo e da interferência dos grandes caciques regionais, a exclusão das camadas populares do processo político e da participação, como condições para o progresso econômico. O exército foi reforçado para dar maior poder coercitivo ao Estado e o lema do porfiriato era *pan o palo* (pão ou cassetete): aos opositores, dava oportunidades no governo; aos indisciplinados, esmagava com sua autoridade; aos inimigos e índios, exterminava.

A estrutura agrária do país era repartida entre ranchos, comunidades indígenas e *haciendas*. A legislação fundiária do porfiriato (1893-1894) aprofundou a expropriação das terras comunais e da Igreja a favor dos latifundiários e de companhias demarcadoras estrangeiras. Estas últimas, receberam 16.800.00 hectares de terras, cerca de uma quarta parte do território do país, a título de pagamento pelos serviços de demarcação.

Segundo o censo populacional de 1910, o México contava com 15.160.369 habitantes; sendo que 80%, ou 12 milhões dependiam do salário rural; 840 eram *hacendados*, sobretudo, Igreja, companhias demarcadoras estrangeiras, latifundiários, descendentes de espanhóis e prestadores de serviços militares. A maioria da população rural vivia em condições deploráveis, expropriados de suas terras, prestavam serviços aos *hacendados* em troca de lugar para viver, endividados nos armazéns das *haciendas*, as *tiendas de raya*, onde obtinham os produtos de primeira necessidade. O sistema que prendia trabalhadores rurais às *haciendas* era conhecido como *enganche*, envolvendo uma série de elementos compulsórios e coercitivos. As comunidades indígenas remanescentes viviam sob constante ameaça de desapropriação pelo Estado.

As cidades mexicanas congregavam os setores industriais – ferrovias, têxteis e mineração –, atendiam o comércio de exportação e importação e concentravam o proletariado, que representava cerca de 5% da população, 746.559 pessoas segundo o censo de 1910. O processo de industrialização era recente, e o reduzido proletariado tinha origem rural: "a classe operária mexicana, no início da Revolução de 1910, se encontrava entretanto na fase de vir ao mundo" (Carr, 1981, p. 21). Os investimentos estrangeiros concentravam-se nestes três setores, e os trabalhadores mexicanos eram preteridos, em relação aos estrangeiros, para melhores cargos e salários. O movimento operário realizou 250 greves durante o porfiriato, por influência do anarquismo, conduzido na cidade do México pelos irmãos Enrique e Ricardo Flores Magón, e pelo jornal *Regeneración*, fundado em 1900. As greves precursoras da Revolução ocorreram em Cananea (Sonora), em 1906, e em Rio Branco (Vera Cruz), em 1907. As principais reivindicações eram por melhores salários, pela diminuição da jornada de trabalho e, especialmente em Cananea, por igualdade de condições com os trabalhadores estrangeiros. Em todas as greves e, sobretudo, em Cananea e Rio Branco, os trabalhadores foram duramente reprimidos.

A oposição ao governo Díaz crescia também entre as oligarquias periféricas, cuja produção não atendia o mercado internacional e ressentiam-se dos benefícios exclusivos do setor primário-exportador. Crescia igualmente entre os setores médios urbanos, o número de médicos, engenheiros, professores, advogados, pequenos comerciantes e uma parte das oligarquias mais jovens instruídas na Europa e nos Estados Unidos. Algumas dessas pessoas cultivavam o gosto pela leitura, eram capazes de formular teorias sobre a realidade, tiveram influência das ideias liberais, buscavam solução para a crise econômica (preços altos e salários baixos desde 1880) e posicionavam-se radicalmente contra o lema do porfiriato, que preconizava "*Poca política, mucha administración*". O desenvolvimento do setor primário-exportador fizera crescer esse grupo genericamente conhecido como classes médias, definido por Halperin Donghi (1975, p. 177) como "radicais na ação, indefinidos na ideologia". Clubes liberais foram formados em todo o país a partir de 1901 e, mais tarde, em 1906, a fundação do Partido Liberal reuniu figuras como Camilo Arriaga, Antonio Díaz Soto y Gama, Juan Sarabia, Ricardo Flores Magón e Francisco Madero, que representavam várias tendências: iam desde reivindicações por sufrágio universal, maior participação política, mais justiça na distribuição de benefícios econômicos, defesa da liberdade de expressão, nacionalismo, chegando até propostas mais radicais, como as dos irmãos Flores Magón, que propunham aproximação com o movimento operário.

A sucessão presidencial de 1910 e a adesão das classes populares

Depois de 34 anos, a ditadura de Porfirio Díaz sofria pressão de todos os lados: camponeses superexplorados nas zonas rurais mais pobres do país, crítica do movimento operário nas grandes cidades, das oligarquias periféricas e da fração industrial das classes dominantes mexicanas, que exigiam maior participação política e liberdade econômica para o crescimento dos seus negócios. O ditador havia envelhecido e parecia preparar-se para um novo mandato. Em 1908, dois fatos desencadearam o processo sucessório. De um lado, Díaz forneceu entrevista a um jornalista estrangeiro e revelou, inusitadamente, a intenção de não se candidatar nas eleições de 1910. De outro, Francisco I. Madero, fazendeiro de Coahuila, lançou um livro intitulado *La Sucesión presidencial de 1910*. Segundo F. Katz (1982, p. 53), "o livro de Madero era mais do que uma análise da situação; era um programa que chamava à formação de um novo partido antirreelecionista".

A movimentação político-eleitoral foi desencadeada pela entrevista de Díaz e pelo lançamento do livro de Francisco Madero. Os ataques abertos do Partido Liberal contra o regime eram um convite à repressão do governo oligárquico, o que tornou o partido pouco atraente a uma grande parte das classes médias e da burguesia mexicana. Alan Knight (1996, volume 1, p. 72-73) observa que Madero, apesar de ter contribuído com fundos próprios para o Partido Liberal Mexicano, deplorava sua reviravolta à esquerda, o sectarismo e sua inclinação pela luta armada. O Partido Democrático, fundado em 1909, foi ainda mais revelador das dificuldades de se fazer oposição a Díaz. Ao contrário das expectativas, o partido lançou Porfírio Díaz para o seu sétimo mandato. O Partido Antirreelecionista surgiu para consolidar e reunir os movimentos de oposição ao regime porfirista, movimentos e indivíduos descontentes com o regime e que tinham tendência mais moderada que o Partido Liberal. O sucesso do Partido Antirreelecionista entre aqueles que se opunham ao regime deveu-se, sobretudo, à liderança política de Francisco Madero.

O Partido Antirreelecionista adquiriu dimensões imprevistas, pois reuniu tanto as classes altas como populares que se opunham ao regime e cujos canais de participação haviam sido dificultados pela ação do governo. Madero era uma liderança confiável, pois pertencia às classes abastadas; tinha fundos próprios para sustentar uma campanha política, o que lhe colocava em vantagem em relação a alguns membros mais radicais do partido; era cauteloso e conseguiu conter a repressão do governo até os últimos momentos da campanha eleitoral. Por tratar-se de um movimento cuja principal liderança havia saído do norte do país, refletia o caráter mais desenvolvido, urbano e ilustrado da sociedade nortista, ou seja, a classe média foi ingrediente fundamental do maderismo. Incluía membros das classes altas, como o próprio Madero e Vázquez Gomes, mas atraía também trabalhadores mineiros, eletricitários, ferroviários, têxteis, entre outros. Era essencial a esse grupo antirreelecionista – cuja principal luta era dirigida a um setor das oligarquias mexicanas encastelado no poder desde 1876 – e manter a ordem pública. No livro *La Sucesión presidencial de 1910* (1908, p. 15), Madero pontuava: "Não queremos mais revoluções, porque não queremos ver outra vez o solo pátrio ensanguentado com sangue irmão, porque temos fé na democracia." Em 1909, o Partido Antirreelecionista lançou Francisco Madero como candidato à presidência e Francisco Vázquez Gómez, um ex-porfirista, à vice-presidência, para as eleições de 1910. Em abril de 1910 foi lançado o programa do partido, cujo primeiro ponto era "reestabelecer o império da Constituição, fazendo efetivos os direitos e deveres que ela prescreve" (Herzog, 1960, p. 85). Os comícios do Partido Antirreelecionista atraíam multidões em todas as cidades, e a oposição a Díaz crescia à medida que se aproximava a data da eleição.

A repressão do governo aos atos do partido chegou ao ápice com a prisão de Francisco Madero no dia 7 de junho, a 17 dias do pleito, e, portanto, sem a presença do principal opositor de Díaz. A vitória do ditador foi assegurada por fraude nas eleições e repressão aos opositores. Em outubro, Madero saiu da prisão em liberdade condicional, refugiu-se no Texas e lançou o Plano/Programa de San Luis de Potosí, cujo slogan havia eletrizado as massas mexicanas e as motivaram a lutar contra a ditadura: "*Sufrágio efectivo e no reelección*". O plano/programa não reconhecia o governo de Díaz, proclamava Madero presidente provisório e conclamava à luta armada todos os descontentes com o porfiriato. A revolta marcada para 20 de novembro acabou antecipada para o dia 18, em função do assassinato de Aquiles Serdán, um aliado de Madero. Partindo basicamente de San Luis Potosí, centro-norte do país, sob a liderança de Francisco Madero e dos clubes liberais, a Revolução ganhou apoio decisivo dos camponeses liderados por Emiliano Zapata, em 1911, desde Morelos, da guerrilha liderada por Pancho Villa, nortista de Chihuahua, e de Pascoal Orozco, comandante das forças revolucionárias no município de Guerrero.

À revolução da fração oligárquica, burguesa e de classes médias, liderada por Francisco Madero, somaram-se as massas camponesas, constituindo uma verdadeira guerra civil. No dia da morte de Aquiles Serdán, as tropas de Pancho Villa e de Pascual Orozco levantaram-se imediatamente contra o governo Díaz. Ao sul, no estado de Morelos, Emiliano Zapata, líder da comunidade de Anenecuilco, organizava um exército, ainda rudimentar, para lutar contra as expropriações de terra, mas não aderiu imediatamente à luta liderada por Madero. As demandas de Emiliano Zapata e Pancho Villa eram longevas, porém, diferentes. Enquanto Emiliano Zapata assistiu à expropriação das terras, à destruição de comunidades indígenas e tinha um apego profundo à terra, os seguidores de Villa se caracterizavam pela mobilidade e desapego, eram peões de *haciendas* ou trabalhadores nas mineradoras e ferrovias e haviam testemunhado a proletarização do homem do campo no norte dominado por latifúndios e indústrias.

A adesão do Exército zapatista à revolução liderada por Francisco Madero pela deposição do ditador Porfirio Díaz ocorreu em março de 1911 e foi fundamental para o desfecho inicial do processo revolucionário. As tropas federais passaram a enfrentar a guerra ao sul e ao norte. A tática de guerrilha utilizada pelos zapatistas levou ao desgaste das forças governistas. Em abril de 1911, começou a batalha mais importante da Revolução Mexicana. Madero reuniu suas tropas e aproximou-se da fronteira com os Estados Unidos, em Ciudad Juárez. Desde 1910, 20 mil soldados norte-americanos mobilizavam-se ao longo da fronteira pelo temor de conflitos armados na região. A partir da tomada de Ciudad Juárez pelos revoltosos, surgiram focos revolucionários em todo o país. Ali, na fronteira, as divergências entre os grupos revolucionários também começaram a aparecer: Francisco Madero era contra o fuzilamento de porfiristas capturados, sob protestos de Villa e Pascual Orozco. Madero também se indispôs com Venustiano Carranza, governador de Coahuila. Este insistia em eliminar todos os aspectos gerais da ditadura, e não apenas em depor o ditador. Madero era moderado e admitia manter alguns porfiristas nos cargos, mesmo depois da queda de Porfirio Díaz. Carranza, por sua vez, percebia a superficialidade das propostas de Madero e compreendia que os exércitos camponeses de Villa, Orozco e Zapata não admitiriam traições e repudiariam a continuidade do regime oligárquico, ainda que o ditador Porfirio Díaz já tivesse caído.

A rendição do governo veio em maio, e o Tratado de Ciudad Juárez determinou a renúncia de Porfirio Díaz e do vice-presidente Ramón Corral, a interinidade de Francisco León de la Barra (ex-secretário de assuntos estrangeiros do governo deposto), a obrigatoriedade de convocar eleições para novembro de 1911 e a imediata interrupção das hostilidades. De maio a novembro, apesar da renúncia e exílio do ex-ditador, a burocracia do Estado permaneceu intacta, as tropas camponesas depuseram armas, com exceção do exército de Zapata, que se manteve em alerta. Francisco Madero e Juan María Pino Suárez foram eleitos presidente e vice-presidente, praticamente sem opositores. O novo governo era composto de políticos liberais, conservadores moderados e um reduzido quadro de revolucionários, em verdade, apenas dois, Abraham González, nos assuntos internos, e Manuel Bonilla, nas comunicações.

Madero representava as aspirações democráticas da incipiente burguesia do México central e das oligarquias periféricas descontentes. Não tinha intenção em incorporar demandas populares do norte ou do sul do país após a vitória sobre Díaz. Foi insensível às aspirações nacional-populares que unificaram os grupos fora do poder quando elas estavam mais vigorosas, recém-egressas de uma luta armada na qual o princípio da não reeleição constituiu apenas o processo inicial. Segundo Gilly (1994, p. 26), a Revolução de Francisco Madero era oficial, era a vitória do Plano/Programa de San Luis Potosí, e termina em 1911, quando Díaz deixa o país rumo ao exílio. Porém, o dinamismo revolucionário se inaugura a partir da adesão de Zapata e do espaço aberto pelo movimento camponês para a precipitação de todos os outros movimentos. Madero ficou cada vez mais isolado e perdeu popularidade: o latifúndio não foi tocado e os camponeses seguiram sem suas terras, o controle do poder permaneceu nas mãos das oligarquias locais, as lideranças revolucionárias foram marginalizadas, os trabalhadores urbanos padeciam com a alta do custo de vida, desemprego e concorrência desleal com trabalhadores estrangeiros, as grandes empresas monopolistas sufocavam as pequenas e médias empresas nacionais e os investidores estrangeiros continuavam controlando 80% do capital das principais atividades econômicas do país. Ao sul, Zapata lança, ainda em 1911, o Plano/Programa de Ayala, cujo slogan era "*Tierra y Libertad*". No documento, Zapata desconhecia a liderança de Madero, referindo-se à traição e ao abuso de poder por parte do mandatário. Ao norte, Pascual Orozco promoveu uma reunião de lideranças revolucionárias, em 1912, e estabeleceu o *Pacto de Empacadora*, no qual reafirmava as questões programáticas dos planos de San Luis Potosí e Ayala, incluía a defesa das demandas da classe operária, denunciava os vínculos de Madero com o capital norte-americano e cobrava a defesa do nacionalismo por parte do governante. O presidente ainda enfrentava pressões da recém-fundada Casa del Obrero Mundial (COM), combativa organização do movimento operário mexicano. Madero não conseguia impedir a agitação revolucionária e manter a ordem interna, fatores que desagradavam profundamente os investidores estrangeiros, sobretudo norte-americanos, e deixava em alerta o governo dos Estados Unidos.

A revisão dos vínculos com o capital estrangeiro foi tema no discurso de Francisco Madero. A incipiente burguesia industrial e as classes médias urbanas ressentiam-se da dependência exclusiva do setor primário-exportador – uma vez que os produtos das oligarquias periféricas não eram destinados à exportação –, das oscilações de preço e de demanda no mercado internacional e dos subsídios exclusivos fornecidos a este setor da economia pelo Estado. Consideravam que a dependência em relação ao capital internacional representava um obstáculo ao pleno desenvolvimento nacional. Embora não tenha sido formulada qualquer proposta de rompimento da dependência, e o tema tenha sido tratado com extrema prudência por Francisco Madero, a simples menção à revisão dos termos de intercâmbio, ou de afirmação nacional diante das potências mundiais do capitalismo, já aparecia como ameaça aos investidores estrangeiros.

A deposição de Francisco Madero e as divisões dos revolucionários

Sofrendo pressão de todos os lados, e tendo de cumprir suas promessas de campanha e defender suas convicções sobre desenvolvimento nacional, em junho de 1912, Madero fixou um imposto de vinte centavos de dólar ($0.20) por tonelada de petróleo cru, gerando grande indignação dos investidores internacionais. O tímido imposto foi o estopim para o golpe de fevereiro de 1913, tramado por ex-porfiristas dentro da embaixada dos Estados Unidos no México e que depôs o presidente e o vice-presidente, determinou a prisão de ambos e seu posterior assassinato. A deposição de Madero foi consequência direta da contrariedade dos investidores e do governo dos Estados Unidos, mas também, indiretamente, das dificuldades da burguesia do centro do país em acomodar simultaneamente os ex-porfiristas, os interesses externos, representados pelos Estados Unidos, e as reivindicações populares camponesas e operárias.

Victoriano Huerta, ex-aliado de Francisco Madero, assumiu o poder, apoiado pela Igreja, grandes industriais, banqueiros, investidores estrangeiros e pelo governo dos Estados Unidos. O primeiro pronunciamento contra Huerta veio do governador de Cohauila. Venustiano Carranza abandonou o gabinete de despacho e começou a organizar um exército guerrilheiro. Ao mesmo tempo, em Sonora, o inspetor de aduanas Camilo Gastelun e o comissário de Agua Prieta, Plutarco Elías Calles, organizaram guerrilhas sob o comando de Alvaro Obregón. Em Chihuahua, Pancho Villa voltou a incendiar fazendas, assaltar trens e criar emboscadas para as tropas federais. De Morelos, Emiliano Zapata mantinha atividades de resistência contra o governo de Huerta. A Casa del Obrero Mundial realizava manifestações em todas as grandes cidades. Em 26 de março de 1913, Venustiano Carranza lançou um manifesto à nação, intitulado Plano/Programa de Guadalupe, no qual arrenegava o governo de Huerta, criava o Exército Constitucionalista, previa a derrubada do "traidor" e o reestabelecimento da ordem constitucional. Desta vez, o slogan era "Sufragio Efectivo, no Reelección".

Às vésperas da Primeira Guerra Mundial, o governo dos Estados Unidos lançava as bases do "imperialismo moral" e se autoatribuía o papel de "pacificar e democratizar" os vizinhos latino-americanos, o que parecia inviável ao México governado por Huerta, que, além de não conter a insurreição, negociava com investidores ingleses e alemães. Em abril de 1914, fuzileiros navais norte-americanos desembarcam no porto de Vera Cruz para demonstrar desagrado do governo dos Estados Unidos com a política huertista e para servir-se do porto mexicano como ponto estratégico para as manobras da Primeira Guerra Mundial. A pressão dos Estados Unidos e a insurreição em curso resultaram na renúncia de Victoriano Huerta em julho de 1914. Em outubro de 1914, Venustiano Carranza entra na cidade do México como chefe do Exército Constitucionalista, encarregado provisório do poder executivo. Carranza convocou os exércitos revolucionários para uma Convenção em Aguascalientes, a cerca de 400 quilômetros da

Cidade do México. Villa e Zapata monopolizaram a reunião e firmaram o Pacto de Xoximilco, segundo o qual não reconheciam a liderança de Carranza e reivindicavam a deposição do presidente e a realização imediata da reforma agrária. Elaboraram um programa que incluía uma Lei Agrária, uma proposta de reformas sociais para operários, a adoção do parlamentarismo, a reorganização do sistema judiciário e a reforma da lei eleitoral, entre outros pontos.

A partir da Convenção de Aguascalientes, estabeleceu-se a disputa entre convencionalistas e constitucionalistas: as massas mobilizadas em torno do projeto de restituição das terras usurpadas e o projeto de pacificação e institucionalização da Revolução, liderado por Venustiano Carranza. O objetivo imediato de Venustiano Carranza era reestabelecer a paz e a ordem no país. De um lado, era premente oferecer segurança aos investidores estrangeiros e ao governo do poderoso vizinho, os Estados Unidos. De outro, era preciso, na concepção das classes médias urbanas e da burguesia nacional, controlar a obstinação das forças desencadeadas pelo processo revolucionário: a luta pela terra sustentada por camponeses em todo o país e os direitos demandados pelo movimento operário.

Esses primeiros quatro anos da Revolução Mexicana (1910-1914) foram os mais tumultuados e sangrentos. Desde a repressão de Porfirio Díaz até a pacificação com Carranza, surgiram várias facções, com demandas igualmente diversas, que eram contidas pela violência estatal representada pelas frações burguesas das classes dominantes mexicanas. Paradoxalmente, a irrupção violenta e grandiosa das massas – "gigantesca guerra campesina pela terra" (Gilly, 1994, p. 22) – deu origem à estabilidade política no México. As "massas, convertidas em um autêntico fator de poder [...]" (Córdova, 1994, p. 59) foram se desenvolvendo ao longo do processo, descobriram os pontos de convergência na sua heterogeneidade e se transformaram em grupos de pressão poderosos.

Em janeiro de 1915, Carranza apresentou o projeto da Lei Agrária, que declarava nulas todas as expropriações de terras, águas e montes pertencentes aos povos; previa a expropriação de terras ociosas ou mal utilizadas, sua distribuição entre camponeses e povos indígenas e a regularização de terras ocupadas por essas comunidades; buscava proteger os direitos dos trabalhadores agrícolas, garantindo salários justos e condições de trabalho adequadas. No mês seguinte, em fevereiro, Carranza firmou um acordo com a Casa del Obrero Mundial, conhecido como Pacto de Vera Cruz, através do qual o proletariado prometia aderir e colaborar com o governo constitucionalista e combater os opositores do projeto. Em troca, o governante prometia atender as reivindicações operárias e melhorar as condições de vida dos trabalhadores.

Determinado a cumprir as determinações do Plano/Programa de Guadalupe, Carranza convocou, em 1916, uma assembleia nacional constituinte para substituir a Carta de 1857. Com presença restrita de zapatistas, villistas e católicos, o Congresso reunido em Querétaro era formado por um grupo de políticos de classe média ilustrada (advogados, engenheiros e médicos) e relativamente jovens, entre 20 e 40 anos de idade. Do ponto de vista geográfico e de acordo com a proporção da população, a maior parte dos constituintes era da zona central do país, com ínfima presença de deputados de Chihuahua e Morelos, os dois estados que ainda resistiam à liderança de Carranza, nomeadamente villistas e zapatistas. Ainda que a Revolução tenha reunido setores sociais heterogêneos – grupos populares urbanos e rurais, de um lado, e, de outro, frações das elites agrárias e liberais de classes médias e da incipiente burguesia industrial –, a Constituinte foi liderada pela burguesia. Ela foi responsável pela elaboração da nova Constituição, cujo objetivo primeiro era reestabelecer os preceitos legais que legitimassem um governo forte, mas não despótico, e garantidor de direitos.

A Constituição de 1917 e o isolamento das lideranças camponesas e operárias

A Constituição promulgada em fevereiro de 1917 ficou conhecida como uma das primeiras constituições no mundo a conter artigos garantidores de direitos sociais, particularmente de operários e camponeses. A Carta de 1917 foi considerada uma das mais modernas e liberais da América Latina e lançou bases para transformações profundas nas relações agrárias e trabalhistas no México do século XX. Entre as novidades da nova Constituição, os artigos 27, 30, 123 e 130 estabeleciam no seu conjunto o ensino laico; a expropriação de terras não cultivadas em favor dos ranchos e dos *ejidos* (artigo 27); fixavam direitos aos trabalhadores, como a jornada de 8 horas, a regulamentação do trabalho do menor e da mulher, salários iguais para tarefas iguais, o direito de greve, direito à organização sindical, criação da justiça do trabalho para arbitrar os conflitos (artigo 123); restringiam o poder da Igreja e tornavam o casamento civil obrigatório e o único válido; incluíam a secularização do clero, transformando os padres em trabalhadores como os demais.

Venustiano Carranza se apoderou do governo, promulgou a Constituição de 1917 e agilizou a modernização institucional do país, representando

> [...] *un México más nuevo, más ateo, más ilustrado y menos rígido en sus estructuras sociales y civilizatorias en general*; [...] *el espacio original del grupo que al final terminará apoderándose de todo el país y de todos los beneficios de dicha revolución, el conocido "Grupo Sonora"*. (Aguirre Rojas, 2009, p. 31).

Para o catedrático Enrique Semo (1994, p. 137), os grupos camponeses, dirigidos por Zapata, bem como os operários inspirados no anarquismo de Flores Magón, "jogaram papel fundamental como motores da revolução", mas "em nenhum momento puderam dirigi-la". A direção da Revolução coube, sim, ao Grupo Sonora, que esse cientista social classifica como uma burguesia agrária.

A partir de Carranza, a burguesia mexicana assumiu o controle do processo revolucionário, isolou o movimento operário e neutralizou os grupos camponeses através de mecanismos violentos: ruptura com a Casa del Obrero Mundial e determinação de sua dissolução em 1919, assassinato de Zapata em 1919 e de Pancho Villa em 1923. Assim, a Revolução Mexicana acabou sendo absorvida pelas lideranças do norte do país, do norte "mais culto, mais ateu e mais rico", de Álvaro Obregón, do estado de Sonora, e de Venustiano Carranza, governador de Cohauila.

Esse grupo evoluiu até o cardenismo, em referência ao presidente Lázaro Cárdenas (1934-1940), e logrou obter a hegemonia do Estado. A hegemonia não foi obtida somente com o atendimento de demandas populares. Entre Venustiano Carranza (1914-1920) e Lázaro Cárdenas, o país teve cinco presidentes que batalharam para limitar o poder dos adversários através de mecanismos coercitivos e consensuais. Alvaro Obregón (1920-1924), de Sonora, foi apoiador de Madero e depois ministro da Guerra e da Marinha de Carranza, auxiliou na perseguição a Pancho Villa, combatendo-o em quatro grandes batalhas. Levou adiante algumas reformas previstas na nova Constituição, sobretudo no campo da reforma agrária e das medidas anticlericais. Foi sucedido por Plutarco Elías Calles (1924-1928), que combateu Pascual Orozco e lutou na Revolução nas fileiras lideradas por Álvaro Obregón. Seu mandato foi caracterizado pela criação do Partido Nacional Revolucionário (PNR) em março de 1929. Em 1938, sob a presidência de Lázaro Cárdenas, o nome do partido muda para Partido da Revolução Mexicana (PRM) e em 1946 adota o nome que perdura até a atualidade, Partido Revolucionário Institucional (PRI). Durante o governo de Plutarco Elías Calles, houve tensões entre o Estado e a Igreja católica, o que levou a um conflito conhecido como "Guerra Cristera" (1926-1929). Essa guerra foi um levante armado liderado por grupos religiosos contra as políticas anticlericais de Calles, que buscava limitar a influência da Igreja no país. O período que vai do início do mandato de Calles até 1934, quando tem início o mandato de Lázaro Cárdenas, ficou conhecido como "maximato", em alusão a Calles, que se autointitulava "*El jefe máximo de la Revolución*". Em 1928, Álvaro Obregón se elegeu novamente para a presidência e acabou assassinado antes de tomar posse. Emilio Portes Gil (1928-1930), ex-ministro do Interior de Calles, assumiu provisoriamente a presidência. Seu mandato foi marcado por uma greve estudantil e pelas reivindicações de autonomia universitária. No campo das relações internacionais, negociou a retirada das tropas norte-americanas da Nicarágua em troca da rendição de Augusto Cezar Sandino, a quem concedeu asilo político. Foi responsável pela elaboração e promulgação da Lei Federal do Trabalho, que estabeleceu os direitos e proteções dos trabalhadores mexicanos. Pascual Ortiz Rubio (1929-1932) foi eleito pelo recém-fundado Partido Nacional Revolucionário (PNR) e renunciou alegando interferência excessiva de Plutarco Elías Calles no governo. Foi sucedido interinamente por Abelardo Luján Rodriguez (1932-1934), de Sonora. Durante seu período, foi promulgada a lei contra a reeleição de todos os cargos eletivos e o mandato presidencial aumentou de quatro para seis anos. Incentivou a criação de instituições financeiras, como o Banco Hipotecário de Obras Públicas, e incumbiu o Banco do México do controle integral das atividades cambiais.

A institucionalização da Revolução Mexicana

Lázaro Cárdenas (1934-1940) esteve à frente da campanha constitucionalista, foi governador de Michoacán e combateu, como general do Exército, tentativas contrarrevolucionárias. Em 1930 tornou-se presidente do PNR, pelo qual saiu candidato em 1934. Cárdenas apoiava com cautela todos os movimentos reivindicatórios dos trabalhadores. No país, as desigualdades permaneciam visíveis e o programa constitucional andava a passos lentos. Do ponto de vista internacional, um dos objetivos era reverter acordos realizados com o governo dos Estados Unidos a favor das empresas petrolíferas.

Lázaro Cárdenas foi artífice da consolidação do projeto de poder da burguesia mexicana. Conseguiu destruir por completo o aparato porfirista e, ao mesmo tempo, atender as demandas das classes populares e mantê-las dentro dos limites da "revolução burguesa". O avanço na direção da reforma agrária evidenciava, por um lado, o atendimento das reivindicações camponesas populares e, por outro, as restrições impostas ao poder dos latifundiários porfiristas remanescentes.

Até o final do mandato de Cárdenas, as transformações burguesas consolidaram-se: o Estado, as bases consensuais, orgânicas, institucionais, creditícias, energéticas e de transporte para o capitalismo industrial (De la Peña, 1983, p. 732). O "cardenismo" teve papel fundamental na regulamentação e execução da reforma agrária que era contemplada na Constituição de 1917. Segundo dados oficiais, foram distribuídos durante o período Cárdenas (1934-1940) 18.352.000 hectares de terras. Em texto escrito por mim, observo que

> Cárdenas diferenciou-se dos governantes populistas latino-americanos, que estavam intimamente ligados às oligarquias rurais, promovendo a reforma agrária e fixando salários mínimos médios para os trabalhadores rurais – em 1934 foi fixado em 1,09 e em 1940 aumentou para 1,52 pesos mexicanos. (Wasserman, 1990, p. 212)

Ele foi responsável pela criação da Junta Federal de Conciliação e Arbitragem, que emitiu parecer favorável aos trabalhadores do petróleo em preterição às empresas. Em março de 1938, emitiu decreto que expropriava as companhias de petróleo Standart Oil e Sinclair (dos Estados Unidos) e El Águila e Royal Dutch Shell (da Inglaterra), entre outras, por não atenderem as determinações da Suprema Corte a cumprir acordo trabalhista com os empregados das companhias. Foi responsável pela criação da Petróleos Mexicanos (PEMEX) em junho de 1938. No ano anterior, nacionalizou as companhias férreas que atuavam no país. Além disso, Cárdenas atrelou a participação dos camponeses e operários urbanos ao Partido Nacional Revolucionário (PNR), vinculando suas organizações ao Partido, seja a Confederação Nacional Campesina (CNC), seja a Confederação dos Trabalhadores Mexicanos (CTM).

Nos aspectos socioeconômicos, as oligarquias rurais foram afastadas do poder e foi realizada uma reforma agrária de caráter capitalista. As principais reformas burguesas foram realizadas: transformação das relações de propriedade, sobretudo agrária, que é colocada sob o controle do Estado, responsável pela redistribuição da riqueza; nacionalização dos bens energéticos (riqueza do subsolo) e das riquezas estratégicas (ferrovias); organização de um sistema ordenado de participação política sob controle do Estado com poderes extraordinários permanentes (Córdova, 1994, p. 71).

A forma como a Revolução impactou o comportamento subsequente da luta de classes no México pode explicar a estabilidade política do país. A esquerda mexicana não pôde manter antagonismos contundentes com os governos que não romperam relações com Cuba, apoiaram os movimentos de países não alinhados, receberam exilados políticos de esquerda de praticamente toda a América Latina e mantiveram uma política externa independente. Apesar de ter abrigado os cubanos depois de Moncada, e de ter mantido relações diplomáticas com Cuba, mesmo depois da expulsão da Organização dos Estados Americanos (OEA), o governo mexicano não admitia a presença de uma guerrilha inspirada em Cuba no seu território, e fez tudo para eliminar os vestígios daquele movimento. O governo mexicano também reprimiu os movimentos sociais mais radicalizados, como foi o caso do massacre dos estudantes em 1968 e a perseguição à guerrilha do Exército Revolucionário do Povo (ERP) nos anos 1960. Por outro lado, a burguesia mexicana não recorreu à ditadura militar para conter as ameaças ao sistema capitalista. A Revolução Mexicana foi responsável pela substituição do antigo Exército Federal. Os altos oficiais do antigo Exército, que serviram às oligarquias rurais porfiristas, não foram reintegrados. O processo de desmilitarização que ocorreu nos anos 1930 ficou igualmente evidenciado pela redução dos contingentes (Wasserman, 1990, p. 196-197). Gilly (1994, p. 44) observa que:

> O exército foi destruído. Isso não aconteceu na Argentina com Perón nem no Chile com Allende: o exército de Pinochet é o mesmo que o de Allende e o de Frei. Ali reside o carácter radical do assalto da revolução mexicana contra o Estado, ainda que logo o Estado reorganizado fosse novamente um Estado burguês.

Apesar da diferença entre a transição ao Estado burguês no México e nos demais países da América Latina, Lazaro Cárdenas representou a última faísca revolucionária da burguesia mexicana: "[...] a burguesia mexicana perde toda reserva revolucionária" (Semo, 1994, p. 139). A presença do proletariado e sua diferenciação na estrutura social mexicana esfriaram o surto revolucionário da burguesia, pois, como observou Octavio Ianni (1975, p. 154),

> Quando as organizações operárias e camponesas demonstram capacidade para avançar além dos quadros políticos convenientes às camadas altas burguesas do cardenismo, o próprio Cárdenas se vê obrigado a mudar o curso de suas relações com as massas.

Assim, assiste-se à persistência de políticas repressivas, ao lado de uma realidade democrático-burguesa, a existência de fraude nas eleições, ao lado de manutenção de processos eleitorais, a presença de um proletariado urbano submetido a níveis de vida bastante achatados e uma rica classe dominante liberal, que evidencia as desigualdades sociais do país; uma nação que se autoproclama soberana e politicamente independente e a situação concreta de dependência econômica em relação aos Estados Unidos. Essas ambiguidades fazem desabrochar contradições que pareciam adormecidas ao longo dos 84 anos entre a eclosão da Revolução Mexicana em 1910 e o aparecimento do neozapatismo em 1994.

Entre os "dois Zapatas", o Emiliano Zapata e este outro muito recente movimento que buscou inspiração no passado, existe, além da diferença cronológica, uma diferenciação espacial. A região de Emiliano Zapata estava localizada no centro do país, no estado de Morelos, entre os estados de Guerrero, México e Puebla, enquanto a região do movimento neozapatista é o sul do México, estado de Chiapas, entre Tabasco, Oaxaca e Vera Cruz, fronteira com a Guatemala. De acordo com Aguirre Rojas (2006, p. 31, 32): o sul representa o "México profundo", tendo sido esta a região menos atingida pelas transformações que o país passou a partir da Revolução:

> [...] a Revolução Mexicana, na qual a macrorregião do norte interpela a todo o país para estimular a modernização, e consegue desencadear uma série de profundas transformações gerais na zona ou macrorregião central do que hoje é o México, transformações que começam desde 1910, ao contrário, a macrorregião do sul vai ser muito pouco ou nada afetada pelas sucessivas ondas revolucionárias do movimento de 1910.

O que significa dizer que a hegemonia burguesa, esta ascendência cultural, ou o predomínio do consenso e da legitimidade atingiu apenas dois terços do país, a região central e o norte, enquanto o sul permaneceu sem reconhecer a "autoridade" da Revolução e sem ser por ela beneficiado. O sul do México permaneceu sob a égide do latifúndio, marcado por relações sociais arcaicas e hierárquicas, pela sobrevivência anacrônica de elites políticas autoritárias, brutais e muito limitadas, e pela manutenção de concepções culturais profundamente discriminatórias e racistas (Aguirre Rojas, 2006, p. 34-35).

A Revolução Mexicana 80 anos depois

A despeito de a burguesia mexicana ter atingido esse grau de estabilidade como fruto do processo revolucionário, a insurgência do movimento *chiapaneco* em 1994 foi resultado da ausência de políticas públicas naquela região, mas também da permanência de uma rebeldia que correspondia à manutenção de estruturas socioeconômicas arcaicas e de políticas autoritárias e excludentes. O centro-norte do país, moderno e capitalista, burguês e "democrata", contrastava com o sul, arcaico e "semifeudal", oligárquico e autoritário, e por isso mesmo rebelde, uma "área de reserva", onde desde os séculos XVI e XVII funcionou como "zona de refúgio dos atores que são expulsos, por múltiplas e muito diversas razões, das disputas do centro" (Aguirre Rojas, 2006, p. 33-34). No sul, eclodiu nos anos 1990 a rebeldia que nas zonas central e norte foi abrandada pela concessão de benefícios sociais decorrentes do processo revolucionário. As massas populares nortistas e do centro do México tiveram uma experiência concreta de luta popular-revolucionária e uma consequente ampliação da participação política e dos benefícios econômicos e sociais. A "experiência" modificou substancialmente as suas expectativas em relação ao futuro, tanto no que se refere à modernização, quanto no tocante ao relacionamento com o Estado mexicano.

A região sul do México, ao contrário das demais, não foi atingida pelos efeitos benéficos da revolução e por isso sofreu não somente das contradições e males produzidos pelo desenvolvimento do capitalismo em áreas dependentes do planeta, mas também, simultaneamente, dos problemas que derivam de sua falta de desenvolvimento. Esta zona sul do país pode ser caracterizada como o "elo fraco" da cadeia capitalista imperialista, fator que explicaria o profundo desgaste desta região a partir da crise dos anos 1980, na medida em que as crises do capitalismo são vivenciadas com maior intensidade nas zonas de menor desenvolvimento, ao passo que as transformações do sistema que visam solucionar o colapso beneficiam prioritariamente os países e regiões de maior desenvolvimento enquanto as zonas mais pobres pagam, em geral, o custo mais elevado das crises.

Nos anos 1980, o México, governado por Miguel de la Madrid Hurtado, sofreu uma crise econômica de grande proporção; o desequilíbrio orçamentário dos sucessivos governantes do PRI e a queda dos preços do petróleo no decênio anterior levaram a uma inflação de quase 100% ao ano, ao desemprego entre 20% e 25% e à desvalorização do peso em relação ao dólar. Somado ao desfavorável ambiente econômico, um terremoto de enormes proporções atingiu o país em 1985, causando milhares de mortes e danos materiais incalculáveis. A atitude do governo mexicano neste episódio foi lamentável: não permitiu que o Exército federal colaborasse com a população mobilizada nas primeiras horas após o terremoto, declarou que o país não necessitava ajuda internacional e foi vagaroso e ineficiente nas ações de resgate às vítimas. O governo, marcado por este triste episódio e pela crise econômica, ainda ficou conhecido por iniciar medidas de ajuste preconizadas por agências financeiras internacionais, tais como privatização de empresas estatais e abertura comercial do México ao exterior.

Carlos Salinas de Gortari, o presidente mexicano responsável pela implementação das medidas neoliberais aconselhadas pelo Consenso de Washington, pelo Banco Mundial e pelo Fundo Monetário Internacional, foi eleito em 1988, em um dos pleitos mais contestados na história recente do país. Seu oponente, Cuauhtémoc Cárdenas, sobrinho do legendário Lazaro Cárdenas, conseguiu reunir as oposições em uma coligação chamada Frente Democrática Nacional e ameaçou seriamente, pela primeira vez, o predomínio do PRI, em quase 60 anos. Mesmo sob protestos, Carlos Salinas foi empossado e seu mandato foi marcado pelo cancelamento de várias conquistas revolucionárias. O descontrole econômico provocado pela inflação e pelos equívocos na política cambial e de crédito resultou no empobrecimento ainda maior de populações desatendidas. Além disso, Carlos Salinas ainda foi responsável pela privatização de empresas estatais, pela deterioração de serviços públicos essenciais e pela assinatura de um NAFTA.

Uma das principais conquistas da Revolução Mexicana – além da reforma agrária, da legislação trabalhista e da nacionalização de pontos estratégicos da economia – havia sido a promoção da soberania nacional como um dos pilares da nação que emergiu dos escombros da luta revolucionária. A valorização da nacionalidade mexicana tornou-se modelar para vários países da América Latina, não apenas como decorrência dos processos de desapropriação de empresas estrangeiras, mas, sobretudo, pela reviravolta nas relações étnicas no país e pelo reconhecimento dos povos indígenas como cidadãos de direitos.

Porém, o cancelamento das conquistas revolucionárias a partir de meados dos anos 1980, evidenciado pela desregulamentação das leis trabalhistas, pela privatização de empresas estatais e, sobretudo, pelo retorno a uma situação de livre comércio e predomínio norte-americano, com a assinatura do NAFTA, foi o estopim para explodir o movimento *chiapaneco*. Como região mais pobre do país, o sul, notadamente a região de Chiapas, sofreu com maior intensidade a crise dos anos 1980 e foi a zona mais afetada pelas medidas neoliberais. Entre o governo de Lazaro Cárdenas (1934-1940), que representou o último lampejo revolucionário da burguesia mexicana, e o governo Carlos Salinas de Gortari, consagrou-se a vitória de setores dominantes ligados ao capital transnacional e que não hesitaram em cancelar as conquistas. Por isso, os *chiapanecos*, concentrados nesta "área de reserva", apareceram reivindicando não apenas a extensão dos efeitos progressistas da Revolução Mexicana à zona sulina – que não havia sido atingida pelo processo de modernização –, mas também a reversão das políticas neoliberais que desgastaram a imagem da Revolução como símbolo da nacionalidade.

Na "Primeira Declaração da Selva Lacandona", em janeiro de 1994, os camponeses de Chiapas anunciavam: "Hoje decidimos. Basta!" Suas reivindicações diziam respeito a "um teto digno, terra, trabalho, saúde, alimentação, educação, direito de eleger livre e democraticamente as autoridades, independência dos estrangeiros, paz e justiça". Consideram-se "herdeiros dos verdadeiros forjadores da nacionalidade, os despossuídos, ante a ambição insaciável de uma ditadura de mais de setenta anos, encabeçada por uma camarilha de traidores que representam os grupos mais conservadores e vende-pátrias" (Primeira Declaração da Selva Lacandona).* De acordo com John Holloway (2000, p. 45), o neo-zapatismo representa o "*intento de rescatar la revolución de los escombros de la historia, pero el concepto de revolución que emerge de estos escombros sólo puede tener sentido si es un concepto nuevo*".

Entre os dois Zapatas – o Emiliano e o "novo" –, a concepção sobre revolução se modificou profundamente. Os neozapatistas compreendem, perfeitamente, que tudo havia mudado. Sabem que as reivindicações de Emiliano Zapata emitidas no célebre Plano/Programa de Ayala – "*Tierra y Libertad*" – não faz mais sentido em um mundo cada vez mais internacionalizado, onde a esfera do Estado nacional já não pode responder aos

* Disponível em: <http://enlacezapatista.ezln.org.mx/>. Acesso em: 25 jan. 2011.

apelos daqueles que haviam sido esquecidos pela Revolução de 1910. E justamente porque compreendem o "fracasso histórico do conceito estadocêntrico da revolução" (Holloway, 2000, p. 47) é que suas reivindicações têm um sentido mais amplo, não relacionado com a liberdade de uma classe, mas com a emancipação humana; não relacionado com a questão da terra especificamente falando, mas com toda a distribuição da riqueza mexicana; não relacionado com a retomada de um modo de vida anterior à colonização, mas sim com a dignidade de todos neste México globalizado.

Evidentemente, o tipo de Revolução que proporcionou à burguesia mexicana a oportunidade de constituir-se como classe hegemônica e estabelecer uma estabilidade política inédita na história contemporânea do subcontinente tinha desaparecido como possibilidade plausível nos anos 1990. As conquistas da Revolução de 1910 que criaram políticas sociais para a pequena burguesia urbana e rural extensivas aos operários e camponeses, destinadas ao controle político das classes dominadas; que construíram um país soberano e menos dependente dos Estados Unidos, através das políticas de nacionalização de ramos estratégicos da economia; que estabeleceram canais de participação para as classes menos favorecidas, evitando, assim, a eclosão de movimentos sociais de mais drásticas consequências, desapareceram sob a égide da nova configuração internacional do capitalismo em sua versão neoliberal.

Com o cancelamento das conquistas revolucionárias, a "hegemonia burguesa" também se desfez, comprovando a hipótese de sua impossibilidade histórica em países economicamente dependentes, cujas riquezas não podem ser compartilhadas internamente por longos períodos porque precisam desempenhar suas funções no padrão de acumulação capitalista definido pelas classes dominantes metropolitanas.

A democracia mexicana, tantas vezes admirada, foi conspurcada sistematicamente por processos eleitorais fraudulentos que se tornaram mais evidentes no final do século XX. As suspeitas que recaíram sobre a última vitória eleitoral do PRI, de Carlos Salinas de Gortari, evidenciam a fragilidade do sistema político mexicano que estava baseado na estabilidade e no consenso. Seu governo, responsável pela implantação das medidas neoliberais e pela abertura comercial do país ao poderoso vizinho do norte, representou o sepultamento dos últimos vestígios das políticas sociais emanadas do processo revolucionário.

Por isso, é compreensível esta análise de "longa duração" que estabelece os vínculos entre a Revolução Mexicana e seus resultados, compreendidos como parte do processo de consolidação do capitalismo de Estado: a constituição da burguesia mexicana como classe hegemônica; a construção da democracia e da estabilidade como componentes da participação política das classes menos favorecidas no processo revolucionário; e o aparecimento do movimento *chiapaneco* como uma revolta contra a não extensão dessas políticas sociais e de participação, e, ao mesmo tempo, como a contrariedade em relação ao fim do capitalismo de Estado e contra a adesão do México e de seus governantes ao capitalismo de mercado, preconizado pelas metrópoles.

14.

O MOVIMENTO DE AUTOFORTALECIMENTO E A REPÚBLICA DA CHINA

Bruno Hendler

Este capítulo aborda o período de enfraquecimento da última dinastia imperial da China (Qing), desde a Guerra do Ópio (1839-1841), passando pela Guerra Sino-Japonesa (1894-1895) e o auge da expansão imperialista na virada para o século XX, pela queda do Império e fundação da República da China (em 1911), e chega à disputa pelo poder entre os senhores da guerra, os nacionalistas e os comunistas nas décadas de 1910 e 1920.

O esfacelamento do sistema de Cantão e o século da humilhação

A China chegou ao século XIX dividida, com a capital política deslocada para Beijing, no norte, e o centro econômico deslocado para Cantão, no sul. O Estado não conseguia extrair riqueza do comércio exterior (que estava nas mãos das guildas de comércio) e desde o século XV perdera a primazia naval e o controle das rotas marítimas, dedicando-se às guerras e à expansão territorial na Ásia Central e à rivalidade com o Império Russo – onerando em demasia os cofres públicos. Já as guildas de comércio fizeram fortunas com a mediação comercial entre a China e as companhias de comércio europeias, e, além da prata americana, passaram a importar o ópio, produzido nas colônias inglesas da Índia e da Malásia.

A venda do ópio inglês para a China, que começou ainda no século XVIII, marca a inserção subordinada do país asiático ao sistema-mundo moderno porque: i) a imposição do livre comércio enquadrou e subjugou o Império Chinês na esfera político-militar da lógica de guerra westfaliana; e ii) a venda de ópio (e de outros produtos industriais ingleses) enquadrou a China nas redes de comércio de bens primários, com valores definidos a granel e exportados em larga quantidade por navios a vapor (Hendler, 2018).

Embora a droga fosse usada há séculos para fins medicinais, o consumo do ópio aumentou consideravelmente com o crescimento da população e das tensões sociais. Este fenômeno não trouxe problemas apenas de cunho social, com o aumento da violência e a destruição de famílias. A Inglaterra, cujo saldo comercial com a China era deficitário devido às importações de chá e porcelanas, descobriu no ópio o produto capaz de inverter esta situação. Com o apoio de seu governo e o suborno de oficiais chineses em Cantão, as empresas inglesas conseguiram elevar a oferta do produto e disseminar seu uso como entorpecente. Com isso, a balança comercial da China tornou-se deficitária e a prata acumulada ao longo dos séculos foi drenada para bancos na Inglaterra (Hendler, 2018).

Diante dos estragos causados pelo ópio na sociedade e na economia chinesas, uma facção do governo defendia a liberalização do comércio da droga e outra defendia sua proibição total. A última acabou vencendo e um encarregado imperial conhecido por ser incorruptível, Li Zexu, foi enviado a Cantão em 1839 para interromper definitivamente o comércio de ópio, o que significou o confisco e a destruição de cargas inglesas. Após imbróglios diplomáticos entre os dois países, com a exigência inglesa de indenização e a negação chinesa, a Inglaterra utilizou-se da "diplomacia das canhoneiras" e bombardeou Cantão, dando origem à Primeira Guerra do Ópio (1839-1942).

Este episódio é o retrato mais claro do enfraquecimento causado pela separação em "duas Chinas" que pouco conversavam entre si: de um lado estava a corte imperial, alienada da realidade do sul, levando meio século para dar-se conta dos danos sociais do ópio e acreditando que um "funcionário incorruptível" seria capaz de pôr fim ao problema; de outro, estavam as guildas, que há um século faziam fortuna na mediação do comércio (inclusive de ópio) com os europeus.

Porém, as disparidades tecnológicas e de organização militar entre China e Inglaterra ficaram nítidas, e a partir do bombardeio de Cantão a relação China-Ocidente mudaria de forma dramática. Forças britânicas invadiram várias cidades litorâneas da China, e quando, em 1842, uma frota de 48 quilômetros de comprimento navegou o rio Yang-tsé em direção à capital imperial de Nanjing com a intenção de atacá-la, o imperador não teve outra opção senão assinar a rendição no Tratado de Nanjing (Gelber, 2012, p. 214).

Mesmo sem fazer menção ao ópio, o acordo acatava quase todas as reivindicações de Londres. As principais foram:

- a abertura de novos portos comerciais que, em 1854, passariam a ser controlados por um consórcio ocidental, a *China Maritime Customs*;
- indenizações de guerra aos britânicos;
- estabelecimento do princípio da extraterritorialidade para cidadãos ingleses, cujos crimes passariam a ser julgados de acordo com a lei inglesa, e não chinesa;
- aplicação do princípio da nação mais favorecida no comércio internacional;
- concessão da ilha de Hong Kong aos britânicos.

Poucos anos depois ocorreu a Segunda Guerra do Ópio (1856-1860), quando Inglaterra e França agiram para colocar em prática as cláusulas do Tratado de Nanjing, impondo nova rodada de derrotas militares à China Qing. Assim, o Tratado de Nanjing acentua a era da humilhação na China, que chega ao final do século XIX sendo uma sombra da grandiosidade de outros tempos. Cabe-nos aqui examinar o enfraquecimento do país tanto no nível doméstico como no cenário internacional.

No plano doméstico, a dinastia Qing passou a enfrentar graves desafios: a crise de legitimidade simbólica do governo, a crise do orçamento público e a atuação de dois tipos de grupos que visavam à deposição dos Qing: as sociedades secretas e as ligas revolucionárias. Tudo isso culminou em sucessivos surtos de revoltas populares, vistas a seguir.

A crise de legitimidade decorreu da origem étnica "não chinesa" dos Qing, dado que a dinastia foi criada em 1644 quando reinos da Manchúria derrotaram a dinastia Ming e tomaram o controle do Estado. Os Qing eram vistos como (mais) uma etnia estrangeira, que, assim como os mongóis, não merecia governar a China – de etnia *han*. Embora esta contestação tenha acompanhado os Qing desde o século XVII, foi no século XIX que a falta de legitimidade se transformou em crise permanente, traduzindo-se em sucessivas revoltas populares (Rossabi, 2014, p. 287-289).

As campanhas militares para conquistar e manter imensos territórios a norte e a oeste oneraram ainda mais os cofres públicos. Os impostos sobre as populações incorporadas ao Império geraram pauperização e a produção agrícola do centro-sul não chegou de forma satisfatória ao norte, ocasionando longos períodos de fome e miséria. Ao deslocar burocratas em número insuficiente para controlar os novos territórios, o governo acentuou ainda mais a corrupção e a estratificação social (Rossabi, 2014).

Inúmeros grupos subversivos passaram a atuar neste contexto, em geral por meio de sociedades secretas, religiosas ou seculares, que insuflaram rebeliões por todo o país. A mais conhecida foi a dos Taipings (1850-1864), que estourou no centro-sul da China e foi liderada por Hong Xiuquan, mesclando elementos de fundamentalismo cristão e nacionalismo étnico. Por mais de uma década os revoltosos lutaram contra a legitimidade do governo e buscaram restaurar os tempos gloriosos das dinastias de origem chinesa, fundando uma dinastia própria em Nanjing. Porém, boa parte da repressão contra os Taipings foi travada por milícias locais com apoio de forças ocidentais (principalmente da Inglaterra), e não pelo exército central comandado pelos manchus – o que deteriorou ainda mais a credibilidade da dinastia Qing (Rossabi, 2014; Spence, 1990).

Na mesma época, entre 1851 e 1868, ocorreu a Rebelião dos Nian, no norte. O estopim foi a inépcia do governo para lidar com a miséria e as mortes causadas por duas enchentes do rio Amarelo. Ao contrário dos Taipings, a revolta dos Nian não teve inspiração religiosa nem centralização de comando. As massas se aproveitaram da preocupação do governo com os Taipings e tomaram de assalto inúmeras províncias e guarnições dos Qing em Anhui, Henan, Jiangsu e Shandong. Porém, a incapacidade de governar os territórios conquistados e ir além da pilhagem tornou efêmera esta revolta (Fairbank; Goldman; 2006; Rossabi, 2006).

Na província de Yunnan (no sul) ocorreu a Rebelião Panthay, que uniu grupos étnicos liderados por Du Wenxiu da minoria muçulmana Hui, chegando a fundar um sultanato na cidade de Dali, entre 1856 e 1873. No Noroeste da China, outras revoltas muçulmanas estouraram, em geral influenciadas por uma visão fundamentalista do islã, o sufismo, e em protesto contra as políticas antirreligiosas dos Qing.

Por fim, as famílias de comerciantes do litoral do centro-sul que haviam feito fortuna no comércio com o Ocidente perderam espaço após a Guerra do Ópio porque a criação dos "portos abertos" e da *China Maritime Customs* acabou com seus privilégios comerciais. Isto é, as guildas deixaram de ser o "contato privilegiado" de mediação do comércio China-Ocidente – e seus herdeiros, insatisfeitos, passaram a se organizar em sociedades secretas para derrubar os Qing.

Se o cenário doméstico após a Guerra do Ópio é de rebeliões, crise econômica e subversão, o contexto internacional era igualmente sombrio. Dois pontos merecem atenção: a exportação de mão de obra chinesa para redes de produção de ópio e a projeção de potências estrangeiras, além da Inglaterra, sobre territórios chineses.

Ironicamente, boa parte da elite econômica das colônias europeias no Sudeste Asiático era composta de descendentes de chineses que, deslocados pelo imperialismo inglês na China, souberam aproveitar a conjuntura para forjar uma rede muito lucrativa de importação de mão de obra barata da China (os *coolies*)* para trabalhar em minas de estanho e de ouro, em grandes plantações de arroz e açúcar e, acima de tudo, na produção de ópio. Esses grupos de investimento (*kongsi*) passaram a operar no formato de sociedades secretas e a se instalar em regiões onde o domínio colonial era mais fraco. Para encarar as jornadas de trabalho nas *plantations* de papoula, os *coolies* entravam em um ciclo de consumo de ópio que os tornava praticamente escravos por dívida de seus empregadores e moravam em vilas onde, por conivência do governo colonial, era permitido o

* Um dos efeitos mais importantes (e menos conhecidos) da Segunda Guerra do Ópio foi a liberação da exportação de trabalhadores chineses. O primeiro contrato embarcou os *coolies* em um navio francês em Xiamen em 1845. Uma grande quantidade de chineses foi enviada para países americanos (Estados Unidos, Cuba, Chile), mas a maior parte foi destinada às minas e plantações no Sudeste Asiático (Stuart-Fox, 2003, p. 118).

comércio de ópio, prostituição, jogos de azar e agiotagem (Hendler, 2018; Trocki, 2002, p. 304).

Essas redes de ópio e mão de obra barata ilustram o esfacelamento da primazia da China na Ásia. Em pleno século XIX, o Estado chinês perdera a autonomia de sua própria política comercial e os portos comerciais regulados pelas potências ocidentais tornaram-se os vetores de entrada do ópio produzido, ironicamente, por empresas chinesas operando no Sudeste Asiático com mão de obra dos *coolies*. Nada poderia ser mais nocivo à soberania da China do que um esquema de produção de ópio encabeçado por empresários de ascendência chinesa não vinculados ao Estado chinês, dentro de colônias europeias, produzido por mão de obra chinesa e que despejava toneladas dessa droga na própria China com o carimbo de aduanas controladas por burocratas ingleses, holandeses, franceses e norte-americanos.

Para piorar, potências imperialistas passaram a controlar territórios chineses ou sob sua influência. Segundo Wood (2022),

> Agora as potências coloniais se reuniam como abutres [...] Caricaturas zombeteiras em livros e periódicos ocidentais mostravam a China como um rico bolo à espera de ser cortado pela rainha Vitória, o Tsar e o Kaiser, com olhos gananciosos e lambendo os lábios.

E, apesar das tentativas de modernização das Forças Armadas chinesas nas décadas de 1860 e 1870, não foram páreo para as pressões estrangeiras que estavam por vir.

O Japão foi uma potência que se aproveitou do enfraquecimento Qing. Após a Restauração Meiji, em 1868, o país viveu um processo de modernização nas Forças Armadas e na economia (via industrialização), inspirou-se em instituições políticas e jurídicas ocidentais de governo e em poucos anos lançou-se aos mares como uma força imperial. Os atritos com a China começaram em 1874 quando o Japão reclamou a posse das Ilhas Ryukyu (sendo Okinawa a principal delas), que por séculos prestaram tributo ao Império Chinês. Por conta da diferença de poder naval, os Qing foram coagidos a reconhecer a primazia japonesa sobre as ilhas, evitando um confronto direto (Rossabi, 2014).

Nas décadas seguintes, o Japão passou a buscar territórios no continente asiático para garantir matérias-primas para sua indústria e aliviar o excedente demográfico das cidades que começavam a crescer. A Manchúria era o lugar ideal, pois estava na periferia da China, era pouco povoada e repleta de recursos naturais. Porém, para chegar lá o primeiro passo foi incorporar o Reino da Coreia, tributário da China de longa data. Em 1876, o Japão celebrou um tratado de abertura de três portos na Coreia e, em 1884, o rei coreano pediu auxílio a China e Japão para reprimir rebeliões populares. Os dois vizinhos enviaram tropas e após o ocorrido combinaram de notificar um ao outro caso enviassem tropas à Coreia novamente.

Dez anos depois, outra rebelião interna na Coreia mobilizou seus vizinhos, porém, desta vez o resultado seria diferente. Em 1894 a Rebelião camponesa Donghak colocou em xeque o governo coreano, pedindo ajuda à China, que prontamente enviou tropas e informou ao Japão sobre o fato. Temendo ficar de fora, o Japão também enviou forças militares, que se revelaram mais efetivas do que as chinesas. Porém, ao invés de proteger o governo e reprimir os rebeldes, os japoneses entraram no Palácio Real e capturaram a corte coreana. Ao perceber que perderia seu vassalo mais próximo, a China deslocou ainda mais forças para a Coreia, deflagrando a Guerra Sino-Japonesa (Rossabi, 2014).

Em cerca de um ano as forças terrestres e navais chinesas foram obliteradas pelos japoneses, que eram mais organizados, mais bem armados e que, após a tomada de Seul, dirigiram-se ao norte, na fronteira com a China. Esta foi obrigada a celebrar o humilhante acordo de paz de Shimonoseki, em 1895, que teve as seguintes implicações: pagamento de indenizações de guerra; abertura de portos comerciais e tratamento comercial para o Japão de nação mais favorecida; anexação de Taiwan pelo Japão; anexação da península de Liaoning pelo Japão – que não ocorreu porque Rússia, França e Alemanha se mobilizaram para conter o expansionismo japonês no que ficou conhecido como "a intervenção tripla"; e, o mais importante, a China foi obrigada a reconhecer que a Coreia se tornara independente e deixara de ser seu vassalo para, na prática, tornar-se um território satélite do Japão (Rossabi, 2014). Estava aberto o caminho para a ocupação japonesa da Manchúria, que ocorreria décadas depois.

Assim, no final do século XIX o enfraquecimento chinês culminou em uma "corrida por concessões" que foi além do controle de territórios. A Alemanha celebrou um tratado de arrendamento da península de Shandong, recebendo direitos de exploração de minas e de ferrovias. Concessões portuárias foram feitas para a Rússia (Port Arthur) e para a França (na Baía de Guangzhou). A Inglaterra não parou em Hong Kong, incorporando Butão, Siquim e Nepal à Índia Britânica – além de obter privilégios administrativos sobre a bacia do rio Yangzi. A França ocupou a península da Indochina e projetou-se sobre partes do Sudoeste chinês. Já a Rússia anexou territórios ao norte da China e o Japão obteve privilégios na região de Fujian (Rossabi, 2014, p. 319).

Em suma, a dinastia Qing chegava na virada para o século XX enfraquecida interna e externamente. O Império Chinês deixara de ser o centro do sistema internacional asiático e passara a ser apenas mais um Estado da periferia do sistema westfaliano, sendo alvo do butim imperialista, numa mescla de enquadramento pela força militar e de extração de lucro por forças capitalistas em busca de concessões produtivas, comerciais e de mercado consumidor. Não tardaria para que essas pressões externas se combinassem com novas revoltas internas, tais como a Rebelião dos Boxers em 1898, o que culminaria no fim da dinastia Qing e na fundação da República da China em 1911.

As reformas dos cem dias ou movimento de autofortalecimento (1898)

O governo chinês não aceitou passivamente as pressões e buscou se reformar e se adaptar aos desafios impostos pela ambição imperialista e pelas fragilidades internas. É neste contexto que surgiram reformistas como Kang Youwei (1858-1927), que se tornou conselheiro do imperador Guangxu (1871-1908) e seria considerado, para os padrões ocidentais, um monarquista constitucional. Junto com seu jovem aluno, Liang Qichao (1873-1929), Kang usaria de crenças e textos confucianos para convencer a

Corte da necessidade de reformas, incentivar o papel social e o letramento das mulheres, protegê-las de casamentos arranjados e da prática de "pés de lótus" e se opor à derrubada do regime. Já a ativista Qiu Jin (1875-1907) também se destacou na defesa dos direitos das mulheres. Foi estudar no Japão e, ao retornar, passou a publicar uma revista feminista que incentivava o trabalho e a autonomia financeira das mulheres. Porém, ao contrário de Kang, ela aderiu a sociedades secretas e movimentos revolucionários, foi descoberta e decapitada pelo governo (Rossabi, 2014, p. 325).

Em geral, esse movimento intelectual trazia a ideia de "conhecimento chinês como estrutura fundamental e conhecimento ocidental como uso prático" (Fairbank; Goldman, 2006). Cerca de um século antes, em 1793, o imperador Qianlong havia menosprezado a infinidade de manufaturas e "engenhocas" tecnológicas que a missão inglesa, liderada pelo diplomata George Macartney, lhe apresentara. Peças de artilharia de aço, telescópios, bombas de ar, relógios e presentes de luxo da Coroa britânica foram desprezados por uma Corte que não via valor em artigos estrangeiros. Porém, após décadas de sofrimento nas mãos das potências imperialistas, esses intelectuais chineses do final do século XIX passaram a pressionar o governo por reformas.

Já em meados do século XIX empresários, burocratas e clérigos chineses e estrangeiros passam a atuar nas principais cidades costeiras no sentido da modernização. Centenas de obras ocidentais, científicas e religiosas, foram traduzidas para o chinês, focos de industrialização começaram a aparecer e empresas nacionais de transporte marítimo de cabotagem ganharam força. Porém, aos poucos as empresas estrangeiras tomaram conta das minas de carvão e de ferro, construíram ferrovias e suplantaram as empresas chinesas.

É neste contexto de ebulição social, política e intelectual que o governo lança, entre junho e setembro de 1898, uma série de editos que ficarão conhecidos como "as reformas dos cem dias", ou o "movimento de autofortalecimento". As suas principais medidas foram:

- Mudança no conteúdo dos concursos públicos, enfatizando a capacidade de resolução de problemas práticos ao invés de conhecimento teórico do confucionismo;

- Criação de escolas e institutos de educação voltados para ciência, tecnologia e medicina ocidentais, visando à formação de mão de obra qualificada para trabalho nas indústrias nascentes dos grandes centros urbanos;
- Criação de escritórios voltados para promoção de industrialização e comércio exterior;
- Modernização do Exército e da Marinha, tanto na criação e aquisição de novas tecnologias de guerra quanto em termos de disciplina e doutrina militar.

No entanto, tais reformas não foram apoiadas pelas elites militares e civis que gravitavam em torno da Corte Qing. Além da perseguição e execução de seus mentores intelectuais, o próprio imperador foi posto em prisão domiciliar pela imperatriz regente Cixi, que temia o fim do sistema dinástico (Pomar, 2003).

Fairbank e Goldman (2006) identificam, na China dos anos 1900, um padrão similar de processos revolucionários que alçaram Oliver Cromwell, Napoleão Bonaparte e Joseph Stálin ao poder em tempos e lugares distintos: uma primeira fase, de tentativas de reformas que acendem tensões sociais; uma segunda fase, de rebeliões populares que culminam em confusão política (e deposição do governo vigente); e, por fim, o retorno da ordem pública via governos autoritários.

Conforme veremos a seguir, a Revolta dos Boxers foi a principal mobilização popular nesta etapa de "confusão política". Ainda que ela não tenha se voltado diretamente contra o governo, foi o estopim para uma guerra contra potências imperialistas que fragilizaria ainda mais a dinastia Qing.

A Revolta dos Boxers (1899-1901)

Ainda durante as reformas dos cem dias sucedeu-se a Revolta dos Boxers, em um contexto de pauperização dos camponeses por conta de uma enchente do rio Amarelo e do enfraquecimento da dinastia Qing perante potências estrangeiras. O epicentro do movimento ocorreu na península de Shandong, no nordeste da China, arregimentando camponeses ligados a sociedades secretas conservadoras que se opunham, primeiramente, à influência de missionários e políticos alemães na região desde 1898. A criação de uma zona de influência da Alemanha despertou ressentimentos que foram canalizados por uma organização que misturava artes marciais e práticas de xamanismo e que ficou conhecida como "movimento dos boxers". Graças a essa mescla de luta e transe espiritual, seus adeptos acreditavam na imunidade dos seus corpos a armas modernas como balas e canhões e seu lema era simples: apoio à dinastia Qing e destruição de tudo que fosse estrangeiro. Temendo que a revolta se voltasse contra o governo, o próprio mandarinato direcionou a fúria popular contra a influência externa (Pomar, 2003). Os boxers também incorporaram mulheres ao movimento, com divisões de inteligência e separadas por faixa etária, algo inovador para a época. Por fim, a própria Corte Qing abraçou o movimento, chegando a declarar guerra às potências estrangeiras em 21 de junho de 1900.

As táticas dos boxers eram focadas em ataques a prédios, infraestruturas de transporte e comunicação e pessoas estrangeiras ou chineses ligados a interesses do exterior. Ainda em 1900 houve uma reação dos boxers à expropriação de um templo local pela Igreja católica na península de Shandong. Em seguida, atacaram e destruíram estradas de ferro e linhas de telégrafo que facilitavam a projeção ocidental. Diplomatas e clérigos estrangeiros foram alvejados – causando a morte do enviado do Império Alemão em junho de 1900. Chineses cristãos tampouco foram poupados, e no episódio conhecido como Massacre de Taiyuan centenas deles foram assassinados.

Houve também o cerco aos quarteirões de delegações diplomáticas em Beijing. Cerca de 475 civis e 450 militares estrangeiros, além de três mil chineses cristãos permaneceram sob fogo cerrado por quase dois meses, de junho a agosto daquele ano (Fairbank; Goldman, 2006, p. 231). Porém, a ausência de lideranças e comandos coordenados e a superioridade tecnológica do Ocidente enfraqueceram o movimento, que foi derrotado por uma coalizão de forças estrangeiras cujas tropas aterrorizaram os camponeses em verdadeiro clima de vingança. Os países que enviaram tropas para este exército internacional, a chamada "Aliança dos Oito Estados", foram Inglaterra, Estados Unidos, Rússia, Alemanha, Japão, França, Itália e Império Austro-Húngaro.

Os Protocolos *boxer* foram assinados ao final da guerra, em setembro de 1901, impondo condições humilhantes à China Qing, considerada culpada pelo conflito. As principais imposições foram (Rossabi, 2014):

- Execução de dez altos-oficiais e outros tipos de punições para mais de cem oficiais;
- Suspensão de concursos públicos em 45 cidades;
- O quarteirão das delegações estrangeiras foi ampliado, fortificado e ocupado por mais tropas;
- A rede de estradas de ferro passaria a ser ampliada e também fortificada;
- Vinte e cinco fortes Qing foram destruídos;
- A China foi condenada a pagar indenizações de guerra pelos quarenta anos seguintes a uma taxa de juros que mais do que dobrou o montante total.

Portanto, esta segunda fase, de "confusão social", que ganhou força na Revolta dos Boxers e na dominação estrangeira, culminaria na deposição da última dinastia chinesa em 1911 e na implantação de um governo autoritário nas mãos de um comandante militar (ou *warlord*) chamado Yuan Shikai. Porém, o caminho até lá foi tortuoso, e, ao contrário do padrão apontado por Fairbank e Goldman (2006), o retorno à ordem social e política demoraria ainda décadas para acontecer.

A derrubada da dinastia Qing e a fundação da República da China em 1911

Dois grupos se destacaram na derrubada dos Qing. De um lado, uma elite cosmopolita, nacionalista e (em alguns casos) revolucionária, que se inspirava nos movimentos burgueses de unificação nacional da Europa e dos Estados Unidos e buscava a fundação de uma república chinesa nos padrões das nações mais avançadas à época. De outro, as sociedades secretas, conservadoras e ressentidas com o domínio de uma dinastia manchu incapaz de proteger seus interesses econômicos diante do imperialismo. Se o primeiro buscava a modernidade pela fundação de uma república chinesa, o segundo ansiava por um retorno aos tempos gloriosos da dinastia Ming e buscava inspiração na Rebelião do Lótus Branco, de 1796. Apesar dessas divergências, ambos concordavam que os dias da dinastia Qing estavam contados – e inclusive trabalharam juntos para derrubá-la.

Os grupos revolucionários e as sociedades secretas conquistaram o apoio popular tanto no campo como nas cidades mais cosmopolitas do sul da China, sendo Sun Yat-sen o líder mais destacado. O próprio Sun tornou-se membro de uma sociedade secreta em 1895 após o fracasso de uma revolta popular em Guangzhou (Cantão) e comandou a criação da Tongmenghui (a Aliança Revolucionária) em 1905, no Japão, que se tornou a principal sociedade secreta revolucionária chinesa e abarcava grupos socialistas, nacionalistas e republicanos.

Sun nasceu na província de Guangdong, mas passou boa parte da vida fora da China. Aos treze anos foi morar no Havaí, estudou medicina em Hong Kong, era cristão e peregrinou por diásporas chinesas para arrecadar fundos à sua organização. Em geral, esses chineses do exílio não se sentiam conectados com a dinastia Qing e viam com bons olhos os movimentos que visavam derrubá-la e restabelecer um governo não manchu em sua terra natal.

Ao contrário de outros líderes políticos, Sun era visto como ocidentalizado e se inspirava nos casos do Japão e de países ocidentais para buscar uma industrialização e uma modernização econômica autônomas. Os "Três Princípios do Povo" criados por Sun e conhecidos como "Doutrina San-min" (nacionalismo, democracia e bem-estar do povo) tornaram-se o lema central do partido nacionalista e, após a Revolução de 1911, seriam a base ideológica da República da China. O périplo de Sun pelas diásporas chinesas ultramarinas é retratado de forma magistral no filme *1911*, dirigido e estrelado por Jackie Chan, ator chinês nascido em Hong Kong e que ganhou fama na indústria cinematográfica de Hollywood.

A Doutrina San-min é vaga, mas os conceitos são claramente influenciados por valores iluministas (a ideia de democracia enquanto Estado voltado para servir o povo, mas também para a redistribuição da propriedade da terra); pelas ideias revolucionárias de Lenin (nacionalismo anti-imperialista); e pela gradual inclusão das massas na arena política (bem-estar do povo via distribuição de renda e industrialização). Ademais, diz-se que o constitucionalismo dos Estados Unidos, a tripartição de poderes e o mote de Abraham Lincoln de "um governo do povo, pelo povo e para o povo" serviram de norte para o pensamento de Sun.

Enquanto grupos e ideologias revolucionários se espalhavam pela China, a legitimidade da Corte Qing continuava a ser questionada. A única forma de a imperatriz Cixi manter-se no poder era apontar como sucessor do trono imperial o seu sobrinho de três anos, Puyi, que seria o único herdeiro legítimo da família imperial. Em 1909 e 1910, o governo executou, novamente, uma rodada de reformas: desta vez por meio da expansão das ferrovias e do treinamento militar do Exército Novo. Também autorizou a eleição de assembleias provinciais, o que acentuou ainda mais o choque entre o governo central e as províncias.

A Liga Revolucionária infiltrou-se no Exército Novo e tornou efêmeros os impactos das reformas. Em 1911 estouraram revoltas republicanas no sul, iniciadas em Wuhan por conta dos impactos e do controle de ferrovias. Tudo isso culminou em uma reunião de representantes de dezesseis províncias na cidade de Nanjing, que decidiram derrubar a corte imperial e proclamar a fundação da República da China, em 1º de janeiro de 1912.

A República da China: dos senhores da guerra à guerra entre nacionalistas e comunistas

Sun Yat-sen foi eleito presidente, mas na disputa de forças entre a Liga Revolucionária e o Exército Novo, este levou a melhor. Sun foi pressionado a renunciar, passando a liderança para o chefe militar Yuan Shikai, que se tornou o primeiro presidente efetivo da República da China em 12 de março de 1912 (Gelber, 2012). Em 1913, Sun Yat-sen exilou-se no Japão, de onde tentou organizar nova rebelião, agora contra os senhores da guerra, mas foi derrotado e voltou para o Japão. Yuan governou a China com punhos de ferro até falecer em 1916, quando o país entrou em novo turbilhão político sem uma liderança capaz de substituí-lo.

Sun Yat-sen transformou a Liga Revolucionária em partido político, o Partido Nacionalista da China, ou Guomindang (GMD), e aproveitando de mobilizações populares contra o domínio estrangeiro, em 4 de maio de 1919 instaurou a República do Sul da China em Cantão. Nos anos seguintes a China ficou dividida entre duas grandes forças políticas que disputavam o controle do Estado: o GMD no sul e os senhores da guerra no norte.

No entanto, a Revolução Bolchevique de 1917, na Rússia, inspirou o surgimento de uma terceira grande força: o Partido Comunista da China (PCC), fundado em julho de 1921 em um congresso de grupos revolucionários em Xangai. Seguindo as diretrizes da Terceira Internacional Comunista, o PCC fez convergir as ideias de revolução social e de libertação nacional, bem como a aliança entre operários e camponeses.

Desde 1916 até alguns anos após a morte de Sun Yat-sen em 1925, nacionalistas e comunistas tiveram algum grau de convivência e cooperação. A própria Academia Miliar de Whampao tinha Chiang Kai-Shek, do GMD, como comandante militar, e Zhu Enlai, do PCC, como comissário político (Pomar, 2003). Ademais, entre 1924 e 1927 os dois partidos formaram o que ficou conhecido como Primeira Frente Única, e marcharam juntos em uma expedição contra os senhores da guerra do norte, derrotando-os.

No entanto, as cisões desta frente unida ficaram cada vez mais expostas. De um lado, os latifundiários e os chefes militares do sul alinhavam-se ao GMD e aos interesses estrangeiros. De outro, trabalhadores urbanos e camponeses se espelhavam nas forças comunistas para executar a reforma agrária e exigir concessões de seus patrões (Pomar, 2003).

Aos poucos as forças comunistas, já sob liderança de Mao Zedong, conquistaram as bases de poder dos senhores da guerra e do GMD, tendo como protagonistas as associações camponesas que começaram de forma clandestina com cerca de 300 mil a 400 mil pessoas. Já com o exército expedicionário da Primeira Frente, os comunistas passaram a atividades abertas, arregimentando cerca de dois milhões de camponeses. E a partir deste momento as associações camponesas se tornaram o único órgão com autoridade em suas regiões, derrubando instituições seculares como os latifúndios e colocando sob sua jurisdição órgãos como as cortes de justiça, as polícias, os sistemas de clãs e de religiões.

Com os senhores do norte subjugados, o grande duelo passaria a ser entre o GMD e o PCC. Chiang Kai-Shek, herdeiro de Sun Yat-sen, era contra a aliança com os comunistas e em 1927 promoveu um massacre de milhares de pessoas ligadas a milícias operárias de esquerda em Hangzhou, Xangai e Nanjing, que, aconselhadas pelo próprio PCC, haviam se desarmado. Este foi o estopim para dois levantes comunistas que foram derrotados e empurrados para as montanhas Chongqing, no interior do país – dando origem ao Exército Vermelho (Pomar, 2003). A partir de então, as duas forças políticas entrariam em uma segunda rodada de guerra civil, que se tornaria novamente triangular – mas, em vez de os senhores da guerra, a partir de 1931 o terceiro polo de disputa seria estrangeiro: o exército imperial japonês.

15.

EDUCAÇÃO E QUESTÃO NACIONAL NO BRASIL E NA AMÉRICA LATINA

Gabriela Pellegrino e Patrícia Raffaini

Este capítulo discutirá o lugar conferido à educação pública nos Estados nacionais em formação na América Latina de fins do século XIX e princípios do século XX. Analisará com maior ênfase o caso do Brasil, mas contraposto aos da Argentina e do México. Os três países foram colônias ibéricas, que conquistaram sua emancipação política no primeiro quartel do século XIX. Em face da Espanha, a Argentina, então chamada de Províncias Unidas do Rio da Prata, tornou-se independente em 1816, e o México, em 1821; em face de Portugal, o Brasil, em 1822. Após uma curta experiência monárquica, em 1824 o México se tornou uma República, regime adotado desde a sua fundação pelo Estado argentino. O México voltaria a viver um período monárquico sob o Império de Maximiliano de Habsburgo, entre 1864 e 1867, mas seu governo jamais foi reconhecido pelas forças republicanas lideradas pelo presidente Benito Juárez, as quais finalmente o derrotaram.

O Brasil nasceu como uma ordem monárquica e escravocrata – a escravidão vigorou até 1888 e a República só seria implantada em 1889. Na Argentina e no México, antigos Vice-Reinos da Nova Espanha e do Rio da Prata, a escravidão de africanos e afrodescendentes foi proporcionalmente mais circunscrita na comparação com a América portuguesa. De forma acentuada no México, as populações ameríndias organizadas pela Coroa espanhola em comunidades agrárias, os chamados *pueblos* indígenas, foram a base da mão de obra na agricultura, na mineração e nas manufaturas têxteis. A Argentina possuía baixa densidade demográfica, quadro que se transformou com as ondas de imigrantes europeus a partir das últimas décadas do século XIX. Os grupos imigrantes acabaram por se concentrar nas cidades, principalmente na capital federal, Buenos Aires, contribuindo para que, nesse país, a população urbana ultrapassasse a população rural já em 1914. No Brasil, a despeito de ter sido o terceiro país das Américas a receber mais imigrantes na passagem do século XIX ao XX, vindo os recém-chegados a inserir-se em zonas rurais e urbanas do Sul e Sudeste do território nacional, a população estabelecida no campo foi maior do que a das cidades até a década de 1960. No México a inversão se deu na mesma época em que no Brasil, provocada, nos dois casos, fundamentalmente por migrações internas.

Todos esses aspectos marcaram os caminhos pelos quais as políticas educacionais foram se definindo em cada um desses países. Em todos eles, desde cedo, as elites políticas e diferentes grupos da sociedade civil entenderam que a formação da nação passava pela boa formação dos seus cidadãos. No século XIX, já nas primeiras constituições federais ou provinciais, nas políticas públicas e leis de educação comum, encontramos evidências da atenção conferida ao tema. A legislação e as políticas governamentais, entretanto, interagiram com práticas sociais muito diversas concernentes à educação. Ao mesmo tempo, no plano das leis e das ações, a França e logo também os Estados Unidos constituíram as principais referências para as sociedades latino-americanas como modelos de promoção da educação comum.

Argentina

Como observaram os historiadores Jacques Ozouf e François Furet, referindo-se ao processo de alfabetização e escolarização dos franceses em curso naquele mesmo século XIX, a história da educação elementar é muito anterior à história da escola (Furet; Ozouf, 1977). De acordo com esses autores, a história da alfabetização em massa, como é a da escola, remonta aos embates da Reforma e da Contrarreforma no século XVI.

O cristianismo medieval estruturara-se em torno de um círculo letrado restrito do clero e de uma massa camponesa iletrada. Centrara-se no uso de imagens e da oralidade. Na Idade Média, mesmo a cultura erudita era completamente penetrada pela cultura oral. A partir do século XVI, com a Reforma Protestante e outras transformações fundamentais, mesmo a cultura popular passou a ser dominada pela escrita. Mas a instrução foi por muito tempo levada a cabo por circuitos não institucionalizados, por professores itinerantes, em um mosaico de instituições e de práticas sobrepostas, rivais e complementares, as quais envolviam os saberes locais, a Igreja e, eventualmente, o Estado.

A gradual inserção do Estado nacional no campo da educação, buscando definir, encampar, uniformizar e normatizar os processos e as práticas pedagógicas, dispersos e correntes no corpo social, em boa medida relacionados com a Igreja e com as ordens monásticas, pode ser também observada na América Latina da segunda metade do Oitocentos.

Na Argentina, um ponto de partida relevante para conhecer as relações entre a consolidação de um projeto nacional republicano e o papel reservado à educação "comum" – laica, gratuita e universal – é a atuação do pensador e político Domingo F. Sarmiento (1811-1888). Liberal exilado, como muitos outros, durante a ditadura de Juan Manuel Rosas, Sarmiento foi mais tarde alçado à presidência da República, e escreveu e realizou obras de extraordinária repercussão. Em 1845, publicou no exílio, em folhetim, o monumental *Facundo: civilização e barbárie*. A obra tornava o caudilho federalista Facundo Quiroga, natural da província de La Rioja, emblema de uma Argentina – então Províncias Unidas do Rio de Prata – dominada pelo "deserto" e pela brutalidade. A civilização viria de Buenos Aires, cidade ilustrada, europeizada e propícia ao crescimento econômico. Derrotado Rosas, derrotados os caudilhos, dela emanariam as luzes formadoras de uma nação moderna.

Em 1849, ainda estabelecido em Santiago, Sarmiento respondeu a um concurso do governo chileno com a elaboração do livro *Educación popular*. O texto condensava diretrizes para a criação de um sistema de educação nacional laico, gratuito e universal que, poucos anos mais tarde, já de volta à Argentina, introduzirá no seu país natal. O projeto de Sarmiento dialogava com experiências desenvolvidas em outros países para fomento das escolas e das bibliotecas, escolares e populares. O modelo dos Estados Unidos foi tomado como uma referência fundamental. Nele articulavam-se iniciativas associativas da sociedade civil com políticas públicas.

Em 1855, Sarmiento veio a se estabelecer na cidade de Buenos Aires, capital da província do mesmo nome, que então se encontrava politicamente separada do restante do país. A convite do governador Bartolomeu Mitre, assumiu o posto de diretor da Instrução Primária provincial. Em 1861, quando a Argentina foi reunificada sob a égide de Buenos Aires, Sarmiento teve lugar de destaque na condução do projeto liberal para reconstruir a nação.

Aqueles foram tempos de profundas transformações modernizadoras, com o gradual avanço da fronteira agropecuária sobre regiões ocupadas por populações indígenas, o crescimento vertiginoso da expansão urbana, em especial, da cidade de Buenos Aires, e a chegada maciça de imigrantes europeus. Os presidentes Mitre (1862-1868), Sarmiento (1868-1874) e Avellaneda (1874-1880) buscaram modelar e fortalecer a presença de instituições públicas em diferentes níveis da vida política e social e a educação ocupou um lugar privilegiado nesse projeto.

No livro *La máquina cultural: maestras, traductores y vanguardistas*, Beatriz Sarlo (1998) narra as memórias da professora Rosa del Río, filha de mãe imigrante italiana e pai galego, alfaiate de ofício, acolhida nos bancos escolares desenhados por Sarmiento, do Ensino Primário ao Normal. A história de Rosa del Río, que remonta aos anos 1890, ilumina a centralidade que assumiu a escola primária criada e mantida pelo Estado nas conformações sociais argentinas da passagem do século XIX ao XX. Rosa descreve com grande entusiasmo o deslocamento cultural que a educação pública representou em sua vida. Menina, agarrou-se aos muitos mundos abertos pelos livros, a música, a retórica e os rituais escolares. Mais tarde exerceu o magistério com o mesmo genuíno sentimento de missão. "O imaginário dessa professora forma-se em um marco institucional fortemente voluntarista em suas operações de imposição de uma cultura" (Sarlo, 1998, p. 65-66). Na visão de Sarlo, o êxito da ideologia política-educacional deve ser entendido, simultaneamente, à luz de outros processos que aceleravam a incorporação dos imigrantes à sociedade argentina.

A expansão da rede escolar foi acompanhada por uma crescente presença das práticas de leitura em diferentes segmentos da sociedade argentina. As bibliotecas escolares e populares ampliavam o repertório de obras acessíveis aos leitores de diferentes idades, e os quiosques ou bancas de jornal ocuparam muitas calçadas de Buenos Aires, aproximando dos transeuntes – não frequentadores das sofisticadas livrarias – jornais, revistas e, pouco a pouco, coleções de livros baratos.

As crianças foram alvo privilegiado das editoras estrangeiras que ofertavam seus catálogos na América espanhola, e também das obras que passaram a ser editadas localmente. Da Espanha chegavam os *Cuentos de Calleja*, editados pela editora madrilenha Saturnino Calleja desde 1884. Ao lado dos fins comerciais, a editora visava elevar o nível de instrução das camadas populares. A coleção *Cuentos de Calleja* reuniu clássicos da literatura universal infantil ou adulta em versões adaptadas, como *Robinson Crusoe, Historia del rustero Bertoldo – La de Bertoldino su hijo – y la de Caseno su nieto, La cabaña del tío Tom, Ben-Hur, El Robinson Suizo, Pulgarcito, Blanca Nieves, Ali-Baba* e vários títulos das séries *Pinocho* e *Pinocho contra Chapete*. Delicados no texto, no formato e nas ilustrações, os pequenos volumes visavam entreter a criança sem perder de vista as balizas morais que convinham à sua formação.

A literatura nacional, por outro lado, reservou aos jovens leitores obras que primavam pelo tom pedagógico, patriótico e moralizante. *Leyendas argentinas*, de Ada María Elflein, publicado em 1906, celebrava os feitos heroicos da guerra de Independência, exaltava o mundo rural *gaucho* e a lealdade dos imigrantes à sua nova pátria. Esses temas entrelaçavam-se com o ambiente cultural, criado nos primeiros anos do século XX em torno do Centenário da Independência do país, comemorado em 1910. Leopoldo Lugones (1874-1938) e Ricardo Rojas (1882-1957), dois escritores que se destacaram nos debates sobre as matrizes culturais da nação argentina – o passado colonial hispânico, os contingentes sociais rurais, dos *gauchos* pobres aos caudilhos –, contribuíram para imprimir essas inquietações no universo das escolas e dos livros infantis. Leopoldo Lugones, autor da obra *El Payador*, de 1916, que consagrava o poema oitocentista sobre o *gaucho* Martín Fierro como um épico nacional, foi inspetor geral de Ensino Secundário e Normal, além de fundador da seção infantil da *Biblioteca Nacional de Maestros*. Ricardo Rojas foi o autor de *La restauración nacionalista*, obra resultante de um relatório sobre as escolas argentinas, produzido em 1909 a pedido do Ministério da Justiça e da Instrução Pública. Reagindo ao aluvião de imigrantes que tomara conta do país, o relatório defendia que o ensino da História nas escolas passasse a privilegiar a História nacional.

A preocupação com as ameaças à sobrevivência dos fundamentos de uma identidade argentina tornou-se também uma preocupação central do Conselho Nacional de Educação (CNE), principal órgão gestor das escolas, sobretudo durante a direção por José María Ramos Mejía (1849-1914). Médico, eminente pensador e político, Ramos Mejía foi autor, entre outros, da obra *Las Multitudes Argentinas*, de 1899, na qual discutia problemas caros à chamada Geração de 1880 – as multidões, o controle social e a ordem.

À frente do CNE, Ramos Mejía concebeu a escola primária como uma ferramenta por excelência para enfrentar essas questões, por meio dos espaços higienizados, dos livros escolares, dos rituais cívicos. O projeto de Sarmiento de inserir a escola pública no centro das dinâmicas sociais do país seguia pujante. Contudo, a escola ganhava novos propósitos, dentre os quais, o de fortalecer os vínculos com a identidade nacional, em lugar de uma formação centrada fundamentalmente nos repertórios europeus. Uma das ferramentas utilizadas pelo CNE para plasmar as novas tônicas das políticas educacionais foi a revista oficial criada em 1881, dirigida aos professores, *El Monitor de la Educación Común*. A publicação da revista foi longeva e desempenhou um papel fundamental no sistema educacional do país.

Como presidente do órgão, Ramos Mejía chegou a proibir o uso nas escolas do livro *Coração*, de Edmondo de Amicis, publicado pela primeira vez na Itália em 1886, carregado de narrativas sentimentais que enalteciam o país recém-unificado. A obra alcançou enorme popularidade junto ao público leitor italiano, na terra natal ou nas comunidades de imigrantes que cresciam nas Américas. Na Argentina, entretanto, foi considerada responsável por inspirar nas crianças uma veneração profunda por heróis como Giuseppe Garibaldi, em lugar de figuras como Mariano Moreno, Bernardino Rivadavia e outros próceres nacionais. Proibido por Ramos

Mejía na época das celebrações do Centenário, o livro recebeu nas décadas que seguiram versões "argentinizadas", que substituíam as personagens, lugares e eventos relacionados com a Itália por referências nacionais. Sinal de que seguia sendo um livro querido!

A essa altura, os anseios nacionalizantes da escola primária argentina conviviam com um ambiente cultural e letrado amplo e diversificado que ela mesma contribuíra para fomentar. Já em fins do século XIX, a Argentina representava o terceiro país do mundo na relação de jornais existentes por habitante e, gradualmente, multiplicou-se o número de revistas voltadas a diferentes públicos, com especial atenção às leitoras. Também se diversificavam os canais de distribuição das publicações impressas, dos vendedores ambulantes às bancas de jornal e às livrarias.

Em 1901 foi inaugurada a "Biblioteca de La Nación", coleção semanal vinculada ao respeitado jornal *La Nación*. Ao longo de vinte anos, a coleção editaria 875 livros elegantemente encadernados e venderia mais de um milhão de exemplares. O jornal qualificou o empreendimento como "um vasto meio de cultura", que abria espaço para a publicação de autores nacionais e oferecia ao público, em castelhano, muitos clássicos da literatura estrangeira antes apenas disponíveis em francês. Os títulos eram selecionados por organizadores de reconhecida autoridade para "guiar" leitoras e leitores.

A coleção exerceu um forte apelo especialmente sobre os leitores de classe média e serviu como referência para uma série de iniciativas editoriais que, nos anos 1920 e 1930, buscaram se posicionar como "bibliotecas" representativas de repertórios essenciais. Inúmeras coleções foram organizadas segundo orientações literárias e políticas específicas, e vendidas em encadernações rústicas a preços acessíveis. Editoras como Claridad e Tor, entre muitas outras, combinavam a ideia de missão cultural formadora dos públicos com a preocupação comercial de expandir o mercado editorial.

Nos anos 1930, a eclosão da Guerra Civil espanhola representou um novo e vigoroso impulso para as editoras argentinas. Como descreveu um dos primeiros estudiosos do desenvolvimento do mercado editorial argentino, Domingo Buonocuore:

> Nesses últimos anos se operou na matéria uma mudança fundamental entre nós. As dificuldades próprias da guerra civil espanhola, e as que agora emergem do conflito bélico europeu,

> são os dois fatores que determinaram preponderantemente o progressivo desenvolvimento da indústria livreira neste país. As novas editoras, mais que estabelecimentos industriais, são verdadeiras empresas de cultura. Os nomes principais são de todos conhecidos: Losada, Espasa-Calpe, Editorial Sudamericana, Claridad, Joaquín Gil, Joaquín Torres, Atlántida, Sopena e muitos outros. Buenos Aires se converteu assim, e por honroso desígnio, no meridiano intelectual do pensamento escrito da América Hispânica. Assim o demonstra, entre outros fatos, a última memória da Câmara Argentina do Livro, onde se afirma, com cifras fornecidas pela Direção de Correios, que, durante o ano de 1942, foram remetidos ao exterior dez milhões de volumes impressos no país. (Buonocore, 1944, p. 122)

A trajetória do imigrante madrilenho Gonzalo Losada é um dos exemplos candentes do processo em curso. Gerente da sucursal da editora Espasa-Calpe em Buenos Aires, Losada decidiu fundar sua própria editora quando a matriz espanhola se alinhou ao franquismo no início da Guerra Civil que assolou seu país natal. A editora Losada tornou-se a casa por excelência da obra de autores comprometidos com a causa republicana, e ao mesmo tempo uma das mais prestigiadas editoras argentinas nas décadas que se seguiram, reunindo em seu catálogo expoentes, argentinos e estrangeiros, da literatura e do conhecimento.

México

No México de fins da década de 1860, encerrada a guerra que consolidou a vitória dos liberais sobre os conservadores mexicanos, sobre o exército interventor francês e sobre o Império de Maximiliano de Habsburgo, o Estado passou a ocupar um lugar proeminente na educação. Benito Juárez, presidente liberal de origem zapoteca, que durante a guerra liderou as forças de resistência movendo-se pelo território de forma itinerante, reconquistou a capital do país, a Cidade do México, em 1867. Após a sua morte em 1872, figuras políticas leais a Juárez disputaram o poder e a continuidade do projeto liberal. O levante que levou o general Porfirio Díaz à presidência do país, em 1876, marcou o início de uma nova era de modernização econômica, centralização política e controle social. Díaz mobilizou estratégias de perseguição política e fraudes eleitorais para perpetuar-se no poder até o início do ano de 1911, quando irrompeu a chamada Revolução Mexicana. O período que se estende de 1876 a 1911 é conhecido como "porfiriato".

Porfirio Díaz viria a cercar-se de um seleto grupo de intelectuais positivistas – os chamados "científicos" – incumbido de traçar o caminho do progresso nacional e de legitimar as políticas oficiais. O pensador Gabino Barreda (1818-1881) foi responsável por desenhar a organização de um ensino público universal, obrigatório e laico, que transferisse a tarefa educacional das tradicionais mãos da Igreja católica para o Estado. A maior realização de Barreda, entretanto, foi no âmbito da educação secundária, com a criação da Escola Nacional Preparatória, que formaria quadros para as carreiras profissionais e cargos de gestão governamental, perseguindo o objetivo de cimentar a nação, a liberdade, o progresso e a ordem.

A educação primária, por sua vez, continuaria sendo uma atribuição dos estados da federação, que enfrentavam o desafio de tornar a escolarização obrigatória para crianças, em boa medida, de meios rurais e indígenas. Desde meados do século XVI, havia uma legislação sobre a instrução das crianças ameríndias. Entre 1685 e 1693, a Coroa espanhola determinou que os recursos comunitários dos chamados *pueblos* indígenas deveriam fornecer os fundos para os salários dos professores, os *maestros* de primeiras letras. Na prática, todavia, a história das escolas rurais foi frágil e tortuosa, marcada por dificuldades de toda sorte. Foi preciso que as autoridades reiterassem a sua importância durante toda a época colonial, ao mesmo tempo que, pouco a pouco, a alfabetização se convertesse em uma demanda dos próprios *pueblos* indígenas. Nas décadas que se seguiram à independência do México, em 1821, estes seguiam pleiteando suas escolas rurais cada vez mais.

Os arquivos judiciários e administrativos do estado de Oaxaca, por exemplo, guardam um grande volume de processos que iluminam as pressões populares em defesa da instrução elementar para as crianças. Seus pleitos encontraram amparo na Constituição mexicana de 1824, que indicava a responsabilidade do Estado mexicano em promover a ilustração do povo, e em documentos regulatórios posteriores que detalharam a matéria. Em 1833 e 1834, no governo de Valentín Gómez Farías (1781-1858), levaram-se a cabo as reformas educacionais idealizadas pelo eminente pensador liberal José María Luis Mora (1794-1850). As reformas traduziam seu compromisso com a secularização, a ampliação da educação preparatória, a educação de adultos, a formação de professores, a liberdade de ensino privado e a criação de um organismo estatal centralizado para dirigir as políticas públicas nessa esfera.

Em 1843, foram publicadas as *Bases de organización política de la República Mexicana*, que, por um lado, tornavam a educação responsabilidade dos estados e, por outro, subordinavam o assunto ao Ministério da Justiça, Negócios Eclesiásticos, Instrução Pública e Indústria. As *Bases* reiteravam a autorização para que as assembleias estaduais criassem fundos e fomentassem o ensino público, como na reforma dos anos 1830. Aprovou-se também um Regulamento para a Companhia Lancasteriana, incumbida da educação religiosa e primária gratuita das crianças desvalidas; e um Regulamento para a educação primária, que estabelecia comissões responsáveis por fomentar a melhora da instrução e juntas de vigilância formadas por moradores. Este Regulamento previa ainda que as escolas deviam adaptar-se às condições especiais de crianças que ajudassem suas famílias no trabalho.

Em 1857, o país ganhava uma nova Constituição Federal. Como propôs José Bonifacio Barba Casillas,

> a Constituição de 1857 foi inovadora não só no que concerne a seu princípio educativo básico, a liberdade de ensino, mas por seu projeto de transformação da sociedade mexicana e de fortalecimento do Estado frente à soberania religiosa. (Barba Casillas, 2019, p. 173)

Portanto, as normativas e medidas oficiais no México do Oitocentos seguiam estimulando as demandas ou a pressão por parte das populações camponesas inclusive em face do tradicional poder da Igreja Católica. Um bom exemplo é a ação de seis cidadãos do *pueblo* de Sogocho, na região da serra do estado de Oaxaca. Em 26 de maio de 1885, subscreveram uma petição denunciando a recusa do padre Don Pedro Ortiz em continuar cedendo um cômodo da casa paroquial para o funcionamento da escola no povoado. O padre havia sugerido ao professor que se mudasse para o povoado vizinho, onde encontraria mais espaço para abrigar sua prática. Diante do embate criado entre o padre e o mestre, os signatários da petição instavam as autoridades a compreender que os habitantes do povoado desejavam muito ter uma escola que pudessem frequentar. Por isso, apresentavam o caso para conhecimento da junta governativa, para que ela usasse de seus meios para resolver o assunto. Se por um lado a petição expressava as condições precárias em que funcionavam muitas escolas rurais, por outro, demonstrava a expectativa social existente de que as autoridades públicas assegurassem o direito das crianças à instrução.

Ao longo do porfiriato, o Estado intensificou sua ingerência nesse âmbito. Entre outras iniciativas, passou a patrocinar a produção de livros escolares em sintonia com o ideário oficial, ocupando espaços que, por muitos séculos, foram monopolizados pela Igreja católica. Ao mesmo tempo, empenhou-se em definir parâmetros e procedimentos para regulamentar e controlar as práticas pedagógicas.

No âmbito federal, a década de 1880 viu avançarem os debates em torno de uma legislação que pautasse as políticas de ampliação e uniformização da escola primária. Tiveram papel destacado neste contexto, Joaquín Baranda, então ministro de Justiça e Instrução Pública, e Enrique Rébsamen, diretor da Escola Normal de Xalapa (capital do estado de Veracruz) e reformador da educação pública em diferentes estados. Finalmente, Justo Sierra, autor, entre outros, de livros de história nacional, futuro criador da Universidade Nacional de México (mais tarde, UNAM) e primeiro titular da Secretaria de Instrução Pública e Belas Artes, criada em 1905. A obrigatoriedade da educação primária e as concepções educativas predominantes no período se condensaram na Lei de Instrução Pública de 1888 e nos Congressos de Instrução Pública que se realizaram a partir desse momento – o primeiro deles, aberto em dezembro de 1889. O modelo estabelecido por Jules Ferry na França da Terceira República inspirava a fórmula da escola gratuita, obrigatória e laica. Além disso, discutiram-se nestes âmbitos metodologias didáticas, parâmetros para a formação de professores e para os livros escolares. O Estado mexicano procurava, dessa maneira, definir formas para controlar e uniformizar as atividades educacionais que já se vinham desenvolvendo em diferentes estados. As políticas federais negociavam com práticas tradicionais e com soluções encontradas no âmbito estadual ou municipal, em um palco ainda disperso e heterogêneo.

Apesar dos esforços organizativos levados a cabo durante o porfiriato, as dificuldades para a universalização e o bom funcionamento da escola primária persistiam. Um relatório sobre as escolas do distrito de Huajuapan de León, dirigido às autoridades em 18 de abril de 1895, expressava o desnível existente entre aquelas estabelecidas nas cabeceiras de municípios, sobretudo as escolas reservadas a meninos, e as escolas de *pueblos* menores. O *maestro* de Zapoquila, por exemplo, estava obtendo com seus alunos bons resultados nos exames anuais. Outros *pueblos*, em contrapartida, sofriam com dificuldades para encontrar pessoas que tivessem os conhecimentos indispensáveis para ensinar em uma escola, e que aceitassem receber o baixíssimo salário de 15 pesos, vivendo em *pueblos* miseráveis, nas palavras empregadas no relatório, em que só se comem tortillas.

O grande impulso para o florescimento do ensino primário no país veio com a Revolução Mexicana (1910-1917). Ela trouxe à luz forças sociais do México "profundo", camponês e indígena, e abriu caminho para que se desenvolvessem novas formas de relação entre o Estado e a sociedade civil. Especialmente, para que as demandas dos setores populares por terra, direitos trabalhistas e educação fossem enfrentadas. Também abriu caminho para posicionamentos políticos contundentes frente aos interesses econômicos dos Estados Unidos no país e ao poder secular da Igreja.

O pensador José Vasconcelos, integrante do grupo de estudantes que, anos antes, formara o chamado Ateneu da Juventude, assumiu a tarefa de refundar a Secretaria de Educação Pública (SEP) do país, em 1921. A SEP seria composta por três departamentos: o escolar, o de bibliotecas e o de Belas Artes. Neles se erigiriam as políticas voltadas à cruzada alfabetizadora, com a convocação dos jovens para servir como *maestros misioneros* enviados aos rincões do país, ao encontro das populações indígenas e mestiças, excluídas do mundo letrado, da modernidade e da nação. A SEP também empreendeu políticas voltadas à edição e ampla distribuição gratuita de obras clássicas, como as de Homero e Platão, nos *pueblos* de todo o país, e à promoção da arte muralista de pintores como José Clemente Orozco (1883-1949) e Diego Rivera (1886-1957). A arte seria um vetor privilegiado para a pedagogia cívica de uma nação, que se apresentava como revolucionária no sentido de romper com as profundas mazelas da época de Porfirio Díaz. Ou seja, combateria a pressão dos latifúndios sobre as terras camponesas, a chegada de multidões de migrantes às cidades e as árduas condições do trabalho assalariado nas minas, fazendas e fábricas nascentes.

Nos anos que se seguiram à Revolução, a primeira leva de *maestros misioneros* foi pouco a pouco dando lugar a professores mais bem orientados e assalariados, incumbidos de ensinar os jovens alunos e suas famílias segundo as concepções da nova sociedade que se queria fundar. Dentre outros meios, destacam-se as revistas *El Maestro* e *El Libro y el Pueblo*, criadas por Vasconcelos e mantidas por seus sucessores à frente da SEP. Elas procuraram orientar a atuação dos professores e conferir maior unidade e articulação à tarefa de estabelecer a escola laica e gratuita, cumprindo o princípio constitucional fixado em 1917, que postulava a educação integral. Ao mesmo tempo, publicaram-se em grandes tiragens, para distribuição gratuita, coleções de livros como *Las lecturas clásicas para niños* e *Las lecturas clásicas para mujeres*, destinadas a circular para além do espaço escolar, incorporando-se ao repertório cultural e às práticas cotidianas das famílias.

As políticas públicas educacionais no México pós-revolucionário foram vigorosas. Não ficaram incólumes, todavia, às assimetrias regionais, sociais e de gênero. E tampouco a novos e profundos confrontos políticos e ideológicos que cindiram a sociedade mexicana nas primeiras décadas do século XX. A mais emblemática dessas cisões foi a "Revolução Cristera" (1926-1929), que eclodiu quando grupos sociais católicos, especialmente camponeses, se sublevaram com fúria contra o anticlericalismo do Estado e seus agentes públicos. O ideal revolucionário de, por meio da educação e da cultura, plasmar um novo homem, não neutralizou imaginários, demandas e expectativas que apontavam em outras direções.

Brasil

Como o México, nas últimas décadas do século XIX, o Brasil era um país essencialmente rural e com altas taxas de analfabetismo, sendo que na capital da república esse número era relativamente menor. Guardava ainda a especificidade do monumental passivo social da escravidão, última das Américas a ser abolida.

A educação se configurava como uma das principais estratégias para tirar o país de sua dormência, de seu atraso. O processo de urbanização e industrialização que se iniciava nas capitais dos principais estados tornava evidente a necessidade de um projeto que investisse em educação básica para todas as camadas sociais.

A aposta de transformação dos brasileiros em cidadãos por meio da educação vinha sendo gestada, sobretudo, desde a realização do primeiro recenseamento nacional, em 1872, ainda na monarquia e antes da abolição da escravidão. Ele havia revelado um quadro lastimável. Pelos números do censo, apenas um em cada quatro homens livres sabia ler, e uma mulher em cada sete. Para a população escravizada o número de alfabetizados era irrisório, menos de um em cada mil. E a situação não parecia ter um futuro melhor, pois, das crianças em idade escolar, dos 6 aos 15 anos, somente uma em cada nove frequentava escolas. A média nacional de professores para cada 10 mil habitantes era de 3,4, mas esse número não era homogêneo para todas as províncias. Em São Paulo havia 16 professores para cada 10 mil habitantes enquanto na capital do Império, o Rio de Janeiro, o número quase dobrava para 31, revelando que a desigualdade do acesso à educação era enorme.

Talvez não seja coincidência que no ano da publicação do censo, em 1873, tenha se iniciado uma série de conferências, chamadas pela imprensa de *Conferências Populares da Glória*, por se realizarem em escolas públicas da Freguesia da Glória, no município da Corte. Inspiradas no modelo francês de divulgação do conhecimento, a primeira das conferências ocorreu em 23 de novembro e teve como orador o conselheiro Manoel Francisco Correia, senador do Império e organizador do ambicioso evento. Sua fala versou sobre "O ensino primário obrigatório". As três conferências seguintes, de autoria de Luiz Joaquim Duque-Estrada Teixeira, abordaram os tópicos "Bibliotecas em geral, bibliotecas populares em particular", "Considerações sobre a importância do estudo da geografia" e "Influência da educação sobre a moralidade e o bem-estar das classes laboriosas". Ao longo do ano de 1880, tiveram lugar 355 conferências sobre os mais variados temas relacionados à educação, à ciência e à cultura, de forma geral. Se a audiência não podia ser caracterizada como "popular" – o público era formado pelo próprio imperador Pedro II e a imperatriz, pela elite social da Corte e por profissionais liberais –, grande parte dos temas discutia a necessidade de transformar as camadas subalternas em cidadãos efetivos e em trabalhadores para uma nação ainda a ser construída.

O primeiro recenseamento revelou, ainda, que, apesar de o Império se esmerar em divulgar, pelas exposições universais, uma imagem de país moderno e pujante, a realidade estava muito distante do ideal almejado. Pensadores e políticos no período propuseram projetos e ideias para o desenvolvimento da nação, divergindo sobre pontos como, por exemplo, se o governo central deveria assumir a responsabilidade de implementar um sistema educacional para todas as províncias ou não, e se faria isso em todos os níveis de escolarização ou não. Porém, todos concordavam com o fato de que os modelos vindos dos países europeus e dos Estados Unidos da América do Norte representavam uma referência fundamental para o Brasil.

Nesse sentido é que, em abril de 1879, sai o decreto nº 7.247, de autoria de Leôncio de Carvalho, professor da Faculdade de Direito de São Paulo, àquela altura ministro dos Negócios do governo imperial. A reforma de Leôncio de Carvalho visava legislar sobre a instrução primária e secundária no município da Corte, e sobre as escolas normais e o ensino superior em todo o território nacional. Pela primeira vez as mulheres poderiam ser aceitas como alunas nas escolas de nível superior, nos cursos de medicina, ginecologia e obstetrícia, odontologia e farmácia. O decreto também previa auxílios para escolas de alfabetização de adultos, e subvenção às escolas de professores de primeiras letras que existissem em locais onde as públicas não estavam presentes. Mesmo circunscrito às escolas de educação primária da Corte, uma vez que o ensino básico, segundo a Constituição de 1824, era da alçada dos governos provinciais, o decreto recebeu muitas críticas, pois estabelecia a liberdade de ensino nas instituições, assim como a liberdade de frequência, favorecendo o crescimento das escolas particulares e atenuando o papel do Estado na educação básica.

O decreto de 1879 teve ampla repercussão e, em 1881, Rui Barbosa foi designado para ser seu relator e emitir um parecer sobre tal reforma. No ano seguinte, publicava seu relatório sobre a educação secundária e superior e, pouco tempo mais tarde, sobre a educação primária. Debruçando-se sobre inúmeros autores, métodos e dados estatísticos sobre a matéria, no Brasil e no exterior, traçou um panorama desolador, a dura realidade era que: "O ensino público está à orla do limite possível a uma nação que se presume livre e civilizada [...] é que somos um povo de analfabetos, e que a massa deles, se decresce, é numa proporção desesperadoramente lenta" (Barbosa, 1947, p. 8).

Para Rui Barbosa, era preciso uma reforma urgente no ensino do país para que se pudesse reverter um quadro tão desanimador. Era necessária não só a construção de prédios escolares, mas sua adequação em termos de mobiliário, bibliotecas, laboratórios e diversos equipamentos que possibilitassem seu desenvolvimento. Os métodos de ensino e a publicação de material escolar deveriam ser incentivados e aprimorados, inspirados em exemplos estrangeiros. Contrariamente ao que defendia a reforma Leôncio de Carvalho, Rui Barbosa sustentava que o papel no desenvolvimento educacional cabia ao Estado, já que somente por meio dele estaria garantida a construção de uma nação e um futuro democrático e promissor. A educação primária, para ele, era ainda mais imprescindível que a secundária, e deveria ser obrigatória para meninos e meninas, além de laica e gratuita.

A remodelação dos métodos de ensino era também imperativa, e talvez, com esse propósito, Rui Barbosa tenha empreendido a tradução do livro, *Primeiras Lições de Coisas, Manual de ensino elementar para o uso dos paes e professores*, de Norman A. Calkins, publicado em 1886 pela Imprensa Nacional. A obra do educador estadunidense abordava o ensino intuitivo e o uso dos sentidos das crianças na observação do mundo para construção do conhecimento. Ela teve ampla repercussão, firmando-se como um dos pilares dos métodos de ensino modernos nas décadas finais do século XIX e no início do XX. As perspectivas de Calkins estiveram, assim, muito presentes nas Exposições Pedagógicas do período, como na primeira organizada no Rio de Janeiro, em 1883, portanto, antes ainda da edição da obra em português. A Exposição Pedagógica foi uma das iniciativas vinculadas ao Congresso de Instrução Internacional, que vinha sendo organizado, desde o ano anterior, por um conjunto de membros do Conselho de Estado sob a direção do Conde d'Eu, e que reuniria educadores, políticos e escritores. O plano era que os visitantes da Exposição Pedagógica tivessem acesso a modernos mobiliários escolares, instrumentos científicos, laboratórios, aparelhos de ginástica, materiais didáticos, livros e mapas utilizados em colégios brasileiros, em grande parte, produzidos na Europa ou nos Estados Unidos. No entanto, pouco tempo antes da abertura do Congresso de Instrução, caiu o gabinete conservador liderado por Pedro Leão Velloso, sendo substituído pelo liberal Francisco Antunes Maciel. Para espanto dos organizadores, Maciel suspendeu a realização do evento alegando insuficiência de verba.

Somente a Exposição Pedagógica escapou ao veto, sendo aberta ao público nas salas da Tipografia Nacional, de julho a setembro de 1883. Conquistou grande visitação e repercussão na imprensa. Carl von Koseritz, em sua obra *Imagens do Brasil*, nos dá notícias da participação de vários colégios e escolas da Corte, além de órgãos estrangeiros, como o ministério de Instrução da Bélgica, o Instituto de Surdos-Mudos de Madrid e vários fabricantes de equipamentos franceses, ingleses e alemães. Ao final do evento, grande parte dos aparelhos e materiais expostos foi doada e deu origem ao Museu Pedagógico Nacional. Como os convidados já haviam enviado seus pareceres, que seriam debatidos durante o Congresso, a mesa organizadora achou por bem publicá-los na obra *Atas e pareceres do Congresso da Instrução*, que nos revela o estado da arte e o debate do período acerca da educação.

Por outro lado, a reforma Leôncio de Carvalho também criou a Escola Normal da Corte, que se tornou um modelo para as escolas de formação de professores primários nas outras províncias. As Escolas Normais, seguindo o método intuitivo, deveriam estar aparelhadas com biblioteca e museu pedagógico para uso dos futuros docentes. Posteriormente, os equipamentos foram ampliados, prevendo-se um ginásio para práticas físicas, gabinetes de desenhos, para os estudos das ciências físicas e naturais, além de oficinas para trabalhos manuais. As escolas de aplicação e jardins da infância anexos às Escolas Normais foram também implantadas nesse momento. Seu desenvolvimento favoreceu uma importante transformação, não só no Brasil como em outros países, que foi a feminilização do ensino para crianças. Ganhava relevância a concepção de que a mulher, biologicamente, era mais apta para cuidar da educação de crianças, sobretudo as da primeira infância. Em 1885, o número de inscritos na primeira série da Escola Normal da Corte era de 1.166, e deste total mais de 700 eram mulheres.

Percebemos, assim, que antes da proclamação da República já havia um aceso debate e um conjunto de ações visando transformar a realidade educacional brasileira. As iniciativas, contudo, estiveram longe de se universalizar, seja no período imperial, seja também nas primeiras décadas da era republicana. A transformação dos brasileiros em cidadãos efetivos, com plena participação na vida política, que exigia o saber ler e escrever para votar, permanecia como um objetivo distante.

A República trouxe consigo a proposta da chamada Reforma Benjamin Constant, objeto de longas disputas e controvérsias no Congresso, que transformaram substancialmente seu conteúdo e retardaram sua aprovação em nove anos. Nos dizeres do escritor José Veríssimo, "a única parte posta em execução foi a tabela de vencimentos, porque estes haviam sido nela aumentados" (Veríssimo, 2013, p. 35). Veríssimo havia sido nomeado, em 1892, para a direção do Externato do Ginásio Nacional, nome que o Colégio Pedro II receberia após a proclamação da República, e exerceu o cargo até 1898. Ele era um republicano convicto, um dos fundadores do Clube Republicano do Pará, juntamente com Lauro Sodré e outros. Era autor da obra *A educação nacional*, publicada em 1890, uma importante reflexão sobre as reformas necessárias ao sistema educacional brasileiro e a necessidade de sua nacionalização. Nessa obra considerava o ensino de história e geografia, na educação básica, imprescindível para a formação de cidadãos que construiriam o Estado nacional republicano. Inspirado em modelos externos, pregava uma educação moral voltada à formação do caráter com base na valorização do trabalho e do estudo, aliando o desenvolvimento intelectual ao corporal. A educação física seria matéria fundamental tanto para meninos quanto para meninas. Quando, em 1906, *A educação nacional* recebeu sua segunda edição, já haviam se passado dezesseis anos do início do novo regime. O prefácio à segunda edição exprime muitas das suas desilusões com o regime, em face das mudanças idealizadas e não realizadas.

Veríssimo não foi o único dos intelectuais do período a atuar diretamente junto ao Estado no campo educacional. Manoel Bomfim, por exemplo, foi professor da Escola Normal do Rio de Janeiro a partir de 1896, ensinando pedagogia, língua portuguesa e moral e cívica, sendo posteriormente também seu diretor. Nessa mesma instituição, após sua volta de Paris, onde havia estudado pedagogia e psicologia, de agosto de 1902 a abril de 1903, implementou o laboratório de psicologia experimental, ligado ao *Pedagogium* e inspirado nos estudos realizados junto a Alfred Binet. Em 1906, foi convidado a substituir Medeiros e Albuquerque na direção da Instrução Pública do Distrito Federal. Na primeira década do século XX, ele escreveu importantes obras, entre elas, *América Latina: males de origem*, onde refutou as teses deterministas que naturalizavam o atraso do país. Para Manoel Bomfim, o atraso do país e de toda a América Latina estava relacionado às formas de exploração colonial, chamadas por ele de parasitismo, que instituíram a escravidão, causa da enorme desigualdade social. Em sua visão, os nossos males de origem seriam de natureza histórico-social e não de origem climática, geográfica ou racial. Assim, desenvolveu a tese de que somente pela educação o Brasil poderia se desenvolver, levando o progresso humano e social às camadas que estavam segregadas, para que o país se transformasse em uma nação moderna.

Além de se dedicar a uma escrita reflexiva sobre história, educação e psicologia, Bomfim atuou desde o início de sua carreira como escritor, colaborando com jornais e revistas de grande circulação, e escrevendo livros para uso nas escolas de ensino primário. Dentre estes, o que obteve maior êxito foi *Através do Brasil*, obra escrita com Olavo Bilac e publicada pela editora Francisco Alves em 1910. O livro, inspirado em certa medida no clássico francês *Le Tour de France pour deux enfants*, da autora Augustinne Fouillée, obteve um imenso sucesso e foi utilizado nas escolas até a década de 1950, totalizando 66 edições e cerca de 500 mil exemplares impressos. Voltado ao público primário e ilustrado com fotografias, cartões-postais e desenhos, o livro pretendia trazer ao aluno uma visão geral do país e de suas populações, desenvolvendo, por meio de uma narrativa ficcional, conteúdos de geografia, história e língua portuguesa, e não deixando de lado exemplos de condutas morais esperadas das crianças. Nessa publicação, os autores elaboraram uma narrativa por meio da qual os alunos tivessem contato com diversas realidades do povo brasileiro, entendendo o ensino como algo vivo, em lugar da mera memorização desconexa de nomes, fatos e acontecimentos. Tudo isso envolto em várias situações dramáticas em que dois protagonistas se tornavam exemplos de boa conduta moral.

Publicar para crianças e jovens durante os anos finais da monarquia e na Primeira República parece ter sido uma das alternativas de atuação para intelectuais engajados, literatos e professores, os quais viam os projetos nacionais voltados à educação serem implementados de maneira inexpressiva e circunstancial, sem conseguirem alterar a realidade social do país. Inúmeros livros foram publicados com o objetivo de mudar a forma como o ensino era realizado. Nomes que já tinham destaque na imprensa e na literatura, como os de Carlos Jansen, Coelho Netto, Olavo Bilac, Manoel Bomfim, Júlia Lopes de Almeida, João Ribeiro, Viriato Corrêa e João do Rio, entre outros, escreveram e traduziram livros que, para além de divertirem, almejavam formar brasileiros e brasileiras.

Escrever livros para o público infantil parece ter sido não só uma forma de receber certa remuneração, algo importante em um mercado literário tão rarefeito, como, sobretudo, uma maneira de atuar, numa espécie de militância republicana em prol de uma mudança significativa na educação, já que os meios políticos e institucionais pareciam emperrados. Assim, ao menos nas narrativas para crianças o país poderia se transformar em nação.

Obras estrangeiras consideradas essenciais na formação da juventude eram traduzidas e publicadas por editoras que em sua maioria estavam sediadas na capital da República, o Rio de Janeiro. Saíam em edições baratas, pequenas brochuras, mas também em edições mais caras, com capas em percalina e douramento nos cortes. Os diversos formatos publicados revelam as preocupações de autores e editores em chegar em todos os âmbitos do mercado consumidor, de crianças das camadas populares que poderiam frequentar alguma escola pública, aos livros a serem dados de presente para crianças e jovens mais abastados. Eram livros traduzidos dos originais franceses e alemães, e também nesses países eram impressos, utilizando processos sofisticados de ilustração como a cromolitogravuras. Obras como *História de um bocadinho de pão*, de Jean Macé, *Chiquinho*, de Augustine Fouillée, *Mário*, de Paulo Tavares, publicados pela casa Garnier, traziam conteúdo científico.

Coleções como a organizada e adaptada por Carlos Jansen para a casa Laemmert, entre os anos de 1882 e 1891, colocavam nas mãos de crianças e jovens clássicos europeus como *Robinson Crusoé*, *As viagens de Gulliver*, *As mil e uma noites*, *Dom Quixote* e *As aventuras do barão de Munchausen*. Para ressaltar a importância da leitura das obras e convencer familiares a comprarem essas edições ilustradas com capas sofisticadas, Carlos Jansen recorria a uma estratégia interessante – convidava literatos e intelectuais de renome para prefaciar os livros, como no caso de *As mil e uma noites*, com prefácio de Machado de Assis, e *As viagens de Gulliver* com prefácio de Rui Barbosa, lançados respectivamente em 1882 e 1888. Como nem só de produtos caros e sofisticados vivia a indústria editorial do período, obras para crianças "baratíssimas", como divulgava o editor Pedro Quaresma, podiam ser encontradas em seu estabelecimento, a Livraria do Povo. Seu carro-chefe eram os contos de fadas escritos e adaptados por Figueiredo Pimentel, cujo primeiro livro, *Contos da Carochinha*, lançado pela editora em 1894, fez tanto sucesso que em poucos meses vendeu 5 mil exemplares.

Também eram expressivas as tiragens de obras voltadas ao uso mais escolar, como as publicadas pela editora Francisco Alves. Seu catálogo reuniu livros considerados cívico-patrióticos que não tardaram a se tornar clássicos, como os *Contos pátrios*, de Olavo Bilac e Coelho Netto, *A História do Brasil ensinada pela biografia de seus heróis*, de Silvio Romero, com prefácio de João Ribeiro, ou ainda *Era uma vez...*, de João do Rio e Viriato Correa. Além de obras de escritores nacionais, a Francisco Alves também publicava livros patrióticos de grande sucesso internacional, como o *Cuore*, de Amicis, em tradução feita por João Ribeiro em 1891, que se manteve como referência em literatura escolar patriótica por mais de duas décadas.

Estas obras, por terem um uso escolar praticamente garantido, em virtude da posição de destaque de seus autores, tinham grandes tiragens e vendiam muito. Consolidava-se assim um movimento contínuo em que editores e escritores tinham um retorno financeiro importante, e a leitura de seus livros nas escolas reafirmava ainda mais o nome de vários intelectuais do período, o que servia para perpetuá-los como leitura obrigatória.

Personagens negros, quase sempre ex-escravizados, aparecem em algumas das histórias dos *Contos pátrios*. No conto "Uma vida...", de Olavo Bilac, encontramos uma narrativa que idealiza a vida de um homem negro, Pai João, antigo escravizado que envelhecera no trabalho da fazenda. Por meio do trabalho, a paisagem havia sido modificada, as fazendas foram criadas e a terra se tornou produtiva. Todo o conto respira a atmosfera do trabalho e a escravidão é mostrada de forma branda, com Pai João figurando como um exemplo a ser seguido e reverenciado: "Ali estava um homem, que dera tudo à terra querida: dera-lhe o suor do seu rosto, o melhor de sua vida, toda a força de seu corpo e todo o amor de sua alma" (Bilac, 1913, p. 260). Narrativas como essas reforçavam uma visão idealizada da escravidão mesmo que pretendessem valorizar a participação dessa parcela da população na construção da nação. Os protagonistas, quase sempre brancos, nas obras escritas por homens, são também quase sempre homens ou meninos. Uma das exceções é o livro de Júlia Lopes de Almeida, *Histórias de nossa terra*, também publicado pela Francisco Alves, em 1907, onde temos, segundo Patricia Hansen, "uma versão feminina e mais inclusiva da literatura cívico-patriótica que rompia em certa medida com o 'monólogo masculino'" (Hansen, 2022, p. 101).

Por meio da leitura, meninos e meninas entravam em contato com novas formas de organização social, modos de sociabilidade e conhecimentos científicos que alargavam sua percepção de mundo. O primeiro parágrafo da obra *História de um bocadinho de pão* já revelava algo pouco usual para as últimas décadas do século XIX: a confiança de que meninas são tão aptas à prática e ao conhecimento da ciência quanto meninos. Jean Macé, autor francês que durante toda a obra dialoga por meio de cartas com uma *jeune fille*, assim inicia seu livro:

> É meu intento, minha menina, explicar-lhe muitas coisas olhadas ordinariamente como fáceis de ser entendidas, e que nem sempre se ensinam às meninas mais velhas. [...] Você verá o quanto a ciência dos cavalheiros eruditos é divertida para as meninas, embora esses cavalheiros às vezes afirmem o contrário. (Macé, 2020, p. 7)

Se no que diz respeito às questões relacionadas aos gêneros havia uma nova abordagem surgindo paulatinamente, o mesmo ocorria em relação à cultura proveniente das camadas subalternas. Obras escritas por mulheres como Carmen Dolores, pseudônimo de Emília Moncorvo Bandeira de Mello, ou Alexina de Magalhães Pinto registravam e divulgavam histórias da cultura popular com fortes traços das culturas afro-brasileiras. Alexina, professora mineira, destacou-se recolhendo contos e cantos tradicionais ou folclóricos que poderiam ser utilizados em salas de aula para enriquecer o repertório infantil. Publicou em 1907 a obra *Nossas histórias*, em 1909, *Nossos brinquedos*, e, em 1916, *Cantigas das crianças e do povo e danças populares*. Nesses livros, a autora transferia para o universo escrito lendas, narrativas, canções, provérbios e brincadeiras populares que, na época, se entendia como em vias de desaparecer pelo avanço da urbanização. Para isso, realizou uma extensa pesquisa etnográfica, baseando-se, inclusive, nas crianças como suas informantes.

O respeito que Alexina de Magalhães tinha pelas camadas populares fica evidente em um trecho do texto de abertura de *Nossas histórias* em que ela reconhece em seus "iletrados narradores populares do interior do Brasil, [...] desenvolvimento intelectual e compreensão moral superiores aos dos possuidores de cursos escolares dos nossos centros mais civilizados" (apud Gomes, 2022, p. 39). A cultura popular tradicional brasileira já havia sido registrada e pesquisada por intelectuais e literatos brasileiros como Silvio Romero e Mello Moraes Filho nas décadas anteriores. A produção feita por Alexina, no entanto, se destacava por ter como público-alvo as crianças nos ambientes escolares ou domésticos, assim como as professoras. As narrativas provenientes da oralidade, que tradicionalmente passavam de geração para geração no contato pessoal, eram fortemente carregadas de emotividade, e passavam a ter lugar no ambiente escolar ou ainda nos lares dos meios urbanos. Essas narrativas registradas no papel não corriam o risco de serem esquecidas, transformando-se em peças-chave para a formação de uma nação genuinamente brasileira.

Histórias voltadas ao repertório popular e escritas por autores nacionais dividiam as prateleiras das livrarias nas principais capitais com traduções de obras de prestígio em países europeus. Sobre essas, temos o testemunho precioso de Lima Barreto, ao contar como a leitura de Júlio Verne o transportava para um mundo outro, imaginário, que se queria verdadeiro:

> [...] de todos os livros, o que mais amei e durante muito tempo fez o ideal da minha vida foram as *Vinte mil léguas submarinas*. Sonhei-me um capitão Nemo, fora da humanidade, só ligado a ela pelos livros preciosos [...] vivendo no meu sonho, no mundo estranho que não me compreendia a mágoa, nem ma debicava, sem luta, sem abdicação, sem atritos, no meio das maravilhas. (Barreto, 1993, p. 65)

A literatura para crianças, assim como a literatura para adultos, nos revela quais eram os desejos de intelectuais e literatos desse período, como deveria ser a sociedade, como os recém-libertos deveriam ser vistos e nela incorporados. "Sendo um produto do desejo, seu compromisso é maior com a fantasia do que com a realidade. Preocupa-se com aquilo que poderia ou deveria ser a ordem das coisas, mais do que seu estado real" (Sevcenko, 1989, p. 20). As crianças e os jovens leitores do período provavelmente conseguiam perceber o descompasso entre a criação literária e o projeto possível para a nação e a realidade, e muitos, como Lima Barreto, apreciavam refugiar-se no mundo da ficção.

Os homens e mulheres de letras das primeiras décadas da República teriam ainda que esperar até os anos de 1910 e 1920 para verem os projetos de educação brasileira começarem a dar passos mais sólidos. Nesse período, na medida em que proliferavam, em especial entre os novos setores médios urbanos, as manifestações de insatisfação com a ordem oligárquica, o tema do analfabetismo foi se colocando como questão premente dos projetos de modernização da sociedade brasileira. Ao mesmo tempo, alguns estados do país buscaram organizar sistemas educacionais públicos, com vistas a universalizar e redefinir os sentidos da escolarização primária.

Em 1920, o governo de Epitácio Pessoa organiza um novo censo, revelando um crescimento da população brasileira para mais de 30 milhões de habitantes. Apesar de mais de cinquenta anos terem se passado desde o censo realizado ainda no Império, em 1872, os números mostravam que o país havia caminhado pouco no que dizia respeito à alfabetização e aos investimentos em educação pública. Cerca de 75% da população acima de 15 anos ainda continuava analfabeta, sendo que esse percentual se distribuía de forma desigual por todo o território: nas capitais o índice era menor, enquanto nas áreas rurais crescia imensamente. Havia ainda uma desigualdade importante entre os gêneros, pois do total de homens de todas as idades apenas 28,9% sabiam ler, enquanto a percentagem caía para 19,9% no caso das mulheres. À semelhança do censo do Império, se nada fosse feito, o futuro não reservaria uma situação melhor, pois somente 21,9% das crianças em idade escolar estavam matriculadas em escolas. E, nesse ponto, também de forma desigual, pois havia mais escolas nas capitais dos estados e, sobretudo, no Distrito Federal. Os recursos destinados à instrução pública eram irrisórios em vários estados, como 0,3% da receita do estado do Amazonas; 0,4% em Alagoas; 0,5% no Rio de Janeiro; e mesmo São Paulo destinava apenas 1,7% de sua enorme receita, que só era superada pela do Distrito Federal, que aplicava 24,2% em educação.

A partir da década de 1920, teremos várias reformas educacionais em diversos estados brasileiros, como São Paulo, Rio de Janeiro, Minas Gerais, Pernambuco e Ceará, e no Distrito Federal. Em todas elas veremos disputas sobre como a escola pública deveria se configurar. Se havia certa concordância sobre os princípios escolanovistas e a necessidade de renovação em currículos, métodos de ensino e na arquitetura escolar, entre outros, eram também acirrados os debates sobre a laicidade nas escolas e sobre a frequência mista, em que meninos e meninas pudessem frequentar um mesmo ambiente. Já nos anos 1930, sob o governo Getúlio Vargas, os defensores de que o ensino religioso e as escolas católicas continuassem gozando do apoio do Estado sairiam vitoriosos. Essas e outras questões atravessaram as décadas de 1920 e 1930, fugindo ao alcance deste capítulo.

Considerações finais

Embora na segunda metade do século XIX o tema da educação – da educação popular, da primária, secundária ou para adultos iletrados – tenha ganhado relevância nos três Estados nacionais em formação abordados neste capítulo, o lugar efetivamente conferido ao problema revela profundos contrastes. No Brasil, até a proclamação da República, o modelo das chamadas escolas isoladas prevaleceu no ensino primário, contribuindo para um cenário rarefeito e desigual. O censo de 1872 sistematizou dados alarmantes, provocando reações que redundaram em decretos, reformas e debates públicos. No entanto, somente durante a República, em ritmos e graus variados conforme os estados da federação, desenharam-se projetos institucionais e pedagógicos com vistas à universalização da escola primária e à homogeneização das políticas públicas educacionais. A criação dos grupos escolares, subordinados a Escolas Normais formadoras de professores e definidoras dos métodos de ensino, foi um aspecto emblemático desses esforços. O vigor dos projetos educacionais na passagem do século XIX ao XX e, especialmente, nas primeiras décadas do novo século foi acompanhado por importantes iniciativas no âmbito da escrita e da produção de livros escolares e de literatura cívica. Diferentes vozes clamavam para que o país enfrentasse suas chocantes mazelas educacionais e que formasse cidadãos aptos a ocupar os espaços que o regime republicano demandava. Davam vida também a debates sensíveis, como o tema da laicidade da educação. Apesar das acesas polêmicas e dos avanços na estrutura escolar, a educação no Brasil, em seus diferentes níveis, esteve longe de se universalizar no período histórico em questão.

A Argentina representa um claro contraponto ao Brasil e, por razões diferentes, à América Latina em linhas gerais. Lá, a chegada dos liberais ao poder na década de 1860 configurou um momento de priorização de políticas educacionais que privilegiavam a Escola Normal e o ensino primário, visando a universalização do ensino laico, gratuito e obrigatório. As escolas particulares e confessionais não deixaram de existir no país, mas progressivamente perderam espaço para os estabelecimentos públicos. Os Colégios Nacionais, secundários, seguiram por muito tempo consagrados a formar elites. E as

Universidades, como a Universidade de Buenos Aires, fundada nos anos pós-independência e florescente a partir do final do século XIX, lentamente, sobretudo após os movimentos contestatórios de 1918, abriram suas portas a círculos sociais menos exclusivos. Na Argentina, a efervescência do mercado editorial na primeira metade do século XX apoiou-se na existência de um amplo público letrado e nos circuitos – das bibliotecas populares às bancas de jornal – que valorizavam e favoreciam a prática da leitura.

No México, é rica a história das escolas de primeiras letras nos *pueblos* indígenas coloniais, embora marcada pela precariedade e descontinuidade. Nas últimas décadas do século XIX, o regime do porfiriato, ao buscar fortalecer o papel do Estado em todos os âmbitos da vida social, delineou políticas para a educação pública. As escolas primárias, todavia, não foram prioridade do regime e se tornaram uma das importantes bandeiras da Revolução Mexicana. No início da década de 1920, o secretário de Estado, José Vasconcelos, refundaria um plano político que fazia da escola rural um instrumento privilegiado para incorporar as populações indígenas e mestiças à nação. A despeito da magnitude dos investimentos nesse âmbito, a pobreza no campo e os muitos níveis de exclusão econômica e cultural continuaram limitando a ação da escola.

16.

A LUTA POR DIREITOS: A QUESTÃO DA PARTICIPAÇÃO POLÍTICA NAS PRIMEIRAS DÉCADAS REPUBLICANAS

Gláucia Fraccaro

Em 2023, nos primeiros meses do governo Luiz Inácio Lula da Silva, foi aprovada a Lei nº 14.611, que estabelece igualdade salarial entre mulheres e homens na mesma função. Ela ainda prevê sanções para as empresas que descumprirem a norma e oferece parâmetros de transparências no provimento de salários. Articulada pela ministra das Mulheres, Aparecida Gonçalves, a nova lei tem o objetivo de incidir sobre as relações de trabalho, de modo a aumentar as possibilidades de autonomia econômica das mulheres. Não se trata apenas de uma ação temática sobre o trabalho feminino – a lei objetiva dar condições iguais para que mulheres garantam seu sustento e, dessa forma, consigam tomar decisões sobre suas vidas.

O dispositivo legal de 2023, para ser efetivo, alterou a Consolidação das Leis Trabalhistas de 1943, modificada muitas vezes, mas ainda em vigor. A importância histórica dessa lei é consequência das muitas lutas ao longo do século XX que envolveram toda a classe trabalhadora, suas reivindicações e trajetórias políticas em busca de cidadania. Dessa forma, o empenho político da ministra passou a ser um dos marcos mais importantes da história do trabalho, da história das mulheres e do feminismo no Brasil. Conjugar essas histórias e considerar o acúmulo gerado por experiências vividas nas primeiras décadas do século XX é o tema deste capítulo, que vai tratar da importância da organização e participação políticas das mulheres nas primeiras décadas republicanas.

A Primeira República no Brasil não foi exatamente um período de expansão e de garantias de direitos de cidadania. Nem mesmo o voto tinha o sentido democrático que hoje lhe atribuímos. A Constituição de 1891 estabelecia, no seu artigo 70, que "mendigos, analfabetos, as praças de pré, excetuados os alunos das escolas militares de ensino superior, e religiosos [...] sujeitos a voto de obediência" não poderiam votar em eleições federais ou para os Estados da federação. O controle e as restrições eleitorais, bem como as constantes intervenções nos pleitos praticadas por lideranças locais, estaduais ou nacionais, foram aspectos que levaram muitos historiadores, a exemplo de José Murilo de Carvalho, a acreditar que não havia outras formas de atuação política consistente naquele período. Entretanto, mulheres e homens não aceitaram com resignação os limites do projeto político liberal republicano. Há muitas histórias de organização popular, de lutas e greves, e, também, de esperanças por uma vida melhor, na disputa pelos sentidos da cidadania prometida pela mudança de regime.

A história dos direitos de cidadania no Brasil não coincide com a história do direito de voto e da representação política. Por esse motivo é preciso reconhecer que a luta por direitos políticos e sociais é feita por meio de várias formas de associativismo, que mostram a importância da participação política da população, para além das demandas de caráter político formal, expressas pelo direito de votar nos momentos eleitorais. Este capítulo pretende mostrar algumas histórias dessas lutas e das disputas pelos sentidos e direitos de cidadania na Primeira República, em especial, aquelas encampadas pelas mulheres trabalhadoras.

Um "comício de criadas": a moral na experiência das mulheres trabalhadoras

Um "comício de criadas" foi noticiado pelo jornal satírico *Bisturi*, da cidade de Rio Grande, em 1889. A reunião aconteceu na Sociedade 28 de Setembro poucos meses antes da proclamação da República para denunciar as "cadernetas de criados", que registravam a conduta dos que exerciam essa função. As cadernetas faziam parte da regulação do serviço doméstico, vigente desde o começo dos anos 1880 em algumas das grandes cidades do país, a exemplo de Rio de Janeiro e São Paulo, mas "também em [outras dezesseis] cidades do Rio Grande do Sul" (Souza, 2010). Tal regulação era percebida e denunciada pelos trabalhadores – estima-se que a maioria eram mulheres – como uma ferramenta de controle cotidiano da liberdade das classes mais baixas. Muitas dessas "criadas" cuidavam das crianças e dos trabalhos domésticos em casas de pessoas mais ricas, circulando também pelas cidades. Por tais motivos, a vigilância sobre elas era justificada com base na higiene e na moral (Santos, 2023). Ao menos, foi isso que o jornal *Bisturi* registrou durante o comício realizado dentro dessa Sociedade, que trazia no nome a data de promulgação tanto da lei que libertava descendentes de escravizadas (1871) como da lei que livrava pessoas sexagenárias da escravidão (1885).

As leis para o serviço doméstico fizeram parte das preocupações do poder público diante do iminente fim da escravidão. Câmaras locais, autoridades e polícia se empenharam na tarefa de controlar uma grande massa de pessoas que, por alforria ou outros mecanismos, saíam do trabalho servil para compor novas atividades. Pouco depois, em 1890, os registros nas cadernetas deixaram de aparecer, e é possível que a explicação para isso seja tanto a organização política das trabalhadoras quanto o novo Código Penal, que manteve a "vadiagem" como crime, regulando de perto a vida de todas as pessoas libertas (Costa, 2013).

Em 1896, outro episódio envolvendo mulheres demarca alguns elementos que compõem a experiência da população nos primeiros anos da República. Nele, o advogado Evaristo de Moraes defendia um grupo de prostitutas que foram advertidas e intimadas a se mudar do centro do Rio de Janeiro. Moraes era conhecido pelas classes populares por assumir causas em defesa de interesses de trabalhadoras e trabalhadores. Ainda no começo do regime republicano, o centro da cidade passou por uma grande reforma urbana, e a prostituição, que há muito se fazia nesse local, sofreu uma forte campanha da imprensa, que tinha o objetivo de removê-la dali. *O Paiz* foi o jornal mais fortemente engajado nessa campanha, lamentando que "as famílias que transitam nos bondes continuem obrigadas a ter diante dos olhos esse deprimente espetáculo diário, chaga que nos outros países se esconde e que no Rio de Janeiro se ostenta como escárnio à nossa civilização" (*O Paiz*, 29 abr., 1896). Os jornais as chamavam de "gangrenosas úlceras a corroer a sociedade fluminense", defendendo que a prostituição precisava ser "escondida" para que a cidade do Rio de Janeiro tivesse ares de modernidade e, assim, se tornasse a vitrine de um país civilizado.

A força da campanha de tom difamatório logrou a prisão dessas mulheres. Mas o pedido de habeas corpus, elaborado por Evaristo de Moraes, expôs uma renovação da perspectiva do direito de ocupação da cidade durante a República. A ação do advogado, a favor da permanência dessas mulheres na região central, conseguiu reverter a campanha para sua expulsão. A vitória jurídica de Moraes representou o reconhecimento do artigo 72, parágrafo primeiro, da Constituição de 1891: "Ninguém pode ser obrigado a fazer ou deixar de fazer alguma coisa senão em virtude de lei." Evaristo de Moraes havia enfrentado e derrotado uma campanha midiática que se fazia em nome da defesa da moral da sociedade. No entanto, nem a promotoria, nem a defesa e muito menos o jornal *O Paiz*, chegaram a tratar os homens que demandavam a prostituição no centro do Rio de Janeiro como "úlceras a corroer a sociedade" (Mendonça, 2007). A manutenção da moral nas famílias ou no centro da cidade era entendida por todos como uma das responsabilidades das mulheres.

A função da moral, não raro, é a de organizar a vida das pessoas delimitando aquilo que pode ou não ser feito, e, na interpretação histórica, ela pode ser entendida como tentativa de organizar a vida das pessoas para além do ordenamento jurídico. Entretanto, os estigmas criados mais afetavam as mulheres do que os homens que frequentavam as casas noturnas, denotando as relações de poder claramente baseadas em distinções de gênero. As tentativas de instaurar esses padrões de comportamento geraram conflitos com as práticas sociais de segmentos populares, que não absorviam de forma automática as regras ou a moral impostas com a força e a partir "de cima".

A moral que afetava a prostituição poderia atingir também as trabalhadoras do comércio e das fábricas, aquelas operárias que precisavam reivindicar um lugar separado para se vestir ou simples "respeito" nas pautas das greves. Do ponto de vista do poder público, o ímpeto de regular a vida dessas mulheres não fazia da fábrica ou do *dancing*, é bem possível dizer, dois mundos tão distantes, a segregá-las entre as adequadas e as inadequadas. Dos primeiros anos do século XX às décadas seguintes, tanto as prostitutas defendidas por Evaristo de Moraes quanto as trabalhadoras, todas foram consideradas responsáveis por manter a moral da cidade, das suas vidas e o bom comportamento dos homens ao seu redor.

A experiência das mulheres no século XX, em suas lutas para se tornarem pessoas de direitos, é permeada por questões morais que delimitam as ações que lhes são permitidas ou proibidas. É bem verdade que esse código moral atingia as mulheres de formas diferentes, a depender da raça e da classe. Entretanto, havia um ponto comum na visão de juristas e operadores da política: atribuir às mulheres a responsabilidade de zelar pela própria conduta como uma forma de garantir o bom comportamento da família e de toda a sociedade. O mau comportamento das mulheres, portanto, precisava ser duramente punido, pois comprometia a moral de todos os interessados no avanço da civilização. Esse consenso foi uma ferramenta muito utilizada para cercear os direitos das mulheres e garantir a manutenção do controle social sobre elas. Assim, além de não implicar os homens nessa difícil tarefa, tal ferramenta foi um elemento que todas as mulheres tiveram de sopesar em suas experiências no lar, no trabalho etc., tanto em termos objetivos como subjetivos.

O voto das mulheres: a moral e os direitos

Os mesmos princípios morais que penalizavam o comportamento das mulheres e afetavam seus direitos mais simples, como a privacidade para se trocar no local de trabalho, também apareciam quando o assunto era a luta por seus direitos políticos. Foi em 1903 que uma advogada, cujo nome não é conhecido, entrou com um pedido para se alistar como eleitora para poder votar no pleito que ocorreria em março daquele ano. O vice-presidente da República eleito, Silviano Brandão, havia morrido, e, como a eleição para a vice-presidência era separada da de presidente, foi convocada uma nova eleição para o cargo. A mulher entrara com seu pedido na Junta Eleitoral e sua solicitação foi motivo de escárnio numa nota do *Jornal do Brasil* de 13 de fevereiro de 1903: "Deus nos livre da mulher eleitora e política." Certo de que esse requerimento não seria aprovado, o autor da nota apontou, sem muita necessidade de comentários adicionais, o nome do juiz encarregado da decisão: Viveiros de Castro.

De fato, os comentários não se faziam necessários. As opiniões desse juiz ficaram bem conhecidas, nesse episódio e nos anos seguintes, por sua atuação política e pela publicação de livros. Para Viveiros de Castro, às mulheres caberia cuidar das crianças, evitar a exploração desmedida no mundo do trabalho, reivindicar direitos para os menores e garantir que ficassem longe das ruas, não "contraindo vícios hediondos e moléstias ignóbeis". Diz ainda o jurista: "É geralmente reconhecido que a mulher nasceu exclusivamente para o lar; governar uma casa é sua função normal." Para desempenhar outras funções, que não sua "função normal", é mister que se cumpram preceitos eugênicos, e que se respeite um código de conduta "não escandaloso" (Castro, 1920, p. 202).

Diva Nolf Nazário, assim como a mulher de nome desconhecido de 1903, também pleiteou seu alistamento eleitoral, em 3 de junho de 1922. Ela era uma estudante de direito do Largo São Francisco, em São Paulo, que entendeu que podia se alistar como eleitora. A estudante procurou o secretário de um político, em primeiro lugar, mas ele se recusou a apoiá-la no processo. Então, ela foi pessoalmente a um Gabinete de Identificação para tirar um documento civil, equiparável à carteira de identidade e, depois, seguiu para um cartório. O escrivão, descrente do sucesso de um pedido para alistar uma eleitora, pediu que ela tratasse diretamente com o juiz. Este, por sua vez, pediu que ela aguardasse, pois ele iria elaborar um despacho formal sobre o assunto.

O juiz Affonso José de Carvalho foi quem deu desfecho para a peregrinação burocrática de Diva Nazário. O magistrado reconhecia que a Constituição de 1891 não expressava claramente a exclusão das mulheres do direito de votar, mas mesmo assim proferiu um parecer negativo ao pedido da estudante. Para tanto, apelou mais para a moral e os bons costumes do que se apoiou na norma jurídica, ao argumentar que a mulher devia "dividir a vida" com o homem e "cuidar da ordem doméstica", vale dizer, nada de participar das questões públicas. A requerente não se deu por satisfeita e entrou com um recurso que contestava a negação do juiz sobre seu direito. Diva, então, acionou diversos argumentos que demonstravam que outros países já viviam a experiência do voto feminino e que, naquele momento, as mulheres já não se concentravam mais apenas em funções domésticas, pedindo então que o juiz atentasse aos novos tempos brasileiros. A estudante ainda insistiu que a Carta Constitucional a apoiava no seu artigo 72: "Ninguém pode ser obrigado a fazer ou deixar de fazer alguma coisa senão em virtude de lei" (Nazário, 2009). Tratava-se do mesmo argumento, fundamentado na Constituição Federal vigente, que sustentou a defesa de Evaristo de Moraes no caso da expulsão das prostitutas do centro do Rio de Janeiro em 1896.

Diante da insistência da jovem candidata a eleitora, o juiz Affonso de Carvalho decidiu dar fim à discussão fazendo, novamente, declarado uso da moral e dos bons costumes: "E o Direito Consuetudinário se encarrega de provar que a expressão 'cidadão brasileiro', quando empregada nas leis eleitorais (cumpre frisá-lo) exprime sempre o cidadão do sexo masculino" (Nazário, 2009, p. 37). O magistrado, na ausência de teses jurídicas que lhe dessem suporte, se valeu das práticas sociais para impedir que uma estudante tivesse acesso a direitos políticos, mostrando, também, que os modos como se operava a exclusão de direitos perfaziam uma noção de justiça que envolvia a dimensão da dominação de gênero, ao se tratar como costumeira a restrição da liberdade da mulher na esfera pública da sociedade.

Há outros muitos pedidos de alistamento eleitoral semelhantes que aparecem na imprensa em várias cidades do Brasil nesse mesmo período. Geralmente, esses casos são tratados como solicitações isoladas de mulheres bem-nascidas, letradas e que contavam com apoio da família, como seria o exemplo da advogada anteriormente citada. No entanto, a negativa dos juízes se sustentava basicamente em argumentos morais, ratificando o papel exclusivo de cuidadoras que as mulheres deveriam manter na sociedade, e os riscos de ultrapassarem esse limite. O fato é que todas estavam sujeitas a esse crivo. Mas nem todas cumpriam com seus "deveres": a recusa em aceitar tal papel e esgarçar tanto normas morais como a letra da lei conta uma parte da história da luta pela cidadania no Brasil, porque altera os projetos de dominação, mesmo que essas pessoas estivessem longe de postos de comando ou de tomada de decisões, como no parlamento e nas instituições judiciais e policiais.

É verdade que tais histórias são pouco numerosas e, dessa forma, são consideradas eventos excepcionais. Entretanto, elas compõem também um cenário de luta política maior, um campo de disputa que envolveu muitas pessoas e organizações. Uma parte das demandas por direitos políticos das mulheres foi liderada pela Federação Brasileira pelo Progresso Feminino (FBPF), fundada em 1922. Conhecida como a "promotora do feminismo brasileiro", a FBPF era uma organização que envolvia várias associações de mulheres e que tinha grande capilaridade nacional. Suas integrantes atuavam pelo direito ao voto diretamente nas suas localidades, e ainda mantinham diálogo internacional com outras organizações de mulheres em vários países.

Bertha Lutz foi quem assumiu, pela FBPF, a articulação entre fronteiras nos primeiros anos da entidade. Educada na Europa e graduada em biologia na Sorbonne em 1918, ela pertencia à elite social e intelectual do país, sendo nomeada para o cargo público de secretária do Museu Nacional em 1919, o que facilitava seu relacionamento com políticos e outras autoridades. Lutz integrou uma conferência internacional realizada na Itália, em 1923, cujo objetivo era fomentar a organização feminista em diversos países. A 9ª Conferência da *International Woman Suffrage Alliance* (Aliança Internacional pelo Sufrágio da Mulher) aconteceu em Roma, e, a partir daí, a brasileira se tornaria uma referência internacional, participando de congressos e conferências pelo mundo afora. A FBPF havia sido fundada com apoio direto de uma das dirigentes da *National Woman Suffrage Association* (Associação Nacional pelo Sufrágio da Mulher), dos Estados Unidos. Para as americanas que compunham essa entidade, a exclusão da mulher na sociedade tinha outras motivações, e o sufrágio era um meio para ampliar suas conquistas.

O surgimento de uma organização feminista com proeminência nacional e reconhecida internacionalmente não foi ignorado pelo movimento operário ou pelas esquerdas organizadas no Brasil. O programa levantado pela Aliança Internacional pelo Sufrágio da Mulher, em 1927, entidade à qual a brasileira Bertha Lutz estava vinculada, foi discutido por integrantes do Partido Comunista, que consideraram que debater o sufrágio universal, os direitos civis, o divórcio e a igualdade de condições entre homens e mulheres era uma agenda "um pouco assustadora e perigosa, pois não tocava nem nos privilégios dos grandes, nem na miséria dos humildes". O direito de voto, bem como o reconhecimento dos direitos civis e políticos da mulher, para o comunismo brasileiro, não seria suficiente para garantir a liberdade, "enquanto pesarem sobre ela, como sobre o conjunto da classe trabalhadora, a exploração do capital e o domínio da burguesia". Essas declarações foram publicadas no jornal *A Nação*, que fazia divulgação e propaganda das atividades do Partido Comunista e tinha como objetivo exprimir pontos de vista de organizações operárias. Nele, é possível perceber a tensão existente entre grupos feministas internacionais, que se organizavam para além das fronteiras de seus países de origem como forma de enfrentar, tanto a emergência de regimes autoritários, como o estado de guerra. *A Nação*, com frequência, replicava o debate na forma de traduções de artigos produzidos fora do país e também se afiliava à ideia de que o comunismo "reclamava o direito de voto às mulheres".

Dentro das organizações anarquistas, durante os anos 1920, destacaram-se iniciativas para a formação de grupos de mulheres que tratassem com especificidade as questões que envolviam a mulher trabalhadora. Muitas dessas iniciativas contaram com Maria Lacerda de Moura, professora, pacifista, feminista e anarquista, enfim, uma intelectual engajada que escreveu sobre os movimentos em que militou. Foi ela que fundou a Liga para Emancipação Intelectual da Mulher, em 1919, recebendo o apoio de Bertha Lutz – até porque, esta foi uma das organizações que deu sustentação à FBPF. No entanto, Moura acabaria por se afastar das trincheiras dessa disputa, dizendo-se, no jornal *A Manhã* de 9 de dezembro de 1928, "livre de igrejas" e "livre de muletas".

Do mesmo modo, a Federação Internacional Feminina teve alguma atividade em 1922, e o Centro Feminino, a partir de 1924, organizava palestras que abordavam o conformismo das mulheres diante da dura realidade social que enfrentavam, bem como sobre a importância da rebeldia, para o grupo que se organizava em torno das ligas de bairros e de jornais, como *A Plebe*, periódico paulista, anarquista e anticlerical, fundado em 1917.

O feminismo não era em nada homogêneo, e um bom exemplo é o de Iveta Ribeiro, uma das editoras da *Revista Feminina*, publicada entre os anos 1914 e 1936, que oferecia notícias variadas dentro da tradição católica, enfatizando a natureza conservadora "do verdadeiro feminismo" e afirmando que se sentia representada, só em parte, pela bandeira da participação política hasteada pela FBPF. Por outro lado, a própria FBPF aparecia no periódico carioca *Jornal do Povo*, dirigido por Aparício Toreli (o Barão de Itararé), como uma entidade que não acrescentava em nada às "operárias tuberculosas", ou seja, cujo feminismo não se voltava para os graves problemas das mulheres trabalhadoras.

As tensões entre diversos grupos feministas em torno dos sentidos do voto demonstram que a atuação de Lutz e da Federação era considerada elitista em sua própria época, recebendo críticas ou por sua moderação ou por seus excessos. Como resultado dessas pressões, a FBPF não se empenhou apenas em obter o direito de voto para as mulheres, nem esteve tão isolada no campo político da emancipação feminina. Os efeitos conquistados pela organização de mulheres das classes altas ou provindas de países euro-americanos, medidos apenas pela natureza dos movimentos, não explicam a grande circulação dos ideais de igualdade na conquista de direitos das mulheres.

Das trabalhadoras domésticas do Rio Grande às organizações feministas, é possível observar uma complexa rede de organizações políticas a revelar a história da luta por direitos no Brasil. Havia mais no feminismo do que polêmicas. Se o método utilizado é o de escalonar vertentes ou interpretar a história apenas a partir da perspectiva eleitoral, ou ainda o de separar a experiência de trabalhadoras do feminismo, uma parte da história é negligenciada. Posto dessa forma, seria muito difícil reconhecer o acúmulo das disputas e as mudanças nas vidas das mulheres ao longo do século XX. E não seria possível entender os sentidos do voto e dos direitos sociais para as trabalhadoras, como veremos a seguir.

Associativismo e manifestações de trabalhadoras e trabalhadores no começo da República

As mobilizações de trabalhadoras e trabalhadores nas primeiras décadas do século XX estavam calcadas na atuação de associações pluriprofissionais ou por ofício, que só passaram a ser mais comuns com a República. A Constituição de 1824 havia impedido qualquer tipo de organização sindical, mas isso não é o mesmo que dizer que não houvesse práticas associativas entre trabalhadoras e trabalhadores desde a segunda metade do século XIX. Irmandades e principalmente associações de tipo mutualista, além de clubes recreativos e esportivos, foram algumas das várias maneiras encontradas pelas classes populares para exercer solidariedade e sociabilidade. Algumas delas permaneceram ativas até o começo da República (Batalha, 2000).

A partir de 1907, o Decreto nº 1.637 reconheceu o associativismo "sem autorização do governo", bastando, para obter os favores da lei, que se depositassem, no cartório, os documentos necessários para o registro da associação. Foi então que organizações profissionais que tinham como base o trabalho, podendo ser ligas, sociedades de resistência ou sindicatos, proliferaram no começo do século XX em vários centros urbanos, como Rio de Janeiro, São Paulo, Recife, Salvador e Santos. Algumas delas, como a Liga Operária Pernambucana, envolveram-se diretamente em processos eleitorais num recorte temporal no qual as explicações históricas encontraram apenas o coronelismo. Ela existia desde 1886 e era composta, embora não exclusivamente, por trabalhadores das oficinas do Arsenal da Marinha. Os associados transitavam por organizações de variados tipos, mas mantinham firme o propósito de assistência e proteção aos pertencentes à Liga. Já em 1891, alguns de seus membros participaram, como candidatos, às eleições para intendência municipal e demonstraram que o apoio popular e o debate das propostas políticas eram condições bem-vindas e até necessárias ao desenvolvimento do processo eleitoral (Souza, 2021).

Clubes dançantes, carnavalescos e esportivos também funcionavam como espaços de fortalecimento de laços de solidariedade, que refletiam, não raro, alguns questionamentos da lei e da ordem, como no caso do Clube 28 de Setembro, da cidade de Rio Grande, já mencionado. Petrônio Domingues (2018) mapeou clubes e centros culturais fundados e frequentados por pessoas negras e trabalhadoras que, por meio da edição de jornais e da organização de espetáculos, dentre outras ações com evidentes desdobramentos políticos, criticavam a segregação racial. Em 1902, na cidade de São Paulo foram formados o Club 13 de Maio dos Homens Pretos, o Centro Literário dos Homens de Cor (1903), a Sociedade Propugnadora 13 de Maio (1906) e o Centro Cultural Henrique Dias (1908).

O Clube 28 de Setembro era o mais antigo deles, fundado em 1897, e o Grupo Dramático e Recreativo Kosmos, de 1908, um dos maiores. Nas mesmas décadas, no Rio de Janeiro, funcionava o Centro da Federação dos Homens de Cor, e, na cidade de Pelotas, a Sociedade Progresso da Raça Africana, desde 1891. Assim, há uma profusão de registros que atestam a formulação de diversos pontos de vistas sobre projetos políticos e de cidadania, no início na Primeira República, conectando associativismos e participação política, fundamentados em solidariedade de classe, raça ou gênero (Silva; Xavier, 2019).

As muitas e diferentes experiências com práticas de tipo associativo, cultivadas desde o século XIX, aliadas à alta do custo de vida e péssimas condições de trabalho, ajudam a explicar as greves que eclodiram no final da década de 1910 em vários dos centros urbanos do Brasil. Os anos entre 1917 e 1919 ficaram conhecidos como o ápice da organização operária, com as greves que se tornariam símbolo, não só da miséria social vivida pela classe trabalhadora no período, como também da rebeldia de mulheres e homens, brancos/as e negros/as, que compunham a força de trabalho nos anos da Primeira Guerra Mundial.

Nesse momento, a dificuldade de se manter o fluxo de importações acabou por garantir certo aquecimento na nascente produção industrial das economias de países que não estavam diretamente envolvidos no conflito, como o Brasil. Mas, ao mesmo tempo, trabalhadoras e trabalhadores viram o custo de vida, em particular dos alimentos, aumentar muito, sem que os salários fossem corrigidos na mesma proporção. Com poucas diferenças, as pautas das greves, que ocorreram em várias cidades, centravam-se na reivindicação de reajuste de salários e melhores condições de trabalho, alcançando grandes proporções e provocando violentos conflitos com a polícia.

As greves ocorridas em São Paulo são uma rara possibilidade para entrevermos a participação de trabalhadoras no desenrolar de uma das maiores manifestações da Primeira República. Os conflitos se propagaram a partir do Cotonifício Rodolfo Crespi, com cerca de 2 mil trabalhadores, e, em pouco tempo, congregaram 50 mil pessoas numa cidade de 400 mil habitantes (Biondi, 2011). Era muita gente. A princípio, as greves iniciadas em junho de 1917 foram impulsionadas por anos seguidos de inflação, e, no contexto de uma grande carestia, as reivindicações eram: aumento de salários, abolição de multas contra os trabalhadores e regulamentação do trabalho de menores e das mulheres. De acordo com o *Correio Paulistano* de 30 de junho de 1917, duas operárias faziam parte de um pequeno grupo cuja tarefa era informar à imprensa sobre o andamento dos conflitos, visitando, para tanto, as redações dos grandes jornais da capital.

Naquele momento, as mulheres constituíam quase 34% da força de trabalho em São Paulo, e, no setor têxtil, o número de operárias superava o de homens, o que era comum nesse ramo. Na Fábrica de Fósforos Paulicéia, segundo o jornal anarquista *O Combate*, que circulava na cidade de São Paulo, em 13 de julho de 1917 os trabalhadores chegavam a receber diárias de 4 mil réis (4$000 réis), enquanto as 100 mulheres lá empregadas recebiam, no máximo, 1$800 réis por dia. As condições de trabalho, em geral, eram péssimas, e a mão de obra infantil era largamente utilizada, o que não mudaria mesmo depois do fim da greve. Em 1925, as trabalhadoras da fábrica têxtil Mariângela afirmaram que os homens recebiam de 7 a 9 mil réis por dia, e as mulheres, entre 4 e 5 mil e quinhentos réis, sendo que, dentre as crianças, a maior parte eram meninas.

Com a deflagração da greve, a polícia se mobilizou a pedido dos donos de fábricas, o que resultou em investigações de ativistas, repressão de algumas lideranças, fechamento de reuniões e até assassinato de trabalhadores, como foi o caso do sapateiro José Gimenez Martinez, anarquista, de 21 anos. Em meio aos conflitos, o secretário de Justiça do Estado de São Paulo, Elói Chaves, estabeleceu diálogo direto com os donos de fábricas, ao passo que, da parte dos trabalhadores, formou-se o Comitê de Defesa Proletária, composto por diversas categorias e que tinha a função de negociar as reivindicações junto ao poder público. Em 12 de julho de 1917, *O Combate* publicou a pauta que foi conduzida pelo Comitê: abolição do trabalho noturno para as mulheres; direito de greve e de reunião; abolição da exploração do trabalho de menores de 14 anos; aumentos salariais; jornada de trabalho de 8 horas; acesso à alimentação e moradia.

Foi a partir daí que a imprensa passou a falar do trabalho das mulheres nas fábricas com mais assiduidade. A maior parte dos editoriais abordou o assunto, mas sem ouvir o que pensavam as mulheres presentes nos protestos. Para *O Combate*, mais uma vez, a questão do trabalho feminino tinha uma face higiênica e outra financeira. Defendia-se a limitação do horário de trabalho das mulheres para evitar o "sofrimento da prole" e porque, "sem a concorrência das mulheres e das crianças", os homens encontrariam mais postos de trabalho e seriam mais bem remunerados. Ou seja, como era usual, mesmo nos jornais operários, as mulheres e crianças eram responsabilizadas pelo baixo valor dos próprios salários. Assim, nas notícias do dia 18 de julho de 1917 desse jornal, a imagem que se desenhava era a de que "as mulheres se prestam mais facilmente às explorações dos patrões que lhes pagam misérias, a que operários conscientes não se sujeitariam". Por tais motivos, o jornal defendia abertamente que o governo cumprisse a lei que proibia o trabalho de menores de 14 anos, e que cumprisse a proibição das mulheres de "se entregarem aos serviços noturnos". A matéria se referia aos Códigos Sanitários aprovados e reformados, em 1893 e 1896, no estado de São Paulo, que estabeleciam a proibição de os menores trabalharem em fábricas, mas que, por falta de fiscalização e inspeção, eram cotidianamente burlados e ignorados. Ao final, com a intermediação da imprensa, o Comitê de Defesa Proletária, o poder público e os empresários conseguiram atingir uma base de acordo, a qual consistia no reconhecimento do direito de reunião, no aumento salarial de 20%, na libertação de presos e na proibição de demissão de grevistas. As agitações cessaram em São Paulo, mas não estavam terminadas, e ainda se alastrariam por Campinas, Santos e Jundiaí.

A vitória do movimento grevista, firmada no acordo com empresários e poder público, atraiu mais adesões, até mesmo por parte daqueles provenientes de pequenas e médias fábricas. Dias depois, em 26 de agosto de 1917, foi criada a nova Federação Operária do Estado de São Paulo, composta por ligas de bairro, associações por ofício e sindicatos. Os fins imediatos dessa entidade, que então se reestruturava, foram estipulados da seguinte forma: que encarregados e gerentes respeitassem todos os operários e que se proibisse a ocupação de menores de 14 anos. No que se refere ao trabalho feminino, que se lutasse "pela igualdade dos salários das mulheres ao dos homens, e que lhes seja garantido o mesmo quando, no último período da gravidez ou após o parto, forem obrigadas a deixar de trabalhar". A Federação também incorporou a reivindicação de pagamento de indenizações para acidentes de trabalho, regulação da jornada de oito horas, extinção das horas extras e supressão do trabalho noturno, salvo nos vapores, hospitais ou outros estabelecimentos em que este seja de absoluta necessidade pública. Dessa vez, a proibição do trabalho noturno aparecia como reivindicação a atingir homens e mulheres, mas a licença-maternidade figurava como demanda por direito das mulheres.

A emergência do tema da regulamentação do trabalho das mulheres era uma constante nos momentos de organização sindical e grevista. A presença delas, como parte da força de trabalho e do movimento operário, era difícil de ser silenciada ou apagada, mas nem sempre suas reivindicações apareciam nas negociações. Em correntes políticas distintas, algumas demandas ganhavam recorrência, como era o caso da jornada de oito horas e do problema dos altos preços dos alimentos, que implicava a demanda de aumentos salariais. A bandeira do "salário igual para trabalho igual" era mais rara, mas constou dos princípios do Comitê de Defesa Proletária, enquanto na Federação Operária de São Paulo figurou uma proposta de licença depois do parto, além da proibição do trabalho noturno de mulheres. Na greve do dia 30 de junho de 1917 da fábrica têxtil Mariângela, por exemplo, elas reivindicaram aumento de salários, melhores condições de trabalho e o fim do abuso por parte dos "feitores". No jornal operário paulista *A Plebe*, as denúncias de abuso em relação às mulheres por parte de encarregados se tornaram tão frequentes quanto a dos baixos salários e jornadas de trabalho extenuantes.

O voto das mulheres também fez parte do repertório de debates de direitos, mas não aparecia com sentido de transformação definitiva das más condições da classe trabalhadora. Maria Antônia Soares era uma militante da Liga Operária do Belenzinho de São Paulo que tratava do tema na imprensa. Ao tentar desvendar a forma de "outorgar a verdadeira emancipação" às mulheres, nas colunas de *A Plebe*, ela afirmou que não bastava a independência econômica, nem a instrução, nem o governo, nem sequer a igualdade de salários ou a liberdade. O voto, para ela, tinha sentido diferente daquele sustentado pelas organizações feministas, pois deixava o conjunto de soluções ainda menos completo: "Esta coisa, que bastaria, por si só, talvez, para elevar moralmente a mulher e emancipá-la, é o respeito." Entretanto, a despeito das barreiras colocadas pelos sindicatos, as reivindicações por direitos das mulheres tomariam maior fôlego e passariam a ocupar sistematicamente a arena pública.

Os direitos das trabalhadoras no Parlamento

Depois de constantes mobilizações de trabalhadoras e trabalhadores e de diálogos com o patronato e autoridades políticas e policiais, o tema das greves e da regulamentação do mercado de trabalho chegou ao Parlamento. Foram cinco os projetos de lei apresentados pelo deputado federal Maurício de Lacerda (1888-1959), que era advogado e desenvolveu sua atuação política em contato com organizações operárias. Dos seus cinco projetos de leis trabalhistas, três abordavam especificamente a questão do trabalho de mulheres e menores. As proposições foram discutidas pela Comissão de Legislação Social, formada em 1918, que tinha a tarefa de tratar da regulamentação do mercado de trabalho. Os trabalhos da Comissão resultaram na proposta de um projeto único de lei, que ficaria conhecido como o de um Código do Trabalho, mas que nunca foi aprovado.

Os projetos de Lacerda formaram a base dos debates da Comissão, cabendo aos deputados fazer emendas, rejeitar ou aprovar encaminhamentos. No que dizia respeito ao trabalho feminino, os projetos iniciais envolviam a redução da jornada de trabalho das mulheres para seis horas diárias; e a proibição do trabalho noturno, e em atividades pesadas, insalubres, e que fossem "ofensivas ao pudor ou contra moral". Essas emendas constam nas Atas da Comissão de Legislação Social, publicadas em 1922, pelo Congresso Nacional, tendo sido refutadas pela ampla maioria dos parlamentares, que consideravam que Lacerda era dotado de "pensamento protetor" em relação às trabalhadoras, já que chegaram a considerar não ser possível existir nenhuma legislação capaz de igualar mulheres e homens, nem em termos de "situação fisiológica", nem social.

Quando se iniciaram os debates parlamentares para a aprovação de uma legislação que regulamentasse o mercado de trabalho no Brasil, o que estava em jogo era remediar a explosiva questão social, exposta pelas greves de 1917 a 1918, dando alguma proteção ao trabalhador e à sua família. Isso significava enfrentar a concepção da chamada liberdade do trabalho, ou trabalho livre, como matéria que não podia sofrer intervenção do Estado, sendo um claro direito patronal sobre o "chão de fábrica". Contrária a tal concepção, estava a proposta que defendia a necessidade de proteção do trabalhador e de sua família por meio de leis que seguissem princípios econômicos, sociais e sanitários, evitando, assim, o agravamento da referida questão social. A proteção da força de trabalho, tendo em vista uma legislação pensada como um fator de ordem sanitária e moral, envolvia, no limite, o futuro da conservação e da reprodução dessa mesma força de trabalho. Foi considerando aspectos como este que foram se forjando os argumentos sobre a conveniência de proteção ao trabalho, especificamente, ao trabalho das mulheres e das crianças, no Parlamento.

Nesse caso, de forma nada neutra, conjugava-se a noção de que as prerrogativas masculinas estavam enraizadas na existência de uma família, cuja cabeça era o homem, que dependia do trabalho doméstico da mulher, em casa e na criação dos filhos, mesmo que se soubesse que eram muitas as mulheres (e também crianças) das camadas populares, que tinham que trabalhar na indústria e no comércio. Ao menos no debate promovido pela Comissão de Legislação Social, visto que o Código do Trabalho não seria aprovado nos moldes em que foi proposto, as emendas que conseguiram sair vitoriosas foram aquelas que, de um lado, estabeleceram dispositivos para permitir o trabalho das mulheres, mas que, de outro, não abriam mão completamente de aprovar alguma medida para sua proteção. Um bom exemplo é o projeto de licença-maternidade de cem dias, com manutenção dos vencimentos e garantia de estabilidade, encaminhado por Maurício de Lacerda. A grande extensão da licença-maternidade não foi aceita pelos demais parlamentares, que conjecturaram reduzir o prazo para apenas quinze dias. Acompanhados de perto pela imprensa, formularam a pergunta-chave: a licença concedida pelo patrão seria indenizada, e, nesse caso, por quem? Foi exatamente no tema do pagamento da indenização que o jornal *O Combate* demonstrou, no editorial de 11 de novembro de 1919, preocupação com a tramitação da emenda de cem dias. Para o editorial, o estabelecimento desse tempo para a licença-maternidade era motivo de receio, e ele sugeria que se fosse "mais prático", seguindo o exemplo da lei francesa, que concedia licença de oito semanas, entre antes e depois do parto. Para se ter uma medida de comparação, foi apenas a partir da Constituição de 1988 que as mulheres tiveram acesso a 120 dias de licença do trabalho, a contar entre parto e puerpério, podendo ser estendidos em mais 60 dias, já no século XXI, a depender da empresa.

Nenhum dos deputados apresentou uma resposta direta sobre de quem seria a responsabilidade do pagamento e dos encargos; e apenas um dos deputados da Comissão ventilou a proposta de se equiparar a compensação da licença-maternidade ao pagamento de indenização por acidentes de trabalho. A ideia era criar um sistema de seguridade social, ou seja, pagar ambos os benefícios com o dinheiro arrecadado em pequenos descontos percentuais dos salários de trabalhadoras e trabalhadores. Entretanto, Maurício de Lacerda recusou tal proposta por considerar que licença-maternidade e acidente de trabalho requeriam indenizações de natureza muito diferentes. No caso dos acidentes, o propósito era o de forçar o patrão a não abandonar a vítima, enquanto a licença-maternidade configurava um impedimento temporário do trabalho, sendo do interesse do Estado proteger a maternidade, não deixando que ela fosse "um espantalho para a mulher proletária". Lacerda argumentou ainda que, se o Estado resguardava a vida do nascituro "em nome de interesses superiores", deveria também se incumbir de defender "o sossego materno" e "a vida das crianças, assegurando-lhe todas as regalias para que venha ao mundo" (Câmara dos Deputados. Atas da Comissão de Legislação Social, 10 nov. 1919).

Por fim, a proposta legislativa que foi aprovada pela Comissão de Legislação Social estabeleceu a licença maternidade de 60 dias, 30 antes e 30 depois do parto, e não os cem dias defendidos por Lacerda, prevendo também o pagamento de apenas dois terços do salário da trabalhadora no período de seu afastamento. Para garantir a execução dessas normas, a Comissão também estabeleceu multas para os empresários que demitissem mulheres grávidas "sem motivo imperioso". A despeito de todas essas alterações, a vitória da emenda se deu com a ressalva de um deputado federal que costumeiramente se posicionava contra a "desorganização do setor industrial" ante as ameaças das leis trabalhistas. Ou seja, foi apenas um indício das fortes resistências, pois, mesmo depois de aprovada na Comissão, a proposta precisava ser votada em plenário e, a seguir, regulamentada para entrar em vigor. Assim, por mais que, muitas vezes, os direitos das operárias se revestissem de sentimentos humanitários e higiênicos, a licença-maternidade não se salvou da pressão das bancadas antirregulamentação, e não ganhou a força de lei.

O projeto nº 284 do Código do Trabalho não vingou, mas deu origem a uma lei sobre acidentes de trabalho (1919), uma Lei de Férias (1925), e um Código de Menores (1927), aprovados e entrando em vigor nos anos subsequentes, embora com muitas burlas e falta de fiscalização. A aprovação de um Código do Trabalho havia malogrado. A Comissão recebeu muitas críticas por ser morosa em seus debates e por não ter legitimidade para legislar nacionalmente, visto que uma das disputas parlamentares da época era o sistema federativo. Entretanto, criou parâmetros normativos que seriam retomados pelo poder público no pós-1930. Durante o Governo Provisório de Getúlio Vargas, uma série de decretos-lei estabeleceram novas regras para sindicalização, férias e até mesmo para o trabalho das mulheres – este, resguardado sob o Decreto nº 21.417, de 17 de maio de 1932. Nesse mesmo ano, Vargas assinou também o direito de voto das mulheres, e a licença-maternidade ganhou força de lei com a promulgação da CLT, em 1943.

Uma experiência de muitas lutas

O estudo da experiência de lutas das mulheres na Primeira República elucida questões sobre a segmentação por sexo no mercado de trabalho e ajuda a entender como essa referida segmentação estava relacionada com a divisão de tarefas dentro das casas; ou ainda, como as regras morais compunham um projeto político que reforçava a necessidade de manter as mulheres desempenhando um trabalho gratuito, de limpeza e de cuidados. Essas noções perpassaram a constituição do associativismo e das greves, além de terem sido objeto de reflexão e da atuação do nascente movimento feminista brasileiro.

As tensões existentes sobre o reconhecimento de um "trabalho de cuidados", principalmente, no desempenho da maternidade, entraram para a ordem do dia do poder público e das negociações com os empresários, de modo que também conformaram um repertório sobre o que era justiça social, moldando as noções de cidadania. A articulação entre trabalho remunerado e cuidados já estava em pauta desde os primeiros tempos da formulação da legislação social no Brasil. Mais do que abordar a "conciliação entre casa e trabalho", sopesar a dimensão do cuidado na vida das trabalhadoras significa propor uma abordagem alternativa que reconhece o valor econômico das conexões e das práticas humanas que nos são mais caras.

Além da campanha pelo sufrágio feminino, a correlação de forças entre grupos que pensavam a "condição feminina" gerou muitas disputas, inclusive internacionalmente, as quais transformaram as agendas políticas de cada um deles e contribuiu para a formação de um grande repertório sobre direitos das mulheres. O comício das trabalhadoras domésticas; as iniciativas individuais de mulheres pelo direito de votar; a presença de mulheres nas bases das greves de 1917; os sindicatos e os clubes recreativos também como espaço de luta política; tudo isso, visto em conjunto, permite afirmar que não havia nada de passividade na experiência das "pessoas comuns", como as diversas iniciativas organizacionais dos primeiros anos da República sugeriam. Permite também compreender que as ações dessas "pessoas comuns", individual e coletivamente, levam a um questionamento da lei e da ordem, alterando o curso de um projeto de dominação, sempre histórico e processual.

É bem verdade que é possível perceber que entre as pessoas "de baixo" também existem diferentes projetos políticos em disputa. No entanto, há mais do que polêmicas a escalonar experiências mal ou bem-sucedidas. As negativas assinadas por juízes aos pedidos de mulheres pelo alistamento eleitoral, fundamentadas mais nos costumes do que nas leis, funcionam como indícios do desrespeito ao ordenamento jurídico e se tornam ferramentas importantes, nos anos seguintes, para efetividade da luta pelo voto. As grandes greves ou as mobilizações de curta duração, mesmo que, no cômputo geral, tenham fracassado, por não conseguirem efetivar e/ou manter suas demandas, funcionaram como uma espécie de ameaça que levou o tema do trabalho das mulheres para o Parlamento brasileiro.

Esforços legislativos, comícios, greves, protestos, clubes, associações e sindicatos fazem parte da história dos primeiros anos da República no Brasil. De fato, nem tudo começou em 1930, como os "revolucionários" do pós-1930 insistiram em afirmar. Muitas vezes, histórias de ações individuais e de grupos são contadas separadamente como verdadeiras excepcionalidades. Mas há muitas histórias como essas que, contadas em conjunto, são capazes de mostrar um país efervescente politicamente, mesmo no auge do chamado "liberalismo excludente". Tais histórias de luta, contudo, estipularam parâmetros na negociação de direitos que só foram retomados posteriormente, e mesmo muito e muito tempo depois. Como na luta por uma lei que estipulasse a igualdade salarial entre homens e mulheres, que só chegou em 2023.

BIBLIOGRAFIA

1. Os povos originários das Américas e a consolidação dos Estados nacionais nos séculos XIX e XX

ACOSTA, Alberto. *O bem viver: uma oportunidade para imaginar outros mundos*. São Paulo: Elefante/Autonomia Literária, 2016.

ANTILEO, Elisa Loncon. Otra forma de ser plural: Hacia una democracia plurinacional. *Le Monde Diplomatique*: edición chilena, ago. 2021. Disponível em: <https://www.lemondediplomatique.cl/2021/08/otra-forma-de-ser-plural-hacia-una-democracia-plurinacional.html>. Acesso em: abr. 2025.

BELMONTE, Alexandre; HUNEFELDT, Christine (Orgs.). *Mesianismo, reformismo, rebelión: los Andes en el siglo de la Ilustración*. Lima: Yolanda Carlessi Editora, 2021.

BENGOA, José. *La emergencia indígena en América Latina*. Santiago: Fondo de Cultura Económica, 2000.

CUSICANQUI, Silvia Rivera. El potencial epistemológico y teórico de la historia oral: de la lógica instrumental a la descolonización de la historia. *Temas Sociales*, La Paz, n. 11, IDIS/UMSA, p. 49-64, 1987.

IELA – Instituto de Estudos Latino-Americanos. Primer Manifiesto de Tiahuanaco (1973). Disponível em: <https://iela.ufsc.br/primer-manifiesto-de-tiahuanaco-1973>. Acesso em: abr. 2025.

MÉNDEZ, Cecília. *La república plebeya. Huanta y la formación del Estado peruano, 1820-1850*. Lima: Instituto de Estudios Peruanos, 2014.

______ et al. *Incas sí, indios no: apuntes para el estudio del nacionalismo criollo en el Perú*. Lima: IEP, 1995.

PAMPLONA, Marco Antonio; DOYLE, Don (Orgs.). *Nacionalismo no Novo Mundo*. Rio de Janeiro: Record, 2008.

PAMPLONA, Marco Antonio; MÄDER, Maria Elisa (Orgs.). *Revoluções de independências e nacionalismos nas Américas*. São Paulo: Paz e Terra, 2007.

SEIXLACK, Alessandra Gonzalez de Carvalho. *Entre a Araucania maldita e o Deserto indômito. Debates oitocentistas sobre a Pacificação da Araucania no Chile e a Conquista do Deserto na Argentina*. Rio de Janeiro: Via Verita, 2018.

______; CASTRO, Fernando Luiz Vale. Intelectuais indígenas e produção historiográfica: contribuições da Comunidad de Historia Mapuche para a descolonização do pensamento. *Intellèctus*, v. 20, n. 2, p. 162-178, 2021.

WALKER, Charles. *La rebelión de Túpac Amaru*. Lima: Instituto de Estudios Peruanos (IEP), 2015.

WASSERMAN, Claudia (Coord.). *História da América Latina: cinco séculos*. Porto Alegre: Editora da UFRGS, 2010.

ZAPATA SILVA, Claudia (Org.). *Intelectuales indígenas piensan América Latina*. Quito: Universidad Andina Simón Bolívar, Ediciones Abya-Yala, Centro de Estudios Culturales Latinoamericanos, 2007.

Indicações de filmes

A última floresta. BOLOGNESI, Luiz. Brasil, 2021. 74 min.

Ex-pajé. BOLOGNESI, Luiz. Brasil, 2017. 81 min.

Mapuche. La tierra se levanta. CORVALÁN, Cristián. Argentina, Chile, 2020. 49 min. Disponível em: <https://www.youtube.com/watch?v=QNWzg-fovso>. Acesso em: ago. 2025.

También la lluvia (*O conflito das águas*). BOLLAÍN, Icíar. Espanha, 2010. 104 min.

Libertador. ARVELO, Alberto. Venezuela, 2013. 141 min.

Túpac Amaru: o canto da liberdade. GARCÍA HURTADO, Federico. Peru, 1984. 95 min.

Zama. MARTEL, Lucrecia. Argentina, 2017. 115 min.

Los Colonos. GÁLVEZ HABERLE, Felipe. Chile, 2023. 120 min.

2. As formações imperiais europeias no século XIX

ASSERAF, Arthur. Introduction. In: SINGARAVÉLOU, Pierre (Org.). *Colonisations: Notre Histoire*. Paris: Éditions Seul, 2023, p. 371-383.

BURBANK, Jane; COOPER, Frederick. *Impérios: uma nova visão da história universal*. São Paulo: Planeta, 2019.

CONKLIN, Alice. Mission civilisatrice: une rhétorique mobilisatrice. In: SINGARAVÉLOU, Pierre (Org.). *Colonisations: Notre Histoire*. Paris, Éditions Seul, 2023, p. 394-397.

COOPER, Frederick. *Le Colonialisme en question: Théorie, connaissance, histoire*. Paris: Éditions Payot & Rivages, 2010.

DIOUF, Mamadou. *L'Afrique dans le temps du monde*. Sète: Éditions Ròt-Bò--Krik, 2023.

GALLAGHER, John; ROBINSON, Ronald. The Imperialism of free-trade. *The Economic History Review*, v. 6, n. 1. United Kingdom: University of Glasgow, 1953.

HOBSBAWM, Eric. *A era dos impérios*. Rio de Janeiro: Paz e Terra, 1988.

HOBSON, John Atkinson. *Imperialism: A Study*. Nova York: Cosimo Classics, 1902.

LEROY-BEAULIEU, M. Paul. *De la colonisation chez les peuples modernes*. Paris: Guillaumin et Cie., Librairies, 1874.

_______. *De la colonisation chez les peuples modernes*. Paris: Guillaumin et Cie, 1902.

McCLINTOCK, Anne. *Couro imperial: raça, gênero e sexualidade no embate colonial*. Campinas: Editora da Unicamp, 2010.

OSTERHAMMEL, Jürgen. *La Transformation du monde: une histoire globale du XIXe siècle*. Paris: Noveau Monde, 1999.

_______. *Colonialismo: Historia, formas, efectos*. Madrid: Siglo XXI, 2019.

SAID, Edward. *Orientalismo: o Oriente como invenção do Ocidente*. São Paulo: Companhia das Letras, 2007.

SAID, Edward. *Cultura e imperialismo*. São Paulo: Companhia de Bolso, 2011.

SINGARAVÉLOU, Pierre (Org.). *Les Empires coloniaux (XIXe – XXe siècle)*. Paris: Éditions Points, 2013.

STOLER, Ann Laura. L'aphasie coloniale française: à propos d'une histoire mutilée. In: BANCEL, Nicolas; BLANCHARD, Pascal; LEMAIRE, Sandrine; THOMAS, Dominic (Orgs.). *Histoire globale de la France coloniale*. Paris: Philippe Rey, 2022, p. 653-658.

_______; COOPER, Frederick. *Repenser le colonialisme*. Paris: Éditions Payot & Rivages, 2020.

STOLER, Ann Laura; McGRANAHAN, Carole. Introduction: Refiguring Imperial terrains. In: _______; PERDUE, Peter (Orgs.). *Imperial Formations*. Santa Fé: SRA Press, 2007, p. 3-44.

WESSELING, Henri. *La Partage d'Afrique*. Paris: Éditions Denoël, 1996.

WESSELING, Henri. *Les Empires coloniaux européens (1815-1919)*. Paris: Éditions Gallimard, 2009.

Indicações de filmes

Afrique 50 (1950). VAUTIER, René. França, 1950. 17 min.
Hollywood Coloniale. LEROKOUREZ, Michel. Bélgica, 2020. 65 min.
Tempestade sobre a Ásia. PUDOVKIN, Vsevolod. URSS, 1928. 125 min.

Batalha de Argel. PONTECORVO, Gillo. Itália/Argélia, 1966. 122 min.

Crônica dos anos de fogo. LAKDAR-HAMINA, Mohammed. Argélia. 1975. 177 min.

3. O Raj Britânico: estrutura, violências e alternativas

ELKINS, Caroline. *Legacy of Violence. A History of the British Empire*. Toronto: Alfred A. Knoff, 2022.

FANON, Frantz. *The Wretched of the Earth*. Nova York: Grove Press, 2021.

FERGUSON, Niall. *Império. Como os britânicos fizeram o mundo moderno*. São Paulo: Crítica, 2021.

JAMES, Lawrence. *Raj: the Making and Unmaking of British India*. Londres: Hachette Digital, 1997.

PÁNIKER, Agustín. *Índika. Una descolonización intelectual*. Barcelona: Kairós, 2005.

SPEAR, Percival. *A History of India 2*. Londres: Penguin, 1990.

STEPHEN, Leslie. *The Life of Sir James Fitzjames Stephen*. Londres: Elder & Co, 1895.

THAPAR, Romila. *The Aryan. Recasting Constructs*. Gurgaon: Three Essays Collective, 2008.

4. Nahda, crise econômica e liberalismo

ANSARY, Tamim. *Destiny Disrupted. A History of the World through Islamic Eyes*. Nova York: Public Affairs, 2009.

AXWORTHY, Michael. *A History of Iran. Empire of the Mind*. Nova York: Basic Books, 2008.

DONINI, Pier Giovanni. *O mundo islâmico. Do século XVI à actualidade*. Lisboa: Presença, 2008.

EL-ARISS, Tarek (Ed.). *The Arab Renaissance. A Bilingual Anthology of the Nahda*. Nova York: MLA Texts & Translations, 2018.

HOURANI, Albert. *Uma história dos povos árabes*. São Paulo: Companhia das Letras, 1994.

HOURANI, Albert. *O pensamento árabe na era liberal. 1798-1939*. São Paulo: Companhia das Letras, 2005.

MACKEY, Sandra. *Persia, Islam and the Soul of a Nation*. Nova York: Plume, 1996.

RODRÍGUEZ ZAHAR. *Líbano, Espejo del Medio Oriente*. Comunidad, Confesión y Estado, siglos VII-XXI. México: El Colegio del Mexico, 2004.
ROGAN, Eugene. *Os árabes: uma história*. Rio de Janeiro: Zahar, 2021.
SALIBI, Kamal. *A House of Many Mansions. The History of Lebanon Reconsidered*. Londres/NY: I.B. Tauris, 2011.

5. Japão: da Restauração Meiji à expansão japonesa na Ásia

ANDRESSEN, Curtis A. *A Short History of Japan: From Samurai to Sony*. Australia: Allen & Unwin, 2002.
JANSEN, Marius B. *The Making of Modern Japan*. Cambridge: Harvard University Press, 2002.
PAINE, Sarah Crosby Mallory. *The Japanese Empire: Grand Strategy from the Meiji Restoration to the Pacific War*. Londres: Cambridge University Press, 2017.
SEGAL, Ethan. *Meiji and Taisho Japan: An Introductory Essay*. Colorado: University of Colorado Boulder, 2015.

6. A Revolução Industrial: elementos para uma definição

STEARNS, Peter N. *The Industrial Revolution in World History*. Colorado: Westview Press, 2013, p. 1-18.

7. Expansão colonial e resistência na África

ANDERSON, David. *Histories of the Hanged: The Dirty War in Kenya and the End of Empire*. Londres: W. W. Norton & Company, 2005.
ELKINS, Caroline. *Imperial Reckoning: The Untold Story of Britain's Gulag in Kenya*. Londres: Henry Holt & Company, 2005.
ETEMAD, Bouda. *La Possession du monde: Poids et measures de la colonization*. Bruxelles: Complexe, 2000.
HILLEBRECHT, W. Hendrik Witbooi and Samuel Maharero: The Ambiguity of Heroes. In: SILVESTERM J. (Ed.). *Re-Viewing Resistance in Namibia History*. Windhoek: UNAM Press, 2015.
HOCHSCHILD, Adam. *King Leopold's Ghost: A Story of Greed, Terror and Heroism in Colonial Africa*. Nova York: Mariner, 1999.

MACARTHUR, Julie (Ed.). *Dedan Kimathi on Trial: Colonial Justice and Popular Memory in Kenya's Mau Mau Rebellion*. Athens: Ohio University Press, 2017.

MAHARERO, Samuel; HÄUSSLER, Matthias; KAVARI, Jeruka; ECKL, Andreas. Hide my children: Samuel Maharero's letter to the Resident Magistrate, 28 September 1904. *Journal of Namibian Studies*. n. 27, Bochum: Otjivanda-Presse, 2020.

MARKUS, Harold. *The Life and Times of Menelik II: Ethiopia, 1844-1913*. Oxford: Clarendon, 1975.

MOREL, E. D. *Red Rubber: The Story of the Rubber Slave Trade which Flourished on the Congo for Twenty Years*. Londres: Fisher Unwin, 1906.

NJAMA, Karari; BARNETT, Donald. *Mau Mau from Within: an Analysis of Kenya's Peasant Revolt*. Nova York/Londres: Modern Reader Paperbacks, 1970.

RANGER, Terence. Connections between "Primary Resistance" Movements and Modern Mass Nationalism in East and Central Africa, Parts I & II. In: MADDOX, Gregory. (Ed.). *Conquest and Resistance to Colonialism in Africa*. Nova York/Londres: Garland, 1993.

SMITH, Adam. *A riqueza das nações*. Rio de Janeiro: Nova Fronteira, 2017.

VANSINA, Jan. *Being Colonized: The Kuba Experience in Rural Congo (1880-1960)*. Wisconsin: Wisconsin University Press, 2010.

VON TROTHA, Lothar. *Ordem de extermínio*. Disponível em: <https://www.bundesarchiv.de/DE/Content/Virtuelle-Ausstellungen/Der-Krieg-Gegen-Die-Herero-1904/der-krieg-gegen-die-herero-1904.html>. Acesso em 15 jul. 2023.

WARWICK, Peter. *Black People and South African War*. Londres: Cambridge University Press, 1983.

ZIMMERER, Jürgen. War, Concentration Camps and Genocide in South-West Africa. In: ZIMMERER, Jürgen; ZELLER, Joachim (Orgs.). *Genocide in German West Africa. The Colonial War of 1904-1908 and its Aftermath*. Pontypool: Merlin, 2008.

8. Uma Belle Époque: o triunfo europeu entre luzes e sombras

AARÃO REIS, D. (Org.). *O Manifesto Comunista 150 anos depois*. Rio de Janeiro: Contraponto; São Paulo: Fundação Perseu Abramo, 1998, p. 7-41.

ARENDT, Hannah. *Origens do totalitarismo*. São Paulo: Companhia das Letras, 2009.

BENJAMIN, Walter. *Charles Baudelaire: um lírico no auge do capitalismo*. São Paulo: Brasiliense, 2010.

BERMAN, Marshall. *Tudo o que é sólido desmancha no ar: a aventura da modernidade*. São Paulo: Companhia das Letras, 2005.

GAY, Peter. *A experiência burguesa: da Rainha Vitória a Freud*. vol. 3. São Paulo: Companhia das Letras, 1995.

GAY, Peter. *O século de Schnitzler: a formação da cultura de classe média. 1815-1914*. São Paulo: Companhia das Letras, 2002.

HOBSBAWM, Eric. *A Era das Revoluções – 1789-1848*. Rio de Janeiro: Paz e Terra, 2000.

HOBSBAWM, Eric. *A Era dos Impérios – 1875-1914*. São Paulo: Paz e Terra, 2010.

KOYRÉ, Alexandre. *Du Monde clos à l'univers infini*. Paris: Gallimard, 2007.

MANDEL, Ernest. *O capitalismo tardio*. São Paulo: Nova Cultural, 1985.

MARX, Karl; ENGELS, Friedrich. Manifesto do Partido Comunista. In: AARÃO REIS, D. (Org.). *O Manifesto Comunista 150 anos depois*. Rio de Janeiro: Contraponto; São Paulo: Fundação Perseu Abramo, 1998.

MAYER, Arno J. *A força da tradição: a persistência do Antigo Regime (1848-1914)*. São Paulo: Companhia das Letras, 1987.

MUSIL, Robert. *O homem sem qualidades*. Rio de Janeiro: Nova Fronteira, 1989.

RÉMOND, René. *O século XIX*. 1815-1914. São Paulo: Cultrix, 1997.

SAID, Edward W. *Orientalismo: o Oriente como invenção do Ocidente*. São Paulo: Companhia das Letras, 2007.

SCHORSKE, Carl E. *Viena fin-de-siècle: política e cultura*. São Paulo: Companhia das Letras, 1988.

WINOCK, Michel. *La Belle Époque. La France de 1900 à 1914*. Paris: Éditions Perrin, 2013.

Indicações de filmes

Titanic (*Titanic*). CAMERON, James. Estados Unidos, 1997. 195 min.

A fita branca (*Das weiße Band*). HANEKE, Michael. Áustria/Alemanha, 2009. 144 min.

Downton Abbey (*Downton Abbey*). FELLOWES, Julian. Grã-Bretanha, 2010-2015. Série de TV.

9. Além das linhas de montagem: a Revolução Fordista e a era da produção e do consumo de massa nos Estados Unidos do século XX

CLARKE, Deborah. *Driving Women: Fiction and Automobile Culture in Twentieth-century America*. Baltimore: The Johns Hopkins University Press, 2007. 197p.

COHEN, Lizabeth. *A Consumers' Republic: The Politics of Mass Consumption in Postwar America*. Nova York, NY: Alfred A. Knopf, 2003. 567p.

GALBRAITH, John Kenneth. *The Affluent Society*. 40. ed. Boston: Mariner Books, 1998. 290p.

GERSTLE, Gary. *The Rise and Fall of the Neoliberal Order: America and the World in the Free Market Era*. Nova York, NY: Oxford University Press, 2022. 406p.

HARVEY, David. *Condição pós-moderna: uma pesquisa sobre as origens da mudança cultural*. Tradução: Adail Sobral; Maria Gonçalves. 9. ed. São Paulo: Edições Loyola, 2000. 349p.

JAY, Mark.; CONKLIN, Philip. *A People's History of Detroit*. Durham: Duke University Press, 2020. 306p.

LEPORE, Jill. *These Truths: a History of the United States*. Nova York: W.W. Norton & Company, 2018.

LEVY, Jonathan. *Ages of American Capitalism: A History of the United States*. Nova York: Random House, 2021. 944p.

LIMONCIC, Flávio. A grande transformação da economia americana: o *New Deal* e a promoção da contratação coletiva do trabalho. In: LIMONCIC, Flávio; MARTINHO, Francisco (Orgs.). *A Grande Depressão: política e economia na década de 1930*. Rio de Janeiro: Civilização Brasileira, 2009. cap. 6, p. 197-225.

MAY, Lary. *The Big Tomorrow: Hollywood and the Politics of the American Way*. Chicago: University of Chicago Press, 2000.

PAMPLONA, Marco. *Revendo o sonho americano*. São Paulo: Atual, 1995. 106p.

SNOW, Richard. *Ford: o homem que transformou o consumo e inventou a Era Moderna*. São Paulo: Saraiva, 2014. 416p.

10. O Império Mandinga de Samori Touré e a conquista colonial francesa (1873-1898)

AZARYA, Victor. Traders and the Center in Massina, Kong, and Samori's State. *The International Journal of African Historical Studies*. Boston, v. 13, n. 3, p. 420-456, 1980.

BAH, Thierno Mouctar. Les forts français et le contrôle de l'espace dans le Haut-Sénégal-Niger (1855-1898). In: PERROT, Claude Hélène et al. *2000 ans d'histoire africaine. Le sol, la parole et l'écrit. Mélanges en hommage à Raymond Mauny*. Paris: Société Française d'Histoire d'Outre-Mer, 1981. Tome II, p. 977-995.

BERTHO, Elara. Existe uma épica da resistência à colonização? Alguns "épicos africanos em construção". *Revista Épicas*, ano 1, n. 2, p. 1-22, 2017.

BERTHO, Elara. Photographies de Samori Touré: de la carte postale coloniale aux pochettes de vinyles. *Cahiers d'Études Africaines*, Paris, n. 230, 2018. Disponível em: <https://journals.openedition.org/etudesafricaines/22087>. Acesso em 3 jul. 2023.

BERTHO, Elara. L'empire de Samori Touré: pour un point de vue africain de l'histoire coloniale (Malam Abu, Lararin Samori, 1914). *Africa*, nouvelle série, v. I, n. 1, 2019.

BERTHO, Elara; RODET, Marie (Orgs.). *Essai d'histoire locale by Djiguiba Kamara* (African Sources for African History, n. 17). Leiden; Boston: Brill, 2020.

BINGER, Louis-Gustave. *Du Niger au golfe de Guinée par le pays de Kong et le Mossi, 1887-1889*, 2 vols. Paris, 1892, tomo I, p. 122.

CISSÉ, Chikouna. Pratiques esclavagistes dans un empire musulman du nor de la Côte d'Ivoire: le fama, le jula et le jon à Kong aux XVIIIe et XIXe siècles. *Revue Gabonaise d'Histoire et Archéologie*, Abidjan, n. 3, p. 8-39, 2008.

CISSÉ, Chikouna; KAMATÉ, Ladji. Une geopolitique africaine de la fin du XIX siècle: Samory et les samoriens à la conquete du Worodougou (nord ivorien): 1893-1898. *Revue Senegalaise d'Histoire*, Dakar, n. 9, 2019, p. 471-482.

COCQUERY-VIDROVICH, Catherine; MONIOT, Henri. *L'Afrique noire de 1800 à nos jours* (Nouvelle Clio). Paris: Presses Universitaires de France, 1974.

COMAKHA FALL, Papis. L'Echec des résistences à la colonisation en Afrique de l'Ouest: l'exemple de la Sénégambie et de sa région, 2020. *Hypothèses*, Paris, n. 9-10, p. 109-120. Disponível em: <https://crhxixe.hypotheses.org/files/2021/01/Papis-COMAKHA-FALL.pdf>. Acesso em 24 jul. 2023.

CORREA, Silvio Marcus de Souza. Imagens itinerantes de potentados banidos da África Ocidental. *Varia Historia*, Belo Horizonte, v. 36, n. 71, p. 433-471, 2020.

FOFANA, Khalil. *L'Almami Samori Touré: récit historique*. Paris: Presence Africaine, 1998.

GATELET (Liutenant). *Histoire de la conquête du Soudan Français (1878-1899)*. Paris, Nancy: Berger-Levrault et Cie, 1901.

GUEYE, M'Baye; BOAHEN, Albert Adu. Iniciativas e resistências africanas na África Ocidental, 1880-1914. In: BOAHEN, Albert Adu (Ed.). *A África sob dominação colonial: 1880-1935* (Coleção História Geral da África, v. 7). Brasília: Unesco; MEC; UFSCAR, 2011, p. 129-166.

KI-ZERBO. *História da África Negra*. Mem Martins: Publicações Europa--América, 1989. Tomo I.

LEGASSIK, Martin. Firearms, Horses, and Samorian Army Organization. *Journal of African History*, v. 7, n. 1, p. 95-115, 1966.

MASSING, Andreas W. The Wangara, an Old Soninke Diaspora in West Africa? *Cahiers d'Études Africaines*, Paris, n. 158, p. 281-308, 2000.

M'BOKOLO, Elikia. *África negra: história e civilizações*. Tomo II: do século XIX aos nossos dias. Salvador: EDUFBA; São Paulo: Casa das Áfricas, 2011.

PACQUES, Viviana. *Les Bambara* (Institut International Africain, de Londres). Paris: Presses Universitaires de France, 1954.

PÉROZ, Étienne. *Au Soudan français: souvenirs de guerre et de mission*. Paris: Calmann Levy, 1889.

PERSON, Yves. La jeneusse de Samori. *Revue Française d'Histoire d'Autre Mer*, Paris, tomo 49, n. 49, p. 141-180, 1962.

PERSON, Yves. Samori et la Sierra Leone. *Cahiers d'Études Africaines*, Paris, v. 7, n. 25, p. 5-26, 1967.

PERSON, Yves. *Samori, une révolution dyula* (Mémoires de l'Institut Fondamental d'Afrique Noire, n. 80). Dakar: Institut Fondamental d'Afrique Noire (IFAN), 1968. Tomo II.

PETERSON, Brian J. History, Memory and the Legacy of Samori in Southern Mali, *c*. 1880-1898. *Journal of African History*, v. 49, n. 2, p. 261-279, 2008.

ROBINSON, David. Revolutions in the Western Sudan. In: LEVTZION, Nehemia; POUWELS, Randall (Orgs.). *The History of Islam in Africa*. Athens, Ohio: Ohio University Press, 2000, p. 131-152.

Suret-canAle, Jean. "Découverte de Samori". *Cahiers d'Études Africaines*, Paris, v. 17, n. 66-67, 1977, p. 381-388.

TOURÉ, Ahmed Sekou. *De la resistance africaine à l'intrusion coloniale* (discours, Conacry, 18 nov. 1982). Conacry: Imprimerie Nationale "Patrice Lumumba", 1982.

TURCO, Angelo. Semânticas da violência: guerra, território e poder na África mandinga. *Varia Historia*, Belo Horizonte, v. 22, n. 35, p. 125-149, 2006.

WILKS, Ivor. The Juula and the Expansion of Islam into the Forest. In: LEVTZION, Nehemia; POUWELS, Randall (Orgs.). *The History of Islam in Africa*. Athens, Ohio: Ohio University Press, 2000, p. 93-115.

11. Hibridismos culturais e resistência política: os filhos da terra e a expansão colonial em Angola e Moçambique

BITTENCOURT, Marcelo. *Dos jornais às armas: trajectórias da contestação angolana*. Lisboa: Vega, 1999.

CUNHA, Manuela Carneiro da. *Negros, estrangeiros: os escravos libertos e sua volta à África*. São Paulo: Brasiliense, 1985.

DIAS, Jill. Uma questão de identidade: respostas intelectuais às transformações econômicas no seio da elite crioula da Angola portuguesa entre 1870 e 1930. In: *Revista Internacional de Estudos Africanos*, Lisboa, n. 1, jan.-jun. 1984, p. 62-63.

FERREIRA, Roquinaldo. Biografia, mobilidade e cultura atlântica: a microescala do tráfico de escravos em Benguela, séculos XVIII-XIX. *Tempo*, v. 10, n. 20, jan. 2006, p. 23-49.

GURAN, Milton. *Agudás. Os brasileiros do Benim*. Rio de Janeiro: Nova Fronteira, 2000.

HONWANA, Raúl Bernardo. *Memórias*. Maputo: Marimbique, 2010.

NETO, Maria da Conceição. Ideologias, contradições e mistificações da colonização de Angola no século XX. In: *Lusotopie*. Bordeaux, 1997, p. 327-359.

NEVES, Olga. *O movimento associativo africano em Moçambique: tradição e luta (1926-1962)*. Tese (Doutorado em História) – Universidade Nova de Lisboa (UNL), 2008.

PENVENNE, Jeanne. João dos Santos Albasini (1876-1922): The Contradictions of Politics and Identity in Colonial Mozambique. In: *Journal of African History*, v. 37, n. 3, 1996, p. 419-464.

ROCHA, Aurélio. *Associativismo e nativismo em Moçambique*: contribuição para o estudo das origens do nacionalismo moçambicano (1900-1940). Maputo: Promédia, 2002.

RODRIGUES, Eugénia. *A geração silenciada. A Liga Nacional Africana e a representação do branco em Angola na década de 1930*. Lisboa: Afrontamento, 2003.

WHEELER, Douglas; PÉLISSIER, René. *História de Angola*. Lisboa: Tinta da China, 2009.

ZAMPARONI, Valdemir. *Entre "Narros" e "Mulungos": colonialismo e paisagem social em Lourenço Marques, c.1890-c.1940*. Tese (Doutorado em História) – Universidade de São Paulo (USP), 1998.

Sites:

Portal das Memórias de África e do Oriente: <http://memoria-africa.ua.pt/>.
Associação Tchiweka de Documentação: <https://www.tchiweka.org/>.
Mozambique History Net: <https://www.mozambiquehistory.net/>.
Gold Coast Database: <https://www.doortmontweb.org/gcdb/>.

Material audiovisual:

"Racismo em português": <https://acervo.publico.pt/racismo-em-portugues>.

12. O movimento abolicionista, a proclamação e a República no Brasil

ALONSO, Angela. *Flores, votos e balas: o movimento abolicionista brasileiro (1868-1888)*. São Paulo: Companhia das Letras, 2015.

BLUTEAU, D. Raphael. *Vocabulario Portuguez e Latino*. Lisboa: Officina de Pascoal da Sylva, 1712 e 1720.

BOSI, Alfredo. A escravidão entre dois liberalismos. In: BOSI, Alfredo. *Dialética da colonização*. 2 ed., São Paulo: Companhia das Letras, 1992.

CARVALHO, José M. de. *Cidadania no Brasil: o longo caminho*. Rio de Janeiro: Civilização Brasileira, 2002.

FERNANDES, Maria F. L. Os republicanos e a abolição. *Revista de Sociologia Política*, n.27. Curitiba, nov. 2006. Disponível em: <https://www.scielo.br/j/rsocp/a/tBCwFvN8Bk7Br4rfc6QgjxJ/abstract/?lang=pt>. Acesso em: mar. 2025.

GOMES, Angela de C.; HANSEN, Patrícia S. (Orgs.). *Intelectuais mediadores: práticas culturais e ação política*. Rio de Janeiro: Civilização Brasileira, 2016.

MATTOS, Hebe. *Escravidão e cidadania no Brasil monárquico*. Rio de Janeiro: Zahar, 2004.

MELLO, Maria T. C. de. *A república consentida*. Rio de Janeiro: FGV/Edur/Anpuh, 2007.

MORAES E SILVA, Antonio de. *Dicionário da língua portuguesa*. Lisboa: Tipografia Lacerdina, 1813 e 1831.

SCHWARCZ, L. Dos males da dádiva: sobre as ambiguidades no processo de abolição brasileira. In: CUNHA, Olívia M. G.; GOMES, Flávio dos S. (Orgs.). *Quase-cidadão: histórias e antropologias da pós-emancipação no Brasil*. Rio de Janeiro: FGV, 2007.

VIEIRA, Frei Domingos. *Grande Diccionario Portuguez ou Tesouro da Língua Portuguesa*. Casa dos Editores Ernesto Chardrom e Bartholomeu H. de Moraes, Rio de Janeiro/Pará, 1872-1874.

VISCARDI, Cláudia M. R. O movimento republicano: formas de estruturação e valores políticos. In: RESENDE, Maria Efigênea L.; VILLALTA, Luís C. (Orgs.). *História de Minas Gerais: A província de Minas*. Belo Horizonte: Autêntica e Companhia de Minas, 2013.

VISCARDI, Cláudia M. R. *Unidos perderemos: a construção do federalismo republicano brasileiro*. Curitiba: Ed. CRV, 2017.

13. A Revolução Mexicana

AGUIRRE ROJAS, Carlos Antonio. *Chiapas, Planeta Tierra*. México: Editorial Contrahistorias, 2006.

BRAUDEL, Fernand. *O mediterrâneo e o mundo mediterrâneo na época de Felipe II*. 2. ed. Lisboa: Publicações Dom Quixote, 1995.

CARR, Barry. *El movimento obrero y la política em Mexico (1910-1929)*. México: Editora Era, 1981.

CÓRDOVA, Arnaldo. México. Revolución Burguesa y política de masas. In: GILLY, Adolfo, et al. *Interpretaciones de la Revolución Mexicana*. México: Nueva Imagen, 17. ed., 1994. (A primeira edição é de 1979.)

DE LA PENA, Sergio. Acumulación originaria y la nación capitalista en México. Ensayo de interpretación. In: *El Trimestre Económico*, n. I, México: abril/junho, 1983.

GILLY, Adolfo. La guerra de clases em la revolución mexicana (revolución permanente y auto-organización de las masas). In: GILLY, Adolfo, et al. *Interpretaciones de la Revolución Mexicana*. México: Nueva Imagen, 17. ed., 1994. (A primeira edição é de 1979.)

HALPERIN DONGHI, Túlio. *História da América Latina*. Rio de Janeiro: Paz e Terra, 1975, p. 177.

HERZOG, Jesus Silva. *Breve história de la Revolución Mexicana*. México: Fondo de Cultura Económica, 1960, 2 volumes.

HOLLOWAY, John. El zapatismo y las ciências sociales en América Latina. In: *Chiapas*. Cidade do México: Ediciones Era/Instituto de Investigaciones Económicas UNAM (Universidad Nacional Autónoma de México), 2000, n. 10.

IANNI, Octavio. *La formación del Estado Populista en América Latina*. México: Editora Era, 1975.

KATZ, Friedrich. *La Guerra Secreta en México: Europa, Estados Unidos y la Revolución Mexicana*. México: Editora Era, 1982. Tomo I.

KNIGHT, Alan. *La Revolución Mexicana. Del porfiriato al nuevo régimen constitucional: porfiristas, liberales y campesinos*. México: Grijalbo, 1996, volume I.

MADERO, Francisco. *La sucesión presidencial en 1910*. México: Ed. Época, lançado originalmente em 1908.

SEMO, Enrique. Reflexiones sobre la Revolución Mexicana. In: GILLY, Adolfo, et al. *Interpretaciones de la Revolución Mexicana*. México: Nueva Imagen, 17 ed., 1994. (A primeira edição é de 1979.)

SMITH, Peter. La política dentro de la Revolución: el congreso constituyente de 1916 y 1917. *Historia Mexicana*, v. 22, n. 3, p. 363-395, 1973.

WASSERMAN, Claudia. *A Revolução Mexicana: um caso de hegemonia burguesa na América Latina (1910-1940)*. Dissertação (Mestrado em História) – Universidade Federal do Rio Grande do Sul (UFRGS), 1990.

14. O movimento de autofortalecimento e a República da China

FAIRBANK, John; GOLDMAN, Merle. *China: a New History*. Londres: The Belknap Press of Harvard University Press, 2006.

GELBER, Harry G. *O dragão e os demônios estrangeiros: a China e o mundo, de 1100 a.C. aos dias atuais*. Rio de Janeiro: Record, 2012.

HENDLER, Bruno. *O sistema sinocêntrico revisitado: a sobreposição de temporalidades da ascensão da China no século XXI e sua projeção sobre o Sudeste Asiático*. Tese (Doutorado) – Pós-graduação em Economia Política Internacional, PEPI-UFRJ, 2018.

POMAR, Wladimir. *A Revolução Chinesa*. São Paulo: Unesp, 2003.

ROSSABI, Morris. *A History of China*. West Sussex: Wiley Blackwell, 2014.

Trocki, Carl A. Opium and the Beginnings of Chinese Capitalism in Southeast Asia. *Journal of Southeast Asian Studies*, v. 33, n. 2, p. 297-314, 2002.

WOOD, Michael. *História da China: o retrato de uma civilização e de seu povo*. São Paulo: Planeta do Brasil, 2022.

15. Educação e questão nacional no Brasil e na América Latina

BARBA CASILLAS, José Bonifacio. La construcción del derecho a la educación en México. *Perfiles Educativos*, IISUE-UNAM, v. XLI, n. 166, p. 162-180, 2019. DOI: <https://doi.org/10.22201/iisue.24486167e.2019.166.58948>.

BARBOSA, Rui. Reforma do ensino primário e várias instituições complementares da instrução pública. In: *Obras completas*. Rio de Janeiro: Ministério da Educação e Saúde, V. X, T. I, 1947.

BILAC, Olavo. *Contos pátrios*. Rio de Janeiro: Francisco Alves, 1913.

BUONOCORE, Domingo. *Libreros, editores e impresores*. Buenos Aires: Librería Editora "El Ateneo", 1944.

CARULA, Karoline. Conferências da Glória e darwinismo. *Revista Brasileira de História*. São Paulo, v. 28, n. 56, p. 349-370, 2008.

FURET, François; OZOUF, Jacques. *Lire et écrire: l'alphabétisation des français de Calvin à Jules Ferry*. Paris: Les Éditions de Minuit/C.N.R.S., 1977.

GOMES, Angela de Castro. Alexina Magalhães Pinto: Uma professora em defesa do folclore infantil. In: SOARES, G. P.; RAFFAINI, Patrícia. *Livros infantis velhos e esquecidos*. São Paulo: Publicações BBM, 2022.

LIMA BARRETO. *Diário do Hospício: cemitério dos vivos*. Rio de Janeiro: Secretaria Municipal de Cultura, 1993.

MACÉ, Jean. *História de um bocadinho de pão*. Manaus: Editora Porto de Lenha, 2020.

SARLO, Beatriz. *La máquina cultural, maestras, traductores y vanguardistas*. Argentina: Grupo Editorial Planeta, 1998.

SEVCENKO, Nicolau. *Literatura como missão. Tensões sociais e criação cultural na Primeira República*. 3. ed. São Paulo: Brasiliense, 1989.

VERÍSSIMO, José. *A educação nacional*. (Introd. por José Murilo de Carvalho.) Rio de Janeiro/Belo Horizonte: TopBooks/Ed. PUC-Minas, 2013.

16. A luta por direitos: a questão da participação política nas primeiras décadas republicanas

BATALHA, Cláudio. *O movimento operário na Primeira República*. Rio de Janeiro: Zahar, 2000.

BIONDI, Luigi. *Classe e nação – Trabalhadores socialistas italianos em São Paulo, 1890-1920*. Campinas: Editora da Unicamp, 2011.

CASTRO, Augusto Olympio Viveiros de. *A questão social*. Rio de Janeiro: Imprenta, 1920.

COSTA, Ana Paula. *Criados de servir – estratégias de sobrevivência na cidade do Rio Grande (1880-1894)*. Dissertação (Mestrado em História) – Universidade Federal de Pelotas (UFPel), 2013.

DOMINGUES, Petrônio. Movimento negro brasileiro: alguns apontamentos históricos. *Tempo*, v. 12, n. 23, 2007, p. 100-122.

FRACCARO, Glaucia. *Os direitos das mulheres – Feminismo e trabalho no Brasil (1917-1937)*. Rio de Janeiro: Editora da FGV, 2018.

MENDONÇA, Joseli. *Evaristo de Moraes – Tribuno da República*. Campinas: Editora da Unicamp, 2007.

NAZARIO, DIVA N. *Voto feminino e feminismo*. São Paulo: Imprensa Oficial do Estado de São Paulo, 2009.

SANTOS, Taina Silva. *Mulheres negras, mercado de trabalho, racismo e sexismo – Campinas, 1876 -1892*. Dissertação (Mestrado em História) – Universidade Estadual de Campinas (Unicamp), 2023.

SILVA, Lucia Helena; XAVIER, Regina. Historicizando o associativismo negro: contribuições e caminhos da historiografia. *Revista Mundos do Trabalho*, Florianópolis, v. 11, 2019, p. 1-15.

SOUZA, Felipe Azevedo. *Nas Ruas – abolicionismo, republicanismo e movimento operário em Recife*. Salvador: Ed. UFBA, 2021.

SOUZA, Flávia Fernandes de. *Para casa de família e mais serviços: o trabalho doméstico na cidade do Rio de Janeiro no final do século XIX*. 2010. Dissertação (Mestrado) – Universidade do Estado do Rio de Janeiro (UERJ), 2010.

OS ORGANIZADORES

Angela de Castro Gomes. Professora titular de História do Brasil da Universidade Federal Fluminense (UFF), professora emérita do Centro de Pesquisa e Documentação de História Contemporânea do Brasil da Fundação Getúlio Vargas (CPDOC/FGV). Autora, entre outros livros, de *A invenção do trabalhismo* (FGV, 2005, 3. ed); *História e historiadores: política cultural do Estado Novo* (FGV, 2013, 2. ed.), *Brechó: estudos de história política e historiografia* (APPRIS, 2022, 2. ed.).

Daniel Aarão Reis. Professor titular de História Contemporânea, visitante do Instituto de Estudos Estratégicos e professor emérito da Universidade Federal Fluminense. Pesquisador 1A do CNPq. É autor, entre outros livros, de *Ditadura e democracia no Brasil* (Zahar, 2014); *Luís Carlos Prestes, um revolucionário entre dois mundos* (Cia. das Letras, 2014); *A revolução que mudou o mundo/Rússia, 1917* (Cia. das Letras, 2017) e *Na corda bamba: memórias ficcionais* (Record, 2024).

Flávio Limoncic. Professor de História da América da Universidade Federal do Estado do Rio de Janeiro (UniRio), do programa de pós-graduação em História Social e do programa de pós-graduação em Ensino de História da mesma UniRio. Participa da Rede de Estudos dos Estados Unidos.

Janaína Martins Cordeiro. Professora de História Contemporânea do departamento de História e do programa de pós-graduação em História, da Universidade Federal Fluminense (UFF). Pesquisadora do CNPq e Jovem Cientista do Nosso Estado da Faperj.

Marcelo Bittencourt. Mestre em Antropologia Social pela Universidade de São Paulo (USP) e doutor em História Social pela Universidade Federal

Fluminense (UFF). Professor titular de História da África do departamento de História da UFF. Realiza pesquisas sobre Angola, com especial ênfase no estudo do colonialismo, da luta de libertação e da Guerra Civil.

Murilo Sebe Bon Meihy. Mestrado em Estudos Árabes e Islâmicos pela Universidad Autónoma de Madrid, Espanha (2012). Doutorado em Estudos Árabes pela Universidade de São Paulo – USP (2013), e pós-doutorado pela American University of Beirut – Líbano (2018). Professor adjunto de História Contemporânea da Universidade Federal do Rio de Janeiro. Coordenador do Azimute: Laboratório de Estudos Orientais, Instituto de História – UFRJ.

SOBRE OS AUTORES

Alessandra Seixlack. Pós-doutorado em História Social da Cultura pela Pontifícia Universidade Católica do Rio de Janeiro (PUC-RJ). É professora adjunta de História da América da Universidade do Estado do Rio de Janeiro (UERJ) e coordenadora do Projeto Prodocência UERJ "Descolonizando o conhecimento. Contribuições epistemológicas para um novo olhar sobre a História" e do Projeto de Extensão "Caminhos de Abya Yala: intelectuais indígenas do continente americano".

Alexandre Belmonte. Professor associado de História da América Antiga e Colonial na Universidade do Estado do Rio de Janeiro (UERJ), com pós-doutorado pelo Conicet, na Argentina (2019-2022). Coordena o programa de pós-graduação em História da UERJ (gestão 2023-2025) e é professor colaborador no Center for Iberian and Latin American Studies da University of California, San Diego.

Ana Carolina Huguenin. Doutora em História pela Universidade Federal Fluminense (UFF) e professora associada de História Contemporânea da Faculdade de Formação de Professores da Universidade do Estado do Rio de Janeiro (FFP/UERJ). Atua como professora do quadro permanente do programa de pós-graduação em História Social da UERJ.

Andrea Marzano. Mestre e doutora em História Social pela Universidade Federal Fluminense (UFF). Professora de História da África da Universidade Federal do Estado do Rio de Janeiro (UniRio). Desenvolve pesquisas sobre História Social do Colonialismo em Angola. Atualmente se dedica ao estudo do Carnaval e das Festas Religiosas em Luanda.

Bruno Hendler. Professor adjunto em Relações Internacionais da Universidade Federal de Santa Maria (UFSM). Doutor em Economia Política Internacional pela Universidade Federal do Rio de Janeiro (PEPI-UFRJ). Coordenador do Grupo de Pesquisa em Ásia-Pacífico (GEAP-UFSM) e pesquisador do grupo de pesquisa em Economia Política dos Sistemas-Mundo (UFSC) e do grupo de pesquisa LabChina (PEPI-UFRJ).

Cláudia Maria Ribeiro Viscardi. Doutora em História Social (1999), professora titular da Universidade Federal de Juiz de Fora (UFJF) e do programa de pós-graduação em História da UFJF. É pesquisadora do CNPq e autora dos livros: *O teatro das oligarquias*: uma revisão da política do café com leite (Ed. Clube Rebouças, 2023); *Unidos perderemos*: a construção do federalismo republicano brasileiro (CRV, 2017) e *Experiências de economia social*: mutualismo, filantropia e corporativismo (Ed. UFJF, 2021).

Claudia Wasserman. Professora titular do departamento de História da Universidade Federal do Rio Grande do Sul (UFRGS), do programa de pós-graduação em História e do PROFHistória da UFRGS, doutora em História Social (UFRJ), pesquisadora do CNPq, coordenadora da pesquisa "Cartografia das memórias em disputa", especialista em História Contemporânea da América Latina, Movimentos Sociais Latino-americanos, História Intelectual e Historiografia Latino-americanas Contemporâneas.

Eduardo Borges de Carvalho Nogueira. Mestre em História Social pela Universidade Federal Fluminense. Dissertação de mestrado: "Pagodes do diabo: sociedade e religiosidade hindu na Goa portuguesa (1510-1560)". Doutor em História Social pela Universidade do Estado do Rio de Janeiro, com a tese "Renegados Profanos: metamorfoses identitárias entre súditos portugueses na Índia (*c.*1540-1612)". Professor do departamento de História do Colégio Pedro II.

Erika Natasha Cardoso. Doutora em História Social pela Universidade Federal Fluminense (UFF), na qual também concluiu graduação e mestrado em História. É pesquisadora vinculada ao Núcleo de Estudos Contemporâneos (NEC/UFF) e editora e colunista no site História da Ditadura. Possui experiência na área de História Contemporânea, com ênfase em temas relacionados à história das sexualidades e suas representações.

Felipe Paiva. Professor de História da África na Universidade Federal Fluminense (UFF). Coordenador do Caliban – Laboratório de Experiências Coloniais Comparadas, e autor de *Descaminho* (Kotter, 2021) e *A biblioteca do selvagem* (Elefante, no prelo), entre outros títulos.

Gabriel Onofre. Doutor em História pela Universidade Federal Fluminense (UFF). Vencedor do International Scholar Research Support, do Hoover Institution, e do Prêmio PPGH Melhores Teses da UFF. Trabalha com História do Tempo Presente, História das Direitas no Brasil e nos Estados Unidos e Movimentos Liberais e Conservadores. Professor da Educação Básica, da Especialização e da Licenciatura de História do Colégio Pedro II.

Gabriela Pellegrino. Professora Livre-Docente de História da América Contemporânea da Universidade de São Paulo (USP), pesquisadora do CNPq e cocoordenadora do projeto de cooperação internacional Transatlantic Cultures (Fapesp/ANR/CNRS). É membro da coordenação de área da Fapesp e pesquisadora associada da Biblioteca Brasiliana-USP (BBM). É autora de livros, textos e artigos sobre História Latino-americana.

Gláucia Fraccaro. Mestre e doutora em História Social do Trabalho pela Universidade Estadual de Campinas (Unicamp). É professora adjunta do Departamento de História da Universidade Federal de Santa Catarina (UFSC) e autora de *Os direitos das mulheres: feminismo e trabalho no Brasil* (Ed. FGV, 2018).

José Rivair Macedo. Doutor em história social pela Faculdade de Filosofia, Letras e Ciências Humanas da Universidade de São Paulo (FFLCH-USP), professor titular no departamento de História da Universidade Federal do Rio Grande do Sul (UFRGS), professor do programa de pós-graduação em História da UFRGS, pesquisador do CNPq. Tem experiência de docência, orientação e pesquisa em História das Sociedades Africanas Antigas e é autor de trabalhos de divulgação sobre o ensino de história africana e afro-brasileira.

Luana Margarete Geiger. Doutora pela Universidade Federal do Rio Grande do Sul (UFRGS) em 2022, professora adjunta na Pontifícia Universidade Católica do Rio Grande do Sul (PUCRS), pesquisadora não residente do Taiwan Center for Security Studies (TCSS) e coordenadora de pesquisa no *think tank* Observa China. Foi pesquisadora visitante do Instituto de Relações Internacionais da National Chengchi University (NCCU), em Taipei (Taiwan Fellowship 2022), e pesquisadora assistente da Escola de Relações Internacionais da Fundação Getúlio Vargas (FGV-RI).

Matheus Serva Pereira. Investigador no Instituto de Ciências Sociais da Universidade de Lisboa (ICS-ULisboa). Mestre em História Social pela Universidade Federal Fluminense (UFF) e doutor em História Social da África pela Universidade Estadual de Campinas (Unicamp). Atualmente desenvolve a pesquisa: *African Experiences of Assimilation in Mozambique: Histories and Memories (1910-2010).*

Patrícia Raffaini. Mestre e doutora em História Social pela Universidade de São Paulo (USP). Realizou pós-doutorado em História do Livro e da Literatura Infantil e Juvenil pela Faculdade de Filosofia, Letras e Ciências Humanas (FFLCH) da USP e em humanidades digitais pelo IEB-USP. Foi coorganizadora de *Livros infantis velhos e esquecidos* (BBM-USP, 2022) e autora de *Livros para morar* (Com-Arte/USP, 2024) e do juvenil *Diário de Anita* (Sesi, 2022).

Peter N. Stearns. Formado em História em Harvard, é professor de História na George Mason University, nos Estados Unidos. Seus campos de especialidade são história mundial e história das emoções. Foi professor nas Universidades de Chicago, Rutgers, entre outras, e editor de importantes publicações especializadas nos Estados Unidos, como o *Journal of Social History*.

Samira Adel Osman. Professora associada de História da Ásia do curso de História da Universidade Federal de São Paulo (Unifesp) e do programa de pós-graduação em História da Unifesp. Mestre em História Social pela Universidade de São Paulo (USP) em 1998 e doutora em História Social pela USP (2007).

Este livro foi composto na tipografia Minion Pro,
em corpo 11/15, e impresso em
papel off-white no Sistema Cameron da
Divisão Gráfica da Distribuidora Record.